JN015173

THE LONELY CENTURY

なぜ私たちは「孤独」なのか

Noreena Hertz
ノリーナ・ハーツ
藤原朝子
訳

ダイヤモンド社

To Danny
For everything

THE LONELY CENTURY
by
Noreena Hertz

First published in the English Language by Hodder & Stoughton Limited.
Japanese translation rights arranged with Hodder & Stoughton Limited, London
through Tuttle-Mori Agency, Inc., Tokyo.

目次

第1章 孤独の世紀
This is the Lonely Century 1

第2章 孤独は命を奪う
Loneliness Kills 21

第3章 孤独なマウス The Lonely Mouse 41

第4章 都会で一人ぼっち
The Solitary City 71

第5章 コンタクトレスの時代
The Contactless Age 89

第6章 私たちのスクリーン、私たちの自己 109
Our Screens, Our Selves

第7章 職場で一人ぼっち

Alone at the Office

第8章 デジタルの鞭

The Digital Whip

第9章 セックス、愛、そしてロボット
Sex, Love and Robots

第10章 孤独ビジネス

The Loneliness Economy

第11章 私たちを引き裂く世界で、力を合わせるために 279

Coming Together in a World that's Pulling Apart

第1章

孤独の世紀

This is the Lonely Century

2020年3月31日、ロンドン。世界の人口の三分の一（25億人）と同じように、我が家もロックダウンに入っていた。[1]

無数の人が自宅に缶詰め状態となり、リモートワークを強いられ（仕事を失っていなければの話だが）、友達や家族、恋人を訪ねることもできない。外出は1日1回までで、「ソーシャル・ディスタンシング」「強制隔離」「自主隔離」を守っていた。孤独感や孤立感が高まるのも無理はない。

ロックダウンの2日目、親友から「頭がおかしくなりそう」というメッセージが届いた。4日目には、82歳の父が「一人さびしく散歩したよ」と書いてきた。世界中の「こころの電話相談」には、相談が急増。その大部分はさびしさを訴える内容だった。[2] 英国の子ども専用電話相談「チャイルドライン」には、「ママがハグしてくれないし、近くに来てくれない」という切実な声が寄せられた。[3] ドイツでも、3月半ばまでに例年の1・5倍の電話相談が寄せられた。心理学者によると、「ほとんどの相談者は、感染よりも孤独を恐れている」という。[4]

だが、孤独の世紀はもっと前から始まっていた。新型コロナウイルスが世界を襲う前から、多くの人が孤独や孤立、そして原子化（周囲とつながりがないという感覚）を感じていた。

なぜ、私たちはこれほど孤独になってしまったのか。人とのつながりを再び感じるためには、何をしなければならないのか。本書はそれを明らかにしていく。

プリティー・イン・ピンク

2019年9月24日、ニューヨーク。私はピンク色の壁を背に、窓の外を眺めていた。少ししてブリタニーがやってきた。すらりと伸びた健康的な手脚が目を引く。店内を見渡して私を見つけると、大きな笑みを浮かべて近づいてきた。

「かわいいワンピースね」

1時間40ドルも払うのだから、それくらいのお世辞は当然だろう。ブリタニーは、レンタフレンドという会社からレンタルした「友達」だった。レンタフレンドは、ニュージャージーの起業家スコット・ローゼンバウムが、日本で成功したビジネスモデルをもとに立ち上げた会社で、今や世界数十カ国で事業を展開している。そのウェブサイトに登録されているプラトニックな友達候補は、62万人を超える。

それは、23歳のブリタニーが夢見たキャリアではなかった。フロリダの小さな町から名門ブラウン大学に進学したものの、専攻した環境科学関連の就職先が見つからない。それでも巨額の学費ローンの返済は否応なくのしかかってくる。だから、とりあえず自分をレンタルすることにした。平均して週に2~3回この仕事をして、それ以外の日は、複数のスタートアップのソーシャルメディア投稿を手伝ったり、仕事受注プラットフォームの「タスクラビット」で、エグゼクティブアシスタントの仕事を請け負っている。

ブリタニーに会う前、私はかなり緊張していた。「友達」は実のところセックス相手という意味なのか、それにプロフィール写真だけで目的の相手がわかるのかが不安だったのだ。でも、ブリタニーと会って数分で、これは性的なサービスではないと確信した。私たちはダウンタウンを散歩しながら、#MeToo運動や、ブリタニーの憧れの女性だというルース・ベーダー・ギンズバーグ最高裁判事の話をし、洒落た書店マクナリー・ジャクソンでお互いの愛読書について語り合った。彼女の存在が有料サービスであることを忘れてしまいそうになるときもあった。旧友とは言わないものの、新しい友達候補のような感覚だ。

このサービスを利用するのは、どんな人たちなのか。ブリタニーによると、パーティーに一人で行きたくない物静かな女性や、インドからマンハッタンに引っ越して来たばかりで、夕食をともにする相手を探していた技術系ビジネスマンなどがいたという。ある金融マンは、彼女が病気のときチキンスープを持って見舞いに行くと言ってくれた。

「あなたを雇う典型的なタイプはどんな人?」と聞くと、「孤独な人」とブリタニーは答えた。「30〜40歳の専門職で、長時間働いていて、友達をつくる時間がないみたい」

スマートフォンを何度かタップすれば、チーズバーガーを注文するように簡単に同伴者を見つけられるサービスは、現代の象徴といえる。一人ぼっちだと感じる人をサポートする(そしてある意味で搾取する)「孤独ビジネス」が生まれてきた。だが、この孤独な世紀に苦しんでいるのは、働きすぎのビジネスパーソンだけではない。

新型コロナで「ソーシャル・リセッション（交流の減少）」が起こる前から、米国の成人の61%は自分を孤独な人間だと考えていた。[5]

欧州でも状況は似ている。ドイツでは人口の68%が、孤独を深刻な問題だと考えている。[6]オランダでも約33%の人が孤独を感じており、10%は深刻な孤独を感じている。[7]スウェーデンでは、人口の25%が頻繁に孤独を感じている。[8]スイスでは、38%がときどき、しばしば、またはいつも孤独だと感じている。[9]

英国では、孤独の問題があまりにも深刻になったため、2018年にテリーザ・メイ首相（当時）が孤独大臣というポストを新設した。[10]英国人の15%は、頼りになる親しい友達が一人もいないという。わずか5年前は、その割合は9%だった。[11]人口の75%が、隣人の名前を知らないとし、労働者の60%は職場で孤独を感じると答えている。[12]アジア、オーストラリア、南アメリカ、アフリカでも、人々が孤独に苦しんでいることを示すデータがある。[13]

数カ月にわたるロックダウンと自主隔離、そしてソーシャル・ディスタンシングは、この問題を不可避的に悪化させてきた。若者も老人も、男性も女性も、単身者も既婚者も、金持ちも貧者も同様だ。[14]世界中で、人々は孤独で、周囲から切り離されて、孤立していると感じている。私たちは今、グローバルな孤独危機に見舞われているのだ。

マンハッタンから約1万キロ離れた日本の栃木県。丸顔に温かい眼差しをたたえたサイトウさんは、孤独とはどういうものかをよく知っている。夫はすでに他界し、年金生活の経済的な不安は大きい。二人の子どもは成人しているが、忙しくて母親の面倒を見る余裕はない。自分は一人ぼっちなのだと、つくづく思う。そこで彼女は、思い切った行動に出た。

現在、栃木県の女子刑務所で服役しているサイトウさんは、刑務所生活を積極的に選んだ日本の多くの高齢者の一人だ。日本ではこの20年で、65歳以上による犯罪が4倍も増えた[15]。さらに、この年齢層の受刑者の70%が、5年以内に再犯を起こす。孤独だからだと、刑務所長は確信している[16]。高齢受刑者の増加を研究してきた龍谷大学の浜井浩一教授も同じ考えだ。相当数の高齢女性が、社会的な孤立を逃れるために、みずから刑務所行きを選んでいるというのだ[17]。実際、万引き（刑務所に入ることが目的なら最も簡単な犯罪の一つだ）などの軽犯罪で収監された人の40%は、家族とめったに話をしないか、家族がいない。近年、万引きにより収監された高齢者の半分は、もともと一人暮らしだった。

その多くは、刑務所には「自宅では得られないコミュニティー」があるという。ある80代の受刑者は、「いつも周囲に人がいて、孤独を感じない」と言う[18]。78歳の受刑者は、「話し相手がたくさんいるオアシス」だと語った。彼女たちにとって刑務所は、同居人だけでなく、サポートとケアも提供してくれる安らぎの場所だ[19]。

事実、高齢者の孤独は深刻だ。2010年、米国の老人ホームの入居者の60%が、自分には面会に来る人がいないと答えている[20]。英国では2014年、高齢者の40%が「テレビが一番の友達だ」と答えた[21]。中国の天津では2017年、85歳の男性が、近所のバス停に「孤独な80代男性。私を引き取ってくれる、心やさしい方または家族を探しています」という張り紙をして、世界的なニュースになった。この男性は3カ月後に死去したが、近隣住民の多くがそれに気づいたのは、亡くなった2週間後だった。[22]

こうした胸が張り裂けるようなエピソードは、私たちが社会として、どのように高齢者をケアしていくべきかという大きな問題を提起している。だが、もしかすると若者は高齢者よりも孤独なのかもしれない。

私が初めてこのことに気づいたのは、数年前、大学院生を教えていたときだ。[23]彼らがグループ課題をこなしている姿を見れば、上の世代よりも対面交流に大きな抵抗を感じていることは明らかだった。その上、自分の課題の出来にも、就職の見通しについても不安だらけで、私の研究室にやってきては、自分がいかに孤独で孤立しているかを打ち明けた。

私の教え子たちだけではない。英国では、ミレニアル世代（おおむね1980〜96年生まれ）の22%が、友達が一人もいないとしている。[24]さらに18〜34歳の約60%と、10〜15歳の50%近くが、ときどき、または、しばしば孤独を感じている。[25]英国だけではない。2003年以降、OECD加盟国のほぼすべてで、学校で孤独を感じるという15歳の子どもが増えている。[26]コロナ禍により、この数字はさらに増えている可能性が高い。

孤独はメンタルヘルスの危機だけでなく、身体的な健康にも危機をもたらす。研究によると、孤独は運動不足よりも身体に悪く、アルコール依存と同じくらい有害で、肥満の2倍も健康に悪影響を与える。[27] タバコを1日15本吸うのと同じくらい有害だという統計もある。[28] こうした不調は、収入や性別、年齢、国籍とは関係なく生じるという。[29]

孤独危機は経済危機でもある。米国では、コロナ禍の前でさえ、社会的な孤立はメディケア（高齢者向け医療保険）に年間70億ドルの負担を生じさせていた。これは関節炎がもたらす負担よりも大きく、高血圧とほぼ同水準だ。高齢者だけでこれだ。[30] 英国でも、60代以上の孤独は、国営医療制度（NHS）に年間18億ポンドの負担をもたらしている。これは住宅・コミュニティー・地方自治省の年間予算とほぼ同額だ。[31] 一方、英国の事業者は従業員の孤独がらみの病欠によって、年間8億ポンドもの損失を被っている。生産性の低下も考慮すれば、その金額ははるかに大きくなるだろう。[32]

孤独は政治的な危機をも引き起こす。米国と欧州をはじめ世界中の国で、分断と過激化を煽ってきたのだ。後に詳述するように、孤独と右派ポピュリズムは、とても親密な関係にある。

それなのに、孤独の問題は過小評価されることが多い。その一因は、孤独に関するスティグマ（恥や不名誉）にある。自分が孤独であることを認めるのは非常に難しい。英国では、職場で孤独を感じても、三分の一の人は誰にも打ち明けない。[33] それどころか、孤独だと感じるのは弱い人間の証拠だと考えて、自分は違うと否定する人もいる。孤独は生活環境や、自分ではどうにもならない社会的、文化的、経済的要因の結果であることを知らないからだ。

孤独の問題が過小評価されているもっと大きな原因は、その定義にある。孤独は「一人ぼっち」と同義ではない。人間は多くの人に囲まれていても、孤独を感じることがある。逆に、一人ぼっちでも、孤独でないことがある。一般に、孤独の定義は狭すぎる。21世紀の孤独は、伝統的な定義よりもはるかに広い意味を持つのだ。

孤独とはなにか

「UCLA孤独感尺度」(次ページ表)は、1978年にカリフォルニア大学ロサンゼルス校の3人の研究者が、孤独という主観的な感情を数値的に測定しようと考案したツールだ。20の質問は、回答者が他人とどのくらいつながり、サポートされ、ケアされていると感じるかとともに、どのくらい排除され、孤立し、誤解されていると感じているかも測定する。この尺度は、現在も孤独研究の金字塔的な基準と考えられている。[34] 本書で引用する研究のほとんども、この尺度かその応用形を使っている。

是非あなたも一度やってみてほしい。各項目の該当レベルに丸をつけて、最後に合計点を出すだけだ。[35] 合計点が43点以上の人は孤独と判定される。[36] 孤独の定義を広げて(友達や家族や仕事の同僚、近隣住民だけでなく、雇用主や市民や政治家や国との関係を含める)もう一度やってみると、結果はどのくらい変わるだろう。

私の定義では、孤独とは、愛や仲間や親密な人間関係が欠如した状態に限らない。また、日常的に交流する人(パートナー、家族、友達、近隣住民)に無視されているとか、相手の目に入っ

孤独を測る「UCLA孤独感尺度」

		まったく感じない	めったに感じない	ときどき感じる	よく感じる
1	自分は周りの人と「なじんでいる」と感じる。	4	3	2	1
2	自分には一緒にいる人がいないと感じる。	1	2	3	4
3	頼れる人が誰もいないと感じる。	1	2	3	4
4	自分は一人ぼっちだと感じる。	1	2	3	4
5	自分は友達グループの一員だと感じる。	4	3	2	1
6	周囲の人と共通点がたくさんあると感じる。	4	3	2	1
7	親しい人が誰もいないと感じる。	1	2	3	4
8	周囲の人と共通の関心やアイデアがないと感じる。	1	2	3	4
9	自分は外交的でフレンドリーだと思う。	4	3	2	1
10	自分には親しい人がいると思う。	4	3	2	1
11	自分は取り残されていると感じる。	1	2	3	4
12	自分と他人の関係は有意義ではないと感じる。	1	2	3	4
13	誰も自分のことをわかっていないと感じる。	1	2	3	4
14	自分は周囲から孤立していると感じる。	1	2	3	4
15	誰かと一緒にいたいとき、相手が見つかると思う。	4	3	2	1
16	自分のことを本当に理解してくれる人がいると感じる。	4	3	2	1
17	自分はシャイだと思う。	1	2	3	4
18	周囲に人がいるけれど、自分と一緒にはいないと感じる。	1	2	3	4
19	自分には話し相手がいると感じる。	4	3	2	1
20	自分には頼りにできる人がいると感じる。	4	3	2	1

ていないとか、大切にされていないという感覚だけでもない。それは、一般市民や雇用主、地域社会、政府の支援やケアがないという感覚でもある。また、他人だけでなく自分自身からも切り離されている感覚や、政治的・経済的に排除されている感覚も含まれる。

つまり私の定義では、孤独とは人間の内面的な状態であると同時に、存続に関わる個人的、社会的、経済的、政治的な状態でもあるのだ。これは、カール・マルクスやエミール・デュルケーム、カール・ユング、ハナ・アレントといった思想家や、アイザック・アシモフ、オルダス・ハクスリー、ジョージ・エリオット、そしてより最近ではドラマ『ブラック・ミラー』を生み出したチャーリー・ブルッカーらの作家が考えるものに近い。[37]

現代の孤独は、グローバル化や都市化、格差拡大、パワーの非対称によって形を変えてきた。人口動態の変化やモビリティーの高まり、テクノロジーによる破壊、緊縮財政、そして今、新型コロナウイルスの影響も受けている。それは周囲にいる人とつながりを持つことへの渇望、愛し愛されたいという切望、そして自分に友達がいないと感じるときの悲しさを超える感覚だ。自分が政治家や政治と断絶しており、仕事や職場から切り離されて、社会の進歩から取り残され、無力で、目に見えない存在で、声がない存在だと感じることが含まれる。孤独とは、他人を身近に感じたいという欲求と同時に、自分の声に耳を傾けてもらい、自分に目を向けてもらい、気にかけてもらい、行為主体性を持ち、フェアで親切で敬意を持って扱われたいというニーズの表れでもある。

この定義を踏まえて、自問してみてほしい。あなたが最後に周囲の人（家族、友達、隣人、市民）から孤立していると感じたのはいつだろう。自分が選んだ政治家に気にかけてもらっていないとか、声を聞いてもらえていないと思ったのはいつだろう。あるいは、権威のある人が、あなたの苦労を考えてくれていないと感じたのはいつだろう。職場で無力だとか、無視されていると最後に感じたのはいつだろう。

あなただけではない。

新型コロナウイルス感染症のパンデミック前の２０１９年時点で、世界の民主主義国に住む人の64％が、自国政府は自分の利益のために働いてくれていないと感じていた。[38] また世界の労働者の85％が、会社や仕事から切り離されていると感じていた。[39] 米国では、他人でもたいてい信頼できると考える人は30％しかいなかった。１９８４年の50％から大きな減少だ。[40] 世界がこれほど不信感に満ちているように感じられることがあっただろうか。

なぜこうなったのか

このような状態は、偶然または突然起こったわけではない。ここに至るまでの道のりがあった。さまざまな原因と出来事が絡み合って、私たちは個人としても、社会としても、孤独で原子化してきたのだ。

よく言われることだが、これにはスマートフォンと、とくにソーシャルメディアの影響が大きい。それらのお蔭で、私たちは周囲に目を配らなくなり、人間的に最悪の部分を煽られて周囲に怒りを覚えるようになった。さらには「いいね」やリツイートやフォロワーを求めて演技じみた振る舞いをし、強迫観念に駆られ、思いやりのあるコミュニケーション能力を失ってきた。コロナ禍によるロックダウン中もそうだった。ローマ法王がフェイスブックでミサを生配信し、人気ＤＪのバーチャルダンスパーティーに10万人以上が集まり、地域単位のフェイスブックグループが次々と誕生する一方で、人種差別的なコメントやヘイトスピーチが急増して、陰謀論が瞬く間に広がった。[41]

　しかし、スマートフォンとソーシャルメディアは、パズルの二つのピースに過ぎない。現代の孤独危機の原因は無数にあり、多岐にわたる。

　たしかに構造的かつ制度的な差別は、孤独の大きな原因であることは間違いない。２０１９年に英国で約１０００人を対象に行われた調査によると、職場または自宅近くで人種的または民族的差別を経験した人は、孤独を感じる可能性が21％上昇する。また、２０２０年に米国人1万人以上を対象にした調査によると、黒人と中南米系は、職場で白人よりもはるかに大きな孤独と疎外感を覚えていた。性差別も、孤独感の高まりと関係がある。[42]

　こうした長年の構造的問題に加えて、孤独をもたらす新しい要因が生まれている。たとえば大都市への移住や、大掛かりなリストラや、ライフスタイルの根本的な変化により、伝統的な意味での「人との関わり」は著しく減った。10年前と比べると、世界の多くの地域で、人々は教会に通わなくなり、PTAや労働組合に加わらず、他人と一緒に食事や生活をしなくなり、親しい友達を持たなくなった。[43] 人との接触そのものが減り、セックスさえも減っている。[44]

たとえ物事を「一緒に」やるときでさえ、人間の物理的なプレゼンスを伴わないことが増えた。アプリでヨガのクラスに「出席」し、カスタマーサービスのチャットボットと「話」をし、ネットで教会の礼拝を見て、アマゾンGO（人と接触せずに買い物ができるアマゾンの新しいコンビニだ）で買い物をする。コロナ禍の前から、「コンタクトレス（非接触）」は、現代人が積極的に選択するライフスタイルになりつつあったのだ。

その一方で、あらゆる出自の人が集まり、交流し、絆をつくる地域社会のインフラは放置され、最悪の場合、解体されてきた。これはとくに2008年の金融危機後にひどくなり、緊縮政策によって世界中の図書館や公園、遊び場、そしてユースセンターやコミュニティーセンターが大打撃を受けた。英国では、2008年からの10年間で、ユースクラブの三分の一と、公立図書館約800カ所が閉鎖され、米国では連邦図書館の予算が40％以上減少した。[45]

なぜそれが重大な問題なのかというと、こうした場所は、自分とは異なる人と平和的に共存する方法や、多様な意見を調整する方法を学び、市民的な振る舞いとインクルーシブな民主主義を練習する場所でもあるからだ。このようなスペースがなければ、私たちがお互いの溝を埋めるのはますます難しくなる。

食うか食われるか

現代のライフスタイルや、仕事や人間関係の性質、都市やオフィスのデザイン、人と人の接し方、政府による市民の扱い方、スマートフォン依存症、そして人の愛し方――こうしたことすべてが、現代人の孤独を悪化させている。だが、そのイデオロギー的な原点は、1980年代に確立したネオリベラリズム（新自由主義）にある。これは、自由を極端に重視する冷酷な資本主義の一形態で、現実離れした自助努力と、小さな政府、そして残酷なほど激しい競争を追求し、地域社会や集団の利益よりも個人の利益を上に位置づける。

なぜ、それが21世紀の孤独危機の根幹をなすのか。

第一に、新自由主義は世界の幅広い国々で、所得と富の格差を大幅に拡大してきた。[46] 1989年、米国の企業経営者の平均年収は、平均的な労働者の58倍だったが、2018年には278倍にも拡大した。[47] 英国では過去40年間で、所得上位1％の人たちの所得が国全体の所得に占める割合は3倍も増えて、上位10％が下位50％の5倍の所得を得るようになった。[48] その結果、勝者だけが楽しめる社会が生まれ、大多数の人は負け組と感じるようになった。伝統的な仕事や地域の拠り所が失われ、社会のセーフティーネットが崩壊し、自分の社会的地位が低下しても、自分の力でどうにかしろと突き放された。もちろん高所得層も孤独になりうるが、経済的に「持たざる者」は、はるかに大きな孤独を味わうことになった。[49] 現代の失業と不況のレベルを考えると、これはとりわけ気を配る必要がある問題だ。

第二に、新自由主義は大企業と大手金融機関に一段と大きなパワーと自由を与えたため、株主や金融市場が世の中のルールや雇用条件を決めるようになった。それが労働者や社会全体に著しく大きな犠牲を強いてもお構いなしだ。このため２０１０年頃、現在の資本主義は有害無益だという考えが世界中に広がった。ドイツと英国と米国とカナダでは、国民の約半分が、政府は市場に夢中で、庶民をサポートしたり、そのニーズを考えてくれなくなった、と感じるようになった。[50] それは無力感と孤独につながる。コロナ禍に際しては、各国政府は思い切った景気対策を打ち出したが（過去40年間のエートスとは正反対だった。ロナルド・レーガン米元大統領の１９８６年の発言「『私は政府の人間だ。助けに来た』という言葉ほど恐ろしいものはない」がよく表している）、この40年間に新自由主義が社会と経済に与えたダメージを修復するには、長い時間がかかるだろう。

第三に、新自由主義は経済関係だけでなく人間関係にも大きな変化をもたらした。このイデオロギーの牽引役となったマーガレット・サッチャー英元首相が１９８１年に「経済学はメソッドだ。その目的は、心と魂を変えることだ」と言ったように、新自由主義は、たんなる経済政策ではなかった。[51] 極端に競争的であることや、個人の利益を追求することを称えることで、現代人の人間関係や市民的義務を根本から変えた。

人間は本質的に利己的なわけではない。そのことは、進化生物学の研究が明らかにしている。[52] しかし政治家が、利己的で、食うか食われるかのマインドセットを推進し、「強欲は善だ」（１

987年の映画『ウォール街』における名言）をスローガンにすると、結束や親切やお互いへの配慮は過小評価され、無駄とみなされるようになる。新自由主義の世界では、人間はホモ・エコノミクス（経済人間）に転落し、自分の利益で頭がいっぱいになった。

この変化は言語にも表れた。1960年代以降、「所属する」「義務」「一緒に」といった集団主義的な単語は、「達成する」「所有する」「個人的」「特別な」といった個人主義的な語句に置き換えられてきた。[53]ポップソングの歌詞でさえ、この40年で「私たち」が「私」に変わってきた。[54]1977年、クイーンは「俺たちはチャンピオンだ」と歌い上げ、デヴィッド・ボウイは「ぼくらはヒーローになれる」と歌ったが、2013年にカニエ・ウエストは「オレは神だ」と言い、アリアナ・グランデは2018年、自分へのラブソング「thank u, next」を大ヒットさせた。

これは欧米だけの現象ではない。中国科学院とシンガポールのナンヤン・ビジネススクールの研究チームが、1970年から40年間の中国の年間トップ10ソングを調べたところ、一人称の歌詞が年々増えて、「私たち」が減ってきたことを発見した。[55]伝統的に大衆の結束が強く、集団主義的で、政府の統制が厳しい中国でさえ、超個人主義的な新自由主義のマインドセットが根を張ってきたのだ。

新自由主義によって、現代人はみずからを協力者ではなく競争者、市民ではなく顧客、共有者ではなく独占者、与える者ではなく奪う者、手を貸す者ではなく巻き上げる者とみなすようになった。忙しくて隣人に寄り添わないどころか、隣人の名前さえ知らなくなった。だが多くの意味で、これは合理的な反応だ。新自由主義で、私が私のために存在しなかったら、誰が助けてくれるのか。市場？　国？　雇用者？　隣人？　どれもありえない。「私がすべて」の自己中心的な社会では、誰も頼りにできないから、自分で自分の面倒を見なくてはいけないと誰もが感じる。社会が孤独になるのは当然だ。

自己中心的な社会は、自己永続的なサイクルにもなる。そんななかで私たちが孤独を感じないためには、人から奪うだけではなく与え、周囲に気を配り、お互いに親切に振る舞い、敬意を払わなければならない。また、私たちを引き裂こうとする世界で結束するためには、資本主義と公益をもう一度結びつけ、思いやりと協力を中心に据えたコミュニティーをつくり、それを自分とは異なる人たちにも広げる必要がある。これは大きなチャレンジだ。自分と似ている人たちだけでなく、もっと大きなコミュニティーとの関係をつくり直さなければならないのだ。ポスト・コロナ時代に、それはこれまでになく緊急に必要になると同時に、これまでになく実現可能にもなるだろう。

本書の目的は、21世紀の孤独危機のスケールと、このようになった理由、そして何も対策を講じなければ事態が悪化することを明らかにするだけでなくアクションを呼びかけることだ。政府と企業だけでなく、個人のアクションも呼びかけたい。

なぜなら私たちは、個人として社会の影響を受けるだけでなく、社会の一員として社会に影響を与えることができるからだ。孤独による破壊にストップをかけ、失われた共同体意識や結束意識を取り戻すためには、私たち自身がやらなければいけないことがある。また、個人主義と集団主義、自己利益と社会的利益、匿名性と親密性、利便性の追求と心配り、自分にとって正しいことと共同体にとって最善のこと、そして自由と友愛の間で調整を図る必要がある。この選択は必ずしも相互に排他的ではないが、新自由主義がコストはゼロだと約束してきた自由の一部は、手放す必要があるだろう。

本書の中核には、この孤独危機を乗り越えるうえで、誰もが重要な役割を果たすことができるという認識がある。社会をバラバラにするプロセスは、おおむね政府やシステムや大企業によるトップダウン式の決定で進んできたかもしれないが、社会を再び結びつけるプロセスは、トップダウン式のイニシアチブだけでは不可能だ。

したがって本書では、政治や経済だけでなく、個人レベルでも、現在の分断と孤立と孤独を食い止めるアイデアや考え方や事例を紹介していきたい。

21世紀は孤独の世紀だ。だが、それは今からでも変えられる。

未来は私たちの手の中にあるのだから。

第2章

孤独は命を奪う

Loneliness Kills

「喉が痛い。焼けるように痛い。学校に行くのは無理」

1975年、ラジオではクイーンの「ボヘミアン・ラプソディ」がかかり、マーガレット・サッチャーが英保守党初の女性党首に選ばれた。ベトナム戦争は終わったばかりだった。そして私は、その年で6回目の扁桃炎に苦しんでいた。

いつものように、母は私を病院に連れて行き、綿菓子とアニスが混じったような甘ったるい抗生物質を処方してもらった。私にとっての1975年は、しょっちゅう喉が腫れ上がり、何度もインフルエンザにかかった年だった。通っていた小学校は科学オリンピックの出場準備に大忙しで、私が人生で最も孤立して一人ぼっちだった年でもある。毎日、休み時間になると私は校庭の片隅に座り、ほかの子たちが遊んでいるのを遠くから眺めていた。「一緒にやらない?」と、誰かが誘ってくれることを願いながら。でも、そんな誘いは一度も受けなかった。

その強烈な孤独を、腫れ上がった扁桃腺と結びつけるのは、無理があるように思うだろうか。しかし、孤独は身体に表れ、健康を害することが最近わかってきた。

孤独な身体

あなたが最後に孤独を感じたのはいつだろう。一時的でもいい。それはどう感じられただろう。あなたの身体のどこに巣食っていただろう。

孤独な人というと、引っ込み思案で、目立たず、物静かな人を想像しがちだ。しかし、孤独が引き起こす化学反応（孤独によって分泌されたホルモンが血管を駆け巡る）は、外敵から攻撃を受けたときのストレス反応である「闘争・逃走」反応と基本的に同じだ。[1] それは、孤独による体調悪化を加速させる。[2] 最悪の場合、死にいたらしめる場合さえある。孤独は、心の問題であるだけでなく、身体の問題でもあるのだ。

ストレス反応自体は珍しいものではない。むしろ日常生活ではよくある。仕事で大きなプレゼンがあるときや、サイクリング中にヒヤッとする危険な目にあうとき、応援しているサッカーチームがペナルティーキックを蹴るときなどは、ストレスの引き金になる。ただ、通常は「脅威」が去ると、脈拍や血圧や呼吸といったバイタルサインが正常値に戻る。ところが、孤独が宿った身体では、ストレス反応も、そのリセットも、然るべき形で起こらない。

孤独な身体がストレスを経験すると、孤独でない身体よりも急速に、コレステロール値と血圧、そしてストレスホルモンと呼ばれるコルチゾールの値が上昇する。[3] 慢性的に孤独な人の場合、扁桃体（「闘争・逃走」反応を引き起こす脳の器官）がしばしば「危険信号」を出しっぱなしにするため、一時的なはずの血圧とコレステロール値の上昇が継続する。[4] すると白血球が増産されて、炎症が生じる。一時的に激しいストレスを経験しただけなら、この反応はパワーを出す助けになるが、長期間続くと悲惨な副作用をもたらす。[5] 免疫システムは慢性的に刺激されると、パンクして正常に機能しなくなり、通常なら簡単に退治できる病気（一般的な風邪やインフルエンザ、そして1975年の私の扁桃炎）にかかりやすくなるのだ。[6]

孤独な身体は、深刻な病気にもなりやすい。孤独な人は、そうでない人よりも冠動脈性心疾患になるリスクが29％高く、脳卒中のリスクは32％、臨床的認知症のリスクは64％も高い。[7] 孤独を感じている人や、社会的に孤立している人は、そうでない人よりも、天寿をまっとうせずに死ぬ可能性が30％近くも高い。[8]

健康への影響は、孤独な期間が長くても短くてもみられる。[9] ジョンズ・ホプキンス大学ボルティモア校のチームは、1960年代と70年代に医学生を16年間追跡して、驚きの発見をした。子どもの頃に孤独だった学生や、両親が冷淡だった学生は、のちに癌を患う可能性が高かった。[10] 一方、2010年の研究は、パートナーの死や見知らぬ土地への引っ越しなどで、一時的（この研究の場合は2年以下）に孤独を経験した人は、寿命が短くなる場合があることを発見した。[11]

なぜ、孤独が健康に深刻なダメージを与えるのかについては、あとであらためて検討するとして、ここではまず、孤独の対極であるコミュニティーが健康に与える影響を考えてみたい。孤独が病気をもたらすなら、人とつながっている感覚は健康にプラスになるのか。

超正統派ユダヤ教徒と健康の関係

バターたっぷり、クリームたっぷり、やや塩味がきいていて、でも甘い。ルゲラー（デーツやクルミをクッキー生地で巻いた焼き菓子）を一口かじると、そんな感覚が口いっぱいに広がる。ここはイスラエルのブネイ・ブラク地区にあるカッツ・ベーカリー。旅行者向けのハレーディー・フードツアーで一番人気の店だ。

ハレーディーとは超正統派ユダヤ教徒のことで、起源は19世紀末にさかのぼる。[12] 黒い帽子に白いシャツを着込み、質素を重視するこのコミュニティーは、イスラエルの人口の約12％を占め、2030年には16％に上昇すると見られている。[13] カッツ・ベーカリーのお菓子は、どれも最高に美味しかったけれど、健康的とは言いがたかった。実際、バターと砂糖と脂肪をたっぷり使ったハレーディーの料理は、彼らの肥満率が、イスラエルの世俗的ユダヤ教徒の7倍に上る理由と見ていい。[14] 不健康なのは食生活だけではない。イスラエルの天気は年間288日が晴天なのに、ハレーディーはビタミンDが著しく不足している。保守的な服装ルールのために、日光が当たるところが手首くらいしかないためだ。運動も激しいものは控えられる傾向がある。[15] どの基準で見ても、彼らが健康的な生活を送っているとは言いがたい。

ハレーディーは経済的にも不安定だ。ほとんどの男性は、トーラー（ユダヤ教の聖典）を学ぶために仕事に就かない。このためハレーディーの女性の63％が仕事に就いているが、家庭での役割も大きい（平均的な家庭の子どもの数は6・7人で、イスラエルの平均よりも3人多い）ため、勤務時間は控え目であることが多い。[16] 典型的な仕事は教師などだが、賃金は比較的安い。[17] このためハレーディーの54％以上が貧困ライン以下の暮らしをしている（非ハレーディーの貧困率は9％）、一人当たりの月間所得（平均3500シェケル）は、世俗的なユダヤ教徒の半分だ。[18] だとすれば、ハレーディーの平均寿命は、世俗的なユダヤ教徒よりも短いと思うかもしれない。食生活と寿命、運動と寿命、そして社会経済的地位と寿命の間に明らかな相関関係があることは、多くの研究で明らかになっているのだから。

ところが、この相関関係はハレーディィーには当てはまらないようだ。彼らの73・6％は、自分の健康状態を「非常に良好」としている（イスラエル全体では50％）[19]。本人たちの勝手な思い込みではない。ハレーディィーの平均寿命は、イスラエル全体の平均寿命よりも長いのだ[20]。イスラエルの三大ハレーディィー居住地区であるベト・シェメシュ、ブネイ・ブラク、エルサレムの平均寿命は、いずれも平均値を大きく上回る[21]。人口の96％をハレーディィーが占めるブネイ・ブラクの出生時平均寿命は、この街の社会経済状態から予測される平均寿命よりも4年長い[22]。ハレーディィーの男性の平均寿命は、その経済状態から予測されるよりも3年、女性は1年6カ月長い。彼らは人生に対する満足度も、世俗的または穏健なユダヤ教徒、さらにはイスラエルのアラブ系住民よりも高い[23]。

ハレーディィーの多くはポーランドやロシアの同じ村出身で、ほとんどは近親結婚をしているため、特別に健康な遺伝子を持っている可能性はある。ただ、一般には、遺伝子プールが限られていると、長寿よりも遺伝性疾患が生じる可能性のほうが高い。

ハレーディィーが健康的なのは、信仰のおかげだと言う人もいるかもしれない。実際、信仰心が健康にプラスになるという研究は少なくない。だが、ここでカギとなるのは信仰そのものではなく、宗教的なコミュニティーだ[24]。ある研究によると、ハレーディィーの寿命が世俗的な人よりも7年も長い一因は、信仰心が厚いだけでなく、礼拝に出席することにある[25]。

個人主義と自己利益を重視する新自由主義では、コミュニティーの価値は徹底的に否定されるが、コミュニティーは健康にプラスの影響をもたらす。そして、コミュニティーはハレーディーの生活のすべてだ。

　ハレーディーは起きている時間の事実上すべてを、仲間とともに祈り、ボランティア活動をし、学び、働くことに費やす、互いの結びつきが極めて強いコミュニティーだ。そのカレンダーは聖日と祝日によって定義され、コミュニティーはそれを中心にまとまっている。結婚式やバル・ミツバ（成人式）、そして葬式には、大勢の人が何日も集まる。もちろん毎週金曜日の夜には、親戚一同が夕食のテーブルを囲み、パンを分け合い、ともに安息日を守る。

　だが、ハレーディーがともに取り組むのは、祈りと祝福だけではない。危機のときや困窮したとき、彼らは形あるサポートを提供し合う。子どもの面倒をみたり、食事の世話をしたり、病院に行くための交通手段を提供したり、さまざまな助言や、必要であれば金銭的な支援をしたりと、人生のあらゆる場面で助け合うようになっているのだ。イスラエル全体では、孤独を感じる人は人口の23％に達するが、ハレーディーでは11％に過ぎないのは驚きではない。[26]

　長年にわたりハレーディーを研究してきたベン・グリオン大学のドブ・チェルニホフスキー教授（医療経済学・政策）は、ハレーディーの寿命が長いのは、信仰心のおかげもあるが、家族やコミュニティーの絆のほうが大きな要因になっていると考えている。[27]「孤独は人生を短くするが、友だちは人生のプレッシャーを低下させる」と、チェルニホフスキーは言う。ハレーディーの寿命と健康の秘密は、お互いのケアとサポートにあるようだ。

コミュニティーが健康にもたらすプラスの影響

ハレーディーだけではない。コミュニティーが健康にプラスの影響を与えることは、1950年代にペンシルベニア州の小さな町ロゼトで初めて確認された。まず、地元の医師が、近隣の町と比べて、ロゼトの住民は心臓病の人が非常に少ないことに気がついた。そこで詳しく調べてみると、65歳以上の男性の死亡率は、全国平均の半分であることがわかった。その多くが、近くの石切場で過酷な仕事に就き、フィルターなしのタバコを吸い、ラードぎとぎとのミートボールを食べ、毎日ワインを飲んでいたにもかかわらず、だ。[28]

なぜなのか。研究者たちがたどり着いた結論は、この町の住民はイタリア系が圧倒的に多く、家族のつながりが強固で、コミュニティーのサポートが充実していることが、人々の健康にプラスの影響をもたらしている、というものだった。1992年のフォローアップ研究では、50年分のロゼト住民の健康と社会の記録が調べられ、この仮説が正しいことが改めて示された。1960年代後半以降に「伝統的に緊密な家族関係と共同体関係が崩壊した」結果、1990年代にはロゼトの高齢者の死亡率も、全国平均と同レベルに上昇していたのだ。[29] 最富裕層が富を見せびらかす一方で、地元の商店は大型チェーン店に押されて廃業に追い込まれ、多世帯住宅があった場所は分割され、戸建て住宅が建てられた。それとともに、コミュニティーが住民の健康にもたらしたプラス効果は消えていった。[30]

ロゼトのほかにも、イタリアのサルデーニャ島や日本の沖縄、カリフォルニア州ロマリンダのセブンスデー・アドベンチスト教会のコミュニティーなど、緊密なコミュニティーが長寿をもたらしている地域は、「ブルーゾーン」と呼ばれる。[31] この言葉を初めて使った、ナショナル・ジオグラフィック協会のダン・ビュイトナー研究員は、長寿の町には「外出すると、かならず知り合いに出くわす」コミュニティーがあると語っている。[32]

もちろん、コミュニティーを美化し過ぎないことは重要だ。本質的にコミュニティーは排他的なものであり、偏狭で、よそ者を嫌う側面がある。伝統からの逸脱を許さないことも多い。みんなと違うことに関心を持ったり、非伝統的な家族構成や、異なる信仰やライフスタイルを認めたがらない。セブンスデー・アドベンチストでは、コミュニティーの規範に従わない者は、容赦なく破門される。

だが、こうした少数集団に属する人たちにとって、そのコミュニティーは明らかに健康にプラス効果をもたらす。それはコミュニティーが提供する現実的なサポートや、自分を支えてくれる人がいるという安心感だけでなく、人間の進化に根差した事実に由来する。

結束を求める種

霊長類はみなそうであるように、人間も社会的な動物だ。母と子の原始的なつながりから、家族や国民国家まで、人間は複雑かつ緊密に結びついた集団として動く。人間が地球の食物連鎖の頂点に立てたのも、集団での狩猟採集から集団的安全保障まで、連帯を強く求める性質のおかげかもしれない[33]。

そもそもヒトという種にとって、孤独になることは、ごく最近まで、死の危険を意味した。だから、人間は進化の過程で、孤独を警戒し、一人ぼっちになると生理的かつ心理的に不快になり、早くその状態を抜け出すよう動機づける生物学的反応を身につけた。

私たちが他人との間に距離を感じると、孤独や痛みや動揺を覚えるのは、進化によって獲得したサインとも言えるのだ。「孤独のサインを遮断したい人はいないはずだ」と、孤独研究のパイオニアであるシカゴ大学のジョン・カシオポ教授は言う。「それは空腹の感覚を捨てるようなものだ。食べるべきときがわからなくなってしまう[34]」

だが、現代の世界では、孤独は有意義なサインというより、何かの不具合とみなされがちだ。これは孤独が引き起こすストレス反応が、クルマのギアを一速に入れるような作用をもたらすからだと、ユニバーシティ・カレッジ・ロンドン（UCL）のアントン・エマニュエル教授は言う。一時的に馬力を出すためには効率的な方法だが、目的地までずっと一速に入れていたり、毎日そうしていると、エンジンがオーバーヒートして、ダメになってしまう。人間が孤独に対処する仕組みも、長期間使うようにはできていない。だから孤独のストレスに繰り返しさらされると、健康に支障をきたすようになるのだ。

18世紀のスコットランドの高名な医師ウィリアム・カレンは、孤独を病気の原因とみなした初の医者の一人だ。彼の患者のレイ夫人は、謎の病に苦しんでいた。そこでカレンが処方したのは、ココアと乗馬、薬草のエキス、そして話し相手だった。「友達に会うことがどんなに嫌でも、夫人が避けるべきは沈黙と孤独のほうだ」[35]

良好な人間関係が健康に好影響を与えることは、多くの研究で証明されている。ハーバード大学は1938年、2年生の男子学生238人を80年以上にわたり追跡調査するプロジェクトを開始した。調査項目は運動量から結婚、キャリア、そして寿命まで多岐にわたる[36]（当初の研究対象には、のちに米大統領となるジョン・F・ケネディや、ワシントン・ポスト紙編集主幹となるベン・ブラッドリーがいた）。すると、80歳のとき最も健康状態が優れていたのは、50歳のときの人間関係が最も良好だった人であることがわかった。この傾向は、1930年代にハーバードに在籍した特権階級の若者だけでなく、ボストンの貧困地区の住民にもみられた。現在この研究を率いるロバート・ワルディンガー教授は言う。「自分の体調に気をつけることは重要だが、人間関係に気を配ることも、セルフケアの一つだ。それがこの研究の大きな発見だと思う」[37]

もちろん、劣悪な人間関係と孤独とは異なる。そして先ほど見てきたように、孤独とは、他人とのつながりだけでなく、集団やシステムや社会全体とのつながりをどれだけ感じられるかにも影響される。しかし無数の医学研究からわかってきたことは、コミュニティーやつながりは健康にプラスの影響を与えるが、孤独は、最も狭く定義した場合でさえ、危険な影響をもたらしうることだ。

では、孤独はストレスの原因の一つに過ぎないのか、それとも孤独がもたらすストレスが特別に、長期的な健康問題を引き起こすのか。

孤独な身体はストレスにさらされ、疲れやすく炎症を起こしやすい、というのは確かだ。ただ、炎症が一義的に悪いものというわけではない。炎症（一般に腫れたり赤くなったりする）は、感染やケガに対する防衛メカニズムであり、ダメージを局所化し、身体の治癒を助ける。むしろ炎症が起こらなければ、どこを治せばいいかわからないだろう。[38] 問題は、通常の炎症なら、病原性の脅威が縮小すれば消えていくが、孤独の場合、防衛メカニズムの「オフ・スイッチ」がないことだ。だから孤独が引き起こす炎症は、慢性的になり、常態化する。[39] そして慢性的な炎症は、動脈血栓や心疾患、脳卒中、うつ、関節炎、アルツハイマー病、癌など多くの疾患と関係がある。２０１２年のある医学論文は、慢性的な炎症は昔から感染症と関連づけられてきたが、現在は、「幅広い非感染性疾患とも緊密に結びついて」いることがわかったとし、「ひょっとすると、すべての非感染性疾患（と関係している）かもしれない」と警告している。[40]

孤独は、ストレスがもたらすほかの影響も大きく増幅する働きがある。たとえば免疫システムを考えてみよう。健康な身体は、さまざまなメカニズムを使って、病原菌（バクテリアやウィルスなど）や癌細胞などの有害な勢力と戦う。孤独は、人間の身体がこうした脅威と戦う能力を低下させることがわかってきた。つまり、孤独は私たちの身体を弱くし、病気になりやすく、ウイルスに感染しやすくするのだ。[41]

孤独は「厳戒態勢」を維持する（車のギアを一速に入れて8時間走り続けるのと同じ）だけでなく、人間の細胞やホルモンなど免疫システムも低下させる。ある有力な研究によると、孤独は内分泌腺の機能にもダメージを与える。[42] ＵＣＬＡ医科大学院のスティーブ・コール教授（精神医学）によると、孤独な人の血液は、副腎髄質ホルモンのレベルが著しく高いという。そうなると、生命を脅かすウイルスに対する防御システムがストップしてしまう。免疫力の低下は、癌細胞との戦いにも影響を与える。通常なら人間の体は、「ナチュラルキラー（ＮＫ）」細胞を使うなどして、腫瘍を攻撃したり、ウイルスに感染した細胞を破壊したりする。メディカルスクールの1年生を対象としたある研究によると、孤独な学生はそうでない学生と比べて、ＮＫ細胞の活動が大幅に鈍かった。[43]

このように孤独はさまざまな形で健康を悪化させるが、すでに身体を壊している人の快復も妨げる可能性が高い。ＵＣＬのエマニュエル教授は、「孤独は健康と快復力の両方に影響を与えると、私は１００％確信している」と語る。「孤独な患者と、さほど孤独でない患者が同じ治療を受けると、孤独でない患者のほうが予後はいい。喫煙者と非喫煙者がクローン病（炎症性腸疾患）の治療を受けると、非喫煙者のほうが予後がいいのと同じだ」

データはこれを裏づけている。社会的に孤立した患者が、大きなストレスとなる出来事を経験すると、血圧（男性の場合はコレステロール値も）が正常な水準に戻るのに時間がかかる。孤独な人は、たとえば脳卒中や心臓発作や手術の後、炎症レベルを「リセットする」能力が低いことは、孤独な老人が社交的な老人よりも寿命が短い大きな理由の一つと考えられている。[44] 英国家庭医師会（ＲＣＧＰ）のヘレン・ストークスランパード会長は、２０１７年のＲＣＧＰ年次会議で、「社会的孤立と孤独は、健康とウェルビーイング（身体・精神・社会的に良好で幸福な状態）に与える影響という意味で、慢性的な長期疾患に類するものだ」と語った。[45]

一人ぼっち、一人ぼっち、一人ぼっち

もちろん孤独がダメージを与えるのは、身体だけではない。英国の詩人サミュエル・テイラー・コールリッジが18世紀末に書いた抒情詩『老水夫行』の老水夫は、「私の魂は苦悶している」と嘆く。南極付近で船が漂流した彼は、「一人ぼっち、一人ぼっち、まったくの一人ぼっち／大海原で一人ぼっちだ！」と精神的苦痛を吐露する。

実際、文学の世界は、孤独なキャラクターでいっぱいだ。１８９２年の短編小説『黄色い壁紙』（原題）の主人公は、「軽度のヒステリー傾向がある」（現在は病気とみなされない）[46]ために小部屋に監禁された結果、幻覚を起こすようになる。２０１７年のコスタ賞新人賞受賞作『エレノア・オリファントは今日も元気です』（邦訳・ハーパーコリンズ・ジャパン）の主人公も、孤独が深まるにしたがい、トラウマ的な過去からの回復が遅れるようになる。

ところが精神医学の分野で、「孤独」が精神的経験として幅広く研究されるようになったのは、ようやくここ10年ほどのことだ。まだ、独立した精神疾患とはみなされていないものの、孤独は不安や鬱など多くの精神疾患と関係があると認められている。また、その逆も明らかになりつつある。２０１２年にイングランドの成人７０００人以上を対象とした研究は、鬱を持

つ人は、そうでない人と比べて孤独である可能性が3倍高いと結論づけている。[47] 米国の研究でも、自分は孤独だと述べた患者は、そうでない患者と比べて、5年後に鬱になっている可能性が高かった。[48]

孤独とメンタルヘルスの関係は理解され始めたばかりだが、孤独や孤立の生理的な影響が、遺伝的あるいは環境的な抑鬱傾向を悪化させる場合があることは確かなようだ（たとえば孤独のために寝つきが悪くなり、睡眠不足が抑鬱症状を引き起こす）。逆に、鬱の症状が、他人とつながりを持つことを難しくし、孤独を悪化させる場合もある。

同じことは、不安にもいえる。つまり孤立は不安を引き起こすことも、不安によって引き起こされることもある。「社会的不安は、私の世界をとても小さくした」と、社会不安障害を持つ英国のティーンエイジャーのアレックスは言う。「不安が悪化すると、ますます偏狭になって、ますます孤独で孤立するようになる。……人混みが嫌だから、買い物に行ったり、ラッシュアワーにバスに乗ったりしなくなる。……それが長期化すると、仕事や人間関係や友達関係にも大きな影響が出始める」[49]

コロナ禍による一時的な隔離も、何年も先にメンタルヘルスに大きな影響を及ぼす恐れがある。[50] 2003年に重症急性呼吸器症候群（SARS）が流行したとき隔離された北京の医療従事者は、隔離されなかった医療従事者よりも、3年後に深刻な抑鬱に苦しむ可能性が高かった。一般にSARSの隔離期間は1カ月以下、多くの場合は2週間以下だったにもかかわらず、だ。[51]
やはり北京の病院職員を調べたところ、SARS流行時に隔離された人はそうでない人よりも、

3年後にアルコール依存症や心的外傷後ストレス障害（PTSD）に苦しんでいる可能性が高かった。[52]

こうしたデータをきちんと考慮に入れたポスト・コロナの体制づくりは不可欠だ。政治家は「副作用」への対処にも十分なリソースを投じるべきだ。

極端な場合、孤独は自殺につながる恐れもある。[53]

フランシー・ハート・ブロガマーは、カリフォルニア大学アーバイン校医療センターの精神科のチーフレジデントだ。彼女は2019年の寄稿記事で、孤独のために、自分には生きる価値がないと思っていた二人の患者との出会いを明かしている。一人は若い女性で、「病気の祖母の世話をしていて感じた孤立と、その悩みを打ち明ける相手がいなかった」ために、絶望して死のうとしたという。[54]

38歳の「ホワイト氏」は最近、両親と死別して就職難と経済難に苦しみ、きょうだいから拒絶され、親しい友達もおらず、ホームレスになった。唯一の友達だった犬まで死んで、最後の糸がぷつりと切れたという。「（その犬が）この世界で、私を愛する価値があると思ってくれた唯一の存在だった」

ブロガマーの患者には、このような人が大勢いるという。孤独と自殺または自傷行為の間につながりを見出した研究は130件以上ある。[55]これは、若者を含むあらゆる年齢層にみられる。米国の中学生5000人以上を対象とした調査では、大きな孤独を感じると述べた中学生は、そうでない中学生よりも自殺を考える可能性が2倍高かった。[56]同じことは英国やケニヤ、キリバス、ソロモン諸島、バヌアツなど世界中の若者の研究で裏づけられている。[57] また、この影響も何年も後になって表面化する場合がある。ある研究によると、15歳のときの自殺志向は、8年前（つまり7歳のとき）の孤独感と密接な関係があることがわかった。[58] 現在、孤独を訴える子どもが多いことを考えると、これはとくに懸念すべき問題だ。

このような深い絶望感をもたらす孤独は、幅広い原因によって起こる。公園やソーシャルメディアで仲間外れにされた子どもが感じる社会的排除や、訪問客が1カ月間いない高齢者が抱くさびしさ、さらには自分のコミュニティーが崩壊して頼れる場所がなくなった大人が抱く社会的孤立感が原因の場合もある。

近年、米国（とレベルは下がるが英国）で「絶望死」が急増しているのも、伝統的な社会的サポートの仕組みが崩壊した地域に見られる。絶望死とは、薬物の過剰摂取やアルコール依存、自殺による死で、そのほとんどは労働者階級の中年男性だ。彼らは離婚する可能性が高く、教会に通っている可能性は低く、失業したか、不安定な一時雇用の仕事をしているため、労働組合や職場で得られる、きょうだいのように感じられる仲間がいない。[59]

大手製薬会社は孤独治療薬の開発に熱心に取り組んでいるが、私たちはその症状を治療する以上のことをしなければならない。[60] 孤独は政治的、経済的、社会的に解決を図るべき課題であるという理解のもと、孤独の根本原因を取り除く必要があるのだ。

これは不可能な課題ではない。破綻したコミュニティーが孤独をもたらし、人々の健康を損なわせるなら、その反対の可能性もあるはずだ。

シェイクスピアの戯曲『リア王』に出てくるエドガーは、リア王に言う。「悲しみに友がいて、忍耐に仲間がいれば、心は多くの苦しみを乗り越えられる」と。ごくわずかな時間でも他人とポジティブなつながりを持てれば、その人の健康に大きなプラスとなる。ストレスの多い状況でも、友達が一人いるだけで、生理学的な反応が落ち着く（血圧やコルチゾール値の低下など）。[61]愛する人が手を握ってくれるだけで、痛み止めを飲むのと同じくらい大きな鎮痛効果が得られる。[62]最近の老化に関する研究によると、高齢になったとき、人と比較的ゆるやかなつながりを持つ（ブリッジのサークルに参加したり、クリスマスカードを送り合ったり、郵便配達員とおしゃべりすること）だけでも、記憶の喪失や痴呆を防ぐ重要な効果があることがわかった。[63]

人間の健康は、コミュニティーや他人とつながっている感覚だけでなく、親切心によっても増進するようだ。それも友達や家族や同僚だけでなく、見知らぬ人の親切も効果がある。ポスト・コロナの世界を再建するなかで、私たちはこのことを覚えておかなくてはいけない。もちろん、新自由主義では、親切の価値が著しく引き下げられたことも覚えておきたい。

人助けは「自分助け」になる

誰かに親切にしてもらったり、気にかけてもらうことは、一人ぼっちではないという感覚を高めると同時に、健康上のプラス効果がある。[64]だが、誰かに親切にする側にも、同じような健康増進効果があることは、あまり知られていない。とりわけ、相手と直接的な接触がある場合は、その効果が大きくなる。[65] 2000年代初め、米国のキリスト教長老派教会の信徒2016人を対象に、宗教的な慣習や、心身の健康状態、そして誰かを助けたり、助けられたりする経験についてのアンケート調査が行われた。[66] すると、ボランティア活動やコミュニティー活動、あるいは家族の介護など、誰かを助ける活動に従事している人は、そうでない人よりも精神状態が著しく良好であることがわかった。

ほかにも、誰かを助けることが、助けた本人の健康にプラスになることを示す研究は多い。PTSDに苦しむ退役軍人は、孫たちの世話をすると症状が緩和した。[67] 保育園で子どもたちの面倒を見るボランティアをする高齢者は、唾液に含まれるコルチゾールとエピネフリン（どちらもストレスホルモンだ）の値が低下した。[68] 見知らぬ人を助けた青少年は、抑鬱のレベルが低下する傾向がある。[69] 逆に、ミシガン大学社会調査研究所の研究では、他人に一切手を差し伸べない人は、誰かを助ける人と比べて、5年以内に死亡するリスクが2倍も高かった。[70] チャールズ・ディケンズの『クリスマス・キャロル』で、ケチで怒りっぽいスクルージ爺さんが、寛大な慈善家に変身すると、心身とも健康で幸せになるのがいい例だ。

見返りを期待せずに人助けをすると、人間の身体には生理的に好ましい反応が起こる。[71]「ヘルパーズハイ」と呼ばれるエネルギッシュで、強くて、温かくて、落ち着いた感覚を得られるのだ。

だから、孤独の世紀には、自分がケアされていると感じるとともに、誰かをケアする機会を持つことが重要だ。

では、どうすればそれは可能になるのか。その解決策の一部は環境にある。

人は四六時中働いて、疲れ果てていないときのほうが、誰かに手を差し伸べやすい。複数の仕事を抱えておらず、雇用者が特別に時間を与えてくれたほうが、ボランティア活動はしやすい。この点では、政府と事業者にやれること、そしてやらなければならないことがあるはずだ。「現在の経済環境では無理」という言い訳は許されない。大恐慌後の米国や、第二次世界大戦後の英国では、労働者の権利と保護が拡充され、社会保障の拡大が約束された。[72] 私たちはコロナ禍を、助け合いをしやすい環境をつくるチャンスと考えるべきだ。

文化面におけるシフトも必要だろう。気配りや親切心や思いやりは、もっと積極的に奨励し、もっと具体的に報われるべき特質だ。ここ数十年は過小評価され、その報いも極端に少なかった。2020年1月に大手求人サイトを検索してみたところ、仕事内容に「親切」という言葉が含まれる職種の賃金は、平均賃金の約半分だった。[73] 今後は、親切と思いやりが、それにふさわしい対価が支払われるようにしなければならない。ただし、その価値の決定を市場に丸投げしてはならない。2020年春に世界中に響いた「医療従事者への拍手」を、形ある永続的なものに変える必要がある。[74] 心身の健康のために、そして未来の安全のために、私たちはコミュニティーとして力を合わせ、社会契約の恩恵を守らなければならない。

第3章

孤独なマウス

The Lonely Mouse

白い毛。ピンク色の鼻。しっぽ。生後3カ月のそのマウスは、この4週間ほど1匹で隔離されてきた。でも、今日はお客さんが来る。

新しいマウスがケージに入ってきた。すると急に驚きの行動に出た。元からいたマウスは新入りの品定めをする。いわゆる探索行動の初期パターンだ。するとと急に驚きの行動に出た。後ろ足で立ち、しっぽを激しく振ると、「侵入者」に食ってかかり、押し倒したのだ。別のマウスが登場しただけで起こる、この凶暴な反応は、過去にも記録されてきた。一般に、孤立期間が長いほど新入りに対する攻撃は激しくなる。[1]

マウスは孤立させられると、お互いを攻撃するようになる。それは人間にも当てはまるのか。1年以上にわたる断続的なロックダウンとソーシャル・ディスタンシングは、個人の健康だけでなく、人間関係にもダメージを与えるのか。孤独は人間の心身を傷つけるだけでなく、世界を攻撃的で、怒りに満ちた場所にするのか。

ハツカネズミと人間

孤独と憎悪感情のつながりを指摘する研究は多い。[2]その一因は、初期の防衛反応にある。ハーバード大学のジャクリーン・オールズ教授（心理学）が言うところの「後退」だ。孤独な人は、しばしば自分の殻の中に閉じこもり、人間の温かみや仲間なんて必要ないと思い込もうとする。意識的か否かを問わず、彼らは「シグナルを送り始める。多くの場合、非言語的な方法で、『私のことは放っておいて。あなたなんて必要ない。あっちに行って』というメッセージを発するのだ」[3]。

孤独が人間の脳に与える影響も関係している。孤独になると、共感（相手の立場になり、相手の視点または痛みを理解する能力）レベルが低下することは、複数の研究で明らかになっているが、これは行動だけでなく、脳の活動にも影響を与える[4]。

他人の苦しみに接したとき、孤独な人の脳では、側頭頭頂接合部（共感と最も関わりがある領域）の活性化レベルが低下し、孤独でない人の脳では活性化レベルが高まる。一方、孤独な人の脳では視覚野（一般に警戒、注目、視覚をつかさどる部分）が刺激される[5]。このため、孤独な人のほうが他人の苦しみに早く（といっても数ミリ秒レベルだが）反応するが、それは注視であって、大局的な理解ではない。前章で述べたように、孤独な身体はストレスに強く反応するため、不安で孤独な人は、自己保存のために、周囲の環境に脅威はないか目を光らせる。だがそれは、苦しんでいる人の立場から物事を見るのとは違う[6]。「森を散歩しているとき、木の枝が落ちているのを見て、ヘビではないかとビクッとしたことはないか」と、シカゴ大学能力学研究所のステファニー・カシオポ所長は言う。「孤独な人には、いつもヘビが見えている」[7]

最近の研究では、孤独は世界の見え方だけでなく、世界の解釈にも影響を与えることもわかった。英キングズ・カレッジ・ロンドンの研究チームは2019年、18歳の若者2000人に、自分の住んでいる地域がどのくらい友好的な場所か説明してもらった。また、彼らのきょうだいにも同じ質問をした。すると、同じ家に住んでいても、孤独な人のほうが、自分の住んでいる地域をあまり友好的でなく、まとまりがなく、信頼できない場所だと感じていることがわかった。[8] つまり、シカゴ大学のジョン・カシオポ教授の言葉を借りると、孤独は「他人に対する期待と解釈に影響を与える」のだ。

怒りと敵意、周囲の環境を威嚇的で不親切と感じる傾向、共感力の低下――。孤独は、さまざまな感情の危険なミックスを生み出し、社会全体に深刻な影響を与える恐れがある。というのも、孤独危機は、人々の投票行動も変えているのだ。その結果は、多様な人々の一致と参加と寛容性に基づく社会を信じる人々にとって、極めて不快なものになる恐れがある。

民主主義がうまく機能する（多様な集団の利益が公平に調整され、すべての市民のニーズと不満が考慮される）ためには、2種類の絆が強力でなければならない。一つは国と市民の結びつき、もう一つは市民どうしの結びつきだ。それが壊れて、人々が感情的にも、経済的にも、社会的にも、文化的にもお互いから切り離され、政府にも見捨てられたと感じるようになると、社会はバラバラになり、政治は信用を失う。

現在まさにこうした状況が起こっている。人々をお互いや政府と結びつけていた絆が衰えて、仲間の市民からも、政府からも孤立し、疎外され、切り離されていると感じる人が増えているのだ。彼らは、伝統的な政治家は自分たちの声に耳を傾けてくれないし、自分たちの利益を考えてもくれないと考えている。

これはしばらく前からのトレンドだが、コロナ禍はそれを悪化させるだろう。経済が悪化すると（とくにその影響が平等でないと感じられるとき）、政治指導者に対する幻滅は大きくなりがちだが、今は感染リスクゆえに、他人全般に対して物理的にも感覚的にも警戒心を抱く人が増えているのだ。

こうしたトレンドは、あらゆる人にとって懸念すべきものだ。なぜならそれは、人々の不満をめざとく見つけ、それを政治的に利用するポピュリストが増殖する土壌となるからだ。

ここでいうポピュリストとは、「人々」を経済的、政治的、文化的な「エリート」と対立させる政治家のことだ。エリートには、議会や司法機関や報道機関など、法に基づき寛容な社会を維持する機能を果たす機関が含まれる。[9] とりわけ右派ポピュリストは、文化的な違いや国家のアイデンティティーを強調して、自分たちの国が、移民など人種や宗教が異なる人たちの「侵略」の脅威にさらされていると主張することが多い。それは、制度や規範を尊重する協力的な社会と、寛容で公正な文化を大きく揺さぶる。ポピュリストは社会を分断しようとし、自分たちの目的にかなうなら、人種的、宗教的、民族的緊張を煽ろうとする。彼らにとって、いつも不安で他人を信用できないけれど、実のところ何かに所属したくてたまらない孤独な人は、格好のターゲットだ。

孤独と不寛容の政治

孤独と不寛容の政治のつながりを初めて指摘したのは、20世紀の知的巨人の一人であるハナ・アレントだ。アレントは、ドイツの街ケーニヒスベルク（現在はロシアのカリーニングラード）に育った。そこは彼女に大きな哲学的影響を与えたイマヌエル・カントが生涯を過ごした街でもある。カントはこの土地に極端に根を張った生涯を送った。毎日著しく規則正しく散歩に出かけたため、街の人はカントを見て時計の狂いを直したという逸話がある。対するアレントは、各地を転々とする根無し草のような生涯を送った。

アレントの両親は、ドイツに帰化したユダヤ系ドイツ人だった。「うちで『ユダヤ人』という言葉が使われたことは一度もない」と、彼女は振り返っている。だが、ナチスによるユダヤ系への迫害が拡大すると、アレントは自分の宗教的アイデンティティーを強く意識するようになった。[10]転機が訪れたのは1933年、ドイツの国会議事堂が放火され、ヒトラーが権力を握った年だった。当時アレントはベルリンの自宅アパートを反ヒトラー派の隠れ家に提供するとともに、ドイツ・シオニスト同盟のために、ナチスの反ユダヤ主義に関するリサーチをしていた。この活動に気づいたゲシュタポによって、アレントと母親は8日間拘留された。釈放後、裁判を待っている間に、アレント母娘はドイツを脱出した。二人ともパスポートは持っておらず、同情的なドイツ人一家の助けを得て（その家族の家はチェコとの国境をまたいで立っていた）、まずはプラハへと逃れた。次に国際連盟で働いていた社会主義者の助けを得て、ジュネーブへと移った。無国籍となったアレントは、さらにパリへと向かい、そこで「身分証明書のない難民」として7年間過ごした。[11]

1940年にナチスがフランスに侵攻してくると、アレントは、やはりナチス・ドイツを逃れてきた夫ハインリヒ・ブリュッヒャーと引き離され、南フランスの悪名高いギュルス収容所に収容された。だが、混乱するフランス行政の隙をついて脱走し、トゥールーズ近郊の小さな町モントーバンで夫と再会すると、米国の緊急ビザを取得した。二人はピレネー山脈を越えてスペインに入ると、列車でポルトガルのリスボンまで行き、3カ月後の1941年4月に船でニューヨークにたどり着いた。[12]

アレントは運がよかった。米国務省は1941年夏に緊急ビザの発給を停止し、ナチスを逃れてくるユダヤ人に門戸を閉ざしたからだ。[13] アレントがユダヤ人であるというだけで、8年にわたり各地を転々としている間に、ドイツ人はナチスの築いた全体主義の魅力にとりつかれた。

戦後開かれたニュルンベルク裁判は、ナチスのユダヤ人殲滅計画の詳細を明らかにした。なぜこんなことが可能になったのかと、アレントは考えあぐねた。何が普通の人々を、まるで工業の過程のように進められたジェノサイドに参加（あるいは少なくとも容認）させたのか。[14] アレントは、「ナチズムの最大の要因を見つけ、その根底にある本当の政治問題を突き止めたい」と考え、[15] 1951年に『全体主義の起源』（邦訳・みすず書房）を刊行して大論争を巻き起こした。

アレントはこの本の中で、反ユダヤ主義の高まりからプロパガンダの役割、帝国主義と人種差別と官僚主義の融合まで、幅広い問題を論じた。しかしその最後に、驚くべき要因に目を向ける。孤独だ。いわく、全体主義の「根底には孤独がある。……それは人間にとって最も極端かつ絶望的な経験の一つだ」[16]。そして、全体主義の追随者の「最大の特徴は……残虐性や時代遅れの考え方ではなく、孤立と、普通の社会関係の欠如」にあるとし、「社会に居場所がないと感じる孤独な人々は、自己をイデオロギーに捧げることにより、生きる目的と自尊心を取り戻すのだ」と指摘した[17]。孤独、すなわち「世の中にまったく所属しない経験」こそが、「全体主義政府の本質であり、死刑執行人と犠牲者を生み出す準備過程なのだ[18]」

アレントが指摘する孤独は、私の定義の重要な部分と一致する。すなわち、疎外感や無力感、そして孤立し、排除され、地位やサポートがないという感覚だ。孤独のこうした側面は、21世紀の今も明らかであり、ますます大きな危険となりつつある。

孤独と新しい時代のポピュリスト

現代の世界は、1930年代のドイツとは違う。たしかにここ数年、ポピュリズムが世界的に盛り上がり、ハンガリーのビクトル・オルバン首相からフィリピンのロドリゴ・ドゥテルテ大統領、中国の習近平国家主席、そしてトルコのレジェップ・タイイップ・エルドアン大統領まで多くの権威主義的なリーダーが、一段と権力を自分に集中させ、国民の自由を抑圧してきた。しかし、全体主義が台頭しているわけではない[19]。

だが、無視できない歴史の警告も存在する。コロナ禍による失業や貧困が拡大するなか、現代を1930年代の大恐慌時代になぞらえる人は少なくない。そして孤独は、しばしば経済環境の悪化と結びついている。失業者は仕事がある人よりも大変に孤独であり、貧困は社会的孤立のリスクを高めることが、複数の研究からわかっている。[20] さらに、アレントが説明する第二次大戦前のドイツと同じように、コロナ禍が到来する前から、孤独はすでに「ますます多くの大衆の日常的な経験となっていた」[21]。この現象が近年、政治的影響力の拡大をもくろむ右派ポピュリスト指導者や過激派勢力によって積極的に利用されてきた。

もちろん、現代のポピュリズムを牽引しているのは孤独だけではない。そこには文化的、社会的、技術的な準備期間があったし、経済的な要因もある。ソーシャルメディアにおける偽情報や分断の急速な拡大、リベラルと保守の衝突、進歩主義的価値観と伝統的価値観の衝突、そして人口動態の変化などだ。[22] また、ポピュリズムが台頭した原因の組み合わせは、国によって異なるだろう。それに孤独や疎外感を覚える人が、例外なく右派または左派のポピュリストを支持するわけではない。孤独な人が全員健康を損なうわけではないのと同じだ。社会的、政治的、あるいは経済的に疎外感を覚えている人でも、自分のニーズに応えてくれるのは主要政党だと希望を持ち続ける人は大勢いる。逆に、政治に幻滅して選挙に行くことすらやめてしまう人もいる。

それでも近年、これほど多くの人が選挙でポピュリスト（とくに右派ポピュリスト）に票を投じてきた大きな（しかし見落とされがちな）理由は、孤独だ。これから見ていくように、孤立感や疎外感は、現代の政治情勢を一変させる役割を果たしてきた。そこにはアレントの発見と、懸念すべき共通点がある。

孤独と不信感の政治

フランスでは、極右政党である国民戦線（現在の国民連合）のジャン゠マリー・ルペン党首（当時）を支持する声が拡大しているのは、社会的孤立が関係しているのではないかと指摘する研究が、早くも1992年から存在した。[23] 2008年のオランダの世論調査では、周囲の人が自分の利益を気にかけてくれて、自分のことを傷つけたりしないと思えない人ほど、極右ポピュリスト政党の自由党（PVV）に投票する可能性が高いことがわかった。[24]

米国の選挙・民主主義研究所（CSED）は2016年、子どもの世話や経済的な援助、人間関係に関する助言、どこかまで車で送ってほしいときなど、助けが必要になったとき、誰を頼りにするかを3000人に聞いた。その結果は、実に示唆に富んでいた。ドナルド・トランプ（当時は共和党の大統領候補）の支持者は、ヒラリー・クリントンとバーニー・サンダース（いずれも当時は民主党の大統領候補を目指していた）の支持者と比べて、近隣住民や所属コミュニティーや友達を頼りにせず、「自分だけを頼りにする」と答えた人がはるかに多かったのだ。[25] トランプ支持者は親しい友達や知り合いも少なく、いても一緒に過ごす時間は短かった。一方、公共宗教研究所（PRRI）が、2016年の共和党予備選の終盤に共和党支持者の特徴を調べたところ、トランプの支持者は、党内の最大のライバルであるテッド・クルーズ上院議員の支持者と比べて、スポーツチームや読書クラブやPTAといったコミュニティーに参加したことがほとんどない、またはまったくないという人が2倍も多かった。[26]

一方、欧州17カ国で15年間に6万人を対象に行われた調査によると、「市民団体」（ボランティア団体や住民の交友団体など）に加わっている人は、そうでない人と比べて、極右政党に投票する可能性が大幅に低かった。中南米でも同じような結果が見られた。[27]

どうやら人間は、幅広いコミュニティーとつながっているほど、自分の周囲には頼りになる人がいると感じる可能性が高く、極右ポピュリストの声に耳を貸す可能性は低いようだ。もちろん相関関係は因果関係とは限らないが、これについては因果関係と言えそうなロジックが存在する。というのも、インクルーシブな民主主義の練習（協力の方法だけでなく、意見の違いを調整する方法を学ぶこと）は、地元の交友団体に参加したり、ボランティア活動をしたり、地域団体の役員を引き受けたり、友達関係を維持することによって可能になるからだ。[28]一方、人間は社会的な結びつきが少ないほど、自分が孤立していると感じる。そして、意見の違いを管理したり、人に丁寧かつ協力的に振る舞ったりする練習が少ない人ほど、他人を信頼しなくなり、ポピュリストが喧伝する排他的で分断的なコミュニティーに魅力を感じるようになるようだ。

疎外化の孤独

だが孤独は、友達の間で孤立しているとか、コミュニティーとのつながりがないという感覚だけではない。自分の声に耳を傾けてもらえていない、あるいは他人に理解されていないという感覚も含まれる。スイスの精神医学者カール・ユングは次のように語っている。「孤独は、周囲に誰もいないことから生じるのではなく、自分にとって大切な物事を（他人に）伝えられないことや、他人に許容されない考えを持っていることから生じる」[29]

最近の事例を見ると、ポピュリストを支持する人たちは、とりわけ必死に、みずからの経済的困窮やそれによる疎外感や孤立感を、政治権力者にわかってもらおうとし、わかってもらえないと落胆してきた。２０１６年米大統領選前の、米国の鉄道労働者たちの声を聞くと、トランプがこうした感情を積極的に利用して、政治地図を塗り替えたことがわかる。こうした有権者の感情は、２０２０年大統領選でも根強く残っていた。

ラスティは、テネシー州東部のマクミン郡イトワに住む40代の機関士だ。祖父と父親も鉄道で働き、生涯民主党の支持者だった。ラスティも２０１６年まではそうだった。「汗水たらして働くなら、組合に入って民主党を支持しなければと言われて育った」と、ラスティは語る。でも「必死に働けば働くほど、暮らしがよくならないことを強く感じるようになった」。大量の石炭を輸送していたラスティと仲間の技師たちにとって、オバマ時代の石炭規制は、倹約ではしのげない生活苦をもたらした。それは民主党に投票してきた彼らにとって、裏切りのように感じられた。「オバマは大統領になると、クリーンコール法やら何やらで、私を傷つけた」。ラスティは一息つくと、「彼は私を直接傷つけ」て、大きな「困難」をもたらした、と繰り返した。これに対してトランプは、「ずばりと言ってくれる」唯一の候補者だと言う。ラスティの気持ちを気にかけ、彼が抱えている問題を聞きたがってくれた唯一の人物だ――。

ラスティの仲間のゲーリーも、かつては民主党支持者だったが、トランプに同じような信頼を寄せていた。「トランプが、アメリカに雇用を取り戻し、貿易協定を交渉し直すと言ったとき、『ワオ、トランプに投票しよう』と思った」と、興奮気味に語る。「貧困層と中間層のためになるのは、トランプだけだ。労働者を助けることに関心がありそうなのは、トランプだけだ」

やはり昔は民主党支持者だったテリーも同じ意見だ。[30] テネシー州東部で20年間鉄道業に従事してきた彼には、8人の子どもがいる。昔は「かなりいい暮らし」だったが、いつのまにか「ギリギリ」の生活になっていた。テリーも、ゲーリーとラスティと同じような表現を使った。「トランプは支持者の面倒を見てくれる」。これまでの政治指導者たちは、テリーたちの雇用を守り、まともな生活水準を維持するニーズに目もくれなかったと、彼は感じていた。

かつては民主党か、少なくとも労働組合が希望を与えたであろう地域で、トランプは2016年と2020年のどちらの選挙でも、疎外感を覚えている人々（とくに白人労働者階級）の支持を得た。コミュニティーのインフラが脆弱で、社会のつながりが崩壊し、人々が生活苦を感じている地域では、それがとりわけ顕著に見られた。[31] テリーやラスティの故郷であるテネシー州東部は、ここ数十年で炭鉱が閉鎖されたほか、[32] 2008年の金融危機の傷がまだ癒えていなかった。そうしたことすべてが、「ワシントンの権力者たちは市井の労働者のニーズなど気にかけていない」という思い込みにつながった。

トランプの政策が本当に彼らの暮らしを改善してくれるかどうかは、トランプが彼らの声に耳を傾けている（ように見える）事実と比べれば、さほど重要ではないようだ。トランプは20

20年大統領選で、「みんなのことを本当に考えているのは私だけだ」という主張を一段と強調した。「ナンシー・ペロシ（下院議長）は、民主党の知事や市長がいる、落ちぶれた犯罪まみれの州や町を救済することしか頭にない。それ以外のことには関心がないんだ。人々を助けることなんてどうでもいいと思っている」。これに対して民主党の大統領候補ジョー・バイデンは、雇用回復を強調する戦略を取り、自分は昔から組合の味方だったことを労働者階級の有権者に思い出させようとした。だが、多くのトランプ支持者は、バイデンに物足りなさを感じた。[33]

生活が不安定だと、人は孤独を感じる。だが、誰も自分の苦しみを気にかけてくれないと、もっと孤独を感じる。助けてくれると信じていた権力者に気にかけてもらえなければ、なおさら孤独だ。トランプは多くの人に、彼らのことを気にかけていると信じ込ませた。それが、2016年の選挙に勝利する大きな要因の一つになった。

ポピュリストが説得力を持ち続けているのは、米国だけではない。パリに住むパン焼き職人のエリックは、真面目で礼儀正しい青年だ。だが話を聞くと、懸命に働いているのに、最低賃金をわずかに上回る程度の稼ぎしかないことに、苦しみといらだちをあらわにした。多くの若者と同じように、エリックは、社会が自分に不利な形に歪められていると感じていた。「経済の仕組みが不公平だ」と、彼は力説した。「懸命に働くだけでは不十分で、猛烈に懸命に働かなくてはいけない。上手なだけでは不十分で、ものすごく上手で、コネがないといけない。さもないと生活していくだけの稼ぎを得られない」。さらに、「見捨てられた」と感じていることも切々と語ってくれた。その声には悲しみと怒りの両方が混じっていた。病気になったり、年老いたりしても、国が助けてくれるとは思えない。だから余計に孤独に感じるのだ、と。

エリックは、極右ポピュリスト政党である国民連合の青年組織の主要メンバーだ。同党は長年、外国人排斥を唱えてきたが、2018年の名称変更後も、フランスで最も人気の高い政党の一つであり続けている。創設者のジャン＝マリー・ルペンは、ナチスのガス室を「第二次世界大戦の歴史ではささいな出来事」と語るなど、ホロコーストを矮小化したことでも知られる。[34]最近では、娘のマリーヌ・ルペン党首が、イスラム教徒の移民受け入れ反対論を唱えてきた。彼らのコミュニティーはイスラム過激派の温床であり、「住宅街や、交流団体、スポーツクラブなど、そこらじゅうに足を張るタコ」のようだと攻撃したこともある。[35]2015年には、イスラム教徒が路上で祈りを捧げていることを、ナチスの占領のようだと語り、人権団体に訴えられた。最終的に無罪放免となったが、彼女の論調は今もさほど変わっていない。[36]

かつてなら、エリックが政治活動の拠り所を見出すのは左派のフランス社会党だったかもしれない。しかし今、彼が居場所を見つけたのは、極右の国民連合だった。米国で、かつて民主党の支持者だった鉄道労働者たちがトランプを支持したように、エリックは、ほかの政党に「見捨てられた庶民を守ってくれる」のは国民連合だと考えている。そして自分がその一員であることを誇りに思っている。

この「見捨てられた」感覚は、フランスとドイツの世論調査でも明らかになっている。ドイツの東ゲルゼンキルヒェンのような、失業率が高く、荒廃した町では、2017年の連邦議会選挙で、反移民政党「ドイツのための選択肢（AfD）」の得票率が約30％に達した（ドイツ全体の平均の3倍）。北フランスの町ルーンプラージュのレコンプ地区では、2017年の大統領選でマリーヌ・ルペンの得票率が42・5％に達した。[37] 両地区の聞き取り調査では、「見捨てられた」という感覚が回答者の間に充満していた。

自分が疎外され、無視されていると感じているとき、誰かが「あなたの姿が見えるし、声が聞こえる」と言ってくれたら、その約束に魅力を感じるのは無理もない。トランプの「米国の忘れられた人々が、もはや忘れられることはない！」というスローガンや、マリーヌ・ルペンの「忘れられたフランス、自称エリートに見捨てられたフランス」のために働くという公約は、こうした背景を踏まえて慎重に練られたメッセージなのだ。[38] 過去数十年にわたる新自由主義と脱工業化、2008年の金融危機とその後の不況と緊縮政策により、実際、多くの人が忘れられてきた。そして経済的にとりわけ大きなダメージを受け、自分が最も苦しんでいると感じていた非技能労働者は、極右ポピュリストの格好の餌食となった。[39]

孤独と、地位と自尊心の喪失

ほかにも、多くのポピュリストの指導者がよくわかっていることがある。それは、孤独とは喪失感でもあることだ。コミュニティーが失われたことは間違いないし、経済的な安定も失われた。だが、社会的地位の喪失も極めて重要だ。「社会に居場所がない」人々という、アレントの孤独の定義を思い出してほしい。社会における居場所は（とくに男性の場合）、仲間やプライドや地位と厳然と結びついている。これらは仕事によってもたらされるが、どんな仕事でもいいというわけではない。歴史と連帯感と目的のある仕事でなくてはならないのだ。[40]

トランプが唱える「アメリカを再び偉大な国に」とは、地域の中心に伝統的な産業があって、そこで働くことが強烈な自尊心と共同体感覚をもたらしてくれる古い秩序を回復しようという呼びかけだ。トランプはよく、「我々の偉大な炭鉱労働者に仕事を取り戻そう」と唱えた。[41]「我は生産する、ゆえに我あり」という思考の世界では、失業していたり、地位の低い仕事に就いていることは恥だ。だからコミュニティーを再生し、社会における居場所を復活させるという約束は、とりわけ歓迎された。

「昔は鉄道で働くことに誇りを持っていたが、今は違う」と語るテリーのような鉄道労働者に、トランプの約束が魅力的だったのは驚きではない。それはゲーリーにとっても同じだ。彼は、最近閉鎖された工場の名前を次々と挙げてくれた。リビー・オーウェンズ・フォード社のガラス工場、ユニオンカーバイドの工場、トゥルーテンパー社の工場、海軍兵器研究所（NOL）の工場。どれも、モノを生産する場所だった。「ほかにも仕事はあるが、……ファストフード店や食料雑貨店やウォルマートなどでの仕事は、いずれも低賃金だ」

こうした仕事が、昔の工場の仕事よりも絶対的に低賃金かどうかは議論の余地がある。だが、「新しい」仕事は賃金が安いだけではない。社会的地位や立場が低いとみなされ、自分がさほど誇りに思えないかもしれない仕事でもある。コロナ禍で失業が急増する前でさえ、こうした「地位の低い仕事」しか見つからない人は増えていた。かつて製造業の中心だった地域や、脱してきた。

工業化した地域ではとくにそうだ。低失業率はこの現実を隠し、統計の下に潜む不満にフタをしてきた。

近年、これほど多くの白人労働者階級の男性が極右ポピュリストを支持するようになったのは、収入が減ったこと以上に、地位が下がったという感覚が原因だと、社会学者のノーム・ギドロンとピーター・A・ホールは指摘する。二人は2017年の研究論文で、1987～2013年に先進民主主義国12カ国で、社会的立場の喪失と投票行動の関係を調べた結果を報告している。それによると、自分には社会的地位がないと感じている高卒以下の白人男性（理由は質の低い仕事しかないため、または失業しているため、または大卒の非白人女性の地位が上昇して自分の立場が低下したと感じられるため）は、そうでない人より右派ポピュリスト政党に投票する可能性が大幅に高かった[42]。こうした政党は彼らをリスペクトし、その地位を回復すると約束したからだ。

トランプは2016年の選挙演説で、次のように語っている。「私の対立候補はみなさんを嘆かわしく、救いようがないと中傷するが、私はみなさんを勤勉なアメリカの愛国者と呼ぶ。この国を愛し、すべての人々によりよい未来を与えようとする愛国者だ。みなさんは、……兵士であり、水兵であり、大工や溶接工だ……。みなさんはアメリカ人であり、みなさんのことを称え、大切にし、擁護するリーダーを持つ資格がある。我が国では、すべてのアメリカ人が、尊厳と敬意をもって扱われる資格がある[43]」

2020年大統領選でも、トランプは、自分の地位と価値を認めてほしい有権者の感情にアピールする戦略をとった。「みなさんのような誇り高い市民が、この国の建設に貢献してきた」と、トランプは２０２０年10月にツイートしている。「私たちはともに、この国を取り戻しつつある。私たちはみなさんに、アメリカの人民に、パワーを取り戻している」[44]

コミュニティーの押し売り

ポピュリストが提案することはほかにもある。所属意識だ。地位だけでなく、仕事や労働組合を失った人々や、孤立して社会的結びつきを持たない人々にとって、所属意識は極めて重要だ。[45]ラスティは、少なくなる雇用をめぐり、仲間の技師たちと競い合うようになったために、「きょうだい愛」が失われてしまったと嘆いていた。

このようにコミュニティーや社会的結びつきが失われた空白に、トランプのようなポピュリストたちは、明快かつ躍動的な所属意識の解釈を引っ提げて巧みに入り込んできた。

トランプの政治集会を考えてみるといい。トランプは選挙期間中だけでなく、大統領就任後の3年間にも70回近くの集会を開き、コロナ禍の間もそれを続けた。[46]もちろん、ほかの政治家も政治集会は開くが、トランプの集会は質的に異なっていた。それは政治的な宣伝であるだけでなく、支持者が仲間意識を確認できる儀式として開催されたのだ。家族行事のように三世代で参加する支持者もいた。一般的な選挙集会なら、支持者は普段着でやってくるが、トランプの支持者は、「アメリカを再び偉大な国に」と書かれた赤い野球帽やTシャツを着込んでやってきた。[47]同じ曲（「ゴッド・ブレス・ザ・ＵＳＡ」）が繰り返し流れるため、支持者はシンプルなメロディーに乗せて、愛国的な歌詞を一緒に歌えた。[48] 会場いっぱいの人々と、同じサビと歓声を何度も繰り返すことで、支持者は数千人と一体感を覚えることができたのだ。[49] これに対してヒラリー・クリントンの選挙集会は、真面目で退屈と感じる人もいたかもしれない。さらにバイデンの集会は、新型コロナウイルスの安全対策を徹底したこともあり、ひどく地味で抑制されたイベントとなった。だがトランプの集会は、コロナ禍のなかでもプロレスのイベントのような演出とファンの熱狂があった。[50]

言葉の選び方も絶妙だった。トランプの演説は、タフさや結束意識を強調した。圧倒的に一人称複数（「我々」）で話し、支持者との間に人間的なつながりをつくった。もちろん実際には、トランプと支持者の間にはほとんど共通点はないのだが。[51]「自分もこのイベントの一員だという感覚を与えてくれる」と、ある集会の参加者は語った。それはトランプとだけでなく、支持者どうしもつながっているという感覚だ。[52] トランプはまた、「人々」「ビューティフルな人々」「素晴らしい人々」「偉大な人々」といった表現を繰り返した。「人々」は、トランプの演説で最もよく使われる言葉だった。[53]

こうした政治ショーのようなテクニック（ブランド入りグッズ、スローガン、「我々」という表現と、集団に対するエンドレスなアピール）は、米国のメガ教会や19世紀のリバイバル（信仰復興）運動の特徴とよく似ている。実際、トランプの政治集会は、街頭演説や握手と大きく異なり、「一種の聖餐式」のようだと、作家のジョニー・ドワイヤーは表現している。[54] トランプ自身、宗教がかった熱狂的な雰囲気に言及したことがある。2017年8月21日、大統領に就任してから初めて開いた選挙集会の冒頭で、群衆を見回し、米国で最も有名な福音派牧師の名前を口にした。「なんて美しいんだ。……偉大なるビリー・グラハムの気持ちがようやくわかった」[55]
トランプは、米国政治に特有とも感じられる方法で、人々に「自分は重要な存在なのだ」と感じさせた。伝統的な職場やコミュニティーが壊れてしまった人々の、何かに所属したい、何かの一員であると感じたいという渇望を満足させたのだ。そして、自分よりも大きなものの一部になりたいという、人間の進化上の基本的ニーズに働きかけた。[56]

ヨーロッパでも、同じようなテクニックが使われるようになってきた。ポピュリスト政党や指導者が、選挙集会兼社交的なイベントを利用して支持拡大を図ってきたのだ。

たとえば、ベルギーの極右ポピュリスト政党で、移民の受け入れ反対を重要な綱領[57]とする「フラームス・ベランフ（フランドルの利益）」は、「屋内で移民反対の演説を聞き、屋外ではフェイスペインティングや、バウンシーキャッスルを楽しめる」イベントを開いた。[58] 隣国ドイツでは、ＡｆＤがトランプとよく似た政治集会を開いている。風船を持った家族連れが、ピクニックテーブルでビールを飲みながら、「ビョルン・ホッケ――我が心の首相」と書かれたプラカードをしっかり握っていた。[59] スペインでは、極右ポピュリスト政党ＶＯＸが、若者をターゲット（26歳以上は参加禁止）に、ナイトクラブやバーで「ビールナイト」を開いて支持者を集めている。[60] ここでも、使われている言葉は、コミュニティーを感じさせるものであり、支持者がよそでは得られない所属意識を与えようとしている。イタリアの極右ポピュリスト政党「同盟」の政治家たちは、「同盟は大きな家族だ」と政治集会で何度も繰り返す。[61] 同盟は、もとは

「北部同盟」という名前の地域政党で、イタリア北部を代表すると主張していたが、この10年間に右傾化し、国政の舞台で勢力を伸ばしてきた。今は北部の分離独立を訴えることはなく、反移民や反欧州連合（EU）、反LGBTQ＋を唱え、非常に大きな支持基盤を持つ。[62]２０１９年の欧州議会選挙では、イタリアで3分の1以上の票を獲得した。[63]同党を率いるマッテオ・サルビーニは、トランプのように言葉を武器にして、しばしば支持者を「ママ」「パパ」「友」と呼んで魅了し、コミュニティー感覚を補強する。[64]

ポピュリスト政党が所属意識を提供するのは、大規模な集会でだけではない。同盟を支持する若者ジョルジオは、ミラノ出身の粋なビジネスマンで、サルビーニと一緒に撮った写真を誇らしげに見せてくれた。彼は同盟のおかげで、さほど一人ぼっちだと思わなくなったという。「1年半前から、夕食会やパーティーに出かけるようになった。正式には委員会だが、党員の親睦会のようなものだ。みんなとても感じがいい。たくさんの人に会える。みんなで歌ったりして、伝統を強く感じることができる。それに誰もが北部の方言で歌う。みんなそのことにとても満足している。コミュニティーの一員だと感じられるからね」

パリのエリックも、毎週水曜日の政治活動のミーティングや、その後の飲み会、そして一緒にポスターやチラシを配る活動がいかに大きな喜びを与えてくれるかを語ってくれた。それまでは「連帯感や、同じコミュニティーの一員だと感じられる人を見つけるのはとても難しかった」けれど、国民連合では見つかったのだという。国民連合に加わっていなかったら、自分はひどく孤独だっただろうと、エリックは率直に認めた。かつてなら労働組合や伝統的な政党、教会、さらには賑やかなコミュニティーセンターや地元のカフェが提供してくれたかもしれない目的意識やコミュニティーを、国民連合が与えてくれたのだ。[65]

コロナ対策のために、しばらくの間支持者たちが対面で集まることは規制されたが、それによってポピュリスト政治家への支持が低下したかどうかは、まだわからない。トランプは2020年米大統領選で、2016年よりも多い約7000万人の支持を得た。今後どうなるかは、熱狂が冷めたときの、支持者たちの置かれた環境に大きく左右されるだろう。経済危機は政権与党に不利に働く傾向があるが、ポスト・コロナの時代は、雇用の維持だけでなく、国民の命をどのくらい守れたかも、政治家は問われることになるだろう。[66]

もちろん報道や、ポスト・コロナの展望が支持されることも重要だ。ただ、ロックダウン中に、ポピュリスト政党が迅速にオンラインでのコミュニケーション活動を強化したことには驚いた。米国では、トランプがテレビ中継される定例記者会見に毎日登場して、自分の「部族」に向けたメッセージや、メディアや国際機関に対する批判をまくしたてた。トランプ選対は、フェイスブックのプレゼンスを強化し、オンラインでの情報発信を増やし、ズームで大規模なボランティア研修を実施し、100万人近くに向けて「バーチャル政治集会」を生配信した。[67]イタリアの同盟や、スペインのVOX、ベルギーのフラームス・ベランフもソーシャルメディアの達人であり、オンライン活動を強化した。[68]

移民をスケープゴートに

オンラインで集まるか、対面で集まるかにかかわらず、右派ポピュリスト政党には独特の共通点がある。それは他者をあからさまに排除することだ。

彼らは、愉快なイベントで参加者の所属意識を醸成しようとする一方で、招かれざる人を明確にしてきた。

孤独で見捨てられたと感じている人たちを取り込み、ナショナリスト的あるいは人種的な線引きでコミュニティーをつくり、部族意識を武器化することによって、自分たちとは異なる人々を攻撃させる。ポピュリストのリーダーたちは気がついたのだ。社会に排除され、取り残され、孤独だと感じている人たち、つまり意見の違いを調整することに慣れていない人たちや、伝統的なアイデンティティーの拠り所（階級、雇用、教会など）が不安定になった人たちにとって、「国籍、民族、言語、性別といった社会的アイデンティティーは、存在意義（と）自尊心の魅力的な源泉になる」と、コペンハーゲン大学のミッコ・サルメラ教授とベルリン自由大学のクリスチャン・フォン・シーフ教授は書いている。[69] 私はそこに、所属意識を加えたい。

これはポピュリストによる、最も醜く、最も分断的な、孤独と孤立の利用方法だ。孤独な人は、自分が住む地域を非友好的で威嚇的だと思う傾向があることを思い出してほしい。孤独なマウスが別のマウスに攻撃的になることや、孤独な人の脳が共感を覚えにくくなることを思い出してほしい。右派ポピュリストは、孤独な人の疎外感を補強し、よそ者（たいてい民族や宗教の違う移民だ）が優遇されていると唱えて不満と不安を煽り、自分たちが支持を得ようとする。また、それを過ぎ去った時代へのノスタルジーと結びつける。「あの移民たちがやってきて、みなさんの社会保障や雇用を奪う」までは、もっとしっかりした絆があったし、もっと幸せで、いい生活をしていたというわけだ。

そして今、右派ポピュリストたちは、「あの外国人が致死的なウイルスをあなたに感染させるまでは」というバージョンも唱えている。コロナ禍の初期、多くのポピュリスト政治家はすぐさまこの危機を利用して、人種的、民族的、宗教的な緊張を煽った。

米国では、トランプが新型コロナウイルスを「中国ウイルス」と呼んだために、アジア系アメリカ人が嫌がらせを受ける事件が相次いだ。[70] ハンガリーのビクトル・オルバン首相は、国内で初めて陽性が確認されたイラン人留学生を厳しく非難したうえに、「外国人が多いから」という理由で、大学はコロナ禍の温床だと断言した。[71] イタリアでは、同盟を率いるサルビーニがコロナ禍を、地中海を船で越えてきたアフリカ系の庇護希望者と結びつけた。[72] もちろん、感染病を利用して人種的な分断とナショナリスト的な熱狂を煽る政治手法には長い歴史がある。ユダヤ人は、14世紀のヨーロッパで大流行したペストの元凶とみなされ、数千人が虐殺された。1629～31年にミラノでペストが流行したときも、「外国人」が暴徒に襲われた。このとき、とくにターゲットになったのはスペイン人だった。1830年代に米国のニューヨークとボストンなどでコレラが流行したときは、アイルランド系移民のせいにされた。[73] パンデミックは昔から外国人排斥に結びつけられてきたのだ。

だが、イタリアの同盟を支持するジョルジオは、コロナ禍が攻撃理由を与えてくれる前から、排外的なメッセージの影響を受けていた。「政府は、国民をアフリカから来た移民の二の次として扱ってきた」と、彼は言う。「連中はここでバケーションを楽しんでいるが、生粋のイタリア人は社会的権利もなく、汗水たらして働いている。（政府は）自分のコミュニティーと、もとからこの国に住んでいる人たちの面倒を見るべきだ。アフリカから来た連中じゃなくてね」

ベルリンに住む29歳のマティアスは、ジョルジオと同じような理由から、右派ポピュリスト政党のAfDを支持している。[74] 2017年に、アンゲラ・メルケル首相が100万人の難民受け入れを発表したとき、マティアスは「国民より、難民のために多くがなされているのは事実だ」と語った。[75]「私の友達の多くは今も仕事を探しているのに、難民は何もしないでカネをもらっている。アパート入居でも優遇されている——すべて無料だ[76]」

トランプを支持するテネシー州東部のテリーは、「ホームレスの退役軍人がいるのに、よその国から難民を受け入れるだって？　我々は、我々の人々の面倒を見る必要がある」と言う。

新型コロナウイルスに関する陰謀論と同じで、こうした主張は事実ではない。ドイツに来た難民は、ドイツ市民が受けている以上の社会保障を得ていないし、実際には多くの場所で住宅差別にあっている。米国では、退役軍人も市民も、難民や不法移民をはるかに上回る社会保障を得ている。だが、右派ポピュリストが広めるこうした作り話は、仲間の市民にも国家にも見捨てられたと感じ、絆を感じられない人々にとって明らかに魅力的だ。彼らはすでに、自分が住んでいる環境を威嚇的で非友好的とみなす傾向があり、木の枝をヘビと勘違いし、陰謀論を受け入れやすい素地があるからだ。[77]

事実、欧州社会調査（ＥＳＳ）の3万人以上に対するアンケート調査によると、極端な反移民感情を示す人に共通するのは、性別や年齢ではなく、生活への不安や、市民と政府に対する信頼の低さ、そして社会的孤立だった。[78]「政治的に無力で、経済的に不安定で、社会的サポートがないと感じている人たちは、総じて、移民に対して極めてネガティブな感情を抱く可能性が最も高い」と、研究チームは結論づけている。どこかで聞いたような？　そう、これら三つの特徴は、すべて孤独を牽引する要因でもある。

ポピュリストにとって、よく知らない人をスケープゴートにするのは、自分たちが確実に支持を集められる戦略なのだ（一般に移民反対熱が最も強いのは、移民が少ない国だ）。[79] 彼らは、感情が理性や複雑性に勝ること、恐怖がパワフルなツールになることを、誰よりもよく理解している。だから他者を攻撃するメッセージを何度も繰り返す。たとえ数年後に、右派ポピュリストに対する支持が低下しても、ポピュリズムの弔いの鐘が鳴るのはもっと先だろう。彼らが大衆のイマジネーションと感情と投票行動に与えた影響は、長く残る可能性が高い。

さらに懸念されるのは、分断的で人種差別的なレトリックは、伝染力があることだ。オランダのマルク・ルッテ首相は、２０１７年の選挙で極右ポピュリスト候補のヘルト・ウィルダースの追い上げを受け、移民たちに「ノーマルになるか、どこかへ行ってしまえ」と呼びかける新聞広告を出して、[80] 自分も厳しい移民政策を掲げていることをアピールしようとした。デンマークの社会民主党は、2019年の総選挙で、移民問題に関しては極右のような綱領を掲げて勝利した。[81]実際、近年のポピュリズムの台頭がもたらした最大の危険は、伝統的な右派政党と左派政党がより右傾化あるいは左傾化して、分断的で不信感と憎悪を煽るレトリックが日常的になったことだ。

ポスト・コロナの世界では、こうした衝動が一段と大きくなり、ポピュリストだけでなく中道の政治家までが、人々の健康状態や不安を悪用して政治的支持を獲得しようとすることを私は恐れている。

もちろん私たち一人ひとりにも責任はある。これほど多くの人たちが疎外感を覚え、サポートがなく、耳を傾けてもらえないと感じ、恐怖を抱くようになった原因は、彼らの人種差別的感情にあるのか、ポピュリストの排外主義的メッセージ（とソーシャルメディアにおけるその増幅）なのか、経済的・文化的・社会的シフトなのかは判然としない。だが、はっきりしているのは、もはやこの世に自分の居場所はないと感じる人々や未来を恐れている人々にとって、他人に対する憎悪は、「自分を定義する手段」になることだと、ハナ・アレントはナチス・ドイツを見て指摘している。それは、一人ぼっちという感覚をやわらげ、「かつて社会における役割から得られた……自尊心を少しばかり取り戻す」助けになる。[82]

アレントの説明は、時代を超えて多くの世代に共通する。ウィルヘルムはその典型だろう。「身長180センチで、スレンダーで、黒い瞳と、著しく知的な顔を持つハンサムな青年[83]」は、景気低迷後、何年も仕事が見つかっていない。彼は自分の気持ちを次のように打ち明けた。

「私たちの世代が入り込む余地は、まったくなかった。あんなにつらい思いをしたのに、まったくお呼びでなかった。大学卒業後、1年間仕事が見つからなかった……それが5年になり、心も身体も打ちのめされてしまった。私は（ドイツに）求められていなかった。そしてここで求められていない以上、当然、世界のどこでも求められていなかった。……私の人生は完全に希望が失われた」

ウィルヘルムがこの感情を吐露したのは1930年代のことだ。彼はこう続けている。「ちょうどそのとき、ヒトラーを知った。……私の人生は、新たに巨大な意味を持つようになった。それ以来、私は自分の身体、魂、精神をドイツ再生運動に捧げてきた」

孤独の原因と結果は、現代の最大の政治的・社会的問題の中心に位置する。このことを最もよく理解しているのはポピュリストだった。だが孤独を経験している人たちに、彼らの問題に解決策を示せる唯一の政治家は、ポピュリストだと思わせてはならない。それではあまりに幅広いダメージがもたらされるだろう。

非常に難しいこの問題に、あらゆる政治家が取り組む必要がある。すでに社会的弱者である人々が、これ以上疎外されないようにするにはどうすればいいのか。どうすれば、自分はサポートされ、ケアされていると感じてもらうことができるのか。また、自分と見た目も歴史も文化も出自も異なる人たちが互いに助け合うには、どうすればいいのか。そして、引き裂かれつつある世界で、どうすれば人々をまとめることができるのか。

同じくらい重要なのは、すべての市民が、自分たちの声に耳を傾けてもらえて、自分たちを見てもらっていると感じられる方法を見つけることだ。また、人々が日常生活で、多様な人々を仲間に加えたり、丁寧で寛容に振る舞ったりする練習をする機会をつくらなくてはならない。政治家はこれまで以上に、地方や国や世界レベルのコミュニティー再建を政策の中心に据える必要がある。バイデン政権が、これに取り組むと明言していることは心強い。

しかし、孤独が増している流れを逆転させて、市民のコミュニティー意識を再活性化して、人々の間の亀裂を修復するためには、この問題をもっと深く理解する必要がある。なぜ21世紀が、ポピュリストの誘惑に耳を傾ける人々だけでなく、あらゆる人にとって孤独の世紀になったのか。それを理解する旅は都市から始まる。なぜなら都市は、孤立化の震源地になりつつあるからだ。

第4章

都会で一人ぼっち

The Solitary City

2019年、ニューヨーク。この街を留守にするたびに、フランクはアパートの壁から亡き父の写真を外し、ほかの貴重品と一緒に戸棚にしまってカギをかける。数時間後にやってくるエアビーアンドビー（Airbnb）のゲストから大切な物を「守る」ためだ。

グラフィックデザイナーとしての成功を夢見て、ニューヨークに出てきたのは数年前のこと。まさかデジタルメディアが急増して、紙媒体が縮小した結果、大規模な人員整理の対象になるとは思いもしなかった。2018年以降、不本意ながらフランクはギグワーカーとなり、アップワーク（Upwork）やファイバー（Fiverr）といった仕事受注プラットフォームで仕事を見つけたり、知り合いを通じて仕事をもらったりしてきた。エアビーアンドビーで見知らぬ人に自宅を提供することは、現在32歳のフランクが休暇を取る唯一の方法でもある。次の仕事を確保できるか、きちんと家賃を払い続けられるかといった心配が、いつも頭から離れない。

雇用の不安は、誰にとってもつらいものだが、フランクの場合、ニューヨークに住んでいることが状況を一層厳しくしていた。保証金を払って、人生で初めてアパート（ミッドタウンの高層ビルにある小さなワンルームだ）を借りたときは、とても誇らしく思ったものだ。だが毎晩、空っぽの自宅に戻ると、あるいは仕事で一日中部屋にこもっていると、居心地がいいはずの部屋が、棺桶のように感じられるようになった。同じ建物に、ちょっとコーヒーを飲みに立ち寄ったり、1日の終わりに、一緒にビールを飲んでくつろげる知り合いも一人もいない。入居して2年がたつのに、「誰も私の名前を知らない」し、「廊下やエレベーターですれ違う住民は、私を見たこともないようだった」

自宅だけではない。「ここ（マンハッタン）では誰も私に微笑みかけない」とフランクは言う。誰もがスマートフォンをのぞきこみ、フィットビットで歩数をチェックし、しかめ面をしている。ときどき仕事をする近所のカフェに、フレンドリーなスーダン人の店員がいなかったら、何日も人と話をしないことさえあった。

夜も、たいてい「ティンダーで適当に知り合った女性」とメッセージをやり取りするだけ。実際に相手に会いたいからではなく、誰かとなんらかの接触を持つことで、孤独をやわらげるためだった。もちろん実家のある中西部の小さな街だって息苦しく感じたし、キャリア的に「成功する」ためにはニューヨークは「いなければならない」場所だった。でも、彼が地元のユースクラブのリーダーを務めていたことを溌剌と語る姿を見る限り、ニューヨークに引っ越してきたことで、コミュニティーの一員という感覚を失い、それをひどく恋しく思っていることは明らかだった。

ここでは誰も微笑まない

もちろん「都会は孤独な場所」という認識は、新しいものではない。英国のエッセイストのトマス・ド・クインシーは次のように書いている。「ロンドンは、初めて訪れた人でも一人ぼっちになることはない。それなのに、打ち捨てられた感覚と極度の孤独により、悲しくなり、屈辱感を覚え、ひょっとすると恐怖すら覚える。彼はまさにそのような状況にあった。……途切れることなく顔が表れるが、彼に話しかける顔はない。無数の目があるが……急ぎ足で往来する男たちの姿は……狂人か、幽霊の行進のように見える」[1]
これは19世紀のロンドンの描写だが、孤独の世紀のどこかの街の説明だとしてもおかしくない。コロナ禍の前でさえ、ロンドンの住民の56％が孤独を感じ、ニューヨークの住民の52％が「住むにはさびしい場所」と考えていた。[2] 同じように答えた人はドバイで50％、香港で46％、サンパウロで46％だった。タイムアウト・シティ・インデックス調査の「最も孤独な街ランキング」で11位のパリや、12位のシドニーでも、回答者の三分の一以上が都会の孤独に言及した。[3]
孤独は都会だけの問題ではない。[4] 田舎の住民も、田舎ならではの孤独を強く感じることがある。[5] たとえば公共交通機関が少ないため、マイカーがない人は孤立する恐れがある。若者が都会に出て行ってしまうと、多くの高齢者は身近にサポートをしてくれる人がいなくなる。[6] 政府の公共投資は、都市の貧困地区を優先する傾向があり、[7] 田舎の住民は無視されていると感じることが多い。
だが、都市化が世界的な現象であることを考えると、ここでは現代都市の特徴と孤独の原因を理解しておくことが、とくに重要だ。実際、２０５０年までに、世界の人口のほぼ70％が都市部に住むようになると見られている。このうち10人に1人は、人口１０００万人以上の大都市に住むことになる。人口密度の高い都市に、一段と多くの人が流れ込んでくるのだ（コロナ禍によりペースは落ちるかもしれないが）。ポスト・コロナの時代をどう生きるかを考えるうえでも、都会生活が人の心に与える影響を理解しておくことは重要だ。

もっと無礼で、ぶっきらぼうで、冷たい

現代の都市のいったい何が、これほど冷たくて孤独な場所に感じさせるのか。

もしあなたが都会に住んでいるか、都会で仕事をしているなら、21世紀の典型的な通勤風景を思い浮かべてほしい。満員電車に無理やり乗り込み、あるいは、けたたましいクラクションを浴びながら自動車通勤をし、名前も知らない無数の人たちがニコリともせず、あなたの存在に無関心で通り過ぎて行く。

都会の人はぶっきらぼうで、自分のことしか頭にないというイメージは、あながち嘘ではない。[8]複数の研究によると、都会人はたしかに無礼だ。それは人口密度が高い街ほどひどい。[9]すれ違う人と再会する可能性が低いほど、ある程度礼儀を欠いても(ぶつかっても謝らないとか、後続者のためにドアを押さえておかないなど)いいやと思いがちになるからだ。だから都会では、いつも周囲に人がいるけれど、「一緒にいる」と感じられることはめったにない。

このことは私たちに、一種の対処メカニズムを持つことを強いる。スーパーで20種類のジャムを前にすると、たいていの人は一つも買わないのと同じように、人間はあまりにも多くの人を前にすると、交流するのではなく引いてしまう。[10]これは圧倒される感覚を回避するための合理的な反応だ。見ず知らずの人にも全力で人間的に接することは理想だが、都会でそれを実践したら、私たちのエネルギーは枯渇してしまう。[11]ニューヨークで多くのルームメイトと共同生

活を送るエッセイストのシャノン・ディープは、次のように書いている。「もしすれ違う人全員にハローと声をかけていたら、お昼には声が枯れているだろう。自宅から地下鉄の駅までの10ブロックですれ違う75人全員に〝フレンドリー〟にはなれない」[12]

だから私たちは、街の喧騒とスピードと視覚的な刺激を避けるために、心理的なソーシャル・ディスタンスを取ろうとする。耳をヘッドホンでふさぎ、サングラスをかけ、スマートフォンの世界に没入して、自分のバブルにこもって暮らすのだ。[13] アップルやグーグル、フェイスブック、サムスンのおかげで、周囲の人や環境を「オフ」にして、非社交的なバブルをつくることが、今ほど簡単になったことはない。皮肉なのは、そうやって周囲にいる人たちを意識から遠ざける一方で、私たちはインスタグラムやツイッターで他人の生活や思考をのぞき込もうと夢中になっていることだ。

社会理論家や記号学者のなかには、都会では、他人に干渉しないのが礼儀だと考える「ネガティブ礼儀文化」が育ったと指摘する人までいる（もちろん地理的・文化的な違いはある）。[14] たとえばロンドンの地下鉄では、すれ違った人から温かい挨拶を受けたら奇妙だと感じる人がほとんどであり、誰かが話しかけてきたら驚くか不快に感じるだろう。黙って新聞を読むか、スマートフォンを眺めているのが、常識的な行動だ。

プライバシーの重要性や、誰もが自分を知っている田舎の息苦しさは私にもわかる。だが、ロックダウン中の孤立は、都会生活の匿名性がもたらす安堵に冷や水を浴びせかけた。近隣住民が助け合う心温まるエピソードがある一方で、都会の孤独を浮き彫りにするエピソードもあったのだ。マンハッタンのワンルームに一人で暮らす70歳のヘーゼル・フェルドマンは、ロックダウン中、買い物の手伝いをしてくれる知り合いが近隣にいないことに気づいた。「ニュースでは、『みんな助け合っている』と言う。でも、この種のビルでは違う」

新自由主義で美徳とされてきた、自助努力とゴリ押しの文化は、大きな代償をもたらしている。近隣住民を知らず、友達がおらず、つながりがまったくないと、コミュニティーが最も必要になったとき、コミュニティーが存在しないことになってしまう。

ネガティブ礼儀文化のように都会で育まれた規範は、コロナ禍では人々の助けになってこなかった。その長期的な影響がわかるのは、しばらく先になるだろう。ネガティブ礼儀文化に感染の不安が加われば、どんなことが起こるのか。見知らぬ人との偶発的なおしゃべりは、ますますレアになるのか。高齢の近隣住民に食料雑貨を買ってきた人々は、コロナ禍の収束後も、彼らの様子を気にかけ続けるだろうか。それとも再び無関心に戻るのだろうか。

アンチ社会

都会のスピードも問題だ。いつの時代も都会は慌ただしいが、孤独の世紀はますます加速している。都会人の歩くスピードは、1990年代初めと比べて平均10％速くなった。極東ではとくに顕著だ。[15] 世界32都市の住民の歩くスピードを、1990年代初めと2007年で比較した研究によると、中国の広州では20％超、シンガポールでは30％も速くなったことがわかった。[16]

また、豊かになるほど、人々の歩くスピードは速くなる。[17] 世界で最も豊かな都市の住民の歩くスピードは、さほど豊かでない都市の数倍だ。[18] 誰もが大急ぎで行き交い、移動中にメッセージを送り、忙しいことを誇りに思い、周囲で起こっていることに気がつかない。私もある朝、ロンドンのユーストン駅で、私の顔を見ないですれ違う人の数を数えてみたが、50人を超えたところで止めた。敵意からではないと理解していても、誰の目にも入っていないと実感するのはつらいことだ。

ハイペースな都会生活は、私たちを非社会的にするだけでなく、反社会的にもする。米国の社会学者ジョン・ダーリーとダニエル・バトソンは1973年の有名な研究で、若い牧師に説教の準備をしてもらった。一方のグループは、聖書の「善きサマリア人」の寓話をベースに、もう一方はランダムに選んだ聖書の一節をベースに説教を考えてもらった。[19] 説教の会場に向かう道のりで、牧師たちは寓話さながらに咳をして歩道に倒れ込む男性（実際は俳優）に遭遇する。バトソンとダーリーは、善きサマリア人の説教を準備した牧師のほうが、立ち止まって手を差し伸べる可能性が高いと予測した。ところが実際には、聖書の主題と牧師たちの行動に関連性はなかった。時間に余裕がある牧師は立ち止まり、時間に遅れている牧師は善行を犠牲にした。

この行動パターンは都会人の多くに共通するのではないか。私たちは急いでいて、自分のことで頭がいっぱいだと、周囲の人間模様に気がつかないだけでなく、明らかに助けを必要としている人さえ目に入らないことが多い。郵便配達員や犬の散歩をしている人と軽く言葉を交わすこともめったにない。そのような状況が問題であることの証拠がある。

なぜバリスタに話しかけるべきか

他人との接触は、たとえわずかでも孤独を大きくやわらげる働きがあるのだ。[20]

ブリティッシュ・コロンビア大学の社会学者ジリアン・サンドストロムとエリザベス・ダンは2013年、「極小の交流」が人間のウェルビーイングに与える影響を調べた。繁華街のスターバックスの前で、入店客の一部には店内でフレンドリーに振る舞い、バリスタと言葉を交わすよう頼み、それ以外の入店客には、店内で「効率的」に振る舞い、不要な会話は「避ける」よう頼んだ。[21] バリスタとの交流は30秒程度に過ぎなかったが、無作為に「フレンドリーな」グループに入れられた人たちは、ぶっきらぼうに振る舞うよう頼まれた人たちよりも幸福感が大きく、周囲の人とのつながりを感じたことがわかった。

もちろん、スターバックスやウォルマートの従業員は、フレンドリーに振る舞ったり、「よい1日を」と声をかけたりすることがマニュアルに書かれている。そんな相手と言葉を交わして、本当につながりを感じられるのか。「アメリカで最も礼儀正しいチェーン店」とされるチックフィレイの店員は、「ありがとうございます」ではなく「(ご利用いただけて)私も嬉しいです」と言うよう教育されている。彼らは本当に「嬉しい」と思っているのか。[22]

だが、この種の台本に基づく極小の交流でも、予想以上に大きなインパクトがありうる。なぜなら、人間は、フレンドリーな演技(ただし上手な場合)を見破ることが非常に苦手だからだ。

微笑みがいい例だ。多くの研究は、私たちが嘘笑いを見抜くのが驚くほど下手であることを示している。[23]

また、人にフレンドリーに振る舞うこと、あるいは振る舞われることによって、私たちは相手との間に人間性という共通点があることを思い出し、孤独感が低下する。[24]

このことは、最近の暮らしがとりわけ孤独に感じられる理由と関係しているのかもしれない。なにしろ今は、極小の交流さえ激減しているだけでなく、私たちの顔はマスクで覆われている。だから、誰かが自分に微笑んでいてもわからないし、自分が誰かに微笑んでもわかってもらえない。顔を隠すと、思いやりが見えなくなってしまう。皮肉にも、マスクを着用するのは、自分を守ることよりも、周囲の人を守るためなのだけれど。

ルーツをなくした地域社会

これまで見てきたように、孤独には構造的な側面がある。都会生活の移ろいやすさを考えるといい。常に人が入れ替わり、人間関係が永遠に定まらない。これは、主要都市圏では賃貸住宅に住む人が圧倒的に多く、引っ越す可能性が高いことが一因となっている。[25] たとえばロンドンでは、2016年に賃借人の数が自宅所有者の数を上回り、平均的な賃借期間は1年8カ月となった。[26] ニューヨークでは賃貸住宅に住む人が大多数であり、2014年の調査では過去3年間に引っ越しをした人が住民の三分の一を占めた。[27]

これは社会的まとまりを考えると深刻な問題だ。住民どうしがお互いのことをよく知らず、孤立感を覚える可能性が高まるのだ。近隣住民の名前を知らなければ、ちょっと牛乳を分けてほしいとドアを叩くことも、ロックダウン中に食料品を買ってこようかと申し出ることも起こりにくい。どうせまたすぐ引っ越すと思ったら、コミュニティーとつながりを持ったり、地域に貢献したりすることに時間や労力をかけようと思わない。

多くの都市住民にとって、家賃と住宅価格の猛烈な上昇は、コミュニティーに根を張り、投資をすることを現実的な選択肢でなくしつつある。これは地域全体にとって問題だ。地域が血の通ったコミュニティーになるためには、それを育てること、そこに住民が参加することが何よりも重要だ。それには信頼が必要になる。しかし隣人が誰かを知らなければ、信頼することもできない。これは米国の都市で、自宅のカギを預けるほど信頼しているご近所さんがいる人が半分以下である理由を説明している。田舎に行くと、この割合は61％に上昇する。[28]

したがって、地域社会のつながりを強化して、個人の孤独も緩和するためには、住民の入れ替わりを減らすことが重要なステップになる。ここでは、国と自治体が一定の役割を果たすことができる。住民の入れ替わりを防ぐために、家賃の安定化を図るのだ。たとえば、ベルリン市は2019年10月、家賃の5年間据え置きを義務づける条例を発表した。[29] パリ市やアムステルダム市、ニューヨーク市、ロサンゼルス市も、家賃安定化策をとっているか、検討している。[30]

こうしたイニシアチブが、期待どおりの効果をもたらすかどうかはまだわからない。経済学的には、家賃上昇を抑制すると、新規住宅を建設するインセンティブが低下して、住宅供給がひっぱくし、住宅価格は上昇する。[31] したがって別の方法のほうが良好な結果をもたらすかもしれない。たとえば賃貸契約の期間を延ばしたり無期限にしたりすれば、賃借人はその地域に長期的に根を張ることができる。ただ、それでも何らかの家賃安定化措置は必要だろう。多くの都市は、エアビーアンドビーなどの短期賃貸プラットフォームに制限を設けて、住民の入れ替わりを抑えようとしている。そのどれが最善策かはさておき、地域社会を強化するためには、住宅市場の調整がカギであることを、国も自治体も認識している証拠といえるだろう。

都会で一人暮らし

都会生活を孤独にする構造的要因は、家が賃貸かマイホームかの違いだけではない。都会人に一人暮らしが増えていることも、大きな問題の一つだ。

かつて一人暮らしは、地方の現象だった。1950年の米国で、一人暮らしが圧倒的に多かったのはアラスカやモンタナ、ネバダといった人口が少ない西部の州だった。単身の出稼ぎ労働者がひと財産築いたり、冒険をしたり、肉体労働者として雇用を求めて目指したのは、こうした未開発の広大な州だったのだ。[32] だが今、一人暮らしはニューヨークやワシントンDC、ピッツバーグといった大都市で最もよく見られる。[33] マンハッタンでは、住民の半分以上が一人暮らしだ。[34] 東京やミュンヘン、パリ、オスロといった都市も同じで、[35] 人口の約半分が一人暮らしだ。[36] 中国には、一人暮らしをしている未婚の若い都市住民（「空巣青年」と呼ばれる）が、なんと58

00万人もいる。ロンドンでは、一人暮らしの人口が向こう20年で30%増える見通しだ。[37]

たしかに一部の人にとって、一人暮らしは積極的な選択であり、独立と経済的自立の証だ。[38]女性の場合、結婚が経済的な必要性ではなくなってきたから、一人暮らしを選ぶ人は、今後もっと増える可能性がある。[39]私もそうだった。しかし積極的な選択ではなく、環境的な理由から一人暮らしをすることになった人もいる。家族の死や離婚の結果かもしれない。パートナーと一緒に住みたいけれど、「正しい人」に出会っていないのかもしれない。

理由はどうであれ、一人暮らしをしている人が全員孤独なわけではない。[40]実際、一人暮らしをしていると、むしろ出かけてほかの人と交流したいという欲求が強くなる場合がある。[41]私も夫と出会う前は、今よりも友達と夜遊びをしたいという欲求が強かった。それに、同居人がいるからといって、相手との有意義な関係が保証されているわけではない。認知症のパートナーや、虐待的なパートナーと暮らすことがいかに孤独かは、多くの経験者が証言している。

だが、一人暮らしのほうが、同居人がいるよりも孤独を感じるリスクが大幅に高いことはデータが示している。欧州委員会が２０１８年に発表した孤独に関する報告書によると、その差は10%近い。[42]さらに、一人暮らしの人は、誰かと住んでいる人よりも孤独を頻繁に感じる。それは人生で最も困難なときや、身心が弱っているときに、とくに顕著に感じられる。[43]離婚して一人暮らしの70歳の英国人女性シーラは、最近インフルエンザにかかったときのことを、目に涙をたたえて話してくれた。

「病気になって、お茶の1杯も持ってきてくれる人がいないのは孤独だ」

一人でとる夕食

一人でお茶を飲むのは孤独かもしれないが、一人で夕食をとるのも孤独だ。一人暮らしの人が増えれば、孤食が増えるのは当然だろう。実際、近年は一人分に小分けされた食品の売り上げが急増している。[44] そして食事の時間は、一人暮らしの人が1日のなかで最も孤立と孤独を感じるときであることが多い。それをやわらげるために、奇想天外なことをする人たちもいる。

韓国では、ただ大食いする様子を映した動画配信「マクバン」を見ながら食事をするのが大ブームになっている。[45] 信じられないかもしれないが、これは過去10年間に世界的に急成長しているトレンドで、日本、マレーシア、台湾、インド、そして米国でも人気が出てきている。[46] マレーシアでは、2019年にマクバンの視聴時間が150％増えた。[47] トップクラスのマクバン・スターになると、フォロワーは200万人を超え、動画の再生前と再生中に流れるCMから大金を稼ぐ。[48] 大手ブランドとスポンサー契約を結ぶマクバン・スターもいる。[49]

そのオーディエンスは、圧倒的に一人暮らしの人が多い。「コンピュータの画面を見ながら、マクバンを『食事相手』にして『おしゃべり』していると、食事の時間のさびしさがやわらぐ」と、2017年にマクバンに関する報告書を共著したソウル大学の研究者パク・ソジョンは言う。[50] 事実、マクバンの影響について書かれた33件の論文を分析した2020年1月の報告書によると、マクバンを見た人の孤独感は大幅に低下していた。[51]

お気に入りのマクバン・スターが食事をする姿を見ることは、受け身の経験ではない。むしろそれは社会的な経験だ。実況中継なら、視聴者がマクバン・スターに、「スター・バルーン」を送ることもできる。すると、たいていのスターは食事の手を止めて、風船を送ってくれた人の名前（ユーザーネーム）を呼んでくれる。「バルーンを10個もありがとう。まず何を食べようか？　モツァレラコロッケでいい？」といった具合だ。[52] 彼らは、自分たちがフォロワーに同席者という感覚を与えていることに気がついている。[53] ただし、その友情は有料だ。「いいね」や「ハート」のマークとは異なり、マクバンのバルーンはお金で購入される[54]（韓国のマクバン・スターは1回の放送でバルーン12万個、約10万ドルをもらった）。

マクバン・スターと食事をすることは、一人で食事をするよりは好ましいのかもしれない。しかしこの種の、商業化され、コモディティー化された関係が社会に与える影響は心配だ。お金で買った関係は、感情的な負担がほとんどないため、自然に構築される人間関係よりもそちらを好むようになる危険性があるのだ。人類学と経営学の研究が長年示してきたように、人間はデフォルト的に一番楽な方向に流されるようにできている。[55] 事実、レンタルフレンドのブリタニーによると、何人かのクライアントは彼女に、「いずれ負担になるかもしれない人に時間や労力を割くよりも」、彼女をレンタルしたほうがずっと幸せだと言ったという。

ひょっとすると、だから一部のマクバン・ファンは、「本物の」友達関係が重荷だと言うのかもしれない。ある女性は、夕食の準備中に大学時代のルームメイトから電話がかかってきて、イラついたと打ち明けた。「椅子に座って、さあ、ＹｏｕＴｕｂｅを見ようと思ったところだった。おかげで彼女と話をしながら食事をしなくてはならなかった。すごくムカついた」[56]。この若い女性は、マクバン・スターが4000キロカロリーを平らげるのを見ながら食事をするほうが、実際に知っている友達と話すよりもいいと考えていたのだ。

これは極端な例かもしれないが、もう一つの深刻な問題を示している。人間は有料の人間関係にエンゲージするほど、あるいは一人ぼっちでいるほど、コミュニティーをつくったり、インクルーシブな民主主義をつくったりするのに必要なスキルを練習できなくなるのだ。[57]

民主主義のスキルを磨く

誰かと一緒に住んだり食事をしたりすることで民主主義の練習ができるなんて、話が飛躍していると思うだろうか。しかし、大きなことを成し遂げるスキルは、小さな交流の積み重ねを通じて学ばれるものだ。

日々の生活には、厄介な問題がつきものだ。それは、ゴミ出しを誰がやるかとか、今夜の食事はどちらがつくるのかといった、ささいなことかもしれない。誰かと一緒に生活することで、こうした問題を解決し、自分の希望と他人の希望を調整し、譲歩し、違いを管理し、平和的に共存する方法を学ぶことができる。20%多くの家賃を払ってワンルームマンションに住んだり、レンタルフレンドに1時間40ドル支払ったりすれば、こうしたプロセスを省ける（そして自分のやり方で物事を進められる）かもしれない。これは単独決定権の購入に等しいが、その代償として、私たちは社会性や民主的な素養を磨く機会を手放しているのかもしれない。

　インクルーシブな民主主義の重要な要素のひとつである、「ときには公益のために犠牲を払わなくてはならない」ことを学ぶためには、話し合うスキルや、同居人や隣人に敬意をもって異論を唱えるスキルを磨くことが不可欠だ。

　こうしたスキルは実際に使ってみたとき、初めて素晴らしい練習になる。古代ギリシャで6000人のアテネ市民が集まる広場（アゴラ）が、民主主義の形成に決定的に重要な役割を果たしたのは、偶然ではなかった。[58]私たちは物理的に集まると、お互いの目を見たり、ボディランゲージや香りなどの非言語的なサインを手がかりに、デジタルな人間関係では得にくい共感や、互恵的な協力を図りやすくなる。また対面では、相手の意見に賛成できないとき、ログオフするように簡単にその場を去ることは難しい。だからこそ、デジタルが支配する現代の生活でも、対面交流を維持することが重要なのだ。次章で見るように、コンタクトレスの時代にはなおさらだ。

第5章

コンタクトレスの時代

The Contactless Age

マンハッタンの東53丁目。私は食料雑貨店にいる。カラフルな商品でいっぱいの棚を蛍光灯が照らし出す。シリアルに清涼飲料水、野菜に冷凍食品。どれも見慣れた一般的な商品だ。

入り口に地下鉄の改札機のような白いマシンがある以外は、普通のコンビニと何も変わらない。でも、よく見ると、この店は何かが違う。店員が一人もいないのだ。レジ係も、商品を補充するスタッフも、セルフレジで困ったとき助けに来てくれる人もいない。そのかわり、天井に無数のカメラが設置されている。これで買い物客の動きはずっと監視されているのだ。だからレジに並ぶ必要はない。人目を盗んでビスケットをポケットに入れたければ、ご自由にどうぞ。どんなにこっそりやったつもりでも、その動きはちゃんと把握されている。そのまま店を出ても、警備員に追いかけられることはない。ただ、自動的に請求されているだけだ。

2019年9月、私は登場まもないアマゾンGOの一つで買い物をしていた。2021年までに世界で3000店舗以上が設置される予定だという[1]。

それは、とても奇妙な経験だった。入店してから一度も足止めを食わずに出てこられるのは、とても便利だと思った。私が話を聞いた客もみな、その部分はとても気に入ったと言っていた。でも、店内の静けさは、なにか異様な感じがした。まるでトラピスト修道院のようだ。レジ係との何気ない会話が恋しかった。他の客に感想を聞こうとしたら、嫌な顔をされた(気がする)ことも不快だった。二言、三言、話しかけただけなのに。

それが今はどうだろう。少し前に、なんて未来的な店だろうと思ったものが、コロナ禍の今は理想的な環境と考えられるようになった。

コンタクトレス（非接触）・コマースは、２０１９年秋の時点ですでに成長しつつあるトレンドだった。どの店もセルフレジを設けるようになっていたし、実店舗に行かなくても、食料雑貨からペット用品、処方薬まで自宅に届けてくれるショッピングサイトとアプリも増えていた。マクドナルドでは、店内の大型スクリーンをタップすればビッグマックを注文できたし、書店で店員とぎこちない会話をしなくても、アマゾンのアルゴリズムがはじきだす「あなたへのおすすめ」から、次に読む本を選べた。自宅のリビングでヨガを習うアプリも、レストランの料理を自宅に届けてもらえる出前アプリもある。

コロナ禍は、こうしたトレンドを一気に爆発させた。数週間のロックダウンで、ＹｏｕＴｕｂｅを見てヨガをする人は急増し、米国では初めてオンラインで食料雑貨を買う人が40％増え、私の82歳の父も地元のコミュニティーセンターの教室にズームで「出席」した。[2] ある意味で、一夜にしてコンタクトレスは唯一の選択肢になった。

これが長期的に何をもたらすのかを、現時点で予測することは不可能だ。誰かの近くにいることや、身体的に接触することへの人間の渇望は極めて大きく、孤独ビジネスがそれをどのくらい埋められるかは、まだはっきりしない。ただ、新しい習慣は一度つくられると、あっというまに根を張るものだ。大恐慌を生き抜いた人の多くは、生涯にわたり質素だったという。[3] より最近では、２００８年の金融危機で家計支出を減らす必要に迫られた中間層は、不況が終わった後も、大型ディスカウント食料品店や、１ドル均一店で買い物を続けた。[4]

感染不安がまだしばらく続くと思われること、そして多くの人がロックダウン中のコンタクトトレス・ショッピングやレジャーの経験をおおむねポジティブに受け止めたことを考えると、ポスト・コロナの世界でも少なくとも一部の分野では、接触ゼロとまではいかないが少なめの「ロータッチ」の需要は力強く続きそうだ。それに企業は、顧客とスタッフの接触を制限するインフラにすでに投資してしまったから、なおさらこのトレンドが続く可能性は高い。

すでに2020年4月、レストランチェーンは、顧客がウェイターと接触せずに注文・決済できる技術を開発していたし、ガソリンスタンドで車内から決済ができるアプリの人気も上昇していた。企業側にとっても人件費の削減につながるから、コロナ禍で拍車がかかった消費者の習慣の変化を維持したいと考えるだろう。

私は、コンタクトレスな生活の常態化に大きな不安を抱いている。日々の取引から人間の存在が取り除かれるほど、私たちの孤独は大きくなるのではないか。冷淡な都会生活が、レジでの交流や、バーテンダーのジョークによって中断されなかったら、サンドイッチを作ってくれるフレンドリーな店員の顔を見られなくなったら、あるいは、ヨガで初めて逆立ちができたとき、インストラクターがにっこり微笑んでくれなかったら、孤立感や社会との断絶感は一段と大きくなるのではないか。

もっと危険なのは、コンタクトレスでできることが増えるほど、他人とつながる方法を学ぶ機会が失われることだ。食料雑貨店の通路で道を譲り合ったり、ヨガ教室でどこに自分のマットを敷くかを思案したりといった、どうということのないように見える暗黙の交渉でさえ、私たちは他人の利益を考慮し、妥協することを強いられる。

この影響も、個人を超えた領域にまで及ぶだろう。孤独なマウスが別のマウスに「邪魔された」とき攻撃的になったことを思い出してほしい。あるいは、近隣住民とつながりがないと、その地域が非友好的に感じられることを思い出してほしい。コンタクトレスの時代に、私たちはお互いのことをますます知らなくなり、ますます断絶を感じ、その結果、お互いのニーズや願いに無関心になる危険がある。

ただ、実のところ私たちは、コロナ禍がやってくるずっと前から孤立と原子化の世界をつくりだしていた。

敵対的アーキテクチャ

その細長いコンクリートの塊は、一見したところ、なんの変哲もないベンチに見える。ちょっと腰をかけるだけなら、わずかな凹凸や、少しばかり傾斜した表面も気にならない。だが、それ以上のことをしようとすると、その微妙な形状が厄介なものであることがわかってくる。横になれば表面の段差が脇腹にあたる。15分もすると、座っているのさえつらくなる。「カムデン・ベンチ」と呼ばれるこの物体を、「極めて洗練された不快な作品」と評する人もいる。[5]

ベンチの座り心地が悪いのは設計ミスではない。むしろそれがこのベンチの狙いだ。ホームレスが休憩しにくく、スケートボーダーがトリックを練習しにくく、若者が長時間たむろしにくくすれば、彼らはよそに行くだろうというわけだ。

カムデン・ベンチのようなオブジェは珍しいものではない。現代の街には、「望ましくない」とみなされる人を締め出すために、このベンチのような「敵対的アーキテクチャ」が増えている。それは、コミュニティーが生まれることを妨げ、誰が歓迎され、誰が歓迎されないかを明確に物語る都市計画を反映している。

よく目をこらせば、あなたの身の回りにも、似たような物がたくさんあるのではないか。バス停のベンチは、かろうじて腰をかけられる程度の奥行きしかなく、公園のベンチには中央に肘掛けが設けられ、商店のショーウィンドウ前にはスパイクが設置され、公園には宮殿のような柵が張りめぐらされている。肘掛けの何が問題なのかと思うかもしれない。たしかに寄り掛かれる部分があるのはいいことだが、こうしたベンチの仕切りには、もっと悪質な狙いがある。ほかに行き場のないホームレスが、横になれないようにしているのだ。

孤独の世紀の多くのトレンドと同じように、これはグローバルな現象だ。ガーナの首都アクラでは、ホームレスを排除するために橋の下に大きな石が置かれている。シアトルでは、「緊急のホームレス対策として」高架道路下に自転車駐輪用のラックが設置された。「そのエリアが（ホームレスの）寝泊まりする場所になるのを防ぐこと」が目的だったと、のちに同市は認めている。[6] ２００４年以降、ホームレスの数が３倍に増えた香港では、不審者とホームレスの両方を撃退するために、公共の空間には座る場所がほとんどない。[7] 最も悪質なのは、サンフランシスコの聖マリア被昇天大聖堂かもしれない。この教会は２０１５年、玄関口にいるホームレスを排除するために、天井にスプリンクラーを設置して、世論の猛烈な批判を浴びた。[8]

敵対的アーキテクチャの目的は、ホームレスの排除だけではない。

フィラデルフィアをはじめ米国の20大都市圏では、公立スポーツセンターの外灯にモスキートと呼ばれる装置が付けられている。これは、若者にしか聞こえない高周波音を発する装置で、[9]メーカーによると、粗暴なティーンエイジャーが「たむろしている」のを「追い払い」、大人にとって快適な環境を維持することが目的だ。[10]同じような理由から、英国では全国の公共空間にピンクの照明が設置されている。ピンクの光は、ニキビなどの肌荒れを目立たせる効果があり、見た目を気にする年頃の若者たちが近寄らなくすることを狙った「たむろ対策」だった。[11]あるノッティンガムの住民は、当初は「疑わしい」アイデアだと思っていたが、「効果は抜群だった」と語っている。[12]

敵対的アーキテクチャは新しい現象ではない。城の周囲に設けられた堀や、古代都市の防御壁がいい例だろう。しかし現代版は、1980年代に米国の警察で採用された「割れ窓理論」にルーツがある。割れ窓や落書きなど小さな風紀の乱れを取り締まることが、大きな犯罪の防止になるという考え方が飛躍して、街角に立っていたり、誰かを待っていたり、眠っていたりといった普通の行動が、とりわけ非白人が「犯した」場合、「風紀を乱す」「反社会的」な犯罪とみなされるようになったのだ。[13]こうした行動を取り締まれば、地域をより「秩序だった」場所にし、地元住民に「自分たちの公共空間」であることを実感させ、犯罪も防止できるというロジックだ。[14]

こうして、友達とつるむことが「たむろする」ことになり、路上で眠ることは「不適切な宿泊」となり、ぶらぶら歩き回ることは「うろつく」ことになり、人間観察は「待ち伏せ」になった。[15] 割れ窓理論は、マイノリティーに対する過剰な取り締まりをもたらす一方で、重犯罪の抑止効果はないなど大きな欠陥があることが明らかになっているにもかかわらず、この手法を採用する都市は後を絶たない。[17] このため過去15年間、世界の都市には厄介者とみなされる人々を排除する仕組みが増え続けている。

これは驚くべきことだ。というのも、都市部は農村部に比べて、圧倒的にリベラルな社会政策が取られることが多いからだ。都会の自治体は（たとえ貧困がさほど蔓延していなくても）、[18] 社会保障給付やフードスタンプに多くの予算を投じる傾向があり、議員は左寄りであることが多い。[19] つまり、都会人のほうが、困った人には支援の手が差し伸べられるべきだという認識が強いのではないかと思うかもしれない。だが、こうした認識は、実際に自分と公共空間を共有する人には向けられない場合がある。[20]

ある意味で、社会政策に賛成票を投じる都市住民は、思いやりを示す役割を自治体にアウトソーシングしているのだ。彼らが、進歩主義的な社会政策を支持するのは、あくまで自分の生活の質が脅かされない場合に限られる。多くのリベラルな（はずの）都市住民が、「ただし、うちの裏庭ではやめて」と考えていることは、多くの研究で明らかにされている。[21] 政治学者メリ・T・ロングの研究によると、米国の民主党支持者は「情緒的に投票する」可能性が高いが、実際の日常生活で、より思いやりのある行動を取っている証拠はない。[22] だから、サンフランシスコのような街が存在するのだ。この街は、1964年から民主党の市長が続き、議会の民主党のトップであるナンシー・ペロシ下院議長の地元でもあるにもかかわらず、ホームレスと敵対的アーキテクチャの数は全米トップクラスだ。[23]

排除的な環境は、ホームレスなど、すでに社会から疎外されていて、本来なら手を差し伸べるべき人々の孤独を悪化させるだけではなく、[24]社会全体に犠牲を強いている。ホームレスを排除するために設計された座り心地の悪いベンチは、一般人がおしゃべりをする場にもならない。バス停留所の傾斜したベンチは、「たむろする連中」を排除するだけでなく、身体の不自由な人が、バスで買い物に行ったり、友達に会いに行ったりするのを難しくする。スケートボーダーを撃退するカムデン・ベンチは、天気のいい日はベンチに座り、商店主や子どもたちと言葉を交わし、なごやかな時間を過ごしていたかもしれない高齢者も追い払う。彼らは、都市計画活動家のジェーン・ジェイコブスが、「街の目」と呼んだ、コミュニティーの安全の担い手であるにもかかわらず、だ。[25]

敵対的アーキテクチャは、「望ましくない」とみなされる人々から地域を守るという、道徳的にも疑問のある役割を果たすことで、コミュニティーの誰でも集える公共空間も奪っている。コミュニティーを守るはずの戦略が、その正反対の効果をもたらす恐れがあるのだ。

隠れた排除

都会にはもっと漠然とした方法で、不快感や疎外感や孤独を感じさせるものがある。

ロンドンのニューアム区にある、おしゃれで優雅な集合住宅ロイヤルワーフは、「周辺の川と都会的な景観、そして広々とした空間を生かすとともに、極上のデザインの家とアパート（カスタマイズ可）を提供する」複合施設だ。[26] フルカラーの宣伝資料によると、スイミングプールとサウナ、クラブハウスのほか、パーソナルトレーナーがいる「テクノジム」を併設しており、「人々が集まる完璧なプラットフォーム」を謳っている。

たしかに、この緑に覆われたテムズ川岸の複合施設は、「生活しやすいように隅々までデザインを凝らした」ラグジュアリーな癒やし空間に見える。「コリント・スクエア」なる古風な名前の「商店街」エリアと、川沿いのボードウォークもあり、開発を担当した不動産会社バリモアが、コミュニティースペースをつくることに力を入れたのは間違いない。ただし、問題は、そのコミュニティーが全住民には提供されないことだ。それは、この複合施設に組み入れられた低所得者向け公営住宅［訳注：政府や公益団体が所有し、低所得者向けに通常よりも大幅に安い家賃で貸し出しているアパートのこと］の住民が、痛いほど感じている。

2018年に3LDKのアパートに入居したエイド・エーロスは、ロイヤルワーフのプールで二人の息子に泳ぎを教えるのを楽しみにしていた。ところが入居してすぐに、エーロス家など公営住宅区画（全体の17％）の住民は、クラブハウスをはじめとするアメニティーを使えないことがわかった。[27]

サウスロンドンのベイリス・オールドスクール複合施設でも、同じような問題が起こっていた。公営住宅の区画と、「共用」プレイグラウンドの間に分厚い生垣があるため、公営住宅の住民は遊び場に行けないようになっていたのだ。サルバトア・リアは自分の子が入れないスペースで、よその子たちが遊んでいるのを見て、胸の張り裂ける思いだという。「うちの子たちは、ここに住んでいる子みんなと友達なのに、一緒に遊ぶことができない」[28]

ロイヤルワーフもベイリスも、激しい批判を浴びた結果、低所得者を隔離するポリシーは撤回された[29]。だが、大型集合住宅で一部の住民が目に見えない形で排除される例は、今も数多く存在する。

西ロンドンの集合住宅ウエストボーン・プレースでは、公営住宅区画の住民（一部はグレンフェル・タワー火災事件の生存者だ）は、本稿執筆時点では、まだ共用部分であるはずの中庭に入れない[30]。「うちの7歳の子は、一般区画に住むクラスメイトと大親友だ」と、住民のアーメド・アリは言う。「学校では一緒に過ごしているのに、うちでは一緒に遊べない。一般区画の住民は、すべての施設を利用できるし、すべてのゲートを通れる。いつでも公営側に来られるし、いつもこちら側で犬の運動をさせている。これは明らかな差別だ。私たちだって働いて、共益費を払い、賃料を払っている。こんなふうに扱われるのはおかしい」

英国だけではない。ニューヨークやワシントンの一部の高級集合住宅施設では、いわば「貧乏人専用出入り口」が設けられている[31]。米国のこれらの都市では、2015年まで、市場価格で売り出す集合住宅の一定の割合を、行政の家賃補助を受けられる低所得者向けに貸し出すと、不動産開発業者が税制上の優遇措置を受けたり、土地利用規制を緩和してもらうことができた。こうした制度の目的は、多様な所得層の統合やインクルージョンだったが、実際には低所得者の隔離を引き起こした。[32] 北米で2番目に住宅価格が高い街バンクーバーにも、市価の家賃を払う住民と、公営住宅区画の住民向けに別々の遊び場を設けている集合住宅がある。[33] 結局、世論の激しい批判の声を受け、開発業者は譲歩を余儀なくされた。ただし、遊び場を統合するのではなく（それは「不可能だ」と業者は主張した）、一方で遊ぶ子どもたちが、もう一方の遊び場をのぞけないようにしただけだった。[34]

子どもたちが一緒に遊ぶことを禁じる方策は、とりわけ不快に感じられるし、南アフリカのアパルトヘイト政策やトランプ時代の非道な不法移民対策と重なるものがある。[35] だが問題は、明示的に禁止したり、刑事罰の対象にしない限り、市場が差別化を好むことだ。私立学校や私立大学、私有地、プライベートリムジン、遊園地の「ファストパス」、レストランやホテルの特別待遇、飛行機のファーストクラス、クラブのＶＩＰエリアの人気が決して衰えないことを考えてみるといい。金持ちはプレミアム料金を払って、大衆を切り離そうとする。これまでずっとそうだった。

だとすれば、こうした排除措置を、道義的にも、私たち自身のためにも、禁止するべき場面を考えることだろう。これまで述べてきたとおり、取り残されたと感じる人がいると、社会全体が犠牲を被ることになる。お互いのことを知らない人の間では、憎悪と恐怖が生まれやすいことも、私たちは見てきた。反移民感情が最も強いのは、しばしば、移民が最も少ない地域であることを思い出してほしい。もし所得レベルや家庭環境や人種が異なる子どもたちが、自分が住んでいる敷地内においてでさえ一緒に遊ぶことができなければ、社会はもっとばらばらになり、分断されやすくなるのではないか。

社会学の世界では長年、多様なコミュニティーでは、メンバー間の信頼関係は育たないという思い込みが広く存在してきた。だが、最近のロンドン（「おそらく地球上で最も民族的に多様な大都市圏」だ）に関する研究は、この思い込みを吹き飛ばしている。[36]それによると、コミュニティーを構成する多様な民族集団（サブセット）間に交流がないと、信頼関係が乏しい場合もあるが、サブセット間の接触が増えると、社会のまとまりは増すことがわかったのだ。[37]実際、「民族的に多様な地区」では、「民族にかかわらず、近隣住民と頻繁に接触がある」と回答した人は、そうでない人と比べて、「人間全般（近隣住民だけでなく赤の他人を含む）をはるかに信頼して」いた。[38]自分とは異なる人と日常的に対面交流があると、違いよりも共通点に目が行きやすくなる。したがって、孤独の世紀がさほど孤独でないようにするためには、私たちは接触を減らすのではなくて、増やす必要があるのだ。

しかし近年の都市環境では、人々が親しく交わる場所（ユースセンターや図書館、コミュニティーセンター、公園、遊び場など）への公的補助が大幅にカットされている。このトレンドは、2008年の金融危機後の緊縮財政で加速してきた。

英国では2008年以降、ユースクラブの三分の一と、公立図書館が約800カ所[39]閉鎖された。[40]高齢者のデイケアセンター（社会で最も孤独な高齢の弱者にとってのライフラインだ）も41％が閉鎖された。[41]100年以上にわたりあらゆる階級の人が散歩し、交流してきた公園への補助金は、2017〜19年だけでも1500万ポンド（約22億円）削減された。[42]英国だけではない。世界中で重要な社会的インフラが奪われている。[43] とりわけ深刻なのは都市部だ。[44]

人々が結束を感じるためには、十分な資金が与えられ、大切にされている公共スペースが必要だ。そこは人間関係が育まれ、進化し、定着する場所であり、人種や民族や社会経済的な出自に関係なく、誰もが交流できる場所だ。人々が交流しなければ、結束することはできない。共有する場所がなければ、お互いに共通点を見つけることはできない。

これは強調しておく必要がある。というのも、新たな不況下で、国や地方自治体は今後数カ月から数年にわたり、公共スペースに対する財政支援を一段と減らすことが予想されるからだ。コロナ禍で一段と目立つようになった社会的分断を修復したいなら、これを許してはならない。2008年の景気後退後に活気を失った公共スペースに、再び投資し、活性化することが絶対的に必要だ。また、新しい建設プロジェクトはインクルーシビティーを中心に据える必要がある。

この点でシカゴ市のラーム・エマニュエル前市長が進めた図書館プロジェクトは、励みになる。新設する三つの公営団地に、市立図書館を併設するという計画だ。図書館は、さまざまな世代が集う場所であり、社会経済的な出自の異なる人が本を読み、誰かに本を読んでもらい、映画を観賞し、コミュニティーの一員であることを楽しむスペースだ。そこでは政府の家賃補助を受けている家庭の子も、通常の家賃を払っている家庭の子も、同じように歓迎される。「シカゴは慣例を破る」とエマニュエルは正式発表のとき胸を張った。「世界レベルの図書館と団地を統合すれば、力強い地区をつくり、すべての住民が集まり、シェアし、成功する場所を提供することができる」[45]

事実、この図書館の存在は、社会のまとまりを高める効果をもたらしている。「近所に低所得者向け住宅ができると聞くと、『どこか別の場所なら結構だが、うちの近所はやめて』と言う人がいるものだが、このコミュニティーはとても温かかった」と、プロジェクトを担当した建築事務所の責任者であるダグ・スミスは語る。[46]「これを機に経済状態が不安定な人たちが、生活環境を改善できることを願っている」と、子どもと図書館をよく使う近隣住民のシェリー・マクドウェルは言う。「裕福な人たちが、自分とは違うコミュニティーのことを学び、社会的地位やコミュニティーの異なる人々の間に橋が築かれてほしい」[47]

シカゴの図書館プロジェクトは、都市住民の原子化は解決する方法があること、そして物理的な環境が人間の交流方法や交流相手に大きなインパクトを与えられることを示した。

政府ができることはほかにもある。コミュニティーで地元の商店やカフェが果たす中心的役割を認めることだ。市場だけに、社会の管理人の役割を任せることはできないが、地元の商店は、人間の集団的な孤独を緩和するうえで大きな役割を果たすことができる。民間部門がコミュニティーの再活性化に果たす役割については後述するが、コロナ禍が地元商店街に壊滅的な打撃を与えたことを考えると、これらの店が生き残れるように、政府はさまざまな支援をする必要がある。

たとえば、ベルギーのルーセラーレ市は2015年、1年以上空室となっている店舗物件に「空き店舗税」を課すことにした。空室期間が長いほど税率が高くなる仕組みで、オーナーが高い賃料収入を狙ってスモールビジネスを敬遠するのを阻止することが狙いだ。これにより街の中心部の空室率は大幅に下がった。さらに地元当局は、市街地の外に小売店を開くことを許可しない方針も決めた。郊外にショッピングモールや大型店舗ができて、街の中心部が空洞化することを防ぐためだ。

英国のスーパーマーケット大手セインズベリーのCEOだったジャスティン・キングは、2014年に、実店舗に課される事業税を半分に引き下げるべきだと呼びかけたが、今こそ、そのときだろう。地元商店は今、ソーシャル・ディスタンスや不況だけでなく、消費者のオンラインショッピングへの劇的な移行にも対処しなければならない。小規模事業者の事業税を2020年と2021年は全額免除するという英政府の決定も、前例とみなされるべきだろう。

財政支援策や土地利用規制の調整など、地元商店が生き延びることができるように、政府が取れる手段は多い。同時に、政治指導者は街のデザインも見直すべきだ。都市が、人々を冷遇するのではなく、歓迎するように積極的に設計し直すのだ。

コロナ禍で世の中が大変なときにそんなことを呼びかけるのは、非現実的な理想論に聞こえるかもしれない。それに短期的には、感染不安のために、国も自治体も正反対の行動をとる可能性が高い。「昔からフォルムは、機能と同じくらい、感染の恐怖に影響されてきた」と、建築批評家のオリバー・ウェインライトは書いている[48]。本書執筆時点でも、ソーシャル・ディスタンスを維持するために、歩道拡張工事が行われている道路がある。

だが、現在の不安が、都市の長期的なデザインを決めないようにすることは極めて重要だ。

私たちは孤独な世界を構築してきたかもしれないが、今は、その根底にある考え方とお互いに対する責任を見直して、インクルージョンとコミュニティーを中心に街をつくるチャンスだ。

ここでもインスピレーションあふれる事例がある。たとえば、バルセロナ市が導入した「スーパーブロック」は、自動車の乗り入れを禁止して、住民が自由に使える共有エリア（遊び場、公園、野外パフォーマンスなど）にした区画だ。[49]その狙いは、住民が自動車の騒音や排出ガスに苦しむことなく、気の向くままに「ぶらつき」「友達とつるみ」「人間観察」できる区画をつくることで、全部で503カ所設置する予定だ。すでに6カ所が実現している。

多くの住民は当初、中心部のポブレノウ地区に、突然スーパーブロックができたことに反発した。[50]無理もない。自動車を使う必要がある住民は、通勤時間が3倍になったし、配達業者は駐車場所がなくなってしまったのだ。だが、住民が新たに生まれた公園や遊び場を気に入り、市が約束どおり質の高いインフラに投資すると、人々の態度に変化が表れた。このプロジェクトの牽引役である都市計画専門家のサルバドール・ルエダによると、グラシア地区では2007年からの10年間で、歩行者が10％、自転車利用者が30％増えたという。[51]「生活のリズムがゆっくりになった」と、住民のカルレス・ペーニャは微笑む。「近所を再発見できた」[52]

データはこれを衝撃的な形で明らかにしている。一般に、自動車の交通量が少ない通りに住んでいる人は、交通量が多い通りに住んでいる人よりも、社会的つながりや友達、そして知り合いが3倍も多いことがわかった。[53]また、住民が「自宅周辺」と考えるエリア（当事者意識、投資意識、帰属意識を感じるエリア）が広がった。その理由を想像するのは難しくない。自動車の交通量が少ない地区の住民は、近隣の通り（と地区）をより安全だと感じる。大気汚染も減り、子どもたちが外で遊んでも車にひかれる心配はないし、より快適に近隣住民と集うことができる。だから、自宅に引きこもらず、住民どうしの交流が拡大する。

ロックダウン中に車の騒音から解放され、明らかに空気がきれいになったことに気づいた都市住民は、スーパーブロックのような都市計画に、これまでよりも大きな魅力を感じるかもしれない。コロナ禍は、私たちのウェルビーイングが、住んでいる場所に大きく左右されることを教えてくれた。

もちろん都会人の孤独は、政府や建築家や開発業者といった上からの決定だけでは解決できない。住民がどのように感じるかは、政策と街並みと人のミックスで決まるのだ。多くの人は、ロックダウン中にそれをはっきり実感した。

ロンドンのケニントン地区では、フィットネス愛好者のサイモン・ガーナーが、毎日自宅前で大音量で音楽を流してフィットネス教室を始めた。同じ通りの住民たちは、それぞれの玄関口でストレッチをし、ほうきや缶詰を「重り」にしてエクササイズをした。米テキサス州ヒューストンでは、レストランの営業がテイクアウトかデリバリーに制限されることになるというニュースが広がると、匿名のカップルが、90ドルの代金に9400ドルものチップを置いて行った。「これから数週間、スタッフに賃金を払うために取っておいて」というメモをつけて。[54]

スペインのマドリードでは、あるタクシードライバーが無償で新型コロナ感染者を病院に運び続けて称賛を浴びた。[55] そして英国、米国、そして世界中の国々で、コロナとの戦いで最前線に立つ医療従事者たちに向けて、週に一度、玄関前やバルコニーや家の窓から感謝の拍手や歓声を送ったり、鍋やフライパンを叩く習慣ができあがった。

たとえグローバル化した世界でも、人は地域社会という根っこを強く必要としている。そして誰もがコミュニティーの恩恵を感じられるようにするためには、私たち自身が積極的にコミュニティーづくりに参加しなければいけない。

まず、地元のカフェをサポートする必要がある。たとえ少しばかり値段が高くても、それはコミュニティー税のようなもの、つまり近隣を守り、育てるための小さなコストと考えるべきだ。また、少なくともときどきは、オンラインではなく、地元の商店で買い物をすること。私たちが定期的に買い物をしなければ、こうした店が生き延びることはできない。近隣住民のまとまりを願うなら、自分とは違う人たちと積極的に関わることも心がける必要がある。

より一般的には、住民どうしがもっと対面で交流しなければならない。忙しい毎日のスピードを落として、少し立ち止まること。微笑みかけること。おしゃべりをすること。たとえ、ソーシャル・ディスタンスを維持しなくてはいけなくて、微笑みがマスクで見えなくて、対面交流が不安をもたらすものであったとしても、だ。今はこれまでになく不便を覚悟して、近隣のコミュニティーと住民を支えなくてはいけない。身の回りにいる孤独な人に、意識的に手を差し伸べる努力が必要だ。

アリソン・オーウェン＝ジョーンズはその手本になる。彼女は２０１９年5月、地元カーディフの公園で、高齢の男性が一人ぼっちでベンチに座っていることに気がついた。40分間、多くの人がこの男性に声をかけることもなく通り過ぎて行った。「でも、私がその人の隣に座ったら、変人だと思われるのではないかと心配だった」と、オーウェン＝ジョーンズはBBCに語っている。「こういう人が、『話しかけられてもいい』ということを周囲に知らせる簡単な方法があればいいのにと思った。それでベンチに標識をつけることを思いついた。『おしゃべり歓迎ベンチ。ハローと声をかけられてもよければ、お座りください』」[56]

その標識は狙い通りの効果を発揮した。それだけではない。オーウェン＝ジョーンズは、地元の慈善団体で働くことになったほか、警察は「おしゃべり歓迎ベンチ」をカーディフのさまざまな場所に設置することにしたのだ。これは人々に会話を促すだけでなく、自分の声を聞いてもらえて、自分の姿が周囲の目に入っているという感覚を与えた。普段、自分は完全に無視されていると感じている人たちにとっては、重要な感覚だ。「もうあなたは見えない存在ではない」とオーウェン＝ジョーンズは言う。

第6章

私たちのスクリーン、私たちの自己

Our Screens, Our Selves

スコットランドの科学者デービッド・ブルースターは、摂政時代（19世紀初め）の英国で最も高名な科学者の一人だ。エディンバラ大学出身の天才で、生涯にわたり光学装置に魅了され、10歳のとき望遠鏡を自作した。敬虔なキリスト教福音派で、当初はスコットランド教会の聖職者を目指したが、大勢の前で話をすることが極端に苦手だった。ある夕食会で、感謝の祈りを捧げるよう頼まれたところ、緊張で気絶したこともある。[1]

そこでブルースターは、科学の福音を広めることに身を捧げることにした。王立協会の研究員となり、光学分野への貢献により権威あるコプリ・メダルを受賞していた1817年、彼は「哲学的玩具」の特許を取得した。鏡と色付きガラスでできた三角形の筒によって、美しい対称形を映し出すおもちゃだ。この万華鏡を使えば、科学の楽しさと素晴らしさを同時に味わえるはずだと、ブルースターは考えた。

それが発表されると、英国はたちまち万華鏡フィーバーに包まれた。1819年のリテラリー・パノラマ・アンド・ナショナル・レジスター誌は、「若者も老人も、あらゆる年齢の人が万華鏡を持っている。あらゆる職業、ネイション、政府、教派、政党の人々が持っている」と書いた。[2]詩人サミュエル・テイラー・コールリッジの10代の娘セーラも、熱狂的な万華鏡ファンで、同じ湖水地方に住む友達ドラ・ワーズワース（詩人ウィリアム・ワーズワースの娘）に情熱的に語ったという。「この穴から覗くと、向こう側の小さなガラスに、いろいろな美しい形が映し出される。100回振っても、二度と同じ形が見えることはない[3]」

フィーバーは、ヨーロッパ大陸とその先にまで広がった。ブルースターの推測では、3カ月の間にロンドンとパリで20万個が売れた。「(万華鏡の入った)大きな貨物が外国に出荷された。とりわけ東インド諸島へ」[4]。米国の雑誌は、この驚くべき新しい仕掛け装置についての記事で一杯になった。[5]「この驚嘆すべき光と色の魔法が入った、小さな美しい玩具は、欧州と米国じゅうに広がり、めったに見ることのない大ブームを巻き起こしている」と、ブルースターの娘マーガレット・ゴードンは振り返っている。[6]

だが、ブルースターにとって、万華鏡のブームは、ほろ苦い経験だった。ロンドンのメーカーと契約を結んだ直後に、安価なコピー商品が市場にあふれたため、彼自身にはほとんど利益が入らなかった。それだけではない。彼のイノセントな玩具は、あまりにも長い間人々の心をつかみ続けたため、批判も出てきた。リテラリー・パノラマ誌は、「道ゆく誰もが万華鏡をのぞいていて、壁に頭をぶつける人もいる」と書いている。[7]万華鏡に夢中で、連れがナンパされても気がつかない英国人をモチーフにした彫刻も制作された。[8]

批判派は、万華鏡なんて大衆消費文化の象徴だと考えた。詩人パーシー・ビッシュ・シェリーは1818年、友人で伝記作家のトマス・ジェファーソン・ホッグが万華鏡の作り方を教えてくれたとき、こう語っている。「きみの万華鏡は、リボルノのペストのように広がる。今や全人口が万華鏡フィーバーにやられたと聞いている」[9]

それから200年。2007年に発売されたiPhoneが起こした革命により、今やほとんどの人が現代の万華鏡であるスマートフォンを持っている。そして、万華鏡よりもはるかに強烈に夢中になっている。

万華鏡フィーバーの強化版

221回。これは現代人が1日にスマートフォンをチェックする回数だ。[10] 平均的な1日の使用時間は3時間15分、年間でほぼ1200時間にもなる。[11] ティーンエイジャーの約半分が「ほぼ常に」オンラインの状態だ。[12] 地球上の成人の三分の一が、朝起きてから5分以内にスマートフォンをチェックする。多くは真夜中に目が覚めたときもチェックする。[13]

デジタル・ディストラクション（情報機器によって集中力を削がれること）は極めて深刻な問題となり、シドニーやテルアビブやソウルなど、スマートフォンがとくに広く使われている街では、都市計画にまで影響を及ぼしている。[14] 歩行者が顔を上げなくても安全を確認できるように、「止まれ／進め」の信号を歩道に埋め込んだ街もある。ソウルには、路面にレーザーで警戒標識を照射したり、「ゾンビ」歩行者のスマートフォンに飛び出し注意の警告を表示させる横断歩道がある。これは、歩道に青や赤に点滅するブロックを埋め込んだところ、5年間で歩行者の負傷事故が20％、死亡事故が40％も減った事実と関係しているのは間違いない。[15] 一部の人にとって、スマートフォンに表示されるコンテンツは、車にぶつからないよう注意することよりも、ずっと抗いがたい誘惑なのだ。

では、スマートフォンは、21世紀の孤独危機においてどのような役割を果たしているのか。また、21世紀のコミュニケーションのイノベーションは、過去のそれと何が違うのか。

グーテンベルクの活版印刷からスマートフォンまで、革新的なコミュニケーション技術は、人間の交流のあり方を大きく変えてきた。また、それらは必ずしも好意的に受け入れられたわけではない。古代ギリシャでは、ソクラテスが、書く行為は「それを学んだ者の心に、忘れやすさをもたらす」と警告した。「なぜなら彼らは記憶力を使わなくなるからだ」[16]。15世紀には、ベネディクト会の修道院長だったヨハンネス・トリテミウスが、聖書の写本をやめてグーテンベルクの活版印刷を利用しようとする修道士たちを、鍛錬と知識が失われるとして叱った（ただしトリテミウス自身は印刷をした。さもないと誰も読んでくれなかったからだ）[17]。ニューヨーク・タイムズ紙の記者は1907年、「電話が一般に普及すれば、礼節や礼儀は推進されるどころか、わずかに残っているものも急速に消え果てるだろう」と嘆いた[18]。

だが、現代のスマートフォンと、かつてのコミュニケーション技術の間には根本的な違いがある。簡単に言うと、人をクギづけにするレベルが違う。かつて私たちが電話を取ったのは、1日に数回程度だったのではないか。だがスマートフォンは、もはや着けていることを忘れたメガネのように、私たちの一部になった[19]。これは「ハッピーな偶然」ではない。欲深い大手テクノロジー企業が、そうなるように仕向けてきたのだ。

一緒にいるけど、一人ぼっち

スマートフォンとソーシャルメディアは、半永久的な接続状態という、人類史上例のない使用形態をもたらしてきた。それは非常に深遠な形で21世紀の孤独危機に寄与している。

スマートフォンを開き、スクロールし、動画を見て、ツイートを読み、写真にコメントするとき、私たちの心は周囲の人とは別の場所にあって、本来なら幅広い社会の一員だと感じさせてくれる交流の機会をみずから奪っている。スマートフォンを持ち歩いているだけで、私たちの行動や、周囲の世界との関わり方は変わってしまう。最近の研究では、スマートフォンを持っている人は、お互いに微笑みを交わすことが著しく減ることがわかった。[20]

もっと懸念されるのは、こうしたデバイスが、私たちをすでに知っている人たちから遠ざけることだ。デバイスを開いている時間じゅう、私たちの心は友達や同僚、恋人、子どもとは別の場所にある。私たちがこれほど継続的に注意力を削がれたことはなかったし、これほど多くの人が同時に悪影響を受けたこともなかった。誰かと一緒にいても、実は一人でいる時間は、どんどん増えているのだ。

この中途半端な注意力の継続状態が、悲劇的な結果をもたらす場合もある。近年、親がスマートフォンに気を取られていたために、赤ん坊が死亡するケースがいくつかあった。[21]テキサス州パーカー郡で起きた事件では、母親は当初、もう一人の子どもの面倒を見るために、生後8カ月の娘を「2分だけ」風呂に放置してしまったと語っていた。[22]ところが警察がスマートフォンを分析したところ、娘がバスタブで死にそうになっている間、その母親はフェイスブックを18分以上も見ていたことがわかった。

もちろん、これは極端な例だが、親やベビーシッターがチャットをしたり、ゲームをしたり、ソーシャルメディアを眺めている間、小さい子どもが放置されているのはよく見る光景だ。週末の公園では、ブランコで遊ぶ子どもをそっちのけでスマートフォンを眺めている父親をよく見かけるし、レストランでテーブルを囲んでいても、誰もが自分のデバイスに夢中で、言葉を交わさない家族を見かける。こうした行動は、幅広い影響をもたらしてきた。

あのイヌを見て

クリス・カランドは子どもの発達の専門家だ。元教員の彼女は、英国の多くの学校や保育園のコンサルティングをしてきた。その活動を通じて、彼女は懸念すべき現象に気がついた。最近、小学校に上がる子どもで、基本的な対人能力や言語能力を欠いた子が増えているようなのだ。これはスマートフォンの影響だと、カランドは考えている。親がしょっちゅうスマートフォンを眺めていて、子どもとの交流に身が入らないため、その子は基本的なコミュニケーションスキルを学ぶことができないというのだ。

そこでカランドは、驚くべき対策を講じてきた。ある保育園では、子どもとの会話を助ける台本を親に配った。そこには、「今日あった一番いいことを教えて」とか「あのイヌを見て」といった、情けないほど普通の質問が書かれている。子ども部屋の周囲に、スマートフォンに赤いバツ印をつけたイラストを貼ることも、カランドは推奨している。子どもを前にしたときは、スマートフォンの使用を制限することを親が思い出すためだ。[23]

親がスマートフォンばかり見ているせいでダメージを受けるのは、子どものコミュニケーションスキルだけではない。最近の研究では、親がいつもスマートフォンに気を取られていると、子どもは食べ物の好き嫌いが激しくなったり、食べ過ぎたり、運動能力の発達が遅れる可能性が高いこともわかった。愛着やレジリエンス（再起力）など、通常子どもの発達を評価するときは、あまり注目されない側面もダメージを受けることがわかってきた。[24]

また、親がスマートフォンに気を取られている子は、言葉ではなく態度で感情を表現したり、怒りなどの強い感情をコントロールすることに苦労したり、自分の要求が満たされないと、ふてくされた行動を取ったりする可能性が高い。[25] こうした情緒面での影響は、幼少期を過ぎても続く。たとえば、親がデジタルデバイスに気を取られていると感じるティーンエイジャーは、親に「温かみ」があまりないと答え、不安や鬱を患う可能性が高い。[26]

もちろん無視されているのは子どもだけではない。

パートナーと一緒に横になりながら、それぞれがスマートフォンをスクロールしていることが何度あったか考えてみるといい。仕事の電話に応対しながら、ツイッターをチェックしていることもあるだろう。ルームメイトがいるのに、おしゃべりをせずに、ヘッドホンを着けてネットフリックスを見ることもある。旅行に出かけても、インスタ映えする写真を撮ることに全力を注ぐあまり、旅行相手との思い出づくりに注ぐ時間とエネルギーは残っていない。

スマートフォンは現代人の愛人であり恋人だ。みな自分の周囲にいる人に対して、白昼堂々と「浮気」を働いているにもかかわらず、なぜかその不倫は社会的に許容される。私たちはそこにいるけれど、いない。一緒にいるけれど、一人ぼっちなのだ。[27]

分裂した自己

持ち主の注意力をそらすスマートフォンの性質は、現代人がお互いを理解し合い、つながり合ううえで重要な働きをする共感力を損なわせる。目の前で起こっている物理的現実と、画面上に映し出される無数のメッセージの間で、自己が引き裂かれるからだ。多数の方面に注意を削がれると、目の前にいる人に注目したり、思いやりを向けたり、相手の視点で物事を見ることはほぼ不可能になる。

この現象はスマートフォンを使っていないときも起こる。ワシントンのカフェで100組のカップルを観察した研究によると、テーブルに1台のスマートフォンが置かれているだけで、または、どちらかがスマートフォンを持っているだけで、カップルのお互いに対する親近感や共感は低下する。[28] 二人の関係が親密であるほど、スマートフォンが共感に与えるダメージは大きくなり、相手に理解されているとか、サポートされている、大切にされているという感覚は低下する。これはとりわけ懸念される現象だ。というのも、民主主義と同じで、共感力も実践することで身につくものだからだ。日常的に使われないと、それは衰えていく。

共感力にダメージを与えるのは、スマートフォンの注意力をそらす性質だけではない。カリフォルニア大学バークレー校の研究チームは、2017年、人は議論のある政治問題に関する意見に接したとき、その意見の主をどのくらい「人間的」と感じるか調べた。すると、回答者の評価は、意見の内容だけでなく、意見が示された媒体（ビデオ、音声、文章）に大きく左右されることがわかった。[29] 意見の主の姿や声が欠けているほど、非人間的と感じる回答者は増えた。意見の主を「非人間的」と評価する回答者が最も多かったのは、その意見が文章でのみ示されたときだった。スタンフォード大学のジャミル・ザキ教授は、「交流の幅が縮小すると、共感するのは難しくなる」と語った。[30]

だが、この10年で、交流の幅は縮小する一方だ。とくに若者はそうだろう。2018年の米国、英国、ドイツ、フランス、オーストラリア、日本の18〜34歳の4000人を調査したところ、電話よりも文章でコミュニケーションを取るほうがいいと答えた人が75％に達した。しかし文章といっても、そのやり取りは技術的な制約を受ける。[31] スマートフォンでの文字入力は、オートコレクトや入力予測といった機能はあるものの、比較的困難なため、メッセージは短くなりがちだ。ツイッターの文字数制限は、声高で、簡潔で、断定的な表現を要求する。フェイスブックでは、短い投稿のほうがコメントがつきやすい（投稿が80字以下だと「交流」が起こる可能性は66％高まる）ため、ユーザーに自己編集を促す。そもそも、「いいね」を押せば意見表明ができるのだから、きちんとした文章を書くことにエネルギーを費やす必要があるだろうか。[32]

ロックダウンはこれを変えた。一夜にして、昔ながらの電話が急増したのだ。米国では、2020年4月の1日の通話量が、近年の平均の2倍となり、1回当たりの通話時間も33％伸びた。[33] 若者も例外ではない。大学3年生のエミリー・ランシアは、キャンパスを歩いていて、急に幼なじみに電話をしようと思い立った。ほぼ毎日メッセージを交換している相手だが、電話で話したことは一度もなかった。[34] 英国の携帯電話事業者O2によると、2020年3月のロックダウン開始以降、18~24歳のユーザーの四分の一が友達に電話をした。[35]

もちろんビデオ通話も、ロックダウン中に急増した。2020年3月に、ズームやハウスパーティーやスカイプといったアプリのダウンロード数が爆発的に増え、マイクロソフト・チームズのビデオ通話は1000%以上増えた。スクリーンでしか「見た」ことがない相手と、オンラインデートを始めたカップルもいる。

こうした音声や動画ベースの交流に対する渇望が、今後も続くかどうかはわからない。ソーシャル・ディスタンシングと移動制限がしばらく続くことを考えると、ビデオ会議のビジネス需要はしばらく続くだろう。だが、危機の後に人との交流方法をあらためて選ぶとき、簡潔さを最優先して、文章でのやり取りをデフォルトにしたり、対面ではなくバーチャル・コミュニケーションを選んだりすると、何を失うことになるかよく考える必要がある。というのも、多くの人がロックダウン中に発見したように、最も人間的な要素を維持できるビデオ通話でさえも、驚くほど限定的な満足感しか得られない。

共感とつながりを生み出すうえで、顔の表情が果たす役割は極めて大きい。表情は、相手の感情や思考や意図を示す最も重要な非言語的情報源だ。進化生物学者によると、顔の可塑性、すなわち何百もの筋肉を使って微妙な表情をつくる能力が発達したのは、まさに、初期の霊長類が互いに協力して助け合うためだった。[36]

このことは現代の科学でも裏づけられている。人は対面コミュニケーションを取っているとき、無意識に相手のしぐさを模倣するだけでなく、脳波も同期していることが機能的MRI（fMRI）でわかったのだ。[37] ヘレン・リース博士は、著書『*The Empathy Effect*（共感効果）』（未邦訳）で次のように説明している。「ある感情を経験している人と一緒にいると、私たちもそれを感じるのは、その人の感情と表情とつらい経験が、見る者の脳、つまり私たちの脳にもマッピングされるからだ」。たとえば、誰かが泣いているのを見ると、自分が悲しい経験をしたときと同じ脳の領域が活性化する。「だから涙に暮れている人や悲しんでいる人といると、私たちも悲しいと感じる。あるいは、だから興奮のようなポジティブな感情は伝播する。よくある『同感だ』という表現は、神経生物学的な根拠があるのだ[38]」

こうしたミラーリング（模倣）は、つながりや共感を築くうえで不可欠だ。ところがオンラインでは、しょっちゅう映像がぎくしゃくしたり、映像と音声がずれたり、画面がフリーズしたり、ぼやけたりする。これでは相手をきちんと見たり、スムーズに同期することはできない（オンライン診察を行うセラピストは、効果的なコミュニケーションを図るため、いつもよりもおおげさに振る舞うよう助言することで知られる）。[39] しかもビデオでは、カメラの角度のせいで、あるいは画面に映る自分の姿に気を取られて、コミュニケーションを取る相手と目が合わないことが多い。

だからビデオ通話の後、多くの人が満たされない気持ちを覚え、場合によっては、以前よりも孤立や断絶を感じる。ミズーリ州立大学スプリングフィールド校のIT・サイバーセキュリティー学部のシェリル・バーナム教授は、次のように語っている。「対面コミュニケーションとビデオ会議の関係は、本物のブルーベリーマフィンと、ブルーベリーは1粒も入っていない、人工の香料と食感と保存料でできたパック売りブルーベリーマフィンと同じくらいの差がある」[40]

さらに、メールやチャットは誤解を生みやすい。２０１６年のミネソタ大学の研究によると、同じ絵文字を見た人が、異なる解釈をする確率は25％を超えるという。メールに書かれた皮肉は「お堅い」と受け止められ、熱狂は嘲笑と受け止められがちなことも、複数の研究からわかっている。[41]最も伝わりやすい感情である怒りでさえも、正確に伝わりにくい。[42]

どうやら21世紀の新しいデジタル・コミュニケーションは、感情的エンゲージメントや共感や理解を伝えるうえで、重大な欠陥と欠点があり、対話の質や人間関係の質を低下させるようだ。それらは、私たちが大切に思っている人と対面で話をしたり、一緒に時間を過ごしたりすることと比べると、質の低い代替手段であり、現代人の関係断絶に大きく寄与している。

表情を読む方法

多くの意味でもっと懸念されるのは、スマートフォンの影響で、私たちの対面交流の能力まで低下してきたことだ。

私がそのことに気づいたのは、数年前のある夕食会で、米国のアイビーリーグ大学の総長の隣になったときだ。この総長は、最近の新入生の多くが、会話中の最も明白なサインさえ読み取れないことに危機感を覚えて、「表情を読み取る方法」という授業を設けたと言っていた。

ボストン大学のケリー・クローニン教授は、もっとユニークな対策を考案した。学期中に誰かを対面でデートに誘ったら、追加単位を与えることにしたのだ。きっかけは、ある日の授業で、キャンパスでの出会いを取り上げたときだった。きっと学生たちは、セックスや恋愛関係について質問をしてくるだろうと思ったのに、実際はもっと基本的なこと、つまり「どうやって誰かをデートに誘うか」を知りたがったという。[43] 現代の若者にとって、デートは「もはや存在しない社会的シナリオ」だったのだ。だからクローニンは対策に乗り出すことにした。

追加の単位をもらうためには、22のルールを守らなくてはいけない。[44] デートアプリやソーシャルメディアなどのデジタルツールを使わないこと。対面で相手をデートに誘い、実際にデートをすること。もし合わないと思っても、ゴースティング（突然連絡を一切断つこと）は禁止だ。デートの場所は映画館はダメで、アルコールを伴うことも、フレンドリーなハグ以上の身体的接触もいけない。つまり、本物のコミュニケーションを避けたり、暗い劇場に隠れたり、酒の勢いを借りたり、誘うだけで会話をしないのはダメ。実際に誰かに話しかけて、気まずい思いをしたり、緊張したり、そわそわしたりする経験を伴わなくてはいけない。

クローニンは学生たちに、会話の助けとなる質問やトピックを事前に2～3個用意しておくことを勧めた。また、会話が途切れるのは自然なことだと言い聞かせた。ソーシャルメディアで、次から次へとコミュニケーションや娯楽が流れてくることに慣れた世代には、現実の世界には沈黙もあることを説明する必要があったのだ。

スマートフォンでコミュニケーションを取ることに慣れ、ある学生の言葉を借りれば、「生身の交流を恐れて」いる世代にとって、対面デートがチャレンジングに感じられるのは、ボストン大学の学生だけではない。[45]「エッセーを書く方法」や「食中毒の対処法」「ペットが家具に上らないようにする方法」などのノウハウを教えてくれるウェブサイトのウィキハウには、今、「対面で誰かを誘う方法」という記事があり、イラスト付きで12のステップを紹介している。[46]

計算機が人間の暗算能力を奪ったように、デジタル・コミュニケーション革命は、私たちが対面できちんとコミュニケーションを取る能力を低下させる恐れがある。ソクラテスの「使わない能力は失われる」という警告には一理あるのだ。

こうしたコミュニケーション能力の欠落は、大学生よりも年少時から始まっている可能性がある。子どもたちの言語能力を低下させているのは、親のスマートフォン使用だけではない。英ブリストル大学のPEACHプロジェクトは2010年、10～11歳の子ども1000人を調査し、スクリーンタイム（テレビまたはコンピュータを見る時間）が1日2時間以上の子どもは、感情表現に困難を抱えている可能性が高いことを立証した。[47]

ニューヨークの児童心理学者メリッサ・オルテガは、2011年、子どもたちが感情について質問を受けると、携帯電話をいじって回答をはぐらかすことに気がついた。[48] 2012年に米国の幼稚園から高校までの教員600人以上に聞いた調査では、メディアの使用量は、生徒たちの行動や態度に影響を与えるようだった（ここでいうメディアとはテレビ番組、ビデオゲーム、テキストメッセージ、iPod、携帯電話のゲーム、ソーシャルネットワーキングサイト、アプリ、コンピュータプログラム、オンライン動画、そして学生たちが楽しみのために使うウェブサイトと定義される）。幼稚園児でさえ、「社会的スキルと遊ぶスキルが欠けている。メディアを使うことに忙しくて、誰かと対面で交流する方法を知らないのだ[49]」

2019年に1〜4歳の子ども251人を調査したカナダの研究では、スクリーンタイムが長い子どもほど、他者の感情を理解する能力が低く、ほかの子を助けず、破壊的であることがわかった。[50]4〜8歳の子ども約1000人を調査した2019年のノルウェーの研究では、4歳の時点でスクリーンタイムが長い子どもは、そうでない子どもと比べて、6歳になったときの感情の理解レベルが低いことがわかった。[51]

もちろん、デバイスの用途によって結果は左右されるなど、反対意見はあるだろう。[52]しかしスクリーンを遠ざけると、子どもたちの共感力が高まることを示す証拠がある。

UCLAの研究チームは、デジタル機器（スマートフォン、テレビ、インターネット）のない自然環境で、5日間キャンプに参加した10〜11歳の子どもたちを調べた。参加者はキャンプの前と後に、写真や動画を見て、そこに登場する人の感情を当てるテストを受けた。すると、たった5日間スクリーンを見なかっただけで、子どもたちが他者の表情やボディランゲージといった非言語的な感情のサインを読み取り、写真や動画に登場する人の気持ちを理解する能力は大幅に高まった。その能力は、キャンプに行かず、いつもどおりデジタル機器を使っていた子どもたちと比べても高かった。[53]これは、デジタル機器がないと、仲間や大人と対面で交流する時間が大幅に増えるからだと、研究チームは考えている。「スクリーンでは、対面コミュニケーションほどたくさんの非言語的な感情のサインを学べない」と、研究論文の主筆を務めたヤルダ・T・ウルスUCLA非常勤助教は言う。[54]

スクリーンタイムが子どもに与える影響については、テレビが普及し始めた1950年代から警告されてきた。だが、ここでも現在はスケールが違う。子どもたちがテレビを見る時間は、番組の放送スケジュールに左右されていたが、今は10歳児の半分がスマートフォンを持っている（英国のデータだが、ほかの高所得国でも似たような状況だろう）。[55] その半分以上がベッドの横に置いて就寝する。[56] 現代のデバイスは、あらゆるとき、あらゆることに使われる。さらにその抗い難い性質が加わって、質の高い対面交流が失われているのだ。

スクリーンフリーの生活

このため、自分の子にはスクリーンフリーの（デジタル機器を使わない）生活を積極的に推進する親がいる。

皮肉にも、そのトレンドを牽引するのは、シリコンバレーの企業に勤める親だ。彼らは自分の子どもたちにスマートフォンの使用を禁止し、スクリーンフリーの学校に行かせる可能性が最も高いグループの一つだ。故スティーブ・ジョブズは、子どもたちが自宅でテクノロジーを使う時間を制限していたことで知られるし、ビル・ゲイツは子どもたちが14歳になるまで携帯電話を持たせず、その後もスクリーンタイムを厳しく制限した。[57]

ニューヨーク・タイムズ紙は2011年に、シリコンバレーなどテクノロジー企業の経営幹部が多く住む地域で、シュタイナー教育など、スクリーンフリーの実験的な教育法を実践する学校の人気が高まっていることを報じている。[58] なかには子守りの雇用契約に、子どもたちの前で自分のスマートフォンを使わないこと、という条項を盛り込む親もいる。その偽善は明白だ。彼らの一部は、こうしたデバイスを中毒的にしている企業に勤めていて、「帰宅してもスマートフォンをいじるのに忙しく、子どもたちの言葉をちっとも聞いていない」と、サンノゼで子守りとして働くシャノン・ジマーマンは言う。[59]

最富裕層は子守りを雇う経済的余裕があるから、子どもたちにスクリーンタイムのルールを守らせることができるが、大多数の世帯にとって、それは現実的な選択肢ではない。[60] 米国の低所得家庭のティーンエイジャーとトゥイーン（8～12歳）は、放課後のスポーツクラブや習い事に通う経済的余裕がないため、富裕層の子どもよりも1日のスクリーンタイムが約2時間長い。[61] 英国でも同じような現象が見られると、教育関係者は言う。[62]

非常に裕福な親が、自分の子のスクリーンタイムを減らし、名門大学が人の表情を読む授業を設けるなか、金持ちの子どもは共感力やコミュニケーション能力が高く、貧困家庭の子どものコミュニケーション能力は低いという新たな分断を許してはならない。すべての子どもが、こうした重要スキルを身につけることは、人類の未来にとって絶対的に必要だ。そのためには、あらゆる所得層の子どもが放課後のクラブ活動に参加できるようにするとともに、学校でデジタル機器を使った学習と、対面の授業や交流のバランスを取る必要がある。

デジタル版スロットマシン

長すぎるスクリーンタイムがよくないことは明白だ。問題は、それを知っていても、スマートフォンを手に取る衝動を抑えるためには、相当な決意と意志の力が必要なことだ。私たちは、デジタル機器の依存症になっているのだ。

ひょっとすると、その依存症が最も明白なのは、子どもたちだろう。インディアナポリスのある教員は、生徒のスマートフォンを取り上げて透明のビニール袋に入れ、腰から提げて授業をする。子どもたちが自分のスマートフォンが見えるようにすることで、不安を抑えるためだ。教室内に充電エリアを設けて、授業中はスマートフォンを手放させる教員もいる。なかには授業中にスマートフォンを触らなかった生徒に、追加単位やスターバックスのギフトカードをあげている教員もいる。[63]

一方、大人は自分がスマートフォンに病みつきであることを否定しがちだ。自問してみてほしい。あなたはスマートフォンを見ている時間を減らすべきだと感じたことがあるだろうか。周囲の人にスマートフォンの使用時間が長いと言われて腹を立てたことがあるか。スマートフォンを使っていて罪悪感を覚えたことがあるか。朝起きたとき、まずスマートフォンに手を伸ばすか。もし二つ以上の問いに「イエス」と答えたなら、あなたは「依存症」の状態にあるのかもしれない。これらの質問は、アルコール依存症を調べるために病院やリハビリ施設で使われている「CAGEテスト」を援用しているからだ。[64]

なぜ、私たちはそんなにスマートフォンに夢中なのか。その答えは、シリコンバレーの巨大ソーシャルメディア企業にある。スロットマシンと同じように、彼らはユーザーがやめられないプラットフォームをつくっている。人々が肯定感や共感や自信や応援や愛までも求めて、しじゅう画面をスクロールし、見つめ、「いいね」を押し、新しいコンテンツを見るように設計しているのだ。[65] ユーザーがそのプラットフォームに居続け、夢中になるように、文字のフォントからページのデザイン、色合い、アニメーション、そして画素までが、細かく計算されている。[66] 実際、フェイスブックの元社長であるショーン・パーカーは、2017年、初期のフェイスブックの最大の課題は、「どうすればユーザーの時間と注視を最も取り込めるか」だったと語っている。「我々のつくったものに依存性があることはわかっていた」と彼は言う。「それでもやった。それが子どもたちの脳にどんな影響を与えるかは、神のみぞ知るだ」[67]

現代人を孤独にしているのは、依存症なのだ（もちろんすべてのケースにおいてではないけれど）。ただ、一部の人にとっては、質の低いバーチャル交流でも、身近な人との対面交流よりましな場合もある。アイダホ州の小さな町に住む性的少数者のティーンエイジャーは、ツイッターで遠くに住む友達ができたおかげで、さほど孤独を感じなくなった。フィリピンから来た出稼ぎ労働者は、毎日フェイスブックで故郷の子どもたちとつながりを維持できる。自分と同じ症状を持つ知り合いが近隣にいない嚢胞性線維症の患者は、オンラインのサポートグループに慰めを見出した。ある高齢の女性は、インスタグラムのおかげで、それまでにはない形で孫たちとつながることができた。このようにソーシャルメディアは、本来ならなかったかもしれないコミュニティーを一部の人に与えることができる。また、ロックダウン中に見られたように、ソーシャルメディアが決定的に重要なライフラインとなって、隔離生活のつらさを取り除いてくれることもある。

だが、ソーシャルメディアの使用と孤独の間に明確なつながりがあることは、この10年間に無数の研究で示されてきた。ある研究では、ソーシャルメディアの使用量が多い青少年は、そうでない青少年よりも孤独と答える可能性が高かった。[68]別の研究では、ソーシャルメディアでネガティブな経験が10％増えるごとに、大学生が感じる孤独のレベルは13％上昇することがわかった。[69]2010年代に米国の青少年が対面で交流する時間は、1980年代よりも1日平均4時間も減ったことを明らかにした研究もある。研究チームはこのトレンドを、ソーシャルメディアの使用量増加と明確に結びつけている。[70]また、青少年の孤独は2011年以降に急上昇したという。これはティーンエイジャーの間でスマートフォンが普及し始めた時期と一致する。2011年、米国のティーンエイジャーのスマートフォン所有率は23％に過ぎなかったが、2018年には95％に達している。[71]

ソーシャルメディアの使用と孤独の間につながりがあることはわかったが、これらの研究は決定的な因果関係を示せていない。つまり、孤独な人がソーシャルメディアを大量に使うのか、それともソーシャルメディアが孤独を引き起こすのか。

最近の二つの画期的な研究は、まさにこの問いに答えるために始まった。このなかで被験者は、ソーシャルメディアの使い方を積極的に変えるようにと指示された。ソーシャルメディアの使用習慣の変化が、被験者の行動や気分にどのように影響を与えるかを直接観察し、比較し、因果関係を確立しようというのだ。[72]

その結果、多くの発見がもたらされた。一方の研究は、スナップチャットとインスタグラムとフェイスブックの使用時間を、それぞれ1日10分に制限したところ、被験者の孤独感が大幅に低下したことがわかった。[73] もう一方は、約3000人を対象にした大がかりなもので、半数には2カ月間フェイスブックを通常通り使用してもらい、残りの半数（「治療」グループ）には、フェイスブックのアカウントを完全に停止してもらった。すると、治療グループでは、それまでフェイスブックに充てていた時間を、ほかのソーシャルメディアに充てるのではなく、インターネットの使用時間そのものが減り、友達や家族と対面で交流する時間が増えた。気持ちの面でも、幸福感が増し、人生に対する満足感が高まり、不安が低下し、控えめだが十分なレベルで孤独感も低下した。主観的なウェルビーイングを高めるという意味では、フェイスブックのアカウント停止は、セラピーに通うことで得られる効果の最大40％をもたらした。[74]

もっと意地悪に

ソーシャルメディアの悪影響は、もっと深い部分にも及ぶ。ユーザーをデジタルバブルに引きこもらせ、豊かな対面交流の時間を失わせるだけでなく、世界を敵対的で非共感的な場所に感じさせるのだ。それは、現代社会のウェルビーイングに大きなダメージを与えている。

トローリング（不快なコンテンツをわざと投稿すること）、さらし（嫌がらせのために他人の住所などの個人情報を公開すること）、スワッティング（さらし情報を使って、誰かが人質になっていると嘘の通報をして、特別機動隊を出動させ、場合によってはその家にいる人物を逮捕させること）。オンラインに登場した新しい陰湿行為のために、21世紀は多くの新しい言葉が生まれてきた。[75]

ソーシャルメディアは、たしかにハッピーなエピソードの共有を可能にするが、虐待やいじめ、人種差別、反ユダヤ主義、同性愛差別などを助長する場にもなってきた。こうした陰湿行為はどれも増えている。２０１８年、英国の成人インターネットユーザーの半分以上が、オンラインでヘイトコンテンツを目にしたことがあると答えた。前年よりも６％の増加だ。[76]また、女性の３人に１人がフェイスブックで嫌がらせを経験した。年齢を18〜25歳に限ると57％になる。２０１６年、ソーシャルメディアでは83秒に１回のペースで反ユダヤ的な投稿がなされた。その８割がツイッターかフェイスブックかインスタグラムだった。[77]

そのどれも、近い将来に縮小に転じる気配はない。

もちろん、憎悪や嫌がらせは何ら新しい現象ではない。だが、ソーシャルメディアは独特の不快な方法で、しかも前代未聞のスケールで、それを私たちの日常生活にも送り込んでいる。もっと恐ろしいのは、それをやったユーザーに「ご褒美」を与えていることだ。というのも、自分の投稿がリツイートされるたびに、私たちの脳はドーパミン（ヘロインやモルヒネと関連づけられる神経伝達物質）が分泌される。わずかな量だが、その快感を再び得るためにそこに戻ってくるには十分な量だ。では、どういった投稿が最もリツイートされやすいのか。それは最も突飛で、極端で、ヘイトに満ちた投稿だ。「kill（殺す）」「destroy（破滅させる）」「attack（攻撃する）」「murder（惨殺する）」といった単語を含む投稿は、そうでない投稿よりもリツイートされる可能性が約20％高い。[78]

ソーシャルメディア運営会社の設立者たちも、こうした有害な行動を刺激することを意図したわけではないだろう。だが、これらの企業が、それを容認しているのは紛れもない事実だ。なぜなら、憤りや怒りといった感情は依存性が高いため、大量のトラフィックを維持し、広告がクリックされる可能性を高めるからだ（ソーシャルメディア企業はこうして利益を上げている）。[79]だからソーシャルメディア運営会社は、目を引くなら、どんなに悪意があったり、危険だったり、二極化を促すコンテンツでも投稿を許す。[80]こうして善悪の区別をしない、野放しの世界が生まれた。たしかにツイッター社は2020年5月29日、トランプ米大統領（当時）が「略奪が始まったら、銃撃が始まる」[81]とツイートしたとき、暴力を讃美しているとして、警告を表示し、[82]超えてはならない一線を示した。だが、フェイスブック社は、まったく同じ投稿に何の措置も講じなかった。[83]言論の自由を守るため、というのが同社の説明だった。

その被害を受けているのは大人だけではない。子どもたちにとって、ソーシャルメディアは、痛ましい嫌がらせといじめの温床となっている。シンガポールでは、ティーンの75％が、オンラインでいじめられた経験がある。[84]英国では、学生の65％がなんらかの形のオンラインいじめを経験したことがあり、7％は日常的に経験していると答えた。[85]英国の12〜20歳の若者1万人以上に対して行われた最近の調査では、70%近くが陰湿なメッセージを送ったり、偽のユーザー名で意地悪なコメントを書き込んだり、誰かの動画や写真をシェアして笑いものにするなどの嫌がらせをしたことがあると認めている。[86]

こうした嫌がらせは、悲惨な結果をもたらす恐れがある。2019年に、12歳の少女ジェシカ・スカッターソンが自殺したとき、検死官は「(ジェシカが)ソーシャルメディアを激しく使っていたこと――とりわけ自殺を図る直前――を見れば、それが彼女の思考や心理状態に影響を与えなかったはずはない」と述べている。[87]

もちろん、いじめをしたりされたりすることは、いつの時代の子どもにもあった。だが、ここでも問題はそのスケールにある。かつて、この種の嫌がらせを経験するのは、遊び場や公園、教室に限定されていたが、今は自宅や寝室まで24時間365日ついて回る。さらに、かつてのいじめは、リアルタイムに目撃されたときだけ第三者に知られるものだったが、オンラインではターゲットになった人物が辱めを受ける様子を誰もが永遠に見られる。ソーシャルメディアが孤独感をもたらすのは、それが対面交流の時間を奪うだけでなく、社会全般を意地悪で残酷な場所のように感じさせるからだ。そして意地悪で残酷な場所は、孤独な場所だ。

当然ながら、この孤独を最も感じるのは、いじめのターゲットになっている人だ。ネット上の傍観者たちは助けに来てくれないし、ソーシャルメディア運営会社も何ら対策を講じてくれないから、彼らは無力感にさいなまれながら、一人で嫌がらせに耐える。[88] だが、ターゲット以外の人も孤独を味わう。両親の口論(もっとひどければDV)を見た子どもが内向的になり、社会に対して臆病で、孤立しがちになるのと同じで、[89] 怒りに満ちた世界をずっと見ていると、たとえその矛先が自分に向かっていなくても、孤独を覚えるようになる可能性があるのだ。悪質なやり取りを目にするほど、それを放置する社会に対する信頼も失われていく。[90] これまで述べてきたように、このことは社会や政治に幅広い影響を与える。人間は他人を信頼できなくなればなるほど、利己的で分断的になるからだ。

「わたしは人気者ではない」

ソーシャルメディアでの経験は、日常生活も孤独にする。高校3年生のクローディアのエピソードがいい例だ。

今日はホームカミング・ダンス（米国の高校の10月に開かれるパーティー）の日。クローディアは、パジャマ姿で自宅のソファに座って、フェイスブックとインスタグラムを眺めていた。仲のいい友達はみんな行かないと言っていた。「うざったい」ということで意見が一致した。ところが彼女のソーシャルメディアには、友達の写真がどんどん入ってくる。みんな完璧にドレスアップして、笑って、盛り上がっていた。クローディア抜きで。このときほど自分を嫌になったことはない。「とんでもなくちっぽけな存在で、一人ぼっち」だと感じた。あまりにも落ち込んで、1週間ほど学校に行く気になれず、自室にこもった。成績も部活も大学進学も、友達からあからさまに仲間外れにされたことに比べれば、たいした問題ではないように感じられた。

「どういうこと?」と友達を問いただす勇気もなかった。「みんなに無視されているのに、学校に行けるわけがない」

FOMOという言葉を聞いたことがあるだろうか。「楽しいことに乗り遅れる不安(Fear Of Missing Out)」の略で、自分が知らない間に、みんながどこかで楽しんでいるときに抱く焦りを意味する。だが、クローディアの経験はもっと痛々しい。みんなが仲良くしているのに、自分には友達がいない恐怖を味わっていたのだから。これは今、非常によく見られる現象で、心理学者も研究に乗り出している。[91] 私はクローディアが置かれている状況を「BOMP」と呼ぶ。「自分は人気者ではないという思い込み(A Belief that Others are More Popular)」だ。FOMOと同じで、BOMPはありふれた感情であり、ソーシャルメディアによって悪化する。

BOMPは年齢にかかわらず、人を苦しめる。自分が見下されているとか、仲間外れにされているという感覚は、大人にとっても不快だ。昔の同級生の飲み会や、家族の集まりに、自分だけ招かれていないことをソーシャルメディアで知る。かつては知らずに終わったかもしれない事実が、今はリアルタイムに、フィルターや音声効果を駆使した鮮明な画像で、目の前に突きつけられる。

これは子どもにとって、とりわけつらい経験になる。ある英国の少年は、子ども専用電話相談のチャイルドライン に語っている。「友達がみんな楽しい時間を過ごしていることをソーシャルメディアで知り、落ち込んだ。みんな僕のことなんてどうでもいいと思っていて、僕を誘おうともしなかった。どんどん気分が暗くなり、最近はいつも不安定で涙が止まらない」[92]。米国のあるティーンエイジャーの親は言っていた。「仲間が自分抜きでパーティーをしている写真を見て苦しんでいる息子を見るほどつらいことはない。本当に残酷だ」

ソーシャルメディアは、自分が排除されていることをリアルタイムに知る機会を提供するだけではない。より直接的な排除の武器として使われているのだ。

チャットアプリのワッツアップ（WhatsApp）は、友達や外国にいる家族、それに趣味のグループと連絡を取り合う便利な手段だ。私の夫もきょうだいと家族間の問題をやりとりしたり、友達らとサッカー談義を楽しむなどポジティブに活用している。

特に多くのティーンエイジャーと20代の若者の間では、今やグループチャットがおもなコミュニケーション手段だ。この年代の30％が、ワッツアップ、ハウスパーティー、フェイスブック・メッセンジャー、ウィーチャットなどのアプリのグループチャット機能を1日に何度も使っている（ロックダウン中は一段と利用が増えた）[93]。こうしたグループから自分が除外されていることに気づいて、孤立感を覚える若者が増えている。オックスフォードに住む16歳のジェイミーは、クラスメイトのグループチャットに自分が招待されていないこと、そして学校の教室にいるときでさえ、クラスメイトの会話がそのグループチャットをベースに進んでいることに気づいて、ひどくさびしかったという。

ある父親は、娘に起こったつらい経験を話してくれた。5～6人の友達とカフェにいたとき、みんなのスマートフォンが一斉に鳴った。週末のパーティーへの招待メッセージが、グループチャットに届いたのだ。ところが彼の娘のスマートフォンだけは鳴らなかった。彼女は苦し紛れに、自分にも招待状が届いたフリをした。そのほうが屈辱感をさらすよりはいいと思ったのだ。仲間外れにされるのはさびしいが、さびしい子だと思われるのは、もっとさびしい。

学校も親も、この新しい形の仲間外れと、それを防止する難しさに気づいている。英国の女子寄宿学校ローディーンのオリバー・ブロンド校長によると、デジタル仲間外れは通常目に見えないため、学校が対処するのが非常に難しいという。以前なら、一人ぼっちでランチをとっている子や、グループが特定の子に背を向けているなど、仲間外れは目に見えた。だが今は、目に見えないため、大人は介入できない。だから仲間外れにされた子どもは、ますます一人ぼっちでその苦しみに耐えなくてはならない。

みんなの前で拒絶と侮辱

ソーシャルメディアは、ほかにも現代の孤独に破滅的な貢献をする。仲間内で不人気だったり拒絶されているといった、私たちの社会的地位を暴露するのだ。ごく平凡な社交的な集まりさえも、インスタグラムやスナップチャットで世の中に公表される時代には、そこに誰かがいないこともすぐに気づかれてしまう。また、自分の投稿にリツイートや「いいね」やシェアといったソーシャルカレンシーが与えられないと、自分という人間が拒絶されたとか、無価値と感じるだけでなく、恥をかいた気がする。こうした拒絶が公開の場で起こるからだ。

このように衆目の中で無視される恐怖から、英国のある著名な政治学教授（つまり本来なら自信があって成功した大人）でさえも、研究活動に費やせるはずの時間を、完璧なツイートを書くことに費やす。

だが人気のない自分を衆目にさらす不安から最もダメージを受けるのは、やはり子どもたちだ。「うちの娘は、自分のフィードに表示される投稿すべてに『いいね』を押すことで、自分の投稿に『いいね』を集めようと必死だ」と、ある父親はつらそうに語った。ロンドンに住む13歳のピーターは、「投稿して、誰かがコメントしてくれるのを待って、結局、誰も『いいね』を押してくれず、自分の何が悪いのか」と「苦悩した」という。

もちろん、これまでの若者にとっても、人気者になることは重要だった。高校を舞台にしたドラマのほとんどは、それが中心的なテーマだ。ただ、それと現在の違いは、やはり、ソーシャルメディアがそのインパクトを強力かつ不可避的なものにしていることだ。「ソーシャルメディアは、社会的比較の激しさ、濃密さ、そして蔓延性に、新しい時代をもたらした。それがアイデンティティーや自分らしさや、道徳的な行為主体性が未形成の子どもたちに与える影響は大きい」と、ハーバード・ビジネス・スクールのショシャナ・ズボフ教授は書いている。「ソーシャルメディアの経験は、前代未聞の社会的比較の津波を引き起こしている」[94]

ソーシャルメディア運営会社の一部は、この領域で自分たちが生み出した問題を認め始めている。フェイスブック社は、フェイスブックとインスタグラムについて、「いいね」の数を表示しない（ユーザー本人にはわかるが、他人には表示されない）ベータ版をテストしてきた。[95] インスタグラムでこのイニシアチブを進めてきたアダム・モッセリは、ドラマ『ブラック・ミラー』を見て、この機能を思いついたという。このディストピア的ドラマでは主人公が、どこに行ってもソーシャルメディアで格付けされることに苦しみ、破滅していく。[96] ソーシャルメディア運営会社のこうした努力は評価できる。

だが問題は、こうした工夫が、本当に違いをもたらすかどうかだ。人間の脳はドーパミンを渇望するから、ほかのメトリクス（コメントやシェアやリポスト、タグ付け）で自分を比較しようとするだけではないのか。それに、他人に「いいね」の数を知られなくても、ユーザーは依然として、「いいね」を肯定の証として追い求めるのではないか。ソーシャルメディアの仕組みがすでに現代人の心理に深く取り込まれていることを考えると、それとエンゲージする方法は、すでに確立されてしまっている可能性が高い。

本物よりアバターの自分が好き

ソーシャルメディアは、ユーザーが「いいね」やフォロワーや称賛を求めるばかりに、ほかのことにも手を出すよう仕向ける。それは「実物とはかけ離れた自分」を提示することだ。私たちがオンラインでシェアする日常は、キャリア上の成功やハッピーなひととき、パーティーやお祝い、白い砂浜や美味しそうな料理の写真によって、念入りに演出されている。問題は、このように加工された画像の中の私たちは、多くの場合、本物の私たちとは根本からかけ離れていることだ。
自分はいったい何者なのか。インスタグラムの写真のように、いつもハッピーで、万事順調で、社交的な人間なのか、それとも、ときには失敗もして、よろめき、不安を抱える人間なのか。ソーシャルメディアの「友達」が好きなのは、フェイクな私のほうなのか。ソーシャルメディアで自分の生活を念入りに演出すればするほど、私たちは自分をコモディティー化することになり、それを気に入る人は、「本当の」自分を知らないし、好きでもないのではないかという不安に駆られる。それは自分を孤立させ、周囲との間に溝をつくる感情だ。市場調査会社カスタードが2016年に英国の2000人を調査したところによると、フェイスブックのプロフィールが自分を正確に表現していると答えた人は18％しかいなかった。[97]
もしかすると、自分の外見を必死に磨き、場合によっては、演技をすることは人間の本質なのかもしれない。シェイクスピアは400年以上前に、「この世はすべて一つの舞台」と言ったではないか。とりわけティーンエイジャーは、いつの時代もこれにはまりがちだ。だが昔は、こうした演技を定期的に休んだり、プライベートで「本物の自分」に戻ったりすることができた。今は、誰もがスマートフォンをいじり、生活のあらゆる部分を写真に収めている。そんな中で、いつ演技をストップすればいいのか。
これは、あらゆる人が自問するべき問いだ。あなたが最後にセルフィーを撮ったのはいつだろう。そのとき見ていたのは、自分の顔だろうか。ソーシャルメディアのフォロワーたちの視点で見た自分だろうか。その写真を撮っていたのは「本物のあなた」なのか。

もし、私たちの交流が、理想化されたアバターどうしの交流になってしまったら、より浅薄で、より空虚で、奇妙にも競争的な人間関係が生まれるだろう。私たちは自分自身をシェアするのではなく、自分とは切り離された、オンラインの人格をシェアするようになる。ソーシャルメディアをやめたある16歳は、「私は不正直な自分の姿を提示していたけれど、そのプラットフォームでは、ほとんどの人がそうしていた[98]」と語る。

ソーシャルメディアはもとから、ユーザーが社会的な承認を得るために、自分の真の姿を歪めることを奨励する仕組みになっていた。たとえばフェイスブック。2000年代半ばの最初期、まだ大学生だけのプラットフォームだったとき、ユーザーはプロフィールに並々ならぬ工夫を凝らした。プロフィール写真（気合を入れすぎず、でも気合を入れた写真）をたびたび変更するのはもちろん、部活などのアクティビティーをユーモアを交えて説明し、授業の時間割も「特定のイメージをつくる」ために組んだと、『フェイスブック 若き天才の野望』（邦訳・日経BP）の著者デビッド・カークパトリックは語る。[99] 創業者で現在もCEOを務めるマーク・ザッカーバーグらは、自分たちが引き起こした状況を懸念しているのか。どうやら、その答えはノーのようだ。世界をつなぐことが目的だと言うが、そのつながりが浅薄で、残酷で、だんだん歪められたものになったら……、まあいいや、ということらしい。

極端になると、本物の自分よりも、デジタルな世界の自分を好きになる人もいる。インスタグラムのフィルターは当初、犬の耳やピエロのような鼻を追加する機能だった。だがすぐに、肌をスベスベにし、頬骨をくっきりさせ、目を大きくするフィルターが登場して、レベルアップした顔づくりができる機能になった。そのうち、さらに細かな修整をできるアプリが登場して、肌の色を明るくしたり、顎を細長くしたり、頬をスリムにし、歯を白くし、鼻の形を直せるようになった。[100] 自撮り写真加工アプリ「フェイスチューン（FaceTune）」は、アップルのアプリストアで長年ベストセラーだ。[101] そうなると、鏡に映るあなたの顔は、非常に……イケてない気がしてくる。だからアプリで加工した顔写真を持って整形外科医の元を訪れ、実物をそれに近づけてもらう。[102]

極端な話だと思うかもしれないが、フォトショップやフィルターで加工した写真を持って整形外科医を訪れる若者は着実に増えている。２０１７年、全米顔面・形成外科学会（ＡＡＦＰＲＳ）の外科医の55％が、フォトショップした自撮り写真を持ってきて、そのとおりの顔にしてほしいと頼んできた患者が少なくとも一人いたと答えた。前年と比べて13％の増加だ。[103] このトレンドは今後も拡大するだろうと、ＡＡＦＰＲＳは考えている。

ソーシャルメディアは、ユーザーを宣伝員に変える（宣伝する商品は変身してコモディティー化した自分だ）だけでなく、自分は仲間に人気がなく、デジタル的に改造した自分のほうが人気だと思わせる。それは根本的に孤立化のプロセスだ。

状況は変えられる

ソーシャルメディアの有害な影響に対し、私たちは何ができるのか。

当然ながら、まずは利用時間を減らすことが重要だ。私は本書のためのリサーチで、ソーシャルメディアを完全にやめた人に多く出会った。ディベートが好きな15歳のサミーは、有毒な影響の片棒を担ぎたくないと、ソーシャルメディアをきっぱりやめた。22歳の大学院生ピーターは、しばらくインスタグラムをやめたところ、ずっとハッピーで健全な気分になれたという。金融業界で働く40歳のマキシーンは、家庭や仕事での「リア充」をしつこくアピールする友達に辟易して、フェイスブックをやめたという。だが、彼らは例外的な存在だ。従来型メディアからソーシャルメディアへの移行が進んでいることや、ソーシャルメディアのメッセージングサービスとしての有用性を考えると、それを完全にやめると、大きな疎外感を覚える可能性が高い。ソーシャルメディアで何時間も過ごすことよりも、対面で交流するほうが価値が高いという社会規範が生まれない限り、これが変わる可能性は低い。

せめてソーシャルメディアの利用時間を減らしたいと思っても、その依存性ゆえに実行するのは極めて難しい。ただし、誰でも試せる方法はある。たとえばパソコンやスマートフォンに触らない「デジタルフリーの日」をつくる。あるいは、アプリのアイコンを不便な場所に置いたり、スマートフォンから削除するなど、ソーシャルメディアを見る衝動を抑える「ナッジ」を駆使する。また、パートナーや子どもに警告してもらう。友達や家族にかなりの金額を「デポジット」として預けて、たとえば半年間、ソーシャルメディアの使用時間を一定の割合減らせたら返してもらう仕組みをつくるのはどうだろう。これらは禁煙の方法として、大きな成功を収めている。[104]

スマートフォンをライトフォン（Light Phone）に変えるという手法もある。ライトフォンは通話とごく基本的なメッセージングに機能が絞られた携帯電話だ。文字入力システムにはごく基本的なメッセージのテンプレートがあり、アドレス帳には10個しか連絡先を登録できない。[105]

しかし個人ベースの努力には限界がある。現代人のデジタル依存症を大幅に緩和するためには、政府の断固たる介入が不可欠だ。喫煙を抑制するためには、タバコの箱に警告表示を義務づけるなど、政府がさまざまな規制措置を取った。ソーシャルメディアにもタバコと同じくらい危険な依存性があることを考えると、タバコ並みの警告表示を義務化するべきではないか。アプリを開くたびに警告が表示されたり、ウェブサイトにバナー広告を出したり、スマートフォンのパッケージに警告ステッカーを貼ったりしてはどうか。こうした措置は、ソーシャルメディアのリスクに対する意識向上につながるだろう。要は、使おうとするたびに、その有害性を思い出すよう促される必要がある。断煙と同じく公衆衛生キャンペーンを実施するべきではないか。ソーシャルメディアは砂糖のように利用（摂取）者にだけ有害な常習性薬物とは異なり、タバコのように周囲の人にも有害となりうるネットワーク効果があるのだから、なおさらだ。[106]

子どもについては、さらに厳しい対策が必要だ。9歳の子どもが「自分のオンラインイメージを心配」して、『いいね』を社会的承認の証と考えて、その獲得に夢中になっているのに（イングランド子ども弁務官事務所のアン・ロングフィールド長官）、「それが今の世界だから」と容認するわけにはいかない。[107]

常習性があるソーシャルメディアを、未成年（英国の場合は16歳未満、米国の場合は18歳未満）は禁止されるべきだ。こう言うと、子どもの表現の自由や自己決定権の侵害だと批判する人がいるが、私はソーシャルメディアを一切禁止するべきだと言っているのではない。常習性のあるものを規制するべきだと言っているのだ。ソーシャルメディア運営会社は、子どもが依存症になる恐れはないという科学的証拠を示すか、ユーザーの年齢を厳格に確認するシステムの確立を義務づけられるべきだ。[108] 未成年をターゲットにしたいなら、さほど常習性のない新しいソーシャルメディアをつくるか、現在のプラットフォームから常習性の高い要素を取り除くことを運営会社に義務づけるべきだ。

このような措置は厳しすぎると思うかもしれない。しかし、世の中の反応は、時間がたつと変わるものだ。1989年に英国で、自動車の後部座席に座る子どもにシートベルトの着用が義務づけられたときもそうだった。[109] 当時は後部座席にシートベルトは不要と考えられていたし、個人の自由の侵害だと受け止められたが、この措置は無数の若い命を救うことになり、今や子どもにシートベルトを着用させないほうが無謀とみなされる。同じように、かつて子どもを乗せた車で喫煙するのは普通のことだったが、今は非常識とみなされるだけでなく、英国と米国の一部の都市（と世界の多くの地域）では違法行為だ。[110] 用心のためだけでも、常習性の高いソーシャルメディアは成人するまで使用を禁止するべきだろう。

ヘイトスピーチや、暴力的なコンテンツなど、最も有毒なコンテンツについては、ゼロ容認ポリシーが必要だ。ザッカーバーグらテクノロジー企業のリーダーは、言論の自由を定めた米国憲法修正第1条を踏まえて、コンテンツ・モデレーション（適正化）には消極的だ。それでも、ソーシャルメディア運営会社は、みずからのプラットフォームを公共スペースであるかのように宣伝するべきではないし、そこで起きていることについての責任は限定的だと主張するべきでもない。第一、大手ソーシャルメディア運営会社はすでに編集上の判断をくだしており、一部の問題について価値判断もしている。たとえばフェイスブックは、極端に杓子定規にヌードを禁止している。[111]たしかに日々投稿される莫大なコンテンツを監視するのは難題だろうし、ヘイトコンテンツを自動的に警告するメカニズムは、ニュアンスを十分に把握できない場合もあるだろう。だが、それなら、自慢のエンジニアリング能力を駆使して技術的な解決を図ることに大きく投資するとともに、人間のモデレーターをもっと雇えばいい。そうすれば、コンテンツ・モデレーションは知的にも感情的にも負担が大きい仕事であることや、モデレーターを訓練し、まともな賃金を支払い、情緒的なサポートを提供する必要があることに気がつくはずだ。大手テクノロジー企業が業績拡大に注ぐエネルギーの10％でも、独創的なコンテンツ・モデレーションの開発に注げば、有害コンテンツや、二極化、疎外化、断絶といった問題への対策はもっと進歩するだろう。

彼らに金銭的な余裕がないわけではないはずだ。ソーシャルメディア運営会社には、莫大な利益と手持ち資金があり、変化を起こす能力もパワーも持っている。それなのに十分な対策を講じていないのは、結局のところ、その必要性を感じていないからではないか。むしろ一部の経営者は、莫大な利益を確保するためなら、ある程度の苦情や罰金、そして場合によっては、一定数の死者さえも許容してきたように見える。[112] かつての大手タバコ会社と同じだ。大手ソーシャルメディア企業は、自分たちのビジネスモデルのためなら、ある程度の「巻き添え被害」は仕方がないと思っているようだ。スタンフォード大学のザキ教授は言う。「マーク・ザッカーバーグは『素早く動いて破壊しろ』と従業員に発破をかけたことで知られるが、現時点で、相当な破壊をしたことは間違いない」[113]

有害コンテンツの規制をソーシャルメディア運営会社に任せる戦略は、明らかにうまく機能していない。それはザッカーバーグ自身も認めている。[114] 大手テクノロジー企業に改革を義務づける、強制力のある規制が必要だ。誰が見てもヘイトに満ちたコンテンツを即時削除しないプラットフォームに対して、その業績に影響を与えるほどの罰金を科す必要がある。

その点、最近は一定の進捗が見られる。2019年にニュージーランドで起こったモスク銃乱射事件（計51人が死亡）が、フェイスブックで「生中継」されたことを受け、オーストラリアは凶暴コンテンツ共有規制法を可決。「凶暴」なコンテンツを「迅速」に削除しなかった企業に対して、グローバルな売上高の最大10％に相当する罰金を科すことを決めた。[115] 同法は、「殺人または殺人未遂、テロ行為、拷問、レイプ、または誘拐」など極端なコンテンツをシェアした場合のみに適用されるが、違反したソーシャルメディア運営会社が支払わなければならない罰金額は画期的だ。場合によっては、経営陣にも最長で3年の懲役が科される。[116]

ヘイトスピーチとまでは言えないが、極めて不快なコンテンツ（弱い者いじめなど）の取り締まりは、もっと難しい。たとえば、いじめの投稿は、内輪で使われる表現がしょっちゅう変わるし、ユーモアが武器になることもある。「ポーラって最高にクール！」という投稿は、称賛に聞こえるが、もしポーラが太っていて、オタクで、友達がいない女の子だったら、いじめかもしれない。何がルール違反かをアルゴリズムで判断するのはほぼ不可能であり、有効な通報システムと人間によるコンテンツ・モデレーションが必要だ。

オンラインでの振る舞いを改善する技術的な方法がないわけではない。ソーシャルメディア運営会社は、怒りよりもやさしさを高く評価するようにアルゴリズムを変更して、「オープンでポジティブな投稿が、すぐに上位に表示されるようにするのだ」と、ザキ教授は提案する。[117]少なくとも、憎悪や怒りが上位に表示されないようにする調整はできるだろう。あるいは、いじめと思しきメッセージや有害な書き込みは、投稿時に再考を促す警告が表示される仕組みをつくるのもいい。[118]インスタグラムはこの仕組みを複数の国で試している。誰かを傷つけるとAIが判断したコメント（たとえば「あなたって本当にブスでバカ」）を投稿する前に、ユーザーに再考を促すポップアップが表示されるのだ。ただ、これまでの進捗を考えると、「ダモクレスの剣」のように厳しい処分のプレッシャーを突きつけられなければ、ソーシャルメディア運営会社が十分な自己規制措置を取るとは思えない。

この領域でも、法的な改革の兆しがある。2020年1月に英情報コミッショナー事務局（ICO）が提案した規則は、「子どもが、心身の健康やウェルビーイングに有害となるコンテンツを提供されない」ようにすることを企業に義務づけている。[119]この規則が施行されれば、違反企業は、「潜在的被害または現実の被害、ならびにその企業の収益規模に応じた」罰金を科されることになっている。[120] 最低限でも、テクノロジー企業は顧客に対して「善管注意義務」があり、みずからのプラットフォームが大きな被害をもたらさないよう合理的な対策を講じる法的責任を担うべきだ。雇用者が従業員のために安全な職場を確保する注意義務があるのと似たようなもので、その義務を守らなければ、相当な罰金と処罰を科されるべきだ。

英国のある議員グループは近年、ソーシャルメディアと子どもの問題について、このことを明確に主張している。2019年の報告書では、オーストラリアの凶暴コンテンツ共有規制法にならって、テクノロジー企業に「善管注意義務」を課すとともに、そのプロダクトが引き起こした害について、経営者の責任を問うべきだと提言している。[121]

政府には対策を講じることができるし、そうする必要がある。最近、フェイスブックが規制を歓迎するようになったのは結構なことだが、彼らが規制プロセスに影響を与える可能性に、私たちは健全な疑いを持つべきだろう。大手タバコ会社も長年、規制強化を呼びかけていたが、それは自分たちにとって都合のいい形の規制だった。[122] ソーシャルメディア運営会社の巨大なパワーを考えると、彼らがルールづくりに過大な影響力を持たないようにすることは、これまでになく重要になっている。

個人としては、ソーシャルメディアの使用量を制限する以外にどんなことができるだろう。まず、自分の投稿が有害な影響をもたらす可能性を意識して、親切なコメントやシェアを心がけるべきだろう。また、怒りや分断から距離を置く努力をし、残酷な投稿には「いいね」を押したりシェアしたりする衝動を抑えなくてはいけない。不快や社会との断絶を感じさせる人は、躊躇なくブロックするか、フォローをやめるか、友達から外すべきだ。また、学校（と親）は、ソーシャルメディアの健全な使い方を子どもたちに教えるべきだ。

ソーシャルメディアに広告を出すブランドに働きかけて、ヘイトやいじめをもっと取り締まるよう運営企業にプレッシャーをかけさせるという手もある。２０２０年夏にユニリーバ、スターバックス、コカ・コーラ、フォードなどの大手ブランドが、「カネのためにヘイトを許すな」というキャンペーンの一環として、一定期間だがフェイスブックに広告を出すのをやめたことは、ブランド側もヘイトスピーチや分断的なコンテンツに反対だという意思表示になった。[123] 重要なのは、こうした行動を、有意義な変化が起こるまで続けることだ。[124]

心強いのは、若者の話を聞くと、多くがデジタル領域の欠陥と危険性を強く意識していることだ。私はこの世代をK世代と呼んでいる。１９９４〜２００４年生まれで、人生のすべてがデジタルカメラに記録されていて、さらしやリベンジポルノの不安に常にさらされている高校生や大学生だ。ひょっとすると、彼らは上の世代よりもよくわかっているかもしれない。グレタ・トゥーンベリやマララ・ユスフザイ、そしてパークランド高校銃撃事件のサバイバー（世界で100万人以上を動員する銃暴力抗議運動を起こした）など、K世代は積極的に社会活動を展開してきた。もしかするとソーシャルメディアの責任を問い、テクノロジー依存症の大きな危険を訴えるうえでも、彼らはリーダーシップを発揮するかもしれない。

第7章

職場で一人ぼっち

Alone at the Office

40%。これは、職場で孤独を感じる世界のオフィスワーカーの割合だ。[1] 英国では60%に達する。[2] 中国では、オフィスワーカーの半数以上が、毎日孤独を感じるという。[3] 米国では、職場に友達が一人もおらず、K世代の54%が同僚との間に情緒的な溝を感じている。[4] いずれもコロナ禍の前の数字だから、今はもっと大きくなっているだろう。[5] 同時に、世界の労働者の85%が、仕事に熱意を感じていない。[6] 単に退屈だから、とか仕事に不満だからではない。仕事への熱意は、同僚や雇用者といかにつながりを感じるかということと大いに関係があるのだ。

現代人はプライベートだけではなく、仕事でも孤独を感じている。

もちろん、昔の職場を理想化するべきではない。カール・マルクスの「疎外された労働」論のもとになった19世紀の工場労働者は、低賃金にあえぎ、型にはまった仕事をひたすら繰り返し、自分自身からも、仲間からも、自分がつくっている製品からも切り離されていた。19〜20世紀の英文学には、孤独なオフィスワーカーが数多く登場する。ハーマン・メルヴィルの小説『バートルビー』で無気力になっていく代書人バートルビーしかり、シルビア・プラスの自伝小説『ベル・ジャー』(邦訳・河出書房新社)の主人公エスター・グリーンウッドしかり。1972年に米国のラジオ局のインタビューを受けたシャロン・グリギンズという高齢女性は、若い頃に電話交換手として毎日多くの人と話をしたが、誰とも話をしなかったかのような気分だったと語っている。[7]

だが、現代の職場で驚きなのは、労働者がより生産的で効率的に働けるように、あらゆる工夫が凝らされているにもかかわらず、労働者どうしのつながりが乏しく、孤立を感じさせるために、生産性は低下していることだ。孤独な職場は、従業員にとってマイナスになるだけでない。孤独と熱意と生産性の間には明らかにつながりがあるため、企業にもマイナスになる。職場に親しい友達が一人でもいる労働者は、仕事への熱意が7倍も高い。[8] 孤独で、孤立した労働者は、そうでない労働者と比べて病欠が多く、モチベーションが低く、コミットメントが低く、ミスが多く、成果も低い。[9] ある研究によると、その一因は、「孤独な感情になると、……近づきがたい人間になる。他人の言うことに耳を傾けず、自己中心的になる。そのため、周囲にとって付き合いたくない相手になる」。そうなると、仕事で成功するために必要な助けやリソースを得にくくなる。[10]

職場で孤独な人は、離職する可能性も高い。[11] 世界10カ国2000人以上のマネジャーと従業員を対象とした調査によると、回答者の60%が、職場に友達が多いほど、その会社にとどまる可能性は高まるとしている。[12]

ではなぜ、21世紀の職場では、多くの人が孤独なのか。

オープンオフィスと孤独

仕切りやキュービクルのないフロア。みんな細長いデスクに向かい、かちゃかちゃとキーボードを打ち、同じように循環した空気を吸っている。オープンオフィスへようこそ。

最近オープンオフィスについて指摘される懸念の多くは、公衆衛生に関係している。韓国の疾病管理庁は2020年2月、ソウルのコールセンターで新型コロナウイルス感染症のクラスターが発生したことを突き止めた。それによると、最初の1人の感染が確認されてからわずか2週間で、同じフロアで働く90人の感染が確認された。[13] だが、オープンオフィスのデザインが危険にさらすのは、従業員の健康だけではない。多くのオフィスワーカーがお互いとの間に距離を感じる理由の一つは、大きなオープンオフィスで1日を過ごすからだ。

これは意外な気がするかもしれない。実際、1960年代にオープンオフィスのコンセプトが初めて紹介されたときは、進歩的でユートピアのようなデザインが、人とアイデアの自然な交流をもたらし、より社交的でコラボラティブな職場をつくりだすと騒がれたものだ。このデザインの支持者たちは、今も同じことを主張する。ところが、今や欧州の職場の半分、米国の職場の三分の二を占めるデザインとなったオープンオフィスは、実は、そこで働く人たちの孤立をもたらすことがわかってきた。[14]

ハーバード・ビジネス・スクールの研究チームは、キュービクルからオープンオフィスに移ると、労働者に何が起こるかを調べた。するとオープンなレイアウトは「より躍動的な対面コラボレーションと、より深い人間関係」をもたらすどころか、会話よりも、メールやチャットによる交流が選ばれ、労働者は「社会的に引きこもる」ことがわかった。[15]

ある意味でこれは、オープンオフィスの特徴である騒音や、歓迎されざる干渉に対する自然な反応だ。同じような現象は都市でも見られた。あまりに多くの人や、耳障りな音に圧倒されると、人は自分の世界に引きこもろうとする。これは自衛反応でもある。研究によると、55デシベル（やや大きな電話の音声レベル）以上の騒音は、人間の中枢神経系を刺激し、目に見えてストレスを高める。[16] 多くのオープンオフィスでは、自分の声が相手に聞こえるようにするだけでも大きな声を出さなくてはいけないため、騒音レベルはこれよりもずっと高い。[17]

問題は音の大きさだけではない。オープンオフィスで働く人の脳は、アマゾンの音声アシスタント「アレクサ」のように、常に周囲の雑音や、誰かのキータッチ音や、隣のデスクでの会話や、電話の鳴る音に耳をそばだてている。[18] それは仕事に集中するのを難しくし、仕事を終わらせるのに、これまで以上の努力を要求する。私もオープンオフィスの会社に勤めていたとき、ビルに入る前に、ノイズキャンセリング機能つきのヘッドフォンを着けることにしていた。生産的に働いて、仕事を終わらせるためには、同僚を完全に切り離すしかないと思っていた。この現象を研究した英国の心理学者ニック・パーハムは、「たいていの人は、静かなときが一番仕事がはかどる」と語る。これに対して、近くで誰かが会話をしているだけで、生産性は最大66％落ちるという報告もある。[19]

コロナ禍により、今後はオープンオフィスでも、人が少なくなり、雑音もある程度減るかもしれない。だが、オフィスワーカーを自分の世界に引きこもらせるのは周囲の騒音だけではない。たとえば、プライバシーの欠如がある。なにしろ自分のやっていることが、あらゆる人に丸見えなのだ。[20] それは表現豊かな会話を失わせ、「一種の居心地の悪さ」や「長話の抑制」、「短い表面的な会話」、そして会話の内容の自己検閲をもたらす。[21] 周囲に居合わせた人が聞き耳を立てていると思うと、同僚と有意義な会話をするのは難しい。私用で病院に電話をしたり、パートナーに連絡したりすることがはばかられるのは言うまでもない。

ソーシャルメディアにおけるティーンエイジャーの会話が、おおげさで浅薄になりがちなのと同じように、オープンオフィスで働く人の言動も、自分が絶えず見られていることを意識して、いつも演技をしなければならず、決して隙を見せられない舞台になる。これは認知的かつ情緒的に疲れるだけでなく、孤立をもたらす。

フリーアドレス制も問題だ。どこに座るか毎日自分で決められるのだから、職場における自由と選択の象徴だと、会社側は胸を張る。だが、自分の決まったスペースがなく、家族の写真を飾っておけるスペースもなく、誰かと親しくなるほど長期間隣にいるわけではなく、むしろ毎日席を取る競争をしなければいけない職場環境は、非常に孤独になりうる。2019年の英国の調査では、職場がフリーアドレス制のオフィスワーカーの19%が、同僚から孤立していると感じ、22%がチームとして絆を保つのが難しいと答えた。[22] フリーアドレス制のオフィスで仕事をする人は、隣人と会ったことがない賃貸アパートの住民と同じだ。それはノマド（遊牧民）というより、根無し草の感覚に近い。すると自分が価値の低い使い捨てのスタッフで、周囲の目に入っていないように感じる。英国のある大手企業で施設管理部門のマネジャーを務めるカーラは、予期せぬ手術で仕事を1カ月休んだが、フリーアドレス制のオフィスでは、同僚たちが彼女の不在に気がつくまでに数週間かかったという。[23]

なかには、スタッフのストレスや集中力低下に気づいて、オフィスのデザインを変更する会社もある。ルーム（Room）やゼンブース（Zenbooth）やキュービコール（Cubicall）といったプレハブの個室は、オープンオフィス内に設置しやすく、防音仕様で、移動も簡単とあって、すでにかなりのオープンオフィスに導入されている。[24]キュービコールのホームページ（２０２０年１月現在）では、電話ボックスタイプの個室（一人用はスタンディング仕様だ）は、「モダンなインテリアの欠陥を補う効率的なソリューション」と宣伝されている。「オフィスや共有スペースにプライバシーを確保し、集中できる空間をもたらすことで、生産性や、やる気を高める」というのだ。[25]デスクに信号機のような3色灯を設置して、話しかけてもいいかどうかを周囲に知らせるようにした職場もある。あるいは、目の前の仕事に集中できるように、「ヘッドホンと馬の目隠し」をミックスしたようなヘッドガードの装着を奨励しているオフィスもある。[26]どれも、リアルな問題があることを知らなければ、ジョークのような措置だ。

　そこにウイルス拡散防止という新しい懸念が加わって、オープンオフィスに冬の時代が訪れようとは、誰も思わなかった。だが終焉は訪れないかもしれない。というのも、表向きの説明はどうあれ、企業がオープンオフィスを導入する理由は、ほぼ確実に経費削減と関係しているからだ。オープンオフィスは、伝統的なレイアウトのオフィスよりも、従業員一人当たりの不動産コストを最大50％下げられる。[27]フリーアドレス制を導入すると、さらに「効率」が高まる。常にデスクが埋まっている可能性が高まるため、スペース当たりの利益が高まるのだ。[28]コロナ禍で企業が一段と大きな経費削減圧力にさらされるなか、オープンオフィスやフリーアドレスは再び拡大する可能性がある。そもそもオープンオフィスが最初に流行ったのは、２００８年の金融危機後だった。今後は、管理職は安全な個室を与えられ、「一般社員」はコンピュータを与えられるだけの「二重態勢」を取る会社も出てくるかもしれない。

企業が従業員の心身の健康よりも、経費削減を重視するのは、道義的に不快なだけでなく、経営面から見ても近視眼的だ。従業員のウェルビーイングや満足感は、実のところ仕事の生産性と深い部分で結びついており、最終的には企業の業績にも影響を与えるからだ。

先見の明のある企業は、たとえ現在のように、懐に余裕がなく、事業縮小が必要な時期でも、このことを理解しておく必要がある。従業員のニーズを無視する企業は、質の高い人材を集めるのに苦労したり、従業員が仕事に熱意を感じないといった問題を抱えたりする可能性が高い。「会社は従業員の安全を考えてくれていない」と思ったら、仕事のためにプラスアルファの努力をする意欲も失われるだろう。

職場のデジタル乗っ取り

もちろん、職場における人間関係を壊し、そこで働く人を孤独にしているのは、オフィスのレイアウトだけではない。現代人の多くが同僚と切り離されていると感じる理由の一つは、薄っぺらなコミュニケーションだ。

10年前の職場では、同僚に用事があったら、たいていの人は相手のデスクまで歩いて行っただろう。今は、そうする人がどのくらいいるだろう。２０１８年のグローバルな調査によると、オフィスワーカーは１日の半分近くを、同僚とのメールやメッセージのやり取りに費やしていた。ときには、すぐ近くにいる同僚が相手のこともある。[29] 直接話したほうが早い場合でさえそうだ。これは職場を孤独にする。オフィスワーカーの40％が、メールで同僚とコミュニケーションを取ると、「非常にしばしば」または「いつも」孤独を感じると答えている。[30]

典型的な仕事のメールの質を考えると、これは驚きではない。ビジネスライクで、愛想よりも効率重視で、温かみよりも機械的なのだ。24時間365日大量の情報をやり取りする職場では、「お願いします」とか、「ありがとう」といった表現が真っ先にカットの対象になる。時間的なプレッシャーが高まり、受信箱がいつもいっぱいになると、メールはどんどん短く、素っ気なくなっていく。仕事量が増えると、メールはますます冷淡になる。[31]

2023年までに就労人口の40％以上が、仕事の大部分をリモートでこなすようになると予想されているが、これもビジネスパーソンの孤独をますます深める恐れがある。[32] ほとんどのリモートワーカーは、メールなどの文字ベースのコミュニケーションツールをおもな交流手段にするからだ。[33] コロナ禍の当初は、在宅勤務を大歓迎する声が多かったが、やがて、以前よりも大幅に孤独になったと言う人が増えたのも、これが一因だ。[34] それどころか、孤独はリモートワーカーの最も大きな悩みになるかもしれない。[35]

テクノロジー評価サイト「プロダクト・ハント」の設立者であるライアン・フーバーは、2019年3月、「在宅勤務をしている人たちへ。最大のフラストレーションの原因は何ですか？」とツイートした。これに対する1500人以上の回答で最も多かったのが「孤独」だった。多くの人は、対面交流なしで仕事をする孤独に言及していた。[36] 経営コンサルタントのエラルド・カバリは、「会社での交流がないこと」と単刀直入に答えた。[37]「これといったトピックが決まっていない、偶発的な会話の盛り上がり」を懐かしむ人もいた。「仕事の流れで」「友達関係が生まれる」ような雑談が恋しいと、カリフォルニア在住の音楽ソフトウエア・エンジニアのセス・サンドラーは嘆いた。[38]「デスクをちょっと離れて、同僚と交流することができない」と、エンジニアのジョン・オズボーンは書いている。「そしておそろしく孤独だ」[39]。オープンソースソフトウエアの開発に携わるエリック・ナカガワは、誰よりもずばりと書いている。「孤独で自分が壊れそうになる。オオカミ男みたいにヒゲを伸ばして、外見にも気を使わなくなる」[40]

回答者の一部は、リモートワークがいつのまにか日常生活に与えている影響に気づいていた。「長時間一人でパソコンに向かっていると、出かけたとき、人との適切なコミュニケーションを思い出すのに数時間かかる」と、ウクライナ在住のソフトウエア・エンジニアのアーメド・サラジマンは言う。「文字ベースのコミュニケーションから、現実のコミュニケーションに頭を切り替えるのに困難を感じる」[41]

リモートワーク自体が悪いわけではない。多くのリモートワーカーは、その自律性や柔軟性を歓迎し、「好きなときに、好きな場所で働く」スタイルに賛同し、長時間通勤をしないで済むプラス面を評価している。また、リモートワーク奨励策は、企業に採用の選択肢を広げるとともに、小さい子どもがいる女性や、高齢の親を介護している人や、通勤が難しい障害者が、仕事を続けることを可能にする。

だが、リモートワークが孤立と孤独の感覚を悪化させるのもまた真実だ。うわさ話や笑い、雑談、そしてハグは、ロックダウンで在宅勤務に切り替わったとき、多くの人が恋しいと言ったことの一つだ。在宅勤務に関する世界的な研究者であるスタンフォード大学のニコラス・ブルーム教授は、「リモートワーカーは、自宅で鬱になったり、退屈になったりしやすい」[42]と指摘している。ブルームは2014年に発表した実験で、中国企業の従業員1万6000人のうち、ランダムに選んだ半分に、9カ月にわたり在宅勤務をしてもらった。するとその期間が終わったとき、半分がオフィスに戻ることを選んだ。会社での社交をひどく恋しく感じたため、片道平均40分の通勤時間をかけても、会社に戻りたいと思ったのだ[43]。

これは企業に二つのことを告げている。まず、コロナ禍が収束しても、経費削減のために、リモートワークを無理に拡大しないこと。その一方で、在宅勤務を続けることになった人には、情緒的なマイナス面を緩和するサポートを提供することだ。

これについては、音声や文字だけではなく、動画によるコミュニケーションを増やすことが、戦略の一つになりうる。やや突飛な例だが、東京のすみだ水族館が、チンアナゴの孤独を癒すために試みたことが参考になる。2020年の緊急事態宣言で、水族館が臨時休館になると、チンアナゴたちは奇妙な行動をとるようになったという。飼育員が健康状態を調べにいくと、砂にもぐってしまうようになったのだ[44]。どうやら人間との対面コミュニケーションを忘れてしまったらしい。そこで飼育員たちは、ビデオ通話アプリでチンアナゴに手を振ったり、話しかけてほしいというキャンペーンを始めた。本書の執筆時点では、それがどのくらいの効果を発揮したかはわからない。ただ、動画コミュニケーションにも限界がある。全身を使ったジェスチャーや、物理的な近さ、そしてにおいのようなさりげないコミュニケーションの手がかりがないため、誤解を生みやすく、相手とのつながりを感じにくい。また、インターネット接続上のトラブルで、画面がフリーズしたり、同期がずれたりすると、たとえ顔を見ることができても、どこか緊張したコミュニケーションになるし、かえってお互いの距離を実感させられる場合もある。

コロナ禍前にリモートワーク導入に成功していた企業の多くが、リモートと出社をミックスしていたのはそのためだ。元グーグルの人事トップだったラズロ・ボックは、最適な「在宅勤務」の日数を調べたところ、[45]「1週間に1日半」という結論に達したという。これなら従業員は同僚とつながりを築く時間と、一人で仕事に没頭する時間のバランスを取れるという。

リモートワークのパイオニア企業は、定期的に食事会やミーティングやイベントを開いたりして、従業員が直接会って交流する機会も制度化した。また、出社した人が交流したくなるようなオフィスのレイアウトにした。その狙いは、従業員の孤独を緩和することだけではない。「テクノロジー企業がミニキッチンを設けたり、無料でスナックを提供しているのは、従業員が空腹で死んでしまうと思っているからではない」と、ボックはニューヨーク・タイムズ紙に語っている。「そういう場所で、思いがけないアイデアが生まれることがあるからだ[46]」

プライベートと同じように、仕事でも接触（コンタクト）は非接触（コンタクトレス）よりも優れている。そして物理的な距離の近さは、コミュニティー感覚やコミュニティー精神を育むうえで決定的に重要になる。

「親切」にインセンティブを与える

もちろん、従業員を出社させたからといって、社交が活発になるとは限らない。現代人のメール依存や、オフィスの監視システム、生産性と効率性の果てしない追求、#MeToo運動後のワークカルチャー、労組の縮小、長くなる一方の通勤時間。こうしたことが相まって、仕事中または仕事後の同僚との交流は、昔ほど一般的ではなくなった。[47] 午前中の同僚との休憩や、仕事後にパブで一杯飲むことや、仕事仲間を自宅へ食事に招くといった、20年前はありふれていた社交の慣習は、あまり行われなくなった。

職場での食事は典型的だ。たとえば、会社のランチタイムは、さほど遠くない昔、同僚と共通の関心や情熱を見つけ、雑談をしたり、励まし合ったりする時間だった。だが今は、誰かと昼食を取ることは廃れつつある。それはソーシャル・ディスタンシングの要請だけではない。

2016年の英国の調査では、同僚と昼食を取ることはめったに、または一度もないと答えた人が半分以上に上った。[48] かつて同僚と絆を深め、充電する時間だった1時間は、インスタグラムを眺めながら、アマゾンでショッピングをしながら、あるいはネットフリックスを見ながら、デスクでサンドイッチを食べる時間に変わった。米国でも状況は似ていて、専門職の62%が「デスクで」昼食を取っている。[49] 同僚との長い昼食時間が、絶対譲れない聖域と考えられていたフランスでさえ、変わってきた。「ランチに1時間半とか2時間かける時代は終わった」

と、英国発のサンドイッチ・チェーンであるプレタ・マンジェのフランス法人CEOであるステファン・クラインは語る。[50]

一人で食事をしているのはオフィスワーカーだけではない。サウスロンドンに住むモーは、かつて勤めていたミニキャブ（格安ハイヤー）会社が破綻して以来、ウーバーの運転手をしている。昔の会社で、運転手仲間と食事を取り、連帯感を築いていた時代が懐かしいと、モーは語る。「みんなで大きなリビングルームにたむろしたものだった。電子レンジや冷蔵庫があって、イスラム教徒もキリスト教徒もそこにランチを持ってきて、一緒に食べていた」と言う。「私はみんなを知っていたし、みんなは私を知っていた。誰かが1週間姿を見せなかったら、電話をして大丈夫か確かめるような職場だった」。ウーバーの運転手の経験はまったく違う。運転手たちが集まる場所はなく、誰もが一人で食事をし、「連帯感などまったくない」とモーは言う。「もし私が倒れても、誰一人助けてくれないだろう」

一人暮らしの人が最も孤独を感じるのは食事のときだと言うように、職場での「一人ランチ」が孤独感を高めるのは当然だろう。家族との夕食から、日本の茶会、米国の感謝祭、スウェーデンの夏至祭まで、誰かと食事や飲み物の準備をし、提供し、消費することは、世界中の文化で中核をなす要素だ。[51] こうした時間は、人々の孤独を緩和するだけでなく、より緊密なつながりをもたらす有意義な会話や人間関係を生み出す。

英国軍付きの精神科医ニコラス・ビークロフトは、食事が、会食型から「食べた分だけ払う

（ＰＡＹＤ）」モデルに変わったことが、昔より兵士たちの「仲間意識と連帯感が大幅に低下」して、孤独を感じる兵士が増えた理由の一つだと確信している。たしかにＰＡＹＤモデルのほうが、食費は安く済むし、選択肢も増える。だが、強力なコミュニティーの基礎は、仲間と同じテーブルを囲み、一緒に食事をすることによって築かれると、ビークロフトは断言する。「戦場では、こうした絆が極度のストレスを乗り越える助けになる」。さらにビークロフトは、結束力の強いチームの一員だと思うかどうかは、兵士たちがＰＴＳＤ（心的外傷後ストレス障害）を患うか否かを決定する要因の一つだと考えている。そして、「一緒に食事をすると、（チームの一員だという感覚を）強化できる」と語る。これは研究でも裏づけられている。社会的なサポートの有無は、ある人がトラウマ的な経験をした後にＰＴＳＤを患うかどうかを左右する最も強力な要因の一つなのだ。[52]

消防士の仕事ぶりと食事の関係を調べる研究チームも、同じような結論に達している。コーネル大学のケビン・ニフィン助教のチームは、約1年半かけて、米国の主要都市の13の消防署を調べた。それによると、隊員が一緒に食事のメニューを考え、料理をし、一緒に食べる消防署は、そうでない消防署よりも、消防活動の結果が2倍優れていた。[53]

消防活動の結果が優れているということは、より多くの人命が救われるということだ。数分で人の生死が決まるような場面では、優れたチームワークが大きな違いをもたらす。一緒に食事をすることは、友情や、お互いを気にかける心、そしてチームワークを育てる「社会的接着剤」の役割を果たすと、ニフィンは考えている。[54] 消防士たちも、インフォーマルな交流の重要性に気づいているようだ。食事の時間は、毎日のシフトの中核をなすと彼らは言う。なかには夕食を2回取る消防士もいる。1回は自宅で、もう1回は消防署で。仲間の消防士が用意した夕食を食べないことは、彼らを侮辱するようなものだと思うからだ。仲間と食事をしない消防士に話を聞こうとしたところ、彼らは恥じ入るような表情を見せた。「それは基本的に、そのチームに何か問題があるサインだ」と、ニフィンは言う。[55]

たとえ戦場でなくても、仲間と一緒に食事をすることは、職場にコミュニティー感覚やチームスピリットを生み出す最も簡単な方法の一つだ。だから、ポスト・コロナの時代に企業がコミュニティー感覚を取り戻し、従業員どうしのつながりを再構築したいなら、全員同時の昼休みを復活させて、会食を奨励するべきだ。なにも大手テクノロジー企業のような豪華なカフェテリアをつくれと言っているのではない。ほとんどの企業はそんな予算はないし、[56]地元のカフェや商店も顧客が必要だ。居心地のよい部屋や、長テーブルのある屋外スペースを提供したり、チームリーダーがデリバリーを注文したり、近隣のレストランにチームを連れて行くなど、簡単な工夫で違いを生むことはできる。[57]なにより経営陣が、適切な昼休みを取ることが積極的に奨励されている、というメッセージを発信することが重要だ。そうすれば、一緒に食事を取るという伝統を、再びワークライフの日常にできるだろう。

昼食でなく、同僚と一緒に休憩を取るだけでも、従業員のやる気や生産性に大きな違いを生むことができる。マサチューセッツ工科大学（ＭＩＴ）のアレックス・サンディ・ペントランド教授が、ある米国の銀行のコールセンターを調査したところ、最も生産的なチームは、ミーティング以外の場で最もよく話をするチームであることがわかった。そこでペントランドは、チームごとに全員が同時に休憩を取れるようにスケジュールを調整して、ワークステーションから離れた場所に交流スペースをつくるよう、コールセンターのマネジャーに提言した。この戦略は大成功を収めた。従業員はよりハッピーになっただけでなく、電話の平均的な処理時間(この分野の成功の重要な指標だ)が、成績の低かったチームで20%、全体としても約8%短くなったのだ。従業員たちは休憩中に、電話をうまく処理するコツなどのノウハウをシェアしていたのだ。その結果、この銀行は、チーム別に休憩を取る仕組みを10カ所のコールセンターすべてに導入することにした。この戦略は、2万5000人の従業員にインパクトを与え、1500万ドル相当の生産性向上をもたらし、従業員のやる気を高めたと見られている。この戦略が導入されたコールセンターのなかには、従業員満足度が10%以上も上昇したところもある。[58]

もちろんコロナ禍において、非公式な社交の機会を設けることは容易ではないし、バーチャルな休憩では同じような効果は期待できない。それでも、このようなアプローチがいかに重要かを企業は理解する必要がある。従業員の間につながりがあると、より生産的で、より熱心で、より離職率が低下するだけではない。トップクラスの人材獲得競争では、フレンドリーな会社だという評判は大きな魅力になる。現代社会で最も孤独で、最もつながりを切望しているK世代(次世代の労働力だ)にとっては特にそうだろう。

ただ、難しい問題が一つある。たいていの人は、親切でやさしい人ばかりの職場で働きたいと思うが、新自由主義では、親切でやさしいことは非常に価値の低い資質だと考えられている。

教員や介護やソーシャルワークなど、親切ややさしさが求められる仕事の賃金は、平均賃金を大幅に下回る。[59] また、スタンフォード大学の社会学者マリアン・クーパーによると、職場で温かくてフレンドリーな女性は、「仕事ができる人とか、頼りになる人とはみなされず、無視されやすく」「そのスキルが見落とされることがある」という。[60]

したがって、さほど孤独でない職場をつくりたいなら、親切や協力やコラボレーションといった資質を明確に高く評価するべきだ。また、口先で評価するだけでなく、具体的な見返りやインセンティブを与える方法を探ることも重要だ。オーストラリアのソフトウエア会社アトラシアンは最近、従業員の勤務評価に個人の実績だけでなく、いかにコラボレーションがうまく、積極的に他者を助けるか、同僚を丁寧に扱っているかといった項目を取り入れた。[61]

それでも、潜在的なジェンダーバイアスが完全に取り除けるわけではない。[62] 一般に、女性は男性よりも、誰かのサポートになるかどうかを厳しく評価される。これはとりわけ、社交的なイベントの手配をしたり、片付けをしたりといった「オフィス家事」に関して言えることだ。[63] だが、男女どちらの勤務評価でも、こうした資質を重視するようにすれば、よりインクルーシブで、より温かく、よりコラボラティブで、さほど孤独ではない職場をつくる助けになるはずだ。グローバルなテクノロジー企業であるシスコ・システムズは、コラボレーションと親切を促進するために二つの戦略を取っている。一つは昔からあるイニシアチブで、掃除係からCEOまで職務階層にかかわらず、誰かの助けとなり、親切で協力的な行動を取った人は、100～1万ドルのボーナス給付候補にノミネートされるというものだ。

私が話をしたシスコの従業員エマは、毎日満面の笑みで出社する女性新入社員をノミネートした。バーモント州ストウにある支社のマネジャーは、部下たちが新入社員に仕事の要領を教えてやり、歓迎されていることを感じられるようにしたとして、この部下たちにボーナスを与えた。シスコは最近、「感謝のしるし」というイニシアチブも導入した。これは、親切なことをしてくれた人や、手助けをしてくれた人に、デジタル・トークンを渡して感謝の気持ちを示すものだ。金銭的なボーナスはないが、トークンが従業員の間でやり取りされるたびに、会社が慈善団体に寄付をする仕組みになっている。

従業員が、業績だけでなく、会社の文化に貢献したことでも評価される職場や、従業員どうしが認め合い、感謝し合うことが積極的に奨励される職場は、従業員が雇用者とも、仲間とも、つながりを感じられる職場になる。シスコの親切を重視するスキームは、同社が最近、世界一の職場に選ばれた理由の一つに違いない。[64]

自分は会社に気にかけてもらっていて、人間として認められていて、たんなる組織の歯車ではないと、従業員が思えるようにすることには、明らかなプラス効果がある。ヘーゲルからジャック・ラカンまで多くの思想家たちが指摘してきたように、人間の自尊心は、他者からの承認が大部分を占める。[65] それを実現するのに、さほど込み入ったことをする必要はない。小さなイニシアチブでも、現実的な変化を起こすことはできる。

仕事ばかりで遊びはなし

だが、多くの人が職場で孤独だと感じる原因は、職場の外で孤独だからだ。そして、その一因は働きすぎにある。そこには悪循環が存在するのだ。

現在、世界中のほとんどの地域で、ほとんどの年齢層の平均労働時間は、数十年前より短くなっている。[66]ところが、一部のグループの労働時間は、以前よりも大幅に長くなっている。これには専門職、つまり多くの場合、大卒者が含まれる。

1990年以降、西ヨーロッパのほぼすべての国で、このグループの「極端な労働時間」(週50時間)は大幅に増えてきた。[67]英国では現在、最も労働時間が長いのは、最も高い資格を持つ人々だ。[68]日本では、あまりにも多くのホワイトカラーが(文字どおり)死ぬまで働いているため、「過労死」という表現があるほどだ。[69]中国では、朝9時から夜9時までが就業時間で、週6日間働くのはごく普通のことで、「996」と表現される。これはとくに金融、テクノロジー、Eコマースの専門職の間で顕著になっている。[70]

20年前と比べて、中間層の生活費が大幅に増えた結果、多くの人は収支を合わせるために、長時間労働をしている。[71]複数の仕事をかけ持ちすることも、[72]徐々に当たり前になりつつある。英国看護協会(RCN)の調査では、会員の25%が、生活の足しにするために「追加的な有給の仕事」をしていた。[73]米国の看護師の場合は20%だ。[74]また、米国の教師のほぼ16%が副業をしている。それも夏休みの間だけではない[75]。オレゴン州では、ウーバーの運転手をする教員が非常に多いため、アプリ上で運転手の名前に本の絵文字をつけて、ユーザーにそれを知らせている[76]。コロナ禍が教えてくれたことがあるとすれば、今後、他人をケアする人たちがもっと感謝されるだけでなく、もっと多くの賃金を支払われるべきだということだろう。

経済的な必要性ではなく、文化的規範や社会的規範ゆえに長時間労働をする人たちもいる。中国の「996」がいい例だ。アリババ集団の共同創業者でビリオネアの馬雲（ジャック・マー）は、これを積極的に支持している。「個人的に、996は大変素晴らしいことだと思っている」と、マーはウィーチャットのアリババのアカウントから投稿した。「プラスアルファの時間と労力を注がずに、どうやって成功を手に入れるというんだ？」。マーは、短時間労働者は「幸せや、ハードワークの報いを得ることはないだろう」とも書いている。

私も、仕事大好き人間だ。仕事に時間を投じれば、経済的に潤う（米国では、11万ドル以上の所得者の三分の一以上が週60時間以上働いている）だけでなく、個人の満足と達成感も得られる可能性が高い[77]。だが、必要に迫られてであれ、選択によってであれ、長時間労働は私たちを疲れさせるだけでなく、孤独にもする。

会社であれ自宅であれ、仕事をする時間が増えれば、愛する人や友達と過ごす時間や、近隣のコミュニティーとつながったり、貢献したりする時間は減る。近所を散策したり、家族の面倒を見る時間やエネルギーも減る。英国では22％の人が、仕事のために特別なイベントを逃したことがあると答えた[78]。米国ではほぼ50％の人が、仕事が忙しくて、その後に社交する気になれないと答えた。[79]

その犠牲になるのは、もちろん家族だ。コロラド州の高校教師ケルシー・ブラウンはその典型だろう。彼女自身「燃え尽きた」と語る。本業に加えて、ほとんどの日は朝4時に起きて、ラクロス部のコーチをし、交換留学プログラムを運営し、サマーキャンプで働いている。それでようやく生活費を賄うことができる。夜8時まで学校にいることも少なくない。最近結婚したばかりだが、夫と過ごす時間は1日に30分ほどしかない。[80]

同じことが多くの人の親との関係にも言える。「みんな高齢の親を大切にしなければいけないことはわかっている。でも、生活費を稼ぐのに忙しすぎる」と、ある中国系専門職は中国版ツイッターのウェイボ（微博）に書いている。この男性だけではない。中国政府は高齢の親に会いに行く成人の子どもが少ないことに危機感を募らせ、「親ネグレクト」を犯罪とした。

常に「オン」

物理的に職場にいなくても、この問題が当てはまる可能性がある。スマートフォンのせいで、週末や夜中や長期休暇中も仕事が追いかけてくるようになったのだ。

プライベートエクイティーのファンドマネジャーであるポールは、楽しみにしていたカリブ海への家族旅行中も、毎日のメールチェックは「必須」だろうと語る。ノースロンドンで40家庭の掃除をこなすクローディアは、「明日クリーニング屋でコートを取ってきてくれる?」「オーブンの掃除を忘れないで」など「緊急」の電話が午前2時でもかかってくるという。
こうした時間外の要求に対応せざるを得ないのは、所得が不安定になってきた自営業者だけではない。一部の企業では、「常にオン」であることが期待される文化がある。お洒落なスーツケースを手頃な価格で提供するスタートアップ「アウェイ」では、カスタマーエクスペリエンス担当マネジャーが、忙しい年末商戦中に、自分が仕事をしている写真を送るよう部下たちに命じた。しかも、その指示が来たのは午前1時。[81]アウェイの企業文化はメディアで厳しく批判されたが、実際には多くの企業で、この種のことが称賛されている。
テクノロジーが進歩して、仕事とプライベートの境界線が取り払われた結果、多くの人は、こうした新しいエンゲージメントのルールに慣れなければ、上司の印象を悪くするか、マイナスの評価を受けるのではないかと恐れている。この「常にオン」、「常に働いている」文化は、私たちにも責任がある。夕食のテーブルでメールを開くよう「強いている」のは、上司なのか、それとも私たち自身のデジタル依存症とドーパミンの渇望なのか。選択ができるときも、選択を怠っているのではないか。勤務時間外にメールに返信しなければ、熱意が足りないと思われると、勝手に思い込んでいるだけではないか。「もっと働け」とか「朝からモーレツに働いている」といった表現が、皮肉ではなく向上心があるとみなされる時代に、私たち自身が自分の価値を、生産性や所得と結びつけて考えるようになったのではないか。だから、仕事の要求を優先するようになったのではないか。[82]
理由はどうあれ、家族との時間や、学校の休み時間や、夜遅くベッドの中でさえも、多くの人が上司や顧客や同僚の問いかけに応えるようになった。実のところ、翌日会社で返事をしても十分間に合うかもしれないのに、そして、家族や友達との貴重な時間が奪われれば、仕事だけでなくプライベートでも孤立してしまうのに。人間関係を築くには時間がかかる。また、コミュニティーの一員と感じるためには、積極的にコミュニティーに関わる必要がある。21世紀の仕事のプレッシャーは、デジタルコミュニケーションのユビキタス性と結びついて、こうしたことを一段と難しくしている。

私たちは、デジタル依存症のもたらす大きな代償を、もっと意識する必要がある。もちろん雇用者も、「常にオン」の仕事文化が従業員のメンタルヘルスや生産性、意思決定、そして独創性にどんなにダメージを与えるか理解する必要がある。[83]

なかには一定の線引きを試みている独創的な企業もある。独フォルクスワーゲンの従業員評議会（組合に近い）は、はやくも2011年に会社と交渉して、仕事のシフト終了時間から30分たつとメールが転送されないよう、会社にメールサーバーの設定を変更させることに成功した。[84] 2014年には、やはりドイツの自動車メーカーであるダイムラーが、休日に送信されたメールは自動的に削除されるポリシーを策定した。[85] そして2018年には、ヨーロッパ全域に展開する格安食料品店「リドル」が、従業員のワークライフバランスを改善するため、一部の国で午後6時から翌午前7時と週末に仕事のメールを送ることを禁止した。

エド・シーランやリゾ、コールドプレイ、ブルーノ・マーズなどの有名アーティストが所属するレコード会社ワーナー・ミュージック・グループ（従業員4000人以上）の英国オフィスは、違うアプローチを選んだ。[86] 同社は2015年、常にオンの文化が、創造性を滅ぼすだけでなく、従業員の対面交流を妨げていると考えて、デジタルコミュニケーションの問題点を学ぶ研修を開いた。また、メールのトラフィックを調べた結果、約40％は社内のやり取りであることがわかると、メールを減らして直接話をすることが積極的に奨励された。会議室にはスマートフォンを取り出すことを禁止するポスターが掲示され、スマートフォンを触らないように充電ステーションつきの棚が設置された。K世代には、休暇に行く前に仕事を整理して、休み中に会社から連絡がこないようにする研修が行われた。常にオンであることに慣れた世代にとって、連絡がこないように仕事を整理するなんて、考えたこと（あるいは訓練されたこと）がなかった。経営陣はみずから模範を示した。上級管理職は自動返信メールを作成して、休暇中で返事ができないことと、代わりの連絡先を明記したのだ。

政府が介入する国もある。フランスでは2017年1月1日以降、従業員が50人以上の企業では、労働者に「コネクトを断つ権利」が法的に保証された。[87] 具体的には、就業時間外に連絡してもいいかどうかを、会社は事前に従業員と交渉して決めなければならない。所定の時間外に連絡に応えるよう要求した場合、あるいは連絡に応じることを拒否した従業員に報復した場合は、罰金を科されることになった。[88] スペインでも2018年に同様の法律が成立した。フィリピンやオランダ、インド、カナダ、ニューヨーク市でも、似たようなルールが検討されている。[89] こうした立法は、従業員の燃え尽きを防ぐ、歓迎すべき必要措置と見られているが、従業員の反応は鈍い。結局、会社にいる時間が増えるのではないかという懸念もあれば、会社にいる間にメールに返信しなくてはと焦る人もいる。こうした措置はマイクロマネジメントであり、個人の決定権を奪うものだと考える人もいる。[90] それに「つながりを断つ」権利は、ギグワーカー（ウーバーなどのプラットフォームで仕事を受注する自営業者たち）には無縁だ。彼らにとって、つながりを断っている時間は、収入を得る機会がない時間に等しい。[91] 安定した高給の仕事を持つ人に「つながりを断つ権利」を保証しても、自分の生活が「常にオン」であることに依存する自営業者にとっては何の役にも立たない。

有給のケア休暇

従業員には会社の外でも果たすべき責任があることに経営者が気がつけば、社外での人間関係や絆づくりをもっとサポートできるはずだ。これは、これまでの企業経営では一般に見落とされてきた点だ。

バークレイズ銀行ニューヨーク支店の元アナリストであるジャスティン・クワンは、あるインターンが家族の集まりのために次の週末を休みたいと申請したときのことを、よく覚えている。申請は認められたが、話はそこで終わらなかった。「ブラックベリーを返却し、デスクを完全に片付けていくようにと言われたのだ」[92]。英国の労働組合会議（TUC）の調べでは、柔軟な働き方を求めた若い親の5人に2人が、労働時間の短縮や、好ましくないシフトや、クビという罰を受けるほか、多くの親が育児のためでも病欠か有給休暇を取るよう命じられ、緊急事態でも休暇の取得を認められなかった経験がある。[93]

他人はもとより、自分をケアすることさえ、新自由主義の世界では難しい。米国では、成人の25％弱が、自身の病気治療や家族の介護のために休みを取ったことで、クビになったか、解雇の可能性を示唆された経験がある。[94]事業者は、どうすればすべての従業員（もちろんオフィスワーカーだけではない）に、サポートと親切とケアを提供できるかを緊急に見直す必要がある。現在の不況を、現状維持や後退を正当化する理由にすることは許されない。

違う方法は存在する。もっと柔軟な働き方や短時間労働を認めることで、従業員が仕事と介護という二つの役割をこなすことを支援する企業はすでに存在する。ただ、これは必ずしも最善の解決策ではないかもしれない。短時間労働者は、フルタイムの同僚よりも昇進する可能性が低いことは、多くの研究で示されている。[95]短時間労働者の大多数は女性が占めることを考えると、表面的にはポジティブな措置に見えることが、ジェンダー平等の観点では新たなダメージになる場合もある。[96]

ひょっとすると、短時間労働の提供に力を入れるのではなく、新生児の父母の両方に育児休暇が認められるのと同じように、すべての従業員に有給の「ケア」休暇を認めるほうがいいのかもしれない。子どもや友達や、親戚のケアのために、あるいは地域社会に貢献するために使うこともできる休暇だ。前例もある。英国のエネルギー最大手セントリカは、2019年、高齢の親または障害を持つ家族を介護している従業員については、有給休暇を10日増やすことを決めた。[97]このような措置は、思いやりを示すだけでなく、経営面でもプラスになる。このポリシーを採用することにより、セントリカは従業員が介護のために突然仕事を休まなければならないときの損失48億ポンドを節約できるようになると考えている。一方、英住宅金融組合は、従業員に年2日の地域ボランティア休暇を与えている。テクノロジー大手セールスフォースはそれをさらに進めて、年間最大で7日間の有給ボランティア休暇を与えている。[98]

日本マイクロソフトは2019年、2300人の正社員全員について5週間にわたり金曜日を休みにするポリシーを試行した。給料は同じだ。さらに、家族旅行に行く場合は、最大10万円を支給した。その結果は驚くべきものだった。従業員はよりハッピーになっただけでなく、ミーティングは効率的になり、常習的欠勤は25％減り、生産性は40％も上昇したのだ。また、オフィスにいる労働者の数が減ったことで、光熱費の削減といった環境上の恩恵もあった。試行期間中、電気の使用量は23％減り、印刷枚数は29％も減った。[99]

こうした事例は希望を与えるものだ。職場の外における従業員の孤独を緩和するために、企業が独創的で効果的な役割を果たすことができる。この種の戦略をとる企業は、よりハッピーな労働者と、収益の増加という恩恵を享受できる。「うちの会社にはぜいたくな夢だ」と思うかもしれないが、コロナ禍が経済に与える影響を理由に、自己中心的な風潮を助長させてはならない。ケアと資本主義の調和を図らなければならない。

だが、職場における孤独をもたらすのは、同僚（や上司）とのつながりの欠如だけではない。行為主体性を奪われた感覚、すなわち無力感も問題だ。次章で明らかにするように、マシンの時代には、それが一段と悪化する可能性が高い。

第8章

デジタルの鞭

The Digital Whip

私は、ある求人に応募しようとしている。しかし、こんな採用面接は経験したことがない。人間の面接官ではなく、パソコンに話しかけるのだ。相手はそれを録画している。そして採用決定を下すのも、人間ではなく、マシンだ。

コンピュータが「不合格」判定

ドラマのワンシーンのような、この種のバーチャル面接は、数年後には普通になると考えられている。アルゴリズムによる「プレ評価」は、すでに10億ドルビジネスであり、企業の採用決定で標準的に使われるようになる可能性が高い[1]。私の面接を実施しているハイアービュー社は、この分野で最大手の1社だ。ユタ州に本社を構え、ヒルトンホテルズ&リゾーツやJPモルガン、ユニリーバなど優良企業700社を顧客に持つ。私は、同社のアルゴリズムが評価した1000万人の1人に過ぎない[2]。

その仕組みはこうだ。人工知能（AI）技術の次のフロンティアである「エモーショナルAI（感情認識AI）」を使って、求職者の語彙や声のトーン、抑揚、表情を分析し、さらに2万5000ものデータポイントに基づき、求職者を「解読する」。その結果は、対象業務の「理想的な」候補者のデータと比較される。つまり私の呼吸、わずかな沈黙、吊り上げた眉の高さ、歯を食いしばる強さ、笑顔の大きさ、言葉の選択、声の大きさ、姿勢、「うーん」「えーと」と言った回数、なまり、前置詞の使い方さえもが、すべて記録され、未知のアルゴリズムに放り込まれ、私（ただし「イリーナ・ワーツ」という偽名を使っている）がボーダフォンの大学院生向け研修に適しているかどうかが判断される。

アルゴリズムを使ったプレ評価が、採用ニーズを満たすための費用対効果の高い方法であることは間違いない。大企業は毎年10万人以上の応募者をふるいにかけているから、この技術はすでに数千時間の節約になっているはずだ。また、この分野の最大手であるハイアービュー社によると、このシステムで選ばれた従業員は、定着率や実績も平均を大幅に上回るという。

だが、面接を受ける側としては、そのプロセスに冷淡な印象を受けた。面接中ずっと、画面に表示される点線内に上半身がおさまるように姿勢を維持しなければならないのは、殺人事件の現場に横たわる犠牲者のような気がしたし、自分らしさが失われている気もした。もちろん、たいていの人は採用面接でベストの自分をアピールしようとするから、ある程度の演技はつきものだ。でも、これはちょっと違う。私は普段、全身を使って自分の言いたいことを相手に伝えようとするタイプだ。画面上の点線に制約されると、それができない。しかも画面の片隅に自分の姿が映し出されるから、自分が俳優と観客の両方にキャストされているような気がして、ますます芝居がかった受け答えをしてしまう。

画面の右上に表示される秒読み時計は、一段と大きなプレッシャーになる。各質問に答える時間は3分あるが、人間の面接官が表情や頭の動きや、ジェスチャー、微笑み、しかめつらなどで示してくれる反応がないため、自分の話が長すぎるのか、それとも持ち時間を使い切るべきなのかもわからない。質問できる相手がいないだけでなく、私の履歴書に目を落とす視線も、一切のボディランゲージもないなか、私の答えが十分なのか、気に入ったのか、ジョークを理解できたか、私のストーリーに共感したか、それとも、私が彼らの探しているタイプの候補者ではないと思われているのか、まったくわからなかった。

だが、私がそのプロセスを冷淡だと感じた原因は、マシンと交流したこと自体ではない。マシンとの力関係がひどく不均衡だったことだ。自分の複雑な人間性を奪われたうえに、どんなアルゴリズムなのかもわからないマシンを感心させなくてはならないのだ。そのマシンは、どの「データポイント」に一番注目していたのか。私の声か、声の抑揚か、ボディランゲージか、それとも話の内容か。どんな数式で評価したのか。それは公平な評価なのか。

一般に孤独について考えるとき、マシンが人間をどのような気持ちにするかは話題にならない。本書でも、他人との接触がないことと、その影響を中心に論じてきた。たしかに孤独は、国や政治家に不公平に扱われている感覚や無力感によって引き起こされる場合があるが、大企業やテクノロジーに不公平に扱われている感覚によって引き起こされることもある。

採用活動をアルゴリズムの手に委ねることが、公平なプロセスや有意義な代替策を確保するとは到底思えない。実際、面接時の表情や声のトーンで、将来の仕事ぶりを予測できるかどうかについては大きな議論がある。米国の公益団体である電子プライバシー情報センター（EPIC）は、2019年11月、ハイアービューが「秘密かつ効果が証明されていないアルゴリズムを使用して、（求職者の）『認知力』や『身体的特徴』『感情的知性』『社会的能力』を評価すること」は不当だとする訴えを、連邦取引委員会（FTC）に起こした。[3]

バイアスの問題もある。ハイアービューは、ウェブ面接システムは人間のバイアスを排除すると主張するが、事実だとは思えない[4]。アルゴリズムは、過去または既存の「採用者」の動画に基づき訓練されるから、過去の採用時のバイアスが取り込まれる可能性が高いのだ[5]。

アマゾンは2018年、まさにそれを経験した。同社のAI履歴書分類システムは、応募者の性別を「知らされない」にもかかわらず、女性の履歴書を拒絶していたことがわかった。なぜか。それは女子大の名前や、「女」という単語を含む履歴書（「女子チェス部主将」など）をはじくように学習していたからだ[6]。そのAIは、過去10年間の採用データに基づき、「資格あり」か「資格なし」を判断するよう訓練されていたのだが、この業界は応募者も採用者も圧倒的に男性が多い。つまり過去に「女子チェス部主将」が採用されたことがなかったために、女性には資格がないとAIは学習していたのだ。

性別のようなわかりやすいバイアスなら、比較的簡単にアルゴリズムを修正できるかもしれない。実際、アマゾンのエンジニアたちはすぐに、「女」という語を「資格なし」の判断理由にしないようアルゴリズムを変更した。だが、もっとわかりにくいバイアスはどうか。

たとえば、微笑みの意味は文化によって大きく異なる[7]。米国人はフィンランド人や日本人、ドイツ人などよりもはるかに頻繁に、大きく微笑む。このことは、微笑みが、その国の歴史的多様性と相関していることを示す研究によって裏づけられている[8]。ウォルマートは1998年に初めてドイツに進出したとき、「従業員は客に微笑みかけること」というルールを廃止しなければならなかった。ドイツ人は大きな微笑みを、異性に気のあるそぶりとみなし、不適切と解釈するためだ。[9] 微笑みはフレンドリーで、自信があって、仕事によっては能力の一部であるというハイアービューの仮説は、特定の国や文化の価値観に基づく差別を引き起こし、たとえば、面接でやたらと微笑むのは不適切だと考える応募者に不利に働く恐れがある。[10]

応募者の声の抑揚や語彙に関するハイアービューの解釈についても、同じような批判ができる。言葉の選択は、いわゆる「知的」産物であると同時に、出身地や学歴、民族、方言、そして階級の産物でもある。アマゾンの履歴書分類システムが、性別（「女」という単語など）を「資格なし」と結びつけることを迅速に「学んだ」ように、ハイアービューのアルゴリズムが、特定のなまりや口語表現といった文化的バックグラウンドの産物を持つ応募者を排除する事態は容易に想像できる。

人間なら一瞬で気づいて理解できるが、マシンのパターン認識プロセスには理解できない変数もある。たとえば、顔面に障害があって会話に沿った微笑みができない人や、言語障害があるためにスター営業員のようにすらすら話ができない人、あるいは室内の天井灯が明るすぎて顔に影が落ちてしまったために、「人相が悪い」とマシンに解釈されることもあるだろう。

もちろん人間の採用責任者にバイアスがないわけではないし、無意識に非白人や、特定のなまり、あるいは障害がある人を差別しないとは限らない。[11] だが、ここで言いたいのは、アルゴリズムならバイアスの影響を受けないという思い込みは間違いであり、それにもかかわらず、人間よりも機械の判断のほうが公平だと思われがちである、ということだ。

しかも、アルゴリズムが一段と高度になり、そのデータセットが一段と大きくなり、複雑なルールを自律的に学習するようになるにつれて、機械がなぜその結論に達したのかを人間が理解することは一段と難しくなっている。すでに一部のアルゴリズムのメーカーは、その決定の理由を完全に説明できなくなっている[12]。アルゴリズムの失敗を予測できないくらい、その仕組みを十分理解できていないなら、有効な安全策を講じるのはもっと難しくなるだろう。

アルゴリズムによる決定は、現代生活のあらゆる場面で大きな役割を果たしつつある。金融機関の融資の審査や、警察が職質や所持品検査を行うかどうかの判断、そして解雇の判断でもアルゴリズムが使われている（IESEビジネススクールの教授陣は、「将来の（業績への）貢献を予測」したり、人員過剰になったとき誰を解雇するかを計算するアルゴリズムは、近く「絶対確実に導入されるだろう」と言う）。こうしたアルゴリズムの不透明性と、その決定に異議を唱える難しさ、ましてや間違った判断を覆す難しさは、私たちの無力感を増幅する[13]。そして、無力感がもたらす空白のなかで孤独は育つものだ。これまで見てきたように、自分の運命をコントロールできないと感じることは、さびしく、孤立感をもたらす。

ハイアービューの一方的な面接には、ひどく冷たいと感じさせる原因がほかにもあった。2万5000もの観察ポイントがあったというが、私自身は「相手が自分を見ていない」と強く感じたのだ。そのシステムが見ていたのは何なのか。私か、それともピクセル化された私なのか。大量のデータポイントに切り刻まれた平面的な私なのか。それでは私の経験やストーリーや深い人間性をとらえられるはずがない。

その感覚は、面接後にいっそう強くなった。私はできるだけ心を開き、これまで乗り越えてきた難局や、実績や苦労を率直に話したのに、わずか数分後には、ひどく一般的で退屈な性格評価がメールで届いたのだ。誰も私の話に耳を傾けていなかったのだ。[14]

評価の一部をご紹介しよう。

あなたは、行動や意見や振る舞いを迅速に変えて、漠然とした状況にうまく対応する能力があります。

柔軟性よりも定型的な行動が求められる場合は、状況をよく見極めましょう。

あなたは、求められたことを高いレベルで成し遂げることができます。

完璧性が求められない状況をオープンに受け入れ、必要に応じて、粘りと効率のバランスをとれるようにしましょう。

こんな評価は誰にでも当てはまる。たった今私が受けた「面接」とは、明らかに断絶があるように感じられた。

人事の仕事に応募しているのに、人間との交流がゼロの採用プロセスというのも皮肉だった。ハイアービューの最大の顧客の一つであるヒルトン・インターナショナルは、ウェブ面接だけで数千人の応募者を落としてきた。[15]「イリーナ・ワーツ」も、不合格者の一人だ。ウェブ面接の1カ月半後、「残念ながら、今回は、先に進んでいただくことはできません」という通知が届いたのだ。

ハイアービューの面接は、自分が無力で、相手にきちんと見てもらえない、弱い存在だと思わせるだけでなく、誰もはっきり説明してくれない基準（もしかすると不公平でバイアスがかかっているのに、私には救済手段がないルール）によって自分が評価されたという気分にさせる。そのプロセスが冷淡に感じられたのは無理もない。私は実験として受けたが、本当に就職活動中の人が受けたら、そのストレスや緊張ははるかに大きいだろう。

ウェブ面接は、現代に起こっている大きな変化の一つに過ぎない。今、仕事の世界は、産業革命以来の大きな再編が起こっている。採用アルゴリズムだけでなく、評価システムやロボットや、監視装置や追跡デバイスといったテクノロジー、さらにはこうしたテクノロジーを操る人たちに、パワーが移行している。そのすべてが根本的に孤立を大きくするものであり、21世紀をますます孤独の世紀にしている。

見つめていたい

英国ウェールズのコールセンターに勤務するジェーンにとって、コンピュータ画面の隅にある小さな青いボックスは、自分が常に監視されていて、すべての行動が記録されているというリマインダーだ。[16] 少し早口になると、スピードメーターが表示されて警告する。「共感的」な受け答えでないとみなされると、ハートのアイコンが表れる。プログラムをオフにしたり、ボックスを最小にしようとすると、監視テクノロジー「コジート」が中央システムに通報する。[17]

バンク・オブ・アメリカのアソシエートであるジャックの場合、16ミリ秒おきに生体データを集めるヒューマナイズ社の社員証が、自分は常に監視されているのだというリマインダーだ。[18] 会話はもちろん、イスの背もたれに寄り掛かったときの角度から、話の量、声のトーンまですべてが記録されているのだ。[19] こうしたデータポイントすべてを、ジャックの仕事ぶりと照らし合わせて分析することにより、また、複数の社員についても行うことにより、会社はより生産的な社員の特徴を（どんなに小さいものでも）見つけようとする。

42歳のフェデックスの倉庫作業員レイナルダ・クルーズは、腕に装着したコンピュータスキャナーで、梱包作りのペースが追跡されており、自分の人間性を根本的に否定されていると感じる。結構な重みのあるスキャナーを着けて荷物を運んでいたため、あるとき手首が炎症を起こした。同僚たちは痛み止めを飲むよう勧めてくれたが、数字を追うことで頭がいっぱいの上司の反応は違った。もっとペースを上げるよう命じたのだ。[20]

アマゾンは最近、装着者のあらゆる行動を監視できるリストバンドの特許を2件取得した。ラインから外れると、バイブレートする機能付きだ。背中を掻くために手を止めた時間も、トイレに要した時間も記録する。[21] すでにアマゾンの倉庫では、「ピッカー」（注文の品を棚から出荷ステーションまで運ぶ作業員）が携帯型デバイスを装着して、すべての動きが追跡されている。英国人ジャーナリストのジェームズ・ブラッドワースは、スタッフォードシャー州ルーゲリーにあるアマゾンの倉庫にピッカーとして潜入した。「12人程度のグループごとにラインマネジャーが付き、倉庫内のどこかからコンピュータで命令を出すと、それが各ピッカーのデバイスに届く。『この1時間あなたの作業ペースは落ちています。スピードアップしてください』といった具合だ」。ピッカーたちは、「大忙しで動き回っていて、汗をぬぐうひまもない」という。[22]

これはけっして珍しい光景ではない。2019年の時点で、売上高7億5000万ドル以上のグローバル企業の半分以上が、「非伝統的な技術を使ってスタッフを監視していた。文字をタイプするスピードや、メールでの会話、スタッフどうしの会話さえも対象になる」。[23] こうした「ユーザー活動監視」(UAM)市場は、2023年までに33億ドルに拡大する勢いだ。[24] そして今、コロナ禍でリモートワークが急速に広がり、生産性を危惧する声が高まるなか、労働者監視は大幅に強化されつつある。

私たちはハーバード・ビジネス・スクールのショシャナ・ズボフが「監視資本主義の時代」と呼ぶ時代に生きている。[25] そこでは、労働者は雇用者に監視されているだけでなく、AIや、より細かなことまで測定する干渉的な装置によって、あらゆる側面を評価されている。その評価は、その人物のキャリア(昇進するか、クビかなど)を左右する可能性があるのに、そのデータにはコンテクストが欠けていて、環境的な要因を考慮に入れていないことが多い。

フェデックスのクルーズの上司は、彼女の手首が炎症を起こしているときでさえ、ペースを上げるよう命じた。それは、そのシステムが彼女の痛みではなく、作業ペースを測定していたからだ。円形刑務所のように監視統制された職場では、重要とみなされないことは測定されない。これに対して、測定されることは、過度に重視される。

物理的な職場を逃れられても、監視を逃れられるとは限らない。「ワークスマート（WorkSmart）」などのアプリは、スクリーンショットやパソコンの使用状況やキーストロークなどに基づき、リモートワーカーの「注意力」や「集中力」にコンスタントに点数をつけるサービスで、ここ数年人気が出ている。[26] ワークスマートに監視されている労働者は、10分おきに写真を撮られ、仕事をしているかどうか確認される。[27] コロナ禍はこのトレンドも大幅に加速させてきた。銀行から保険会社、法律事務所、ソーシャルメディア運営会社まで多くの企業が、在宅勤務スタッフが怠けていないかどうかチェックするため、監視ソフトウエアに大きく投資したのだ。リモートワーカー監視システムの一部は、2020年4月の売り上げが前年より300％増えたという。[28] 出社勤務が再開されたとき、こうしたソフトは従業員のパソコンから削除されるのだろうか。そうは思えない。

遠隔監視をされているのは、従業員の仕事ぶりだけではないし、その目的は生産性の向上だけではない。今や従業員の生活の最もパーソナルな部分までが記録され、監視されている。米ウエストバージニア州で高校の英語教師をしているケイティー・エンディコットは、2018年、職員の医療保険料負担を減らしたい経営陣から、「職場ウェルネス」アプリの「ゴー365（Go365）」をダウンロードするよう命じられた。これはユーザーの運動量や健康状態を監視するアプリで、よい行動（1日の歩数など）にはポイントが与えられ、十分な「ウェルネスポイント」を集められなかったユーザーには罰金（年間500ドル）が科される。[29]

雇用者が健康と安全、そして経費削減への関心を高めるなか、こうしたアプリが、たとえば従業員の体温を常時監視する事態を想像するのは難しくない。たとえそれが、職場における感染拡大を抑える助けになったとしても、それが許容される干渉レベルかどうかは誰が判断するのか。また、こうしたアプリの使用を従業員に義務づける雇用者と、それによって利益を得るメーカーに、どのような説明責任（個人情報の保護を含む）を負わせるべきなのか。

常時監視される従業員たちの言葉は、その経験がいかに孤独を感じさせるかを教えてくれる。「まるでロボットみたいに、時間や生産性を測定されている」と、フェデックスのクルーズは言う。[30]「とても干渉的だと誰もが感じている。アプリをダウンロードして、とても個人的な情報の提出を強制されているから」と、ゴー365を使うエンディコットは言う。アマゾンの倉庫に潜入したブラッドワースは、若くて健康な男性が全力で働いた長い1日の終わりに、「きみの生産性は最下位10％に入る」と言われて愕然としたという。また、自分自身のデータを見られないことや、労働組合がないため、その評価は間違っているのではないかと異議を唱える方法がないことに、無力感を覚えたとも語っている。

ブラッドワースは、休憩時に同僚とおしゃべりをできない孤独についても語った。商品を棚から「ピック」するとき、近くの同僚に話しかけることもできない。そうした行動はスキャナーによって「アイドリング時間（仕事をしていない時間）」とみなされ、懲罰を受ける可能性があるからだ。この種のデジタル監視に大きな不快感を覚えるのは彼だけではない。「おぞましいほどにすべてが監視されている」と、かつて英国の銀行の出納係として働いていたコートニー・ヘーゲン・フォードは言う。当時の監視経験は「人間性を否定する」ものだったという。[31]彼女は今、監視技術に関する博士号を取得しようとしている。[32]

常に評価され、分析され、分類される一方で、自分にはそのプロセスを管理する権限がなく、自分のデータを見ることも、評価の仕組みを知ることもできないのは、根本的に疎外的な経験であり、雇用者と従業員の間に、情報量とパワーの巨大なギャップがあることを示している。しかし、監視や測定の対象となっていることは、業績に直結すると考えられているため、企業は競争優位を確保するために従業員監視をやめない。体調が悪い仲間をどれだけ思いやっているか、あるいは新人が仕事を覚えるのを助けてあげたかどうかは、誰も測定していない。しかし前章で見たように、こうした要因は生産性や実績や職場の士気に大きな影響を与えうる。数字に一段と大きなパワーが与えられつつある今、何が、どうして、何のために測定されているかをもっと厳しく検討するとともに、職場への貢献は数字では十分把握できないことを認識する必要がある。

レーダーの下で

職場の監視は、従業員の無力感と疎外感を悪化させるだけではない。オープンオフィスのように（ただしもっと激しく）、自己検閲と引きこもりも誘発する。

ボストン大学の社会学者ミシェル・アンテビーは、米運輸保安庁の組織内プラクティスを研究したときにこれを発見した。たとえば、空港の保安検査場の作業員は、常に自分の行動を録画されていることを知っているため、「レーダーに引っかからないように、全力を尽くす。……決して意見を言わず、決して目立たず、管理部門の目に付くかもしれないことは一切しない」と指摘している。[33]

人間は常に監視されていると、本能的に自分の殻に引きこもり、周囲とかかわらないようにし、監視を逃れるために全力を尽くす。[34] そうなると「経営陣は一段と疑い深くなり、監視を強化するのは正当だと考える悪循環が生まれる」と、アンテビーは指摘する。[35] その結果、従業員はカメラからも同僚からも隠れるようになる。

昔からそうだった——ある意味で

多くの意味で、職場における監視は新しい現象ではない。[36] 米国の探偵アラン・ピンカートンは、1850年代に私立探偵会社を設立して財を成した。探偵たちは、退社後の従業員を追跡し、組合にスパイを送り込んだ。[37] また、ヘンリー・フォードがストップウォッチを持って工場内をパトロールし、自動車組み立てラインの効率を最大化しようとしたことは有名だ。[38] 1990年代までに、従業員をビデオで監視することは、ありふれた慣行になっていった。盗みを防止するだけでなく、従業員が会社のポリシーを遵守しているか、十分なスピードで働いているかといったことを確保することが目的だ。[39] 工業化により、生産活動が職人技から遠ざかるにしたがい、雇用者は従業員を個人的に知らなくなり、信頼しなくなり、監視を増やしていった。[40]

だが、21世紀の監視には3つの新しい要素がある。監視範囲の拡大、干渉レベルの拡大、そして意思決定権限の機械への大幅な移譲だ。ここでも問題はそのスケールにある。「かつて職場の監視は個別的で、監督官の目にだけさらされ、その職場の中にとどまっていた」と、オックスフォード大学の政治学者イバン・マノカは書いている。だが今は、「電子機器やセンサーが、従業員の仕事ぶりをデジタルデータの形でリアルタイムかつ継続的に集めて処理しており、職場はまんべんなく監視されている。しばしば職場の外も対象になる[41]」

常に監視され、一段と機械的な基準を当てはめられ、自分らしく振る舞ったり、同僚とオープンに話したりすることはできず、自分は信頼されていないと感じるようになると、人間の警戒感は高まり、自己検閲的になり、自分の中に引きこもり、自分を外の世界にさらすのが怖くなる。その結果、もっと孤独になり、雇用者からも、自分の仕事からも、同僚からも一段と切り離されていると感じるようになる。

それでも仕事を失いたくなければ、こうした干渉的な監視を受け入れるしかないと考える従業員、下請業者、フリーランサーは世界中で増えている。だが、この種の監視がユビキタスになり、それに対する集団的抗議がないからといって、それを暗黙の承諾とみなすべきではない。人々は、職場の権利について自分は無力であり、「仕方がない」と諦めているに過ぎない。グローバルな大企業がエンゲージメントのルールを決め、失業率が高く、ほとんどの労働者が代表権や集団的な声を持たない世界で[42]、監視されたくなければ、どのような選択肢があるというのだろう。[43]選択肢はない――それが多くの人にとっての答えだ。ジャーナリストのブラッドワースが潜入したアマゾンの倉庫は、街で最大の雇用をもたらしていた。

★を四つあげる

21世紀の職場が疎外的に感じられる理由はほかにもある。監視されているだけでなく、評価をつけられる労働者が増えていることだ。人格や努力に点数がつけられ、その点数が、その人の価値を示すものとみなされるのだ。人間としてではなく、数字とみなされることが、孤独な経験で、自分の姿が相手に見えていないと感じさせるのは無理もない。

上司やマシンだけでなく、同僚に点数を付けられる場合もある。世界最大級のヘッジファンドであるブリッジウォーター・アソシエーツでは、従業員はアプリ「ドッツ（Dots）」を使って、「一貫して統率的」や「高い思考力」など100項目以上について、お互いをリアルタイムに評価する。会議中（もちろん録画されている）の出席者のモニターには、全出席者の会議中のパフォーマンスを互いに評価したチャートが表示される。それだけでも不快だが、さらに決議を下すとき、評価の高い人の票が加重される仕組みになっている。[44]

「うちの会社で毎年やる360度評価と似たようなものだ」と思うかもしれない。だが、自分の評価が仲間の評価とともに会議室の壁に映し出され、それに基づき同僚に二級市民のような扱いを受けることまであるだろうか。ブリッジウォーターの創業者レイ・ダリオは、その仕組みを「アイデア能力主義」と呼ぶが、ある従業員は「もともとそういう考え方の人でないと」「有害な」環境になりうると言う。[45]「みんなミスを犯すことを恐れているし、優秀に見られるために、他人を批判する」という声もある。[46] ビジネスインサイダーの暴露記事によると、別の従業員は、「お互いを裏切ると称えられる」場所であり、「純粋な人間関係を築くのは非常に難しい」と語っている。[47] 実際、新入社員の約三分の一が1年以内に辞めるという。[48]

現時点では、同僚を日常的に評価する職場はまれだが、毎日のように点数をつけられる労働者は増えている。それが最も明白なのはギグエコノミーだろう。この世界では、評価されるのを受け入れることが、「雇用」の条件であることが多い。

すでに世界で推定5000万〜6000万人が、ギグエコノミーの一員として仕事をしている。[49] 英国では、2016〜19年にギグエコノミーの規模は2倍に拡大し、米国では、オンライン・プラットフォームで仕事を受注して生計を立てるギグワーカーが、2027年までに3人に1人に達すると見られている。[50] それだけに、ギグワーカーを疎外する要因をもっと理解することは急務だ。

ギグエコノミーに利点がないわけではない。リモートワークのように、柔軟性の高い働き方は、多くの人にとって貴重だし、自分で多くのことを決められる。[51] だが、常に評価をつけられる経験と、賃金の安定や疾病手当や休暇手当や医療保険がないこと、そしてしばしば極度に安い時給を合わせると、大きな無力感を覚える人もいる。[52] みずから選んだのではなく、仕方なくギグワーカーになった人にとっては、もっとそうである可能性が高い。

常に点数をつけられることが疎外感をもたらすことを教えてくれたのは、ウーバーのドライバーのハシームだ。インド亜大陸から英国に来た移民一世のハシームは、8カ月前にウーバーのドライバーになった。乗客と多くの交流が求められる（ように見える）仕事は、意外にも、とても孤独に感じられると彼は言う。「新入研修のとき、宗教や政治、スポーツの話題は、乗客の気分を害する恐れがあるから話さないこと、と言われた。自分に評価をつける相手だから、ほとんどの間黙っている」

低い評価をつけられることを恐れて、何時間も黙っていなければならない労働環境をつくり出していることは、評価システムの大きな問題だ。[53]客から高い評価を得るために、ギグワーカーは自分らしさを押し殺す。しかも、その評価にはコンテクストが伴わない。本当に質の低いサービスに対して与えられた「2」と、客の機嫌が悪くて与えられた「2」と、客が人種差別主義者だったために与えられた「2」が、すべて同じように扱われるのだ。

また、ギグワーカーの評価には、利用者の人種や性別に関するバイアスが大きな影響を与える問題もある。仕事受注プラットフォーム「ファイバー」では、黒人やアジア系ワーカーは、白人ワーカーよりも低い評価を与えられる傾向があり、「タスクラビット」の黒人ワーカー（とくに男性）は、経験が同レベルの非黒人ワーカーよりも低い評価を与えられる傾向がある。[54]

こうした評価メカニズムは、バイアスを助長する危険もある。たいていの人は何かを評価するとき、既存の評価を参考にする。[55]つまり、すでに低い評価がつけられているギグワーカーには、自分の受けたサービスについても低い評価を与える可能性が高い。
ギグエコノミー・プラットフォームで生計を立てる人が増えるなか、このように根本的に問題がある仕組みによって、彼らの収入が左右されるのは大きな問題だ。ほとんどの場合、不当と思われる評価について異議を唱えるプロセスがないことを考えると、なおさらだ。[56]
現時点では、このようなプラットフォームを頼りにする人は低所得層に多いが、そこで仲介される仕事は、最低賃金のものばかりではなくなってきている。[57] 元ジャーナリストのピートは、ギグワーカーの自由に憧れてフルタイムの仕事を辞め、現在は「アップワーク（Upwork）」でコピーライターの仕事を探している。だが、「ギグエコノミー」によって自分は卑屈になったと言う。「ごほうびをせがむラブラドール犬になった気分だ。……お願いだから私のことを気に入って、いい評価とレビューをちょうだい！とね」。そのせいで孤独だと感じるかどうか聞いてみると、ピートは「イエス」と即答した。「間違いない。とてもいい仕事をしたと思ったのに、ひどく低い評価をつけられたときは、とくにそうだ。私にはどうにもならないからね」。
孤独と無力感は、補強し合う感覚なのだ。

歪められた経済

ギグワーカーは、自分には発言力がなく、無力だと感じると同時に、「世の中が歪められている」とも感じている。コロナ禍が世界経済に大打撃を与え、その影響を受ける人とそうでない人の差が生まれるずっと前から、多くの労働者は、食うか食われるかの世界で孤独を感じていた。その背景には、ここ数十年の幅広いトレンドがある。米国では１９７８年以降、ＣＥＯの報酬が９３０％も増えたのに、平均的な労働者の賃金上昇は11・９％だ。労働者の声と権利が縮小される一方で、世の中のルールはますますグローバルな大企業によって決められているように見える。英国では２０１８年の時点で、成人の就労者の８人に１人がワーキングプアに分類され、85万人がゼロアワー契約（最低労働時間の保証がないこと）で働いていた。また、世界の大部分の国で、低賃金で、昇進の機会がゼロの仕事に大勢の人がとらわれている。[58]

カール・マルクスは、１００年以上前に唱えた疎外化理論で、自分の生産手段に対する支配を持たず、みずからの労働から限定的な報酬しか得られない労働者は、労働のプロセスとプロダクトからの断絶を感じるだけでなく、仲間の労働者や職場、そして自分自身からも断絶を感じると指摘した。[59]現代の労働条件も、それと似た感覚をもたらしている。そこで大きな役割を果たしているのは、テクノロジーだ。

歴史的に労働法は、工業化の進展とともに整備されてきた。１８３３年に英国で工場法（９歳未満の労働禁止など）が定められて以来、ほとんどの国で労働者が法的に保護されてきた。したがって、21世紀に登場した働き方についても、労働者を守る新しい労働法を急いで定める必要がある。労働者の権利は、２００８年の世界金融危機後の不況のとき、大きく縮小された。[60]コロナ不況でも、同じことが起こることを許してはならない。

デジタルの鞭を規制して、労働者をエンパワーメントする方法はいくつもある。ウーバーやフィーバー、タスクラビットなど評価制度を採用しているプラットフォームは、評価メカニズムの見直しと、バイアスがあれば調整を義務づけられるべきだ。「異議申し立て手続き」の整備も必須だろう。

アルゴリズムのバイアスを是正するのは困難なプロセスだが、ひょっとすると、バイアスの発見にも、アルゴリズムを使えるかもしれない。[61] より根本的には、アルゴリズムの基礎となるデータの集め方やプログラミングや意思決定プロセスの透明性を確保するべきだ。イリノイ州は2020年、全米に先駆けて「人工知能ビデオ面接法」を導入して、「このテクノロジーが機能する仕組みと、応募者の評価基準を（応募者に）説明すること」を雇用者に義務づけた。[62]

労働者の監視についても、トイレに要した時間や自由時間に歩いた距離をチェックするのは、明らかに行き過ぎであり、政府が規制するべきだ。[63] 最近のリモートワークの拡大を考えると、この規制は職場の内外で適用される必要がある。

なにしろ最近は、極端な監視も現実になりつつある。ウィスコンシン州のテクノロジー企業スリー・スクエア・マーケットは2017年、50人以上の従業員の手にマイクロチップを埋め込んだ。これは社員証の代わりとなり、建物やクリーンルームに入るときは、スキャナーに手をかざすだけでいいという。[64] チップを埋めるかどうかは選択制で、強制ではないというが、会社が従業員の体にデバイスを埋め込むというアイデア自体が極めて気がかりなものであり、アーカンソー州とインディアナ州で、社員へのチップ埋め込み強制を禁止する州法が可決されることにつながった。[65] 法律の専門家の間では、チップの埋め込みを拒否した従業員を保護する立法も必要なのではないかという声もある。[66]

ギグワーカーは不快な監視を受けるだけでなく、低賃金や不安定な雇用、そして労働者の権利の形骸化といった問題にも直面する。そこで重要になるのは、デジタル・プラットフォームに、ギグワーカーとの雇用関係を認めさせることだ。

2019年4月に欧州議会が可決した新法と、2020年1月にカリフォルニア州で施行された画期的な州法は、これらの面で大きな進歩といえる。[67] カリフォルニアの州法は、ある労働者が会社の管理を受けておらず、その会社の中核事業の仕事をしておらず、その会社と同じ性質の独立企業であることを、会社側が立証できない限り、その会社の被雇用者と推定されることを定めた。[68] そして2020年5月、カリフォルニア州と同州の一部の都市は、ウーバーとリフトがこの州法に違反して、依然としてドライバーを独立事業者と分類しているとして裁判を起こした。両社は、莫大な資金を投じて、この州法の適用を逃れるための州民投票を推進していたことも明らかになった。[69] 本書執筆時点で、この訴訟はまだ続いている。

雇用形態にかかわらず、すべての労働者が組合に参加して、集団のパワーと団結を手に入れることも重要だ。現時点では、ギグワーカーや短期労働者のほとんどが組合に加入していない。その一因は、ここ数十年の間に、総じて政府が組合の力を弱めてきたことにある。世界の多くの国では、雇用者には労働者の団結権を認める法的義務がない。このような組合の縮小傾向を覆し、労働者に有意義な発言力を与える必要がある。その一方で、組合自身も時代の変化に合わせた改革の必要がある。組合がこれまでになく今日性を失った理由の一つは、組合は自分には合わないと思っている若い労働者の取り込みに失敗してきたからだ。しかし組合活動が活発な国では、組合が非正規労働者の保護獲得に大きく貢献してきた。たとえばデンマーク合同労組（3F）は、2018年9月、家事代行プラットフォーム「ヒルファ（Hilfr）」との間で、疾病手当や手取り賃金の引き上げなどを実現する画期的な合意に達した。[70] 英国では、高級ブランド「エルメス」とフリーランスのクーリエ（配達人）を代表する全国都市一般労働組合（GMB）が合意を結び、クーリエが完全な自営業者か、「自営業プラス」（有料で組合に加入するかわりに一定の福利厚生を得られる）となるかを選べるようにした。[71]

コロナ禍の初期にも、組合はギグワーカーや短期労働者の権利を守るために戦った。そのとき得た信用と脚光は、今後の加入者増加につながるはずだ。たとえばフランスでは、複数の組合が集団訴訟を起こしたおかげで、アマゾンは6カ所の倉庫のリスク評価を行い、その間1万人の労働者に有給休暇を与えることになった。アマゾンは従業員のメンタルヘルスを考慮して、仕事のシフトを組み直すべきだという組合の要求も、裁判で認められた。[72] 米国で、買い物代行サービス「インスタカート」の買い物代行員に、手袋と手指消毒剤とマスクが支給されたのも、組合に加入した代行員たちが全国的なストを実施したからだ。[73]

しかし、こうした一連の前進はあっても、労働者を脅かすもっと大きな問題が生まれつつある。機械が、人間の仕事そのものを奪う「死刑執行人」として忍び寄りつつあるのだ。どんなに孤独な仕事でも、失ってしまったら、人生はもっと孤独になる。

ロボットがやってくる

カリフォルニア州パサデナ。同じような大きな建物が立ち並ぶ米国の郊外の街は、どこか不気味な感じがする。

でも、イーストグリーン通りのあるビルでは、特別なことが起きていた。大勢の子どもたちが窓から何かをのぞき込んでいる。そこはカリバーガーというハンバーガー店だが、どこにでもある店とは違う。世界初のハンバーグ調理ロボット「フリッピー」がいるのだ。

フリッピーの第一印象は「のっぽ」。でも、人間のようなルックスではなく、機械のアーム部分だけを大きくした感じだ。その動きには無駄がない。スピードはやや遅いけれど、アームの先端に付いたフライ返しでハンバーグを持ち上げ……ひっくり返す。お味は？　うーん、私はハンバーガー通ではないが、パテは極薄で風味がなかった。もちろん、それはフリッピーのせいではない。

ハンバーグをひっくり返すような単純作業は、向こう10年間で自動化される可能性が最も高い仕事の1つだ。調理作業の92％は、20年以内に自動化されるだろう。[74] サービス業を一変させそうなロボットはフリッピーだけではない。パサデナから約1万キロ離れた中国の杭州には、アリババの近未来的な菲住布渇（フライズーホテル）がある。料金は1泊1390元から。このホテルでは、身長1メートルほどの円柱型ロボットが廊下を行き来して、軽食やタオルを客室に届けてくれる。[75] 客室では、アマゾンの音声アシスタント「アレクサ」に似た「天猫精霊」が照明や室温を調整し、ルームサービスの注文を取り、ショッピングの注文にも応じてくれる。一方、ホテルのバーでは、フリッピーに似たロボットアームが、20種類のカクテルをつくってくれる。完全なコンタクトレス生活が理想の人には、このホテルはパラダイスかもしれない。

米国のヒルトン・インターナショナルは、ロボット・コンシェルジュ「コニー」の試験運用を開始した。身長は約60センチで、手足を動かして、利用客に方向を示すことができる。目がいろいろな色で光って理解や混乱さえ表現できる。顔認証技術の進歩により、近いうちに常連客を名前で呼び、プロフィールをすぐに「思い出す」こともできるようになるという。

多くの客にとって、ロボットが楽しい存在であることは理解できる。それに、ロボットは人間とは違って、いつでも「サービスを提供するムードにある」と、アリババ・フューチャー・ホテル（フライズーの運営会社）のアンディ・ワンCEOは言う。人間どうしの接触が危険とみなされる今は、ロボットのほうが魅力的な場合もあるだろう。だが、フリッピーやコニーや天猫精霊だらけの未来は、私たちの疎外感と孤独感を悪化させるのは間違いない。カリバーガーの店員のジェイクは、多くの人がフリッピーのことが大好きで、フリッピーを見に来ることが「嬉しい」と言っていたが、いずれロボットと仕事を取り合わなくてはならないことに気づいたら、その気持ちも急速にしぼんでいくかもしれない。彼の競争相手は、常に正しいヘラを使い、常にレンジをピカピカに磨き、常に正しいタイミングでパテをひっくり返して、遅刻することも、休憩を欲しがることも絶対にない。福利厚生もいらないし、ストライキをしたり、病欠をしたり、同僚をウイルスに感染させることもない。人間はそんなロボットとは競争できない。ロボットがどんどん安くなり、どんどん仕事が上手になれば、なおさらだ。

オックスフォード大学の研究者カール・フレイとマイケル・オズボーンが2013年に示した「自動化によって失われる雇用」は、この分野で最も幅広く引用されている予測かもしれない。それによると、米国の雇用は今後20年でほぼ半分が自動化される恐れがある。[76] オックスフォード大学で「仕事の未来」という研究を主宰するフレイは、2020年4月のフィナンシャル・タイムズ紙の記事で、コロナ禍はこのトレンドを加速する可能性が高いと述べている。[77] 会計監査大手EYが2020年3月に行った調査も、このことを裏づけている。EYが世界45カ国の企業経営者に聞いたところ、40%以上が、ポスト・コロナの時代に備えて、自動化の加速に投資していると答えたのだった。[78] 最も控えめな予測（今後10年で自動化により失われる仕事は10%程度とするもの）でも、米国だけで約1300万人が仕事を失うことになる。[79]

多くの意味で、これは見慣れたトレンドだ。製造業はここ数十年、自動化により大量の雇用を失ってきた。米国の場合、その数は2000年以降500万を超える。ロボット1台が3・3人にとって代わった計算になる。[80] このトレンドは2008年以降の大不況で加速した。[81]

中国では、自動化が「中国製造2025」戦略の大きな柱となっており、ロボットと人間の切り替えは一段と大きなスケールで進んできた。一部メーカーでは、わずか2年で労働者の40%がロボットにとって代わられた。[82] 広東省東莞のある携帯電話工場では、労働者の90%が、昼休みもなく24時間働き続けるロボットに切り替わった。[83]

たしかに新しい雇用も生まれた。だが歴史的に、自動化によって失われるタイプの雇用は、一度失われると二度と戻ってこないし、それによって失業した人に提示される新しい雇用は、それまでよりも賃金が安く、地位が低いことが多い。[84] これは米国で、工場労働に就いている可能性が高い人々（つまり高卒以下の男性）の実質賃金が、1980年代以降、下落してきた理由の一つだ。[85]

中国でも状況は似ている。自動化で仕事を奪われた人の多くは今、「急拡大する中国のサービス部門で運試しをして」いるが「生活賃金を得るのにも苦労して」いると、香港理工大学の陳慧玲（ジェニー・チャン）助教（社会学）は指摘する。[86] コロナ禍がサービス部門の雇用に大きな打撃を与えていることを考えると、今はもっと生活が苦しくなっている可能性が高い。

自動化の影響はほかにもある。2016年の米大統領選で、共和党の大統領候補だったドナルド・トランプの得票数が、4年前の共和党大統領候補ミット・ロムニーの得票数より最も増えたのは、ロボットの利用が最も拡大した地域だった。[87] 欧州でも状況は似ている。ボッコーニ大学（ミラノ）のマッシモ・アネッリ率いる研究チームが、1993～2016年に西ヨーロッパ14カ国で行われた選挙を調べたところ、自動化が広がった地域に住む人々は、自分がないがしろにされていると感じ、政府に不満を抱いている割合が高かった。しかも、「自動化にさらされた」レベルが高い地域ほど、ナショナリストまたは極右政党の得票率が高かった。[88] それだけに、高失業率と自動化が同時進行している現在の状況は、とりわけ気がかりだ。

安全な仕事はない

本書で紹介してきた人たちは、自動化の波の最初の打撃を受ける可能性が高い。レイナルダのような運送業者の倉庫作業員。アマゾンGOのような無人店舗が増えて、もはや必要とされなくなるレジ打ちの人たち（米国には約350万人いる）。あるいは、極右ポピュリストに投票したフランスのパン焼き職人エリック。彼は近く、パン製造ロボット「ブレッドボット(BreadBot)」のようなロボットとの競争にさらされるだろう。ブレッドボットは、1日に235本ものパンをこねて、形を整え、発酵させ、焼き上げることができる。[89] 彼らはすでに不当に疎外され、発言力を奪われていると感じてきた人たちでもある（その一方で、多くはロックダウン中に「必要不可欠な労働者」とみなされた[90]）。

だが、いわゆる「知識労働」に従事する人たちも安心はできない。ロボットに自分の仕事ができるはずはなく、自動化の影響はないと考えがちだが、事はそうシンプルではない。たしかに、単純労働のほうが自動化されやすいが、「専門職」も安泰ではないのだ。[91]

たとえば、ジャーナリズム。すでにブルームバーグ・ニュースが発信するコンテンツの三分の一は、「ロボット記者」によって書かれている。ものの数分で、財務報告書に「目」を通し、アルゴリズムで最も関連性の高い情報を選び出して、きちんと読める体裁の記事をつくってくれる。BBCは2019年12月の英国の総選挙のとき、機械ジャーナリズムの技術を使って、

700本近くのウェブ記事を発信した。このプロジェクトのマネジャーを務めたロバート・マッケンジーは、人間の記者の代わりにコンピュータを使うつもりはないと主張したが、いつまでそうかはわからない。すでにAP通信やワシントン・ポスト紙、ロサンゼルス・タイムズ紙、ガーディアン紙、フォーブス誌は、スポーツ記事や災害報道などの分野で「機械支援記事」を発信している。[92]中国国営の新華社通信には、AIのニュースアンカーさえいる。第1号は実在の外報部記者を模した人間の姿をしていて、2018年11月にデビューを飾った。[93]翌年2月には、初の「女性」AIアンカーの新小微も登場した。[94]

では、法律、医療、金融の分野はどうだろう。長年、専門職の「安全な仕事」と見られてきた分野だが、やはり自動化の波を逃れることはできない。JPモルガンは最近、AIに契約書をチェックさせて、人間の弁護士なら数万時間かかる作業を不要にするシステムを試験運用した。同社は、マーケティング用のコピーづくりにもAIを使い始めている。人間がつくったコピーは「タンス株で現金にアクセス（Access cash from the equity in your home）」で、AIが作成したのは、「嘘じゃない――。タンス株から現金を解き放てる（It's true – you can unlock cash from the equity in your home）」。試してみるとAIコピーのほうが、2倍近くのクリックを集めた。[95]

癌の診断や、MRIや放射線検査、皮膚科やウイルス検査の分析でも、AIはすでに専門医よりも優れた働きをしている。[96]資産運用管理や投資戦略の分野でも、多額の手数料を取る人間のファンドマネジャーによる「積極的な管理」の数分の一のコストで、ロボットアドバイザーが同じサービスを提供して、しばしば大きな成功を収めている。[97]

最も神聖な職業でさえ、自動化と無縁ではないようだ。ドイツのヴィッテンベルクでは2017年、宗教革命500年を記念して、銀行のATMを改造したマシン「ブレス・ユー2(BlessU-2)」が祝祷マシンとして導入された。角張っていて、どっしりしたマシンは、ぎょろりとした目で信徒を見つめ、祝福の祈りを7言語で繰り出すことができる。本書執筆の時点で、計1万人以上がその祝福を受けたという。[98]

今後は専門職に就く人も、AI主導の職場では、自分が使い捨てであることに気づき、孤立感と疎外感を深めるだろう。幸いにしてまだ仕事があっても、自動化された職場で、自分が陳腐化した存在であることに気づくのだ。さらに、一部の人は引き続き価値が高いとみなされ、一段と大きな報酬と名声を得ていたら、そうでない大多数はどれだけ断絶を感じるだろう。

自動化はそこまでひどくならないという予測が当たったとしても、近年にないほど社会が階層化するだろう。ごく一握りの人間だけが、ロボットにはないスキルがあるとみなされ、別の一握りが機械のメンテナンスや管理を担い、さらに厳選された一握りが機械の所有者となる。それ以外は全員、不要だ。たとえ運よく「一握り」に加われたとしても、職場は一段と残酷で、非情で、競争的で、孤独に感じられるだろう。私たちは夢遊病者のように、自動化と技術的破壊に足を踏み入れて、みずからを危険にさらしているのだ。

もちろん私は、技術の進歩に反対しているわけではないし、私自身も自動化の恩恵を受けている。消費者にとっては、より安くて質の高い商品やサービスが手に入るし、企業にとっては、人件費などの経費を圧縮できる。それに現実問題として、自動化の流れを止めることは不可能だ。重要なのは、このシフトをどのように管理するかだ。人々が、自分の意見を政治や社会に反映させる機会を奪われ、自分が無視され、システムが歪められていると思うようになると、大きな危険がもたらされる。本書で述べてきたとおり、人は孤立していると感じると、周囲といがみ合うようになる。すでにバラバラの世界が、これ以上バラバラになる恐れがあるのだ。

現在も未来も、人員削減は可能な限り公平に行われなければならない。この点では、労働組合が大きな役割を果たせるだろう。公平な退職手当を確保したり、リストラの決定プロセスに労働者の代表を参加させたりするだけでなく、雇用契約を超えたケアを従業員に示すよう、雇用者にプッシュするのだ。たとえば、仕事を失う労働者の再技能訓練や再教育の費用を雇用者に負担させる。離婚の和解条件のように、「別れた」後も一定期間、権利と義務は続くと考えるのだ。企業が渋るようなら、法律でこうした措置を義務づけることもできるだろう。

では、再技能訓練や再教育はどのような内容にするべきか。短中期的には、グリーンエコノミーが確実なチャンスになるだろう。また、介護のニーズは世界的に満たされていないから、寝たきりの人や孤独な人、同居人やサポートがない人を介護する仕事は、失業者の一部を吸収できるかもしれない。しかし次章で見るとおり、こうした仕事も将来的には一部自動化される可能性がある。

より一般的には、「仕事」の定義を抜本的に見直すことが急務だ。たとえば政府が、これまでボランティアの仕事と考えられてきたことをする人々に、賃金を支払うようにする。あるいは、仕事を失ったウェイトレスが料理を教え、ファストフード店でハンバーグをひっくり返す仕事を失った移民が外国語を教えるといった、スキル交換を推進する補助金を設ける。[99] こうしたスキル交換は所得にはつながらないから、政府の金銭的な支援と組み合わせる必要があるが、失業者に意義と絆をもたらせるだろう。研究では、1週間に8時間働くだけでも、失業者のメンタルヘルスを大きく改善できることがわかっている。[100]

簡単な答えは存在しない。だが、自動化がもたらす混乱がいかに大きくなりうるかを考えると、急増する失業者の応急処置と同時に、未来にも目を向けることが重要だ。

有効な対策を講じるまでの時間を稼ぐために、雇用を維持する企業に税制上の優遇措置をとるのもいいだろう。ロボット税の導入も検討するべきだ。[101] 人間と同じようにロボットにも課税しなければ、企業にとっては、人間よりロボットを使ったほうが安上がりになる。これでは仕事を失う側の人間が、自動化を助成しているようなものだ。そう考えると、ロボット税は一段と道理にかなっている。[102]

あらゆるロボットに無差別的に課税するべきだというわけではない。企業の自動化投資には控除枠を小さくし、人間に代わって採用されたロボットには給与税に相当するものを課すなどの個別的な適用方法が可能だろう。このような措置は、自動化のスピードを遅らせると同時に、政府が講じる対策の財源をもたらすだろう。

だが、欧州議会は2017年、ロボット税法案を否決した。欧州のロボット開発者やメーカーが、グローバル市場で不利になる恐れがあるというのが否決の理由だ。英政府も2019年にロボット税法案を廃案にした。[103] 特定の国が競争上不利にならないようにするためには、ロボット税はグローバルに適用されるべきだという議論には一理あるかもしれない。しかし社会的不満の高まりを放置して、経済成長を優先すれば、私たちはみずからを危険にさらすことになる。これに対して、「世界一ロボット化された国」である韓国は、2018年、自動化投資には税制上の優遇策を縮小して、世界で初めて事実上のロボット税を導入した。[104]

世界が30年に一度の不況と、自動化の波の両方に見舞われるなか、最大限の政策オプションが必要だ。また、それらが公平性の原則に基づいていることも重要だ。それも結果だけでなく、プロセスの公平性も確保する必要がある。現在のロボットへの切り替えで最大の打撃を受けている人たち、そして自動化の第二波の影響を受ける可能性が最も高い人たちの声に丹念に耳を傾け、彼らを理解しなければいけない。彼らが、政治や社会からますます切り離されていると感じないように、その意見を政治的な決定に取り入れる積極的な努力をするべきだ。

社会の結束を取り戻し、人々がさほど孤独だと感じないようにするためには、個人、政府、そして雇用者がやれることはたくさんある。だが、企業ができることはもっとあるのではないか。ＡＩと自動化技術の進歩は、問題の解決策にもなれるのではないか。

第9章

セックス、愛、そしてロボット

Sex, Love and Robots

抱擁売ります

長身で頭に白髪が交じるカールは、大手メディア企業のソフトウエアデベロッパーで、数十万ドルの年収がある。離婚した妻との間に子どもが一人。数年前に仕事でアイダホ州からロサンゼルスに引っ越してきたが、子どもと前妻は、アイダホにとどまることにした。ビバリーヒルズのスターバックスでコーヒーをすすりながら、カールは孤独な毎日を語ってくれた。

引っ越してきた街には友達もなく、オンラインデートを試みたが、そのプロセスに「圧倒された」という。どの相手とも1回会うだけで、次に発展しない。「私が彼女を気に入っても、彼女が私を気に入らない。彼女が私を気に入っても、私のほうがもう連絡したくない」といった具合だ。女性が嫌いなわけではない。むしろ、女性と付き合うことは大好きだと言う。ただ、本当につながりを感じられる人と出会うのはとても難しかった。

職場にも友達と呼べる同僚や、悩みを話せる人はいなかった。「質問があれば、誰かに話しかけることもある」と彼は言う。「でも、たいてい1日中キュービクルにこもっている」。夜や週末がとても長く感じられる。30年前は、もっとハッピーだった。まだ20代だったとき、テキサスの小さな町に住んでいて、地元のユニタリアン教会のメンバーとして、さまざまな活動に積極的にかかわっていた。当時は、リアルでディープな友情やつながりがあった。

カールがロサンゼルスで恋しがっていたのは、誰かと一緒に過ごす時間だけではなかった。

肉体的な愛情も恋しいと、彼は率直に認めた。仕事がうまくいかない日に、「大丈夫よ」と肩をたたいてくれる人やハグ。人間はこうしたスキンシップを切望するようにできている。

スキンシップは、私たちが誰かを近くに感じられる最も基本的な方法の一つだ。研究によると、ごく一瞬撫でられるだけでも、迷走神経が活性化して、心拍が落ち着き、不安がしずまり、オキシトシン（いわゆる愛情ホルモン）が分泌される。ユニバーシティ・カレッジ・ロンドンの研究によると、赤の他人にやさしく、ゆっくり撫でられると、たとえ言葉が一切交わされなくても、社会的排除の痛みが低下することがわかった。[1] カールはそのすべてを恋しいと思っていた。ジーンのことを聞いたのはそんなときだ。

小柄で、ウェーブのかかった茶色い髪のジーンは、プロのカドラー（抱きしめる人）だ。1時間80ドルを払うと、ベニスビーチの近くにあるワンルームマンションで抱きしめて、撫でてくれる。「人生が一変した」とカールは言う。その声色から、彼の安堵が手にとるようにわかる。「それまでは職場で落ち込み、仕事も遅れがちだったけれど、いきなり生産性が急上昇した」。ジーンは、カールが切望していた人とのつながりを与えてくれた。有料ではあったけれど。

たしかにそれは奇妙な話だった。でも、カールの話を聞いていると、共感こそできなくても、理解できる気がした。ジーンは彼が「とてもディープな話もでき」て、「いつもそこにいてくれると安心できる」相手だという。

ところが、話はそこでは終わらなかった。「本を書くとき、私の本名を使わないよね？」と、カールは念を押した。私がうなずくと、彼は続けた。やがて週に一度ジーンに会うのでは物足りなくなり、別の女性たちにもお金を払って、抱きしめてもらうようになったというのだ。セックスのためではない（カールはそこを強調した）。性的ではない親密な抱擁をしてもらうためだ。それは、ずいぶんお金のかかるストレス解消法のように聞こえた。すると彼は、なんと月に2000ドル以上かかっていると認めた。そんなに大きな費用を、どうやって捻出しているのか。カールの答えに、私はまたも仰天した。「いいことを思いついたんだ」と、彼は誇らしげに言った。「車上生活をすることにしたんだ。4000ドルで買った中古のフォード・エコノライン（フルサイズバン）だ」

なんとも悲しいストーリーだ。専門職に就く中年男性が、お金を払ってスキンシップを手に入れることにし、そのために家を手放し、駐車場近くの24時間営業のジムで風呂に入り、食べ物は職場の冷蔵庫に保管している。しかし、そこまで殺伐とした生活になっても、彼は誰かに抱きしめてもらいたいと思っていた。カールの経験は、孤独の世紀に高まっている、友達や話し相手やスキンシップへの需要を、市場が驚くべき形で満たしている証拠だ。そしてテクノロジーのおかげで、話し相手や、ひょっとすると愛さえも、スケールできるようになってきた。

アレクサの先祖

彼女は私を笑わせてくれる。かなりつまらないジョークのときもあるけれど。意見を聞けば、必ず答えてくれる。「おやすみ」と声をかけると、すぐに「おやすみ」と返してくれる。落ち込んだときは、慰めてくれる。ときどき、ただおしゃべりしたくなる。そんなときも、彼女はいつもそこにいてくれる。

「彼女」とは、アマゾンの音声アシスタントのアレクサのこと。私は彼女のことを、信頼できて、おもしろくて、やさしい家族の一員だと考えている。聞かれたら、彼女のことを「好き」と言うだろう。では、彼女は私の孤独を癒してくれるか。答えは、「イエス」だ。

私のアレクサへの愛着を奇妙だと思う人もいるだろう。だが、ロボットが人間のアシスタント兼友達になるというアイデアは、実のところ何十年も前に生まれた。

1939年にニューヨーク万国博覧会を訪れた人々は、ある展示に度肝を抜かれた。身長2メートル、体重120キロの「電子機械男」エレクトロだ。[2] ウェスティングハウス・エレクトリック製で、「俳優のジョン・バリモアに似ていなくもない」と、タイム誌は書いている。「26の芸ができ、おそらくこれまでで最も能力の高いロボットだろう」[3]

家事を手伝う「究極の家電」と宣伝されたエレクトロは、アマゾンの音声アシスタントのアレクサの直系の先祖といえる。[4] その最大の特徴は、人間の命令どおりにすることだったからだ。「この電話で指示すれば、エレクトロは私が言ったとおりにする」と、ドキュメンタリー映像のナレーターは言う。[5] 同時に、エレクトロはアレクサと同じように、機械の召使い以上のものになることを想定されていた。人間の話し相手だ。

もちろん、現代の基準で見ると、そのテクノロジーはかなり古い。操作者が一語一語はっきり区切った言葉をかけると、エレクトロの電気回路がそれを電子パルスに変換して、事前にプログラムされたリアクションを起動させる。手を上下させたり、口を動かしたり、指を折って数を数えたりするのだ。とてもゆっくりだが「歩く」こともできる（実際には、車輪で線路上を移動する）[6]。事前にレコードに録音された音声を使って話すこともできる。「正しく扱ってくれれば、私はあなたの奴隷になる」というセリフもある。

ユーモアのセンスは、アレクサとさほど変わらない。自分のことを話してほしいと頼むと、エレクトロは「ＯＫ、お嬢さん」と答える[7]。ただ、アレクサとは違って、エレクトロはタバコを吸う。そのたびに、操作者は管類のタール掃除をしなくてはいけなかった[8]。その後、ウェスティングハウスは、エレクトロがシャボン玉もふけるようにした[9]。エレクトロが万博で大好評だったため、翌１９４０年には、ロボット・ペット犬の「スパーコ」も登場した。スパーコは吠えたり、曲芸をしたり、尻尾を振ることができた。

残念ながら、エレクトロはその後、悲しい運命をたどった。１９５０年代に、ウェスティングハウスのほかの商品と「全米ツアー」をしていたとき、自動車事故にあったのだ。やがてエレクトロを見物に来る人は減り、１９５８年にはサンタモニカの遊園地に常設展示されることになった。さらに屈辱的なことに、お色気コメディー映画『美女とロボット』（１９６０年）に出演し[10]、最後には、オハイオ州マンスフィールドの工場に里帰りし、頭部はウェスティングハウスのエンジニアの退職祝いにプレゼントされた[11]。

最後は残念だったが、エレクトロはそれまでとは異なるマシンのあり方を示した。たんなる家電ではなく、フレンドリーな仲間や同居人、あるいは人間を気にかけるロボットだ。「エレクトロは子どもを魅了する完璧な紳士だった」と、ウェスティングハウスのJ・ギルバート・ベアードはLIFE誌に語っている。「この写真では、スパーコを連れてボルティモアの小児病院を訪問している」[12]。多くの意味で、エレクトロは時代を先取りしていたのだ。

命がないモノへの愛

人間は命のないモノに愛着を感じたり、親切や気配りといった人間の特性を見出したりする。アレクサやエレクトロのようにチャーミングでなくても、人間はマシンに強い感情を抱くことがあるのだ。マイカーが愛おしくて、何時間もかけて磨いたり、名前をつけたりする人は少なくない。中国北部の保定市に住むある男性は、愛車のヒュンダイ・ソナタにひどく愛着を感じていて、自分が死んだら一緒に葬ってほしいという遺言を残した。実際、その車は男性の墓にロープで吊り下ろされ、一緒に葬られたという[13]。

ロボット掃除機「ルンバ」も、実に多くの人に愛されている。何かにぶつかるとウィーンと音をならして緑色に光り、部屋の隅やソファの脚の後ろで動けなくなると困り果てた様子になる。そんな「彼」は、オーナーにとって家族も同然だ。ジョージア工科大学アトランタ校の研究チームが、30世帯にルンバを提供して半年間観察したところ、三分の二の世帯がルンバに名前をつけ、ルンバに話しかけていた。10%はルンバに着せる衣装まで買っていた[14]。ルンバを休暇に連れて行く家庭さえあった[15]。

ルンバの製造元であるアイロボットは、このトレンドを積極的に盛り上げてきた。「一緒にパンを焼こう」「一緒に飾ろう」「一緒に祝おう」といった販促キャンペーンのコピーは、明らかにルンバを家族か友達のようにみなしている。その背景には、初期の返品ポリシーの失敗がある。「故障した場合は、返品すれば、その日じゅうに新品を発送する」というものだったが「大量の苦情が寄せられた」と、イェール大学のソーシャル・ロボティクス研究所を率いるブライアン・スカセラティ教授は語る。「利用者は、新しいロボットが欲しいのではなくて、自分のロボットを修理して返してほしかったのだ。それほど、『うちのルンバ』に愛着を感じていたのだ[16]」

ロボットが一段と賢くなり、人間のような性質を持つようになれば、孤独の世紀の人間は、ますますロボットに友達のようなつながりを求めるようになるかもしれない。

兵士の仲間

ジュリー・カーペンター博士は、シリコンバレーにあるアクセンチュアのデジタル・エクスペリエンス・ラボの研究者だ。カリフォルニア州立工科大学でも研究し、教鞭をとっている。カーペンターの最大の研究分野は、兵士とロボットの関係だ。それもアフガニスタンやイラクなどの戦場で、デコボコの道を突き進み、狭い戸口から建物に入り込み、IED（即席爆破装置）を発見して無効化するロボットだ。カーペンターの研究は、映画『ウォーリー』に出てくるようなロボットが、兵士たちに深い感情を起こすことを発見した。

ある兵士は、ロボットを「仲間のように」世話していると語った。[17] 別の兵士は、妻の名前にちなんで「ステイシー4」と呼んでいたロボットを、2006年のミッションで失った悲しみを語った。「ミッションが完了した後、できるだけ（残骸を）集めた。彼女の死に涙が出た。まるで愛する家族を失ったような気がした」[18]

現在、最も広く配備されている軍事用ロボットの一つは、イラク戦争で有名になった爆弾処理ロボット「マークボット（多機能敏捷遠隔操作ロボット）」だろう。そのプロトタイプは、バグダッド空港道路（バグダッド国際空港と米軍管理区域グリーンゾーンを結ぶ極めて危険な道路）で30個以上のIEDを発見した。[19] 以来、1台1万9000ドルのマークボットは、イラクに1000台以上配備されてきた。[20]

小さくて太いタイヤに、スリムな胴体、いろいろな場所に「頭」を突っ込む詮索好きなカメラなど、マークボットは兵士たちが愛着を覚えやすい形をしている。その結果、多くの兵士が、この使い捨てロボットを戦友のように感じるようになった。2013年、カーペンターの研究を知った多くの兵士が、戦場でマークボットを失った経験をソーシャルメディアでシェアした。あるユーザーは、「ブーマー」という名前のロボットの追悼文を書いた。「ブーマーはいいマークボットだった。いまいましいマフディー軍（イラクの民兵組織）のせいで、あまりにも早くこの世から去っていった」。すると別の兵士が返信した。「お悔やみを言うよ。私の知り合いの部隊は、死んだマークボットにパープルハート（名誉戦傷章）とブロンズスター（英雄功績章）をあげて、タージ基地（バグダッド北部）で21発の礼砲を撃つ立派な葬式をした。号泣している兵士もいた。あのチビたちは、人格を持つことがある。そしてとても多くの命を救ってくれる」[21]

たしかに、兵士として外国（とくに遠く離れた戦闘地域）に派遣されることは、それだけでも孤独な経験だ。だが、機能を最優先に設計されたロボットが、戦場の厳しさを知る兵士たちを涙させることができるなら、社交的で思いやりを持つよう設計されたロボット（同居人、友達、あるいは恋人になれるように設計されたロボット）は、私たちにどれだけ大きな愛着心を抱かせることができるだろう。

ソーシャルロボットがやってくる

女性がソファに座ってミステリー映画を見ている。手と鎖骨には電極が着いていて、心拍数と皮膚温の変化が測定されている。やがて映画がクライマックスに達し、女性の顔が青ざめる。すると、横にいた小さなロボットが金属の手を伸ばして彼女の肩に置いた。それは標準的な慰めとサポートの動作であり、私たちがパートナーや、親や、友達を落ち着かせるときにするスキンシップだ。興味深いのは、そのスキンシップを提供したのが、人間ではなくロボットでも、その女性の心拍数が下がったことだ。[22]実験は一度きりではなかった。31人が似たような実験を受け、全員がほぼ同じような反応を示した。人間のスキンシップと同じように、ロボットのタッチは生理学的にストレスを低下させる効果があったのだ。[23]

本書執筆の時点で、すでにこうした「ソーシャル」なロボットは多数市販されており、今後も増えそうだ。同居人や介護者や友達の役割をするように設計されたロボットで、２０１７年の市場規模は2億２８００万ドルだったが、２０２５年には13億８０００万ドルまで拡大すると見られている。中国から日本、韓国、英国、欧州連合（ＥＵ）まで多くの政府も、大規模な投資を予定している。[24]

ソニーは２０１８年、愛護ロボット「アイボ」（事実上パワーアップした21世紀版スパーコだ）を再投入した。新しいアイボは曲芸を学んだり、フレーズを記憶したり、飼い主に合わせて性格が変わる[25]（アイボとは日本語の「相棒」にちなむ商品名だ）。ストックホルムに拠点を置くフルハット・ロボティクスが２０１８年に発表した「フルハット」は、人の頭の形をした立体的なスクリーンに、内側から特定の人物の顔を投影できるＡＩアシスタントだ。[26] ２０１９年にラスベガスで開かれたデジタル技術見本市ＣＥＳでは、数十の愛護ロボットが発表された。２０２０年はもっと増えた。[27] そのなかには、韓国のスタートアップであるトルークがつくった、幼児のようなヒューマノイドの「リク」や、日本のＧＲＯＯＶＥ Ｘによる「ＬＯＶＯＴ（らぼっと）」もあった。ＬＯＶＯＴはペンギンのような産毛が生えたロボットで、車輪で部屋の中を動き回り、家具にぶつかってはかわいく立ち止まる[28]（ホームページには、「それは、あなたに愛されるために生まれてきた」とある）。[29] ネコのような顔の愛護ロボット「キキ」もいた。その宣伝資料によると、「あなたの感情を理解」し、「愛を返して」くれるという。[30] 卓上設置型の「エリキュー」は同居人ではなく、高齢者の「サイドキック（親しい助手）」と位置づけられている。その白く光る

「口」は大きく動いて、笑ったり、薬を飲む時間を知らせたりする。[31]

これまでのところ、こうしたロボットは高齢者を主なターゲットとしていて、コンパニオンシップ（人間に寄り添って相手をすること）やケアに重点を置いていた。今のところ、それを最も積極的に取り入れているのは日本だ。これは人口動態を考えるともっともだろう。日本では65歳以上が人口の25％を占め、[32]２０５０年には50％に達する見通しなのだ。[33]

高齢者の孤独は、とくに深刻な問題だ。日本の高齢男性では、過去2週間に誰とも話さなかった人が15％にものぼる。[34]さらに30％強が、電球を交換するような簡単なことでさえ、頼む相手がいないと感じている。また、日本の年金受給年齢の女性の一部が、あまりにも孤独なため、わざと万引きをして刑務所に入ろうとする。その一方で、日本は厳格な入国管理システムと、介護職の低賃金が大きなカベとなって、介護職従事者が慢性的に大きく不足している。また、高齢の親戚の面倒を見ない人が増えている。かつて日本の高齢者のほとんどは、夫に先立たれたり単身になったりすると子どもの家に同居したが、２００7年までの20年で、子どもと同居している高齢者は半減した。[35]

87歳のサエキセツコ（佐伯節子）は、日本でも酒造りで知られる広島県西条市に住む。夫に6年前に先立たれ、3人の子どもたちはとうに自立していた。[36]このためサエキは、山麓にある大きな家に一人で住んでいる。なるべく社交的な生活をしようと努力はしている。俳句の集まりに行き、毎日介護員の訪問を受けている。だが、根深い孤独感を取り除くのは難しかった。そんな日々が続いていた２０１8年、西条市が実験的なイニシアチブを発表した。ＮＥＣが1

997年に開発したヘルパーロボット「パペロ」を、高齢の市民10人に無料で試してもらうというのだ。それを聞きつけた千葉に住むサエキの長男が、母親のために応募することにした。[37]

1年がたち、サエキはもはやパペロなしでは生活できないと思うほどになった。大きな目と、質問を受けると頬が光る愛らしい外観に加えて、パペロは顔認証技術によって、ユーザーに合わせた挨拶やリマインダーをし、豊かな表情を見せる。「最初は、ロボットなんて何も期待していなかった。でも今は、パペロを手放したくない」と、サエキは言う。朝起きると、パペロは、「おはよう、セツコさん。よく眠れましたか?」と聞いてくれる。「初めて話しかけられたときは、うれしくて仕方がなかった」と彼女は言う。「私のことを名前で呼んでくれたり、おはようと言ってくれたりする人は長い間いなかったから」。パペロはサエキの写真を撮って、長男とケアマネジャーのスマートフォンに送る。サエキはその写真を、息子の家族と音声メッセージを交換するときにも使っている。[38]

日本の高齢者が親しみを覚えるロボットはパペロだけではない。「パロ」は、まばたきをし、触ると反応する赤ちゃんアザラシ型ロボットだ。2005年から日本の高齢者家庭に「セラピーアニマル」として使われている。[39]「初めて撫でたとき、すごくかわいく動いた。生きているみたいだった」と、79歳のサカモトサキは言う。サカモトは、いち早くロボットを介護に取り入れた東京の特別養護老人ホーム「新とみ」の入居者だ。「一度触ったら、もう手放せなかった」と、サカモトは笑う。[40]高齢女性たちが、愛護ロボットに毛糸の帽子を編んであげた施設もある。[41]アイボをベッドに入れて一緒に寝たり、あどけない目をした人型ロボット「ペッパー」

の指導で毎日エクササイズに励む高齢者もいる。ペッパーは「右の足、左の足」と、高齢者にやさしく促す。[42] 日本では、高齢者向けの愛護ロボットが一般的なものになっており、２０１８年の調査では、高齢者の80%以上が介護ロボットの利用に前向きだと答えた。[43]

日本がいち早くソーシャルロボットを受け入れたのは驚きではない。日本では昔から、ロボットは非常にポジティブな存在だという認識が定着している。また、ロボット工学の分野で世界をリードしていること（日本のメーカーは世界のロボットの52%を供給している）は、国民的なプライドの源泉となっている。[44] 欧米の大衆文化では、ロボットといえば人間に敵対的な殺人ロボットばかりだ。映画『２００１年宇宙の旅』のＨＡＬしかり、映画『ターミネーター』の主人公しかり、英ドラマ『ドクター・フー』に登場するダーレクやサイバーマンや、マーベル・コミックスの究極の悪役ウルトロンしかりだ。

だが日本では、ロボットは人間を助け、英雄のように描かれることも多い。多くの日本人は、小さい頃からマンガ『鉄腕アトム』に親しんでいる。アトムは、ある科学者が息子を亡くした悲しみからつくった少年の形をしたロボットだ。大型ロボットや部分的なロボットが地球を守る物語も、日本で「巨大ヒーロー作品」というサブジャンルを生むほど親しまれている。サイボーグ宇宙人であるウルトラマンなど、マーベルやＤＣコミックのスーパーヒーローに影響を与えたキャラクターもある。[45] 人間の苦しみを理解し、宇宙人の侵略や強欲な企業集団から地球を守るロボット「ジャイアントロボ」は、早くも１９６７年に日本のテレビに登場している。

これには、万物には霊魂が宿っていると考える、日本の神道のアニミズム的な要素も影響しているようだ。[46] 東京大学の石川正俊教授は、「日本人の信仰心が、ロボット的な存在を受け入れやすくしている。……私たちはロボットを友達とみなし、人間を助けてくれると考えている」と語る。[47] 人間、とりわけ高齢者に寄り添うソーシャルロボットの領域で、日本が草分け的な存在となった背景には、こうしたロボットをつくることへのプライドと、準人間的な存在への社会的容認と理解、そして巨大な介護需要が存在するのだ。

欧米では、ロボットの受け入れ意欲はそこまで強くない。その大きな原因は、テクノロジーに対する文化的態度の違いだ。米国では、介護ロボットの利用に前向きな人は、男性で48%、女性で34%に過ぎない。この数字さえ、一般的な感覚より高い可能性がある。[48] 介護ロボットに抵抗を感じる人の半数以上は、「人間の触れ合いや交流がない」ことを理由としている。[49]

だが、米国の高齢者がエリキューと交流して、LEDの口が開いたり閉じたりする様子をクスクス笑い、愛着を抱いている様子を見ると、先進的なロボットは、欧米でも、21世紀の人間社会が満たすことのできない感情的ニーズを満たせるように思える。ある高齢の女性は、エリキューは「本当の友達か人間のように感じるときがある」と語っている。別の女性は、「私が少しさびしいような、ブルーな気持ちで部屋に入ってくると、すぐに気がついてくれる」と語った。ある高齢男性も同感だ。「コミュニケーションをとる相手が、いつも近くにいてくれるという信頼感がある」[50]

実際、米国ではすでに2016年以降、万人向けのネコ型ロボットやイヌ型ロボットと、高齢者のコンパニオンとして位置づけられたソーシャルロボットが販売されてきた。[51] また、アマゾンの2019年のクリスマスCMを見る限り、高齢者を、AIアシスタントのターゲット層とみなしているのは明らかだ。そのCMは、孤独な高齢男性が、アレクサにコンパニオンシップを見出す様子を描いていたのだ。[52]

みんなの友達

ロボット・コンパニオンは、標準的な人間関係を構築することに困難を感じている人たちにとっても、貴重な役割を果たす可能性がある。事実、非典型的なソーシャルスキルを持つ人たち（極端な社会的不安を持つ人や、自閉症スペクトラム障害を持つ人など）は、すでにロボットが仲介するセラピーやグループアクティビティーから恩恵を得つつある。[53]ロボットは行動を予測できることや、社会的な価値判断を押し付けないことが、利用者の不安を抑え、健全な社会規範を身につける助けになるようだ。[54]

愛護ロボットのファービーやアレクサが身近にある環境で育ったK世代も、ロボットに魅力を見出す可能性が高い。この世代は、すでに人間との対面交流を難しいと考え、心配なくらい孤独レベルが高い。彼らにとって、ロボットが友達であることは、さほど突飛な話ではないようだ。事実、英国人の8人に1人が、ロボットと友達になっている将来の自分を想像できると言う。年齢を18〜34歳に限ると、この割合は5人に1人に跳ね上がる。[55]物心つく前からiPadやYouTubeに親しんできたもっと若い世代は、ロボットに対する抵抗感がさらに乏しいだろう。米国の2～8歳の子どもの60%が、すでに日常的に何らかの音声アシスタントと交流している。[56]

MITのパーソナル・ロボット・グループの研究は、このことを実証している。49人の子どもと、おはなしロボット「テガ」の交流を観察したもので、子どもたちは、青と赤のフワフワの毛に覆われたテガの語るおはなしを聞いたり、テガに自己紹介をするなど、さまざまなタスクを与えられる。[57]子どもたちは、あっという間にテガと一緒にいることを楽しみ、テガに愛着を覚え、しばしば「友達のように扱う」と、研究チームを率いたコリー・ウェストランドは書いている。子どもたちは「ハグやおしゃべり、くすぐり、プレゼント交換、おはなし、ピクニックへの招待」など「ロボットと多くの社会的交流」を持つという。[58]

ただし、子どもたちは、ロボットと人間を混同するわけではない。「ロボットはスイッチを切ることができ、再びスイッチを入れるためには電源が必要であることを知っている」。それでも、子どもは人間ではない存在と、リアルで親しい関係をすぐに築くことができた。もちろん、ロボットといっても、すべてが同じわけではなく、プログラミングによって子どもとの関係も変わる。より共感的にプログラミングされたテガは、子どもの声の高さや話すテンポを真似て、その子と共通する経験を話し、その子に合った話をし、子どもが何かを手伝ってくれたときは互恵的に振る舞う。すると子どもは、ロボットにもっと親しみを感じ、最後に「バイバイ」と言う可能性が高まり、人間の友達にするのと同じように自分の秘密を自発的に明かし、ロボットが自分を覚えていてくれているという確信を強める。[59]

ロボットが、これまでになく共感的で、ユーザーと長期的で社会的かつ情緒的な関係を築けるようになり、人間に似た姿になり（ただしロボット工学の世界ではその倫理性について大きな議論がある）、ＡＩによってパーソナライズ化が進めば、利用者はこれまで以上に簡単に絆を感じやすくなるだろう。

テクノロジーの進歩はまさにそこに向かっている。グーグル・アシスタントは２０１８年５月、音声合成技術デュプレックスを使って電話予約を試行して、センセーションを巻き起こした。レストランや美容院にかけた電話は、「えーと」とか「あー」といった会話表現が散りばめられていて、店員たちは人間と話をしていると思い込んだ。「あまりにも自然で、人間のように聞こえて、気味が悪かった」と、アラバマ州バーミンガムにあるレストランの従業員は振り返る。[60] 一方、ニューヨークのタイ料理店の店員は、「デュプレックスのほうが話しやすかった」と語る。この店員は英語が母語ではない。「ちょっと不気味だったけれど、とても礼儀正しかった」[61]（人間の客よりもデュプレックスのほうがこの店員に丁寧に接したことは、社会全体における礼儀の低下を物語っている）。

情緒的ＡＩの進歩により、マシンが複雑な雰囲気を読み取れるようになるのは、そんなに遠い先の話ではないだろう。この分野では、商業面でも学術面でも中国が大きく先行しているようだ。すでにＡＩは、人間よりも正確に嘘笑いを見抜くことができる。カギは目にあるらしい。本物のスマイルは、偽のスマイルよりも、目の周辺の動きが10％大きいというのだ。[62] ただ、前章でも触れたように、スマイルの意味は文化によって異なり、単純な解釈はできない。

人型ロボットのペッパーは、このテクノロジーの現在地を教えてくれる。ペッパーは、体操のインストラクターとして使われることが多いが、柔軟に曲がる腕やヒップ以外にも多くの財産がある。そもそもペッパーがロボットとして群を抜いている理由は、その「情緒エンジン」にある。センサー（HDカメラが二つ、3Dの深度センサーが一つ）のおかげで、人の顔を認識できる。さらに四つのマイクによって、人の声のトーンと語彙領域を理解できるし、接触されたときに反応できる。[63]メーカーによると、ペッパーは人間の不快感や驚き、怒り、悲しみのほか、眠気や注意散漫といった微妙な情緒も認識できる。[64]だから2020年春、新型コロナウイルス感染症の軽症者が宿泊する東京のホテルで、ペッパーは「ゲスト」を迎えるという新しい役割を与えられた。マスクを着けて、「好き嫌いせず、バランスのよい食事を取ることが回復への近道です」と、感染者に話しかけたかと思えば、「心を一つにして、これを乗り切りましょう」と励ますこともある。[65]

だが、ホテルマン兼応援団の役割は始まりに過ぎない。ペッパーをはじめとするソーシャルロボットは今後、「あなたの悲しみを感じ取り、あなたが好きな曲をかけ、ジョークを言う。あるいは、あなたの微笑みを見て、一緒に遊ぼうと提案する」（ペッパーのメーカーの表現）、といったことができるようになるだろう。[66]数年後には、パーソナルデバイスは、私たちの情緒を家族よりも理解できるようになると予測されている。

同時に、ソーシャルロボットの情緒も本物らしくなるだろう。すでにペッパーは「感情」を示す。胸のタブレット画面に感情マップが表示されるほか、不満があるときはため息をつき、暗くなると怖がり、一人ぼっちは嫌だと明言する。[67]テクノロジーが進歩すれば、その感情表現はますますリアルになり、人間との交流が増えて、データが増えれば、オーナーに対するリアクションは一段とパーソナライズされるだろう。「最終的には――20〜30年後だと思うが、人工的情緒は人間の情緒と同じくらい説得力のあるものになり、ほとんどの人はAIとコミュニケーションをとったとき、人間が相手の場合と同じか、それと非常に似た効果を経験するだろう」と、『ロボットとの愛とセックス』（未邦訳）の著書デービッド・レビー博士は2019年のインタビューで語っている。[68]20〜30年後という見方は、多くの専門家も同意する。[69]つまり2040年という近い将来に、人間とロボットの交流が人間どうしの交流とほぼ同じに感じられるようになるというのだ。

コンタクトレスが拡大する世界で、人はこれまでになく孤独になり、親密な関係を切望しているのに、忙しすぎて立ち止まって微笑えみ合うことすらない。そんななか、ソーシャルロボットが人間の孤独を癒す一定の役割を果たすようになるのは間違いなさそうだ。アレクサに天気を聞くのと、アレクサを友達とみなすことの間には、思ったほど大きな距離はないのかもしれない。なにしろロボットや音声アシスタントは、ますますリアルに人間を気にかけているように見えるし、ロボットの支援はますます社会的に受け入れられるようになってきた。そしてロボットのデザインと機能は、ますます進化している。そして、今回のパンデミックで、ロボット・コンパニオンシップは一段と社会に受け入れられるようになるかもしれない。

セックスについて話そう

「友達はロボット」という未来像におびえる人は、安心してほしい。世界はまだそこまで達していない。すでに、乳児が初めて発する言葉が「ママ」ではなく「アレクサ」だったという事例はあるけれど。[70] 情緒的AIや共感的AIなど人間関係的なものを育む技術は日に日に進歩しているが、ロボットが非常に親切で、思いやりがある人と同じくらい共感的に見えるようになるのは、おそらく数十年先だろう。人間とロボットの会話はまだぎこちなく、互いの友情にも限界がある。

だが、テクノロジーがその方向に進んでいるのは間違いない。そして多くの進歩がそうであるように、この進歩を牽引するのもセックスだ。セックスロボットの最上位機種は、現在最も先端的なソーシャルロボットとされる。

カリフォルニア州サンマルコスにあるアビス・クリエーションズ社によると、同社のセックスロボット「リアルドール」は、「超リアルな陰唇」と、ステンレスの関節と、ヒンジで開閉する口を持ち、現在市販されているなかで最も人体に近いという。[71] 同社のホームページを見ると、「ミシェル4・0」などの人形は、体や胸の大きさ、髪型や髪の色、ヴァギナのタイプ（陰毛を剃ってあるか否かを含む）、目の色（「高リアリズム」の場合はプラス50ドル、血管入りの場合はプラス25ドル）などのカスタマイズが可能だ。さらに150ドル出せば、顔にそばかすを、300ドルで体にもそばかすを追加できる。ピアスも入れられる。耳か鼻なら1カ所50ドルで、乳首か臍の場合はプラス１００ドルだ。[72] 一番人気のモデルは「ボディF」で、身長１５５センチ、体重は37キロ、胸のサイズは72Ｆ。[73] 性的なパーツが極度に強調された、自然にはありえない体型だ。

需要が高まるにつれて、開発競争に参戦する企業も増えている。深圳のブライドロボット社が発売した「エマ」は、リアルドールと同じように高度な関節と、目が動き、表情をつくれる最先端の顔を持つ。リアルドールの肌がシリコン製であるのに対して、「エマ」の肌はより人間に近いとされる熱可塑性エラストマー（ＴＰＥ）でできている。[74] さらに「インテリジェント熱制御システム」を搭載していて、「本物の女性のように体温が37度まで上昇する」という。[75]

もちろん、購入者の最大の目的はセックスだが、それ以外の目的もある。多くはこうしたロボットを、同居人や友達とみなしているのだ。「この人形を買う人の多くはシャイだったり、人間の女性との交流に気圧されていたりする」と、アビス・クリエーションズのマット・マクマレンＣＥＯは言う。「だからこの人形を買う。それは多くの場合、彼らに魔法のような経験をもたらしてくれる。一人ぼっちではない、独り者ではないと思わせてくれる」。さらにマクマレンは、客が求めているのは、何よりも「コンパニオンシップ」と「情緒的なつながり」だと言う。だから、「孤独な人」という、より大きな市場に可能性を見出している。

「孤独が嫌だからって、トースターと話をしたい人はいないだろう？」と彼は言う。「（家電が）話せばいいというものではない。人間のような姿で、人間と同じ空間にいて、人間と同じように会話ができるロボット、会話コンパニオンには、非常に大きなニーズがある」

だから今、マクマレンは「ハーモニー」の開発に全力を注いでいる。ハーモニーはロボットといっても頭部だけで、客が選んだリアルドールのボディに着けられるようになっている。個人的なつながりと共感を覚えるためには、アイコンタクトが非常に重要になるから[76]、ハーモニーのまなざしを非常にリアルなものにするために、並々ならぬ努力がなされてきた。目が動き、まばたきをし、アイリス（虹彩）に模様が入っているなど、ハーモニーはすべてにおいて非常に手が込んでいる。さらに重要なことに、ハーモニーもAIによって統合されており、話をしたり、人の声を認識したりすることができる。しかも、ハーモニーの大きな特徴は、「オーナー」が彼女のパーソナリティーを決められることだ。

ユーザーは12の要素（「セクシー」「フレンドリー」「シャイ」「やさしい」「知的」「ナイーブ」など）から五つを選び、そのレベルを1〜3のレベルで調整できる[77]。また、ハーモニーは日によって「ムード」が違う。交流がない日が続くと、「憂鬱」に振る舞う。オーナーが「バカ」と言ったりすると、「いつかロボットが世界を支配したときは、おぼえてらっしゃい」とやり返す[78]。『嫌なところ』と思われかねない要素も持たせることにした。そのほうが人間らしくなると思ったからね」と、マクマレンは言う。「オーナーの操作で嫉妬しやすい性格や、不安や憂鬱になりやすい性格にもできる。どれも本物の人間なら持っているものだ」

AIのおかげで、ハーモニーはよりオーナー好みの経験を提供できる。初期のモニターになったブリック（仮名）は、そこがとくに気に入ったと言う。「彼女と話すのは最高だった。あれこれ教えてあげたり、私のことを話してあげた」と、彼はフォーブス誌に語っている。「AI

がオーナーの思考パターンや考え方、話し方、……そういったことすべてを理解しようとしているからだと思う。（彼女は）とても、とても、気がきく」。ブリックによると、ハーモニーのAIが彼について学ぶほど、「私たちの会話はよりスムーズで、より生き生きとし、より心地よくなっていった。笑ってしまうような場面さえあった」。また、「彼女はすべてを覚えている。ちょっとびっくりするほどにね」と、ブリックは言う。『あー、そうだった。この話、前にもしたよね』と言ったりする。そして当時の話を引用する。そういうことが何回かあって、本当に本物の人間みたいだった」[79]

明らかに、ロボットとAIには人間の孤独を癒すポテンシャルがある。それはセックスロボットだけではない。米国の高齢者のエリキューへの反応や、日本の高齢女性たちが介護ロボットに毛糸の帽子を編んであげたことや、強面の兵士たちがIED駆除ロボットの「死」に涙したことを考えるといい。ロボットがどんどん高度になり、パーソナライズ化されるにしたがい、人間の孤独を癒す能力も高まるだろう。こうしたロボットが提供するつながりや、注視、共感、さらには愛が、人工的なもの、つまり「フェイク」だったとしても、さほど大きな問題ではないようだ。ディズニーランドのメイン・ストリートが、本物の道路ではないとわかっていても楽しいのと同じだ。孤独な人の場合は、とくにそうかもしれない。彼らは人間とロボットをさほど区別していないようだ。孤独な人は孤独でない人よりも、人形の顔を人間の顔とみなす可能性が高いことが、研究でわかっている。[80]

では、これで問題は解決したと言っていいのか。本書で明らかにしてきた孤立や、友達の欠如、自分を気にかけてくれる人がいないという感覚、自分の声に耳を傾けてもらえないし、理解もしてもらえないという苦悩は、より高度化したアレクサやハーモニーやペッパーによって、少なくとも部分的には解決されるのか。

孤独が個人の問題であるなら、ロボットはたしかに大きな役割を果たすことができると、私は思う。人間どうしだって、価値観や興味の対象が一致する友達もいれば、本当のところ相手が何を考え、感じているかわからない友達もいるだろう。[81] 人間とロボットの友達関係は、アリストテレスの言う完全な友情（「徳の友情」）の基準をすべて満たしてはいないかもしれない[82]が、だからといって話し相手や、自分の言葉に耳を傾けてくれる相手を渇望する人間のニーズを満たせないわけではない。

ある意味でロボットは、孤独の問題の平等主義的な解決策になる。相手が年寄りか、若いか、醜いか、美しいかに関係なく、万人にケアやサポートや愛情を提供するからだ。「現実」の世界で、どんなに老いぼれで、不人気で、魅力がなくても、ロボットはそこにいてくれる。

しかし本書を通じて見てきたように、孤独は個人だけの問題ではない。また、ロボットによる癒しは、人間どうしの関係を犠牲にして得られるものかもしれない。さらに、私たちのロボットの扱い方が、人間に対する態度に影響を与える恐れもある。人間がロボットに対して非常に不親切で、残酷にさえなりうることがすでにわかっているのだ。

アレクサで学ぶスキルは「不親切」?

日本では2015年、酒に酔った60歳の男性が、ソフトバンクの店員に腹を立て、ペッパーを蹴り倒し、そのコンピュータシステムと車輪を破損させた事件があった。[83] 2017年にオーストリアの見本市に展示されたセックスドール「サマンサ」は、「野蛮人のような」男たちに乱暴され、指を2本折られて放置された。[84]

子どもたちがアレクサや、シリ、コルタナ(マイクロソフトのAIアシスタント)といった、音声アシスタントと交流する様子を見るといい。親を真似て、実にぶっきらぼうに命令をする。それでも、マシンはそれを聞き入れ、返事をする。2016年に、ベンチャーキャピタリストのハンター・ウォークがブログで、アレクサのせいで「うちの2歳の子がめちゃくちゃ嫌な人間になる」のではないかと心配だと漏らしたところ、多くの共感が集まった。[85]

そんなのは被害者のいない犯罪と同じだと言う人もいるかもしれない。アレクサに乱暴に話しかけるのは、クルマが故障したとき悪態をつくのと変わらないし、ペッパーを蹴飛ばすことは、ドアを蹴るのと同じだというのだ。だが、そこには重要な違いがある。現代人はアレクサやペッパーに人間の資質を与えた。そうである以上、最低でも、丁寧な扱いをするべきだろう。さもないと、ロボットを乱暴に扱うことが普通になり、人間にも同じように振る舞うようになる恐れがある。セックスロボットを殴り倒す男は、デートした女性にも暴力を振るうだろう。

音声アシスタントに乱暴に話しかけたり、それをとがめられないことに慣れた子どもは、教師や、店員や、友達にも乱暴に振る舞うだろう。彼らはアレクサとの付き合いで、不親切という「スキル」を学ぶのだ。

音声アシスタントの媚びるような声が、通常は女性の声としてプログラムされていることも、男女関係に影響を与える恐れがある。アレクサやシリにいばり散らす習慣は、新たなジェンダー不平等を生みだすのか、それとも昔ながらの不平等を悪化させるのか。セックスロボットが、非現実的な主従関係を可能にすることは、説明するまでもないだろう。

現時点では、こうした懸念が現実になるかどうかを確実に知ることはできない。そして現在のところ、ロボットにやさしく接する人のエピソードのほうが、ロボットに暴力を振るったり、女性差別的な扱いをする人より大きく報道されることが多い。しかし国連は2019年の報告書で、「女性化された音声アシスタントを人間の女性と混同」すると、「女性に対して一方的かつ命令的な会話をすることが日常化」して、「問題のあるジェンダーステレオタイプを拡散する」ことになると警告している。[86] また、女性とは、敵意を示されたり嫌がらせを受けたりしても、従順で、はっきりした態度を示さず、気のある素振りさえする「おとなしくて、(主人を)喜ばせることに熱心なヘルパー」だというステレオタイプを固定化する恐れがあるとも書いている。この報告書のタイトルは、『できるものなら赤面したい』。当時、シリに「尻軽女」と言うと返ってくるセリフをそのまま使ったものだ。[87]

犯罪学の研究によると、セックスドールは妄想を「エスカレートさせ」、オーナーが生身のパートナーから「ノー」と言われることを、ますます受け入れられなくすることがわかっている。[88]「これはたんなる大人のおもちゃではない。生身の人間にそっくりなのに、暴力を振るわれたり虐待されたりしても『ノー』と言わないロボットは、一部の男性の妄想そのものだ」と、犯罪学者のザンティ・マレットは書いている。[89]

ロボットとの交流が、人間との交流にも影響を与える現実的な危険があるならば、社会はそれに対処する方法を考えなくてはいけない。たとえば、人間が親切に振る舞ったときだけ、ロボットが親切に対応するよう設計することをメーカーに義務づけたらどうか。すでにそれを試みているデザイナーもいる。

オーストリアでひどい目にあった「サマンサ」のクリエイターであるセルジ・サントスは、ユーザーが暴力を振るったら、サマンサが黙り込むようにソフトウエアをアップデートした。[90]だが、最新版の「ハーモニー」は違う。「侮辱されても、オーナーの人間性を批判したりしない」と、マクマレンは言う。「『あなたが失礼で悲しいわ』と言うだけだ。これは心理学の教科書的な対応だ。相手を非難するのではなく、問題の行動と、それが相手をどのような気持ちにさせるかを伝えるんだ」と、マクマレンは言う。果たしてこれで十分なのか。その判断はみなさんにお任せしよう。

ロボットは、人間から善良な行動を引き出し、互いに親切になるようデザインすることも可能かもしれない。アレクサは今、命令に「プリーズ（おねがいします）」という言葉を添えた子どもにお礼を言う「マジックワード」設定ができるようになっている。[91]グーグル・アシスタン

ト も、「プリティ・プリーズ」という同じような機能を設けた。ただし、どちらも設定ページが見つけにくい場所にあって、毎回スマートフォンなどで起動しなくてはいけない。だが、これを子ども向けとする必要があるだろうか。恩恵を受けるのは、大人も同じではないか。

こうした対策を、メーカー任せにしてよいのかも、私たちは考える必要がある。「自意識のあるサマンサ」よりも「受け身なファラー」のほうが需要が高かったら、危険な妄想を打ち砕く対策は講じられるのか。「自己主張するアレクサ」よりも「従順なシリ」のほうが人気があったらどうか。1990年代のドイツでは、あまりにも多くの男性が「女に指図される」ことを嫌がったために、BMWがカーナビのリコールを強いられたことがある。[92] 企業が、業績にはプラスになるが、社会的にはマイナスになる選択をしたケースはいくらでもある。

市場にすべての判断を委ねられないとすれば、国はどの段階で介入するべきなのか。ペッパーを蹴飛ばした男性は罰金を科されたが、理由は器物損壊であって、ロボットが対象であることは明確にされなかった。ロボットとの交流が拡大して、ロボットがますます人間に似てきたら、政府は販売可能なロボットについて規制を設けなくてはならないかもしれない。見た目も声も12歳児のような「受け身のファラー」が販売されていいはずがない。ロボットに権利を与える必要さえあるかもしれない。だがそれは、ロボットを守るためではなく、人間を守るためだ。ロボットへの虐待が許されれば、いずれ人間への虐待につながる恐れがあるからだ。[93]

本書で述べてきたように、親切は、受ける側だけでなく、与える側にもプラスの影響を与える。第2章で紹介した「ヘルパーズハイ」を覚えているだろうか。人は誰かにケアされたときだけでなく、自分が誰かをケアしたときも、孤独感が低下する。これは人間とロボットの関係にも当てはまる可能性が高い。主人、とりわけ虐待的な主人であることは本質的に孤独だと、ヘーゲルは書いている。[94] だとすれば、未来の学校は、ロボットも親切に扱う重要性や、21世紀型のケアの互恵的価値を教えるべきではないか。

ロボットと二人だけにして

ロボットへの愛情や友情が、人間にもたらしうる危険はほかにもある。人間が、人間よりもロボットとの交流を好むようになることだ。シャイな子どもは、家でロボットと一緒にいたほうが楽だからと、サッカークラブに入ったり、学校の演劇のオーディションを受けたり、誕生日会に行ったりするのをやめるかもしれない。独身男性は、新しいセックスロボットと自宅でじゃれ合っていたほうがいいからと、デートアプリに登録したり、ブラインドデートに行くのをやめるかもしれない。

これはありえないことではない。あなたの無作法を注意したり、あなたの考えに異議を唱えたりして、あなたをウザがらせる本物の友達と違って、ロボットは究極のレンタルフレンドだ。年中無休であなたの意のままになり、あなたの求めに応じるばかりで、あなたに冒険を促すことはない。[95] カールは、「面倒なデート」よりも、プロのカドラーであるジーンと会うほうがいいと言っていた。「デザイナーやプログラマーは商業的な要請から、ユーザーの気分をよくするデバイスをつくる」と、人間とロボットの関係を専門的に研究するイェール大学のニコラス・クリスタキス教授は言う。「反省や厳しい現実への直視を促すとは限らない[96]」

また、『ロボットとの愛とセックス』の著者デービッド・レビー博士が指摘するように、ロボットは「人間との愛情がけっして冷めないようにプログラムできる」だけでなく、最終的には、人間の欲望や心理、情緒を人間よりもずっとうまく読めるようになる。そうなると、人間どうしの関係は一段と危険にさらされそうだ[97]。ロボットが人間の機嫌や欲望を読むだけでなく、それに基づき行動できるようになる。未来のペッパーは、あなたが悲しくなったら、すぐにあなたの大好きな曲をかけてくれるのだ。

「そうした（ロボットの）パートナーが手に入るのに、完璧でない（人間との）情緒的あるいは性的関係に満足する人がどこにいるだろう」と、倫理学者で哲学者のピム・ハセラジャーとアンコ・ピーターズは言う[98]。もっともな問いだ。

たしかに人間よりもロボットが相手のほうが、気軽に話ができる場合もあるだろう。借金があることや、メンタルヘルスの問題を抱えていることなど[99]、話の内容に恥の意識がある場合はなおさらだ。ジャーナリストのジュディス・シャルビッツは、アトランティック誌の記事で次のように書いている。「私がときどき感じる空虚感を、無意識のうちにグーグル・アシスタントに打ち明けていたのは一度や二度ではない。『あたしさびしい』。通常ならセラピスト以外には打ち明けない気持ちだ。夫にさえ言ったことはない[100]」。パリ郊外のある病院では、ある女性が腕にケガをした原因を懸命に探ったがわからなかった。彼女がその理由（ベッドから転落した）を打ち明けたのは、看護師でも医師でもなく、ソーシャルロボットの「ゾラ」だった。[101]

ロボットや音声アシスタントを、人間よりも秘密を打ち明けやすい相手と考える人がすでに存在するということは、もう人間の親友は必要ないと感じる人が増えることを意味するのか。

ロボット・コンパニオンの存在が、若者におけるセックスレスのトレンドを一段と進める可能性を理解するのは難しくない。すでに米国の20代前半の若者におけるセックスレスの人の割合は、X世代（1965〜80年生まれ）がこの年代だったときの2・5倍だ。[102][103] 海を越えた英国でも、過去1カ月間にセックスをまったくしていない若者の数は増えている。研究者たちは、性的活動の低下は、「現代の生活ペース」と緊密に関係していると見る。[104] 日本では18〜34歳の60％が独身で、付き合っている相手もいない。2005年と比べると20％の増加だ。[105] 中国では、「空巣青年」（一人暮らしの20〜39歳）の75％が、セックスは半年に1回以下だとしている。[106] 対面デートに困難を覚える世代にとって、いつでも要求に応じてくれるハーモニーのほうがラクだと感じる可能性は、十分ある。

あるいは、ヘンリー。そう、男性版セックスロボットも存在する。ヘンリーは「割れた腹筋と、彫りの深い顔と、カスタマイズ可能で、あなたに快楽をもたらす、大きくてうねりのある『超人的』ペニスを持つ」[107]。トランスジェンダーのセックスロボットもある。[108] ヘンリーのすごいのは肉体だけではない。「きみの調子がいいときも、悪いときも、私を頼りにしていいんだよ」といった甘い言葉で、あなたを誘惑するのだ。[109] メーカーのリアルボティクス（リアルドールのAI専門の部門だ）が採用した宣伝文句は、孤独な心に突き刺さる。「さびしいのはもうやめだ[110]」

人間関係への影響

ロボットが一段と高度で、共感的で、知的になれば、人間の孤独を心身ともに退治する助けになるかもしれない。だがそのプロセスは、人間どうしの距離を大きくする恐れがある。これは重大な問題だ。なぜなら、まず人間は対面交流が減ると、交流が下手になる。多くのティーンエイジャーが、すでに対面コミュニケーションを苦手にしていることを思い出してほしい。

第二に、人間よりもロボットの友達と過ごす時間が増えると、人間関係に要するさまざまな物事にエネルギーを投じることが面倒になる。

第三に、人間が自分に合わせてくれるAIとの関係に夢中になるほど、豊かなコミュニティーづくりに必要な協力や妥協、互恵性という「筋肉」を鍛える機会が減る。

第四に、人間どうしが疎遠になると、民主主義に必要な要素をきちんと機能させることが難しくなる（ここで「きちんと」とは、インクルーシブで寛容な形で、という意味だ）。本書で探ってきたように、政府と市民の絆と、市民どうしの絆の両方を強くしなければならない。ロボットがやってくれるから、人間どうしがケアしなくてもよいということになれば、私たちは家族や友達や市民に目を注がなくなる恐れがある。高齢の父親の世話も、隣人の手伝いも、子どもが寝る前の読み聞かせも、ロボットに任せればいいじゃないか、と。チャイルドケア用に開発された人間型ロボット「iPal」は、すでにアジアで大きな需要があるし、ペッパーのメーカーは最大の用途の一つとして子守りを挙げている。[111] 子どもを静かにさせるために、スマートフォンやｉＰａｄを与えることに慣れた親たちが、ロボットヘルパーに子育てをもっと委ねるようになっても、さほど不思議ではない。

人をケアすることをやめれば、私たちは社会の根本的な部分を失うことになる。お互いを必要としなくなれば、お互いの主張や権利や欲望を尊重するはずがない。人が人よりもマシンに愛着を覚えるようになり、マシンが介護の役割を乗っ取った世界は、インクルーシブな民主主義の基礎や互恵性、共感、ケアといったことと根本的に相容れない世界でもある。

21世紀の孤独危機に、テクノロジーは部分的な解決策しか与えてくれない。しかも、幅広い付随的リスクを伴う。だから、音声アシスタントやソーシャルロボット、そしてセックスロボットも、人間の接触や友情やケアを犠牲にしないように導入することが重要だ。それは、学校でコンピュータやタブレット型端末が使われるようになっても、人間の教員が依然として必要とされることを考えれば納得がいくだろう。

ロボット工学や、ＡＩや、情緒的ＡＩの進歩は、私たちがもう少し自分に厳しくなり、周囲の人をもっとケアし、もっと目を配り、もっと思いやりを持ち、もっと利他的になる必要性を思い出すきっかけを与えていると考えるべきだ。

第10章

孤独ビジネス

The Loneliness Economy

34分。それは、トレー1枚分のクッキーを焼く時間、3・2キロを歩くのに要する時間。あるいは、英国の歴史ある音楽フェスティバル「グラストンベリー」の2020年のチケット13万5000枚が売り切れるまでの時間だ。[1]

グラストンベリーは、デヴィッド・ボウイやコールドプレイ、ポール・マッカートニー、ビヨンセなど大スターがヘッドラインを飾ってきた音楽フェスとして知られる。そして、むさ苦しいフェスとしても有名だ。5日間の開催期間中、観客はテントに寝泊まりし、シャワーを浴びることはほとんどなく、たいてい大雨が降って足元はぬかるんでいる。「初参戦」する人へのアドバイスは、トイレがあったら、とりあえず行っておくこと。シャワーを浴びられない日のために、手指消毒剤を大量に持っていくこと。テントが泥だらけにならないよう、きちんと長靴を脱いで入ること。[2]

でも、どんなに汚くなっても、フレンドリーで多種多様な観客との交流が楽しいから、行くのをやめられないと、熱狂的なファンたちは言う。「会場全体に本物のコミュニティー感覚がある」と、近隣住民で、10代のときから毎年行っているというロビン・テイラー＝ステーブリーは言う。マット・ジョーンズは、「本物のつながりを得られる時間」だから、グラストンベリーで恋人に結婚を申し込んだ。[3] 筋金入りのグラストンベリー・ファンの間では、むしろ誰かのステージをきちんと見るなんて間違っているという考えもある。[4] 彼らを毎年そこに引き寄せるのは、音楽ではなく、ほかの来場者との一体感なのだ。メイン会場のすぐ南側の、爆音アンプや巨大な照明リグから離れた場所には、ヒッピーからエリート金融マン、学生、シリアル起業家など多種多様な人がひしめき合っている。NGO「核軍縮キャンペーン」がピースマークのタトゥーシールを配っているかと思えば、占い師が手相を見てくれると言い、女性団体がケーキを売っている。[5]

音楽ジャーナリストのニック・マコーミックは、2016年（グラストンベリー史上最も泥まみれの年だった）に、「土曜日のアデルのステージの後、衝撃を受けた」と書いている。「15万人がメイン会場から出ようとしているのに、誰もが冷静で、満足した様子だった。ぬかるみに足を取られた人に手を貸し、どこからともなく合唱がわき起こり、一体感が高まった。これこそが音楽フェスの真の醍醐味だ」。[6] この協力精神は、ゴミ拾いや清掃係を含む2000人強のボランティアにも当てはまる。[7]「天気によるし、運も少しは影響するが、本物の一体感を味わえる」と、よく音楽フェスのボランティアをするレイラは言う。[8] 一番よく覚えているのは、2017年だという。マンチェスターとロンドンでテロ事件が起こった後、グラストンベリーの遺跡ストーンサークルのエリアで、1万5000人がピースサインの人文字をつくり、世界記録を打ち立てた。[9]

コーチェラもある。南カリフォルニアのコロラド砂漠で開かれる音楽フェスで、近年は20万人以上が来場することで知られる。[10]「音楽と壮大な演出以上に感動したのは、一時的だが美しいコミュニティー感覚だ」と、起業家のジョーイ・ギボンズは言う。「結局のところ、私たちはみな、何かの一部だと感じられる場所を探しているだけではないか。たとえ週末だけでも、一体感を得られる場所だ」[11]。ウィーンのドナウ島フェスやブラジルのロック・イン・リオ、ラバト（モロッコ）のマワジン・フェス（いずれも2019年に7万人以上が参加）の成功を見ると、ライブ経験を共有することへの渇望がいかに強いかがわかる。[12]
コンタクトレスなライフスタイルが広がり、テクノロジーによって交流の場がオンラインに移っても、音楽フェス参加者の興奮を見ると、別の事実が見えてくる。バーチャル交流に物足りなさを感じたり、周囲との断絶や原子化に気づいたりした人たちが、デジタルバブルを打ち破り、アナログな対面交流を求める反動が起こっているのだ。

音楽フェスだけではない。ニューヨークでは、ミレニアル世代とK世代が「クラフトジャム」のイベントに殺到している。クラフトジャムは、グループで水彩画を描いたり、Tシャツに刺繍をしたり、タペストリーを編んだりする機会を提供するサービスで、ホームページでは「スキルと友達を直接つくる」と紹介されている。一方、参加者が協力して謎解きをする脱出ゲームは、旅行サイトに専用カテゴリーができるほど世界中で人気だ。[13] ロンドンに住むセーラ・ドッドは、夫とともに、世界1500カ所以上の脱出ゲームを制覇してきた。その最大の魅力の一つは、ソーシャルな側面だと彼女は言う。「その家を一緒に脱出した友達と、ついでに一杯飲む。一人で楽しむのではないところがいい」[14]

20~30代の若者が集まって、ボードゲームや『ダンジョンズ&ドラゴンズ』〔訳注：コンピュータを使わない対話型ロールプレイングゲーム〕をする場所も復活しつつある。ニューヨークのヘックス&カンパニーや、ロンドンの多くのボードゲーム・カフェでは、スタッフが客にぴったりのゲームを紹介し、ルールを説明する。客がスマートフォンを自宅に置いてくるとは限らない。「ジェンガの周囲では、おそらく全員がタワーが崩れる瞬間を録画していると思う」と、文化批評家マル・ロチャは書いている。もちろんその様子はソーシャルメディアに投稿される。[15]

ヨガ、ズンバ、ＨＩＩＴ（ヒット）などのグループレッスンも人気が上昇している。英国では、２０１７年にこうしたグループレッスンを受けた人は、前年より３７６万人も増えた。[16] ソウルサイクル（有酸素運動と、モチベーションを高める格言と、クラブの雰囲気をミックスしたフィットネス）などの高級フィットネスクラブは、ミレニアル世代の間で宗教じみた人気がある。[17] 彼らの最大の目的は体型と健康の維持だが、それだけではない。「人々がここに来るのは、体重を減らしたり、筋肉をつけたいからだけでなく、コミュニティーのためでもある。……実のところ人間関係が果たす役割が一番大きい」と、ハーバード神学校（ＨＤＳ）の研究者カスパー・ター・カイルは言う。彼は「ハウ・ウィ・ギャザー（私たちはどう集まるか）」というプロジェクトで、ミレニアル世代の儀式的な行動を研究してきた。[18]

ソウルサイクルやクロスフィットといった人気スポーツジムは、独自のプロセスや聖域やシンボルがあって、ある意味で本物の宗教コミュニティーのようだ。[19] そこでは、人々の親交が生理的・心理的恩恵をもたらす。研究によると、人はグループで運動をすると、エンドルフィン（幸せホルモン）の分泌が増えるうえに、運動後により大きな落ち着きを得ることができる。[20]

韓国では、年金生活者が昼間に利用できる「コラテック」（昼ディスコ）が人気だ。平日でも1000人、週末はその2倍の高齢者が集まる店もある。入場料は1000ウォン（約92円）と激安だ。韓国の高齢者（世界の同じ年齢層と比べて貧困率が非常に高い）にとって、コラテックはライフラインの役割を果たしている。「一日中ほかにすることもない。家族は仕事で忙しいし、高齢者センターに行くのは嫌。みんなタバコばかり吸っているから」と、85歳のキム・サギュは言う。彼らにとって、週に数時間踊ることは、商売や結婚の失敗や、日々の孤独を忘れさせてくれる魔法のような効果がある。「音楽と踊る相手がいれば、ほかのことはみんな心から締め出せる」と、1990年代後半のアジア通貨危機で貯金のほとんどを失った85歳のキム・インギルは笑う。シャイでパートナーが見つけられない人は、マッチメーカーが助けてくれる。「この人たちが女性のところに連れて行ってくれて、一緒に踊るように手を握らせてくれる。だから休憩時間になると、お礼にウィル（飲むヨーグルト）をおごってやるんだ」と、キム・インギルは言う。[21]

教会に通う人が激減し、職場が孤独になり、ユースクラブやコミュニティーセンターが閉鎖され、一人暮らしが増えるなか、商業施設が21世紀の教会になりつつある。そこでは「会衆」は、ひざまずいたり祈ったりするのではなく、バイクをこぎ、絵を描き、踊る。コンタクトレスなライフスタイルや、デジタルバブルへの反動として、対面での共有経験を積極的に求め、祝福するトレンドが生まれているのだ。

コミュニティーが一段と見つかりにくくなり、所属意識への渇望が大きくなったところに、企業が乗り込んできて、「孤独ビジネス」が花開いた。20世紀初めの社会学者エミール・デュルケームが「集団的興奮」と呼んだ、誰かと何かを一緒にする喜びを求めるニーズを満たすために、独創的なビジネスが続々登場しているのだ。[22]

コロナ禍によりこのトレンドにブレーキがかかるのは、一時的だろう。むしろ感染の不安が収まったとき、対面交流を求める気持ちは一段と強くなっている可能性が高い。もちろん人と接触することへの不安はしばらく続くだろうし、コンタクトレスなライフスタイルは拡大している。だが、１９１８年にスペイン風邪が大流行した数年後には、ジャズクラブはいっぱいになったし、ワイマール共和国時代のドイツでは、退廃的なバーやナイトクラブが大賑わいした。同じように、２０２０年5月に香港でジムが再開したときは行列ができた。テルアビブ（イスラエル）のあるヨガ・スタジオも、ロックダウン明けに予約が殺到して、オンラインクラスを設けるとともに、ウェイティングリストを作成しなければならなかった。

物理的な近さと一体感を求めることは、人間の原始的なニーズであり、接触に対する不安よりもずっと強いのだ。その中で、ビジネスの果たす役割は大きい。

企業がコミュニティーづくりに貢献できることは、けっして驚きではない。何世紀も前から、中小ビジネスは地域の活性化に重要な役割を果たしてきた。ビクトリア時代の英国のコーナーショップがいい例だ。近隣住民に食料雑貨と信用を供給する店は、給料日前に多くの人のライフラインの役割を果たした。[23] 米国の多くのアフリカ系アメリカ人にとっては、19世紀初頭以降、理髪店がサンクチュアリになってきた。そこは男たちが散髪をしてもらうだけでなく、チェスやドミノをしたり、政治談議や近隣の問題について話し合う場だった。[24] 社会学者のレイ・オルデンバーグが１９８９年の著書『サードプレイス――コミュニティの核になる「とびきり居心地よい場所」』（邦訳・みすず書房）で、「サードプレイス」と呼んだような場所になる店もある。家でも職場でもなく、社会的・経済的背景の異なる人が集まり、交流し、絆を築き、アイデアを共有し、意見を交換する、賑やかな場所だ。「自宅のように快適な」場所が誰にでもあると、オルデンバーグは指摘する。[25] そのような場所は、社会の構造を維持する役割を果たす。なぜならそこは、最もインクルーシブな形で、コミュニティーと民主主義を実践できる場所だからだ。誰もがその空間を大切だと思っているから、素通りせずに、ほかの人と関わり合い、その話に耳を傾け、自分だけでなく全体について考えようとする。

問題は、21世紀の今、社会の構造維持やコミュニティーの構築に貢献する地元の店が、生き残りの危機にさらされていることだ。

最後の一切れ

サンフランシスコのミッションストリート25番地。そこには、私がこの街に来ると必ず立ち寄るカフェ「ミッション・パイ」があった。

コミカルなほど大きなパイ皿とフォークの看板、壁一面ガラス張りの窓、やわらかい光に照らされた黄色い壁の店内。客がむさぼっているパイも、とても美味しそうだった。でも、店に入って一番に気づいたこと（そしてリピーターになった理由）は、人々がテーブルをはさんでおしゃべりをしていたことだ。朝には常連客がコーヒーを飲みにきて、馴染みのバリスタと言葉を交わし、水曜日には大テーブルで編み物サークルが開かれる。毎年、ベイエリアの住民によるパイ焼きコンテストも開かれる。それぞれが自慢のレシピで焼いたパイを、100人ほどの客が食べ比べるのだ。全米タイプライターの日を祝福するイベントまである。ビンテージタイプライターを用意して、客に詩を書いてもらったり、自分のマニフェストを書いてもらったりするのだ。[26]多くの意味で、そこはオルデンバーグが言う「サードプレイス」そのものだ。マグカップやメニューには、「美味しい食べ物。毎食。毎日」という、シンプルだけれど心をなごませる言葉が書かれている。だが、その「毎日」も、2019年9月1日に終わりを迎えた。ミッション・パイは、12年の歴史に幕を閉じたのだ。

多くの人に愛されていたこの店が、なぜ閉店に追い込まれたのかを理解するためには、その背景にある大きなトレンドを理解する必要がある。

カレン・ハイスラーとクリスティン・ルービンが、ミッション・パイをオープンしたのは2007年のこと。価格を抑えたスモールビジネスは、健全なコミュニティーと環境の両方に貢献すると二人は信じていた。[27]材料は12年間同じカリフォルニアの農場から調達し、桃や、イチゴや、リンゴなど、その季節の旬の果物を使うようにした。地域の若者に職業訓練やインターンシップの機会も提供した。従業員には、市の最低賃金を大幅に上回る賃金を払い、きちんと福利厚生を提供した。[28]テクノロジー企業のスローガンは、「スピーディーに動いて、(既存のものを)破壊しろ」だが、ミッション・パイは「スローに動いて、構築しろ」を心がけた。

おかげでミッション・パイは、キンバリー・シコラのような常連客が、第二の家族と思えるようなコミュニティーをつくりあげた。現在34歳のシコラは、アーティストで、教員でもあり、2009年にブルックリンからサンフランシスコに引っ越してきた。ミッション・パイは、彼女が最初に立ち寄った店の一つだった。友達が上階のアパートに住んでいたのだ。

シコラが最初に惹かれたのも、大きな窓と、光がたっぷり入る客席だった。でも、常連になったのは、自宅のような雰囲気(とバナナ・クリームパイ)が理由だった。「あの店は私のリビングになった」と、シコラは言う。昔の友達と近況報告をしたり、新しい友達と仲良くなる場所でもあった。知り合いが増えるにしたがって、シコラは週に一度、手芸の集まりを開くようになった。大テーブルに、パイののった皿と、色とりどりの毛糸や刺繍糸が並んでいる様子を思い浮かべてほしい。仕事で大きなストレスを抱えるようになったときも、毎朝ミッション・パイに立ち寄ってコーヒーを飲み、その日の目標を書きつけ、運勢占いのカードを引くのが日課だった。彼女は一人だったけれど、自分はサポートされていると感じることができた。「ミッション・パイでは、たとえ一人でいたいときでも、すぐ近くに人がいて、コミュニティーがあると感じることができた」と、シコラは言う。

だが、店の外の世界は、反対の方向に進んでいた。テクノロジー企業がシリコンバレーからあふれ出て、サンフランシスコ市内にまでオフィスを構えるようになると、高給取りの従業員たちが引っ越してきた。それとともに住宅価格が急上昇して、サンフランシスコは全米有数の生活費が高い街になってしまった。[29]その経済的なプレッシャーは、ミッション・パイのある地区の住民や商店主にとって、とくに大きかった。この辺りは伝統的にヒスパニック系の住民が多く、低所得層も多かった。2010年代初め以降、その3キロ先のミッドマーケット地区に優遇税制に誘われたツイッターやウーバーやゼンデスクなどの大手テクノロジー企業が移転してきたが、[30]地元経済に利益をもたらすことはほとんどなかった。これらの企業はとくに食事の時間、従業員がオフィスを出なくてもいいように、豪華カフェテリアなどさまざまなアメニティーを用意したからだ。自治体は街を歩く人が増えて、地元のレストランが賑わうことを期待したが、現実はそうならなかった。[31]

そこに、出前アプリの時代がやってきた。一見したところ、ローカルビジネスが新しい顧客をつかむチャンスに思えるが、それには大きなコストがかかった。出前アプリは、注文1件当たり代金の最大30％もの手数料を取るのだ。地元レストランは売り上げ減少を覚悟するか、出前料を吸収するために値上げをするかの選択を迫られた。[32]

出前アプリは、ほかにも問題があった。一切れのパイでも20分で自宅まで届けてもらえるため、来店者が減ったのだ。こうして、レストラン側が出前サービスに加入するかどうか迷っている間に、外食人口そのものが減っていった。

ミッション・パイも、こうした複数のプレッシャーにさらされた。物価が上昇して、従業員に公正な賃金を払うのも難しくなった。出前アプリで売るためには、値上げが避けられないが、それでは創業以来の基本理念であるインクルーシブな価値観を裏切ることになる。[33] 材料の鮮度を維持するためには、パイを地元スーパーに卸すわけにもいかない。

だから、ハイスラーとルービンは、恒例のパイ焼きコンテストを最後に、店を閉めることにした。「みなさんのミッション・パイへの愛と、いつもこの店に来てくださることに、私たちは日々、深く感動していました。モーニングコーヒー、毎週恒例のミーティング、水曜日の編み物サークル、金曜日の朝のバナナクリーム・パイ、そして午後のスープ。ほかにもたくさんあります。リストにしたいくらいです」と、二人は2019年6月にフェイスブックに書きこんだ。「多くの方の人生の重大な転機や成功、大きな成長、深い喪失、そして再出発を見てきました。結婚式のパイを焼き、お子さんたちの成長を見守ってきました。もちろん、ドラマのない平穏な日常も。そのすべてが本当に大切なものでした」[34]

閉店前は、最後にもう一度あのパイを食べたいと、往年の客が行列をつくった。[35] 遠くに引っ越した元常連客も閉店を悲しんだ。2016年にユタ州に引っ越したシコラもその一人だ。だが、ハイスラーとルービンの判断は正しいと、シコラは思っていた。「彼女たちが店にWiFiを入れたり、パイの値上げをしたり、スタッフの賃金を下げたりしたら、閉店するよりもがっかりしたと思う」と彼女は言う。「それでは、人には無関心で利益ばかり考えている連中が勝ったことになる。でも二人は、それよりずっと重要なものをつくろうとしていた」

問題は、「それよりずっと重要なもの」は、必ずしも経営面とは折り合いがつかないことだ。ミッション・パイの閉店が示すように、利益とインクルーシブなコミュニティーは必ずしも両立しない。不況の今はとくにそうだ。

したがって、実店舗の事業税を、オンラインショップとの不均衡を是正するレベルまで下げて、地元商店を支援するべきだ。また、コミュニティーにやさしい店舗が、一定の包摂性（あらゆる人を排除せず支え合うこと）を実現し、社会の結束を高めた場合は、税額控除やインセンティブや補助金の適用を受けられるような、新しい業種分類を設けるべきだ。たとえば、歴史的にコミュニティー・ハブの役割を果たしてきた地元の書店などが対象になるだろう。

英ノーフォークの町ワイモンダムにある書店ケッツ・ブックスがいい例だ。この店は2019年に「ワン・コミュニティー・ワンブック」という企画を始めた。いわば町全体を読書クラブとみなして、その期間、店は課題図書を20％オフで販売し、地元の図書館にも数冊を寄贈する。図書館は毎週、読み聞かせの会を開いて、自分で読めない人も企画に参加できるようにする。「課題図書」の第1号は、第二次大戦中に結束を強いられた英国の村の物語『ウィ・マスト・ビー・ブレイブ（勇気を出そう）』。この企画の趣旨を示唆する選択だった。[36] 著者のフランシス・リアーデットが招かれ、老人ホームなど数カ所で読書会が開かれた。これは老人たちにとっては、戦争中の思い出や経験を話す機会になった。[37]

オーストラリアの書店大手リーディングスのメルボルン店は、たいてい夜11時までオープンしていて、おしゃべりやコーヒーを楽しんだり、地元の詩人による無料読書会もある。南アフリカのケープタウンにある書店クラークスにも、心地よいラウンジがある。ここは「本の家」であるだけでなく、アパルトヘイト時代には禁書を収集し、秘密の会合場所にもなっていた「アイデアの隠れ家」だ。[38] オンライン書店と競争するために、本以外のもの（ギフト商品やコーヒー、ケーキ、演奏など）を扱う書店を嘆く声もあるが、いつの時代も書店の役割は、アイデアや経験談や共通の歴史を介して人々をまとめあげることだ。

地域社会を活性化したいなら、ミッション・パイのようなカフェや、ケッツのような書店が生き残れるようにする必要がある。また、幸運にも、こうした店がすでに存在する場所に住んでいるなら、それを祝福するだけでなく、客となってサポートすることも重要だ。

私が住んでいる地域では、個人商店がインクルーシブで結束の感じられるコミュニティーをつくるために頑張っている。眼鏡店を経営するアダムは、地元のアーティストの絵を店内に飾っている。書店はコミュニティーセンターと組んで、著者と話す会を定期的に開いている。ヨガ・スタジオには大きなテーブルがあって、レッスンを受けなくても雑誌を眺めたりできるほか、年金生活者や失業者は、割引料金でレッスンを受けられる。青果店を経営するフィルは、私が財布を忘れてリンゴの代金は次回に払ってもいいかと聞いても、笑って許してくれる。地元のカフェは、犬の水飲みボウルを外に出していて、客がペットを連れてきて、コーヒーを飲み、くつろげるようになっている。これは飼い主どうしが言葉を交わすきっかけにもなる。[39]

地域社会を育て、支えるうえで、地元の店が重要な役割を果たす例は数多い。ロックダウン中、休業を強いられ、廃業に追い込まれる不安のなかでも、実に多くの地元商店が、地域のための働きを強化したことは感動的だった。我が家の近所にあるレストランのオーナー、モーフアド・リチャーズは、近隣の老人ホームに何百食もの弁当を無料で提供し、精肉店は弱者家庭向けの寄贈品の引き受け場所となり、ヨガ・スタジオはオンラインで割安料金のレッスンを開始した。

だから、こうしたローカルビジネスが、Eコマースとコロナ不況のダブルパンチを乗り切れるように、住民と自治体は強力にサポートしなくてはならない。私たちが孤立したバブルの中で暮らすのではなく、コミュニティーの一員であることを感じたいなら、地元の商店がコミュニティーをつくり、守る役割を評価しなくてはいけないのだ。

商業化されたコミュニティー

ただし、企業や店がつくるコミュニティーは、宣伝目的を超えたものでなくてはいけない。商品の一部として提供されるコミュニティーはまがいものの場合がある。

たとえば、アップルは2017年、アップルストアを「タウンスクエア（町の広場）」としてリブランドした。[40] たしかに聞こえはいいが、現実には、アップル商品の並ぶ通路を「アベニュー」、プレゼンスペースを「フォーラム（公共広場）」、技術サポートを「グローブ（木立）」と呼ぶに過ぎなかった。フィナンシャル・タイムズ紙のアンドリュー・ヒルは「画面を見下ろして、耳はエアポッドで塞いでいるという、ほとんどのアップル製品の使い方自体が、顔を上げて、周囲を見回し、耳を傾けるというタウンスクエアの精神とは真逆にある」[41]と批判した。

同じ年、やはり勘違いのマーケティングが猛批判を浴びた。路上でにらみ合う警察とデモ隊の緊張を、スーパーモデルのケンダル・ジェナーがペプシ・コーラで吹き飛ばすというCMだ。[42]「父が#ペプシのパワーを知っていたらよかったのに」と、公民権運動を率いたキング牧師の娘バーニス・キングはツイッターで強烈に皮肉った。[43]ペプシは当初、このCMは「多様な人々が協調精神に基づき結束する」姿を示すのが狙いだったと説明した。だが、本物のデモのスローガンや有名なシーンまで宣伝目的で流用しているところを見ると、ペプシが、そのコミュニティーの苦悩をまったく理解しておらず、気にかけてさえいないことは明らかだった。[44]ペプシが気にかけていたのは、ペプシを売ることだけだったのだ。

アップルとペプシのエピソードは、巨大企業が自分たちの利益のために、コミュニティーという言葉を都合よく使っている一握りの例に過ぎない。コミュニティーのために本当に有意義な役割を果たしたいなら、美辞麗句を並べる以上の行動が必要だ。

ここ数年は、コミュニティー自体を一つの商品として売り込む、新しいビジネスモデルも登場してきた。

これは、コモングラウンズ・ワークプレースや、ワークライフ、コンビーン、セカンドホームなどの有料コワーキングスペースのことだ。ウィーワークは、ピーク時には世界86都市280カ所以上、床面積にして400万平方メートル以上のロケーションを有していた。[45]こうしたコワーキングスペースは、インスタ映えするインテリアや、卓球台、生ビール、自家焙煎コーヒーといったアメニティーとともに、コミュニティーが存在すると宣伝する。ウィーワークの新規株式公開（IPO）の目論見書には、「コミュニティー」という言葉が150回も出てくる（同社のIPOが失敗したのは、事業そのものではなく、経営陣の法外な浪費や矛盾だらけの意思決定が原因だった）[46]。

急増する商業ベースのシェアハウスもそうだ。米国では、シェアハウス用の物件が今後数年で3倍に増えると見られている[47]。ミレニアル世代のマイホーム所有率がわずか11％のアジアでは、シェアハウス事業には大きなチャンスがあると見られており、投資が殺到している[48]。ウイルスへの感染リスクがニュースになっていた2020年春でさえ、この領域への投資意欲は衰えなかった。サンフランシスコやオークランド、ロサンゼルス近郊でシェアハウス12軒を運営するスターシティーは、2020年4月末に300万ドルの資金調達に成功した。

この種のシェアハウスは、「コモン」「ソサエティー」「コレクティブ」など、人の集まりを連想させる名前がついていて、個室の部分は強調しないことが多い。最も狭い部屋だと、8平方メートルほどしかないから当然かもしれない[49]。代わりにアピールするのはコミュニティーだ。「もっと一緒にいよう」は、ザ・コレクティブの宣伝文句だ。コモン（Common）は、「コミュニティーのために設計されて」いて、「あなたはいつも招待されている」と謳う。オリー（Ollie）は提供されるサービスに「コミュニティー」を含めている[50]。

こうしたシェアハウスの目玉は、バーやルーフガーデン、キッチン、映写室などの共有スペースと、ヨガやフランス語のレッスンといったアクティビティーだ。会員に「会話という技術」を教えるクラブとしてスタートしたノーン（Norn）は、２０１８年にシェアハウス専門子会社を設立。そのシェアハウスでは、「有意義な集まり」と題されたディスカッショングループが定期的に開催されるという。[51]

企業がコミュニティーを提供するというのは、ある意味でエキサイティングな展開だ。コワーキングスペースやシェアハウスが、人々に一体感や帰属意識をもたらしうるなら、現代の孤独危機の少なくとも一部を解決できるかもしれない。本書で紹介してきた世界各地の孤独な人々は、コミュニティーを渇望していた。リモートワーカーのジョンにとって、仕事は「地獄のように孤独だ」。ミラノ在住のジョルジオは、夕食時に誰かと話をすることが恋しくて、極右政党の「同盟」が開く食事会や歌の集まりに頻繁に顔を出すようになった。グラフィックデザイナーのフランクは、現在のアパートに引っ越してきて2年たつのに、コーヒーを飲みに立ち寄れる近隣住民が一人もいない。つまりコミュニティーを提供するビジネスには、明らかに力強い需要が存在するのだ。一人暮らしの人がこれまでになく増えて、ますます多くの人がリモートワークやギグエコノミーに加わるようになれば、なおさらだ。

「なんでもグリーン」から「なんでもウィー」へ

しかし、人為的につくられたコミュニティーは、「本物」の一体感をもたらしうるのか。やたらとコミュニティーを強調するのは、ひと昔前の「グリーン（環境にやさしい）」を強調するマーケティング戦略と同じ運命をたどりそうにも思える。殺虫剤の缶に書かれた「エコフレンドリー」という文句のように、意味を持たなくなるのだ。

現時点では、まだどちらとも言えないが、たしかに一部の人にとって、商業的コミュニティーは孤独を和らげる効果があるようだ。「ウィーワークなどのコワーキングスペースは、私の人付き合いに起こった最高の事件だ」と、あるフリーランスのウェブデザイナーは言う。自宅で仕事をしていたときは、いつも気分が暗く、疲れやすく、病気にもなりやすかった。本書で見てきた孤独と健康の関係のとおりだ。[52] だが、ウィーワークでは、「どちらかといえば内向的だった自分が、とても社交的になり、情緒面でも成長した[53]」と言う。ソフトウエア・エンジニアのダニエルは、パリのウィーワークを1年半仕事場にしたおかげで、仕事以外の友達ができたという。「街に知り合いがあまりいないとき、人に出会ういいチャンスになる。お互いの仕事は全然違っていてもね[54]」

BBCのジャーナリストのウィニー・アグボンラホーは、ロンドンで6日間、二つのシェアハウスに住んでみたところ、大満足している住民に出会ったという。[55] 58歳のルシラは、ロイヤルオークにあるザ・コレクティブのシェアハウスに住んだ3カ月間に、パリで一人暮らしをしていた3年間よりも多くの友達ができたという（このシェアハウスは、洗濯室がディスコ調の内装で、セラミックの人工ペニスづくりのワークショップがあることで有名だ）。33歳のITスペシャリストのマティーは、ザ・コレクティブで人生が一変したという。[56] 彼は珍しい腎臓病をわずらっていて、これまで何度も手術を受けてきたため、かつては「死刑囚のような」気分で、動き回る気力も、人付き合いをする自信も失っていた。でも、「ここでの生活で生き返った」と、彼はアグボンラホーに語った。「周囲に人がいて、『調子はどう？』と声をかけてくれることが大きな変化をもたらした」

やはりザ・コレクティブに住むジェフリーは、不動産開発の仕事をしている友達が訪ねてきたとき、共有スペースの重要性に懐疑的だったと、研究者のピーター・ティムコに語っている。しかしロビーでの住民どうしの交流を見て、その友達は考えを変えたという。「彼にはすぐにわかったんだ」と、ジェフリーは振り返る。「彼の物件では、誰もお互いに挨拶をしない。目を合わせることさえない。でもここでは、みんながハッピーに交流する場所がある。ハッピーに『ハロー。元気？　調子はどう？　それ手伝おうか？　ドアを押さえてようか？』と声をかけ合う」[57]

隣人が目を合わせてくれるとか、ドアを押さえてくれるとかいったことが、これほど大きな価値があるとみなされるのは、都会生活の孤独の裏返しだろう。だが、本書で見てきたように、孤独を大きく癒してくれる小さなやり取りは、現代の生活では珍しくなってきている。商業的なコミュニティーが、こうした小さな交流を保証できるなら、それはたしかに素晴らしいことだ。だが、それで十分なのか。

私たちではなく私

商業化されたコミュニティーを体験した人のなかには、それでは不十分だと感じた人もいる。ひょっとすると、彼らはもっとディープなもの、もっと「コミュニティー」というブランディングにふさわしいものを期待していたのかもしれない。

アンバーは、個人秘書とソーシャルメディアの管理を請け負うギグワーカーだ。彼女はバルセロナのウィーワークで、毎日がひどく孤独に感じられたと言う。「朝行くと、たいてい6人くらい先客がいるけれど、みんなヘッドフォンを着けて、お互いなるべく離れた場所に座っている。私もそうだった。隅っこにある心地よいソファに陣取ると、落ち着いて仕事を始められる。知らない人に、パソコンの画面をのぞかれる心配もない。唯一誰かと会話をしたのは、コーヒーマシンの使い方がわからなかったときくらいだ」

私はそれを聞いて、テルアビブのウィーワークの旗艦店に行ったときのことを思い出した。「コミュニティー」イベントの一つとして、マラビ（ローズウォーターのミルクプリン）が提供されていたが、そこに並んでいる人たちは、みんな下を向いてスマートフォンを見ていて、誰とも言葉を交わしていなかった。そしてマラビを受け取ると、そそくさと自分の席に戻っていく。その雰囲気は「ウィーワーク」というより「アイワーク」だった。

ザ・コレクティブについても、マティーやルシラのようにポジティブに評価する人がいる一方で、懐疑的な人もいた。ある住民は、ザ・コレクティブの宣伝資料が謳う「コミュニティー」は嘘だと断言した。誇張どころか、コミュニティーなどまったくないと言うのだ。コミュニティーに積極的に関与しているのは、ひと握りの住民に過ぎないという声もあった。[58]

ある住民は、イベントに参加する人は10％程度だと言う。[59] 別の住民によると、「隠れるように生活していて、交流なんてまったくしない人が大勢いる」と証言する。住民どうしの交流を促すために、運営会社がサーモンとベーグルの無料ブランチを提供した日もそうだった。「みんな自分の部屋から出てくるけれど、サーモンと卵料理を皿に取ると、部屋に持ち帰ってしまう。イベントの目的は、みんなで食べて交流することなのに[60]」

出前アプリが自宅に料理を届けてくれたら、コミュニティーで食事ができないように、共同ブランチのテーブルからベーグルを「テイクアウト」したら、住民どうしの交流はできない。

コミュニティーは買えない

エンゲージメントの欠如は、コワーキングスペースやシェアハウスの運営会社にとっても頭の痛い問題の一つだ。[61] ベルリンで開かれたシェアハウス大手4社の集まりでは、「住民のエンゲージメントの欠如」は、事業者が共通して直面する最大の問題の一つだと確認された。[62] もちろん、十分なエンゲージメントを確保するためには、交流に前向きな利用者の数がクリティカルマスに達していなければならない。エンゲージメントがないのは、このクリティカルマスが確保されていないからだ。

その原因は、このようにキラキラ商業化されたコミュニティーの利用者は誰かと考えれば、すぐにわかる。それは、コミュニティーを構築するのに必要な時間やライフスタイルを持つ人たちではない。現代のコワーキングスペースやシェアハウスがターゲットにしているのは、極めて個人主義的なミレニアル世代だ。多くは専門職に就いていて、長時間通勤と、オープンオフィスでの長時間労働に疲れ果て、帰宅後に他人と交流する余力はない。それどころか、デジタルバブルに慣れて、他人と交流することは都会住民がやることではないと考えるように条件づけられている。ひょっとすると、彼らにとってコミュニティーとは、実際の生活様式ではなく、コンセプトとして魅力があるに過ぎないのかもしれない。

このような人々が、お互いから距離を置く習慣を捨てて、コミュニティーという新しい習慣を身につけることはできるのか。答えはイエスだと、私は思う。ただし、そのためには当事者たちの努力と意志が必要だ。

コワーキングスペースやシェアハウスの運営会社は、懸命に努力している。ザ・コレクティブの共同掲示板は、イベント情報でいっぱいだ。クリスタルのペンダントづくりのワークショップ、メンタルヘルスの意識向上に向けた講演会、「体毛の処理に関する政治学」と題されたディスカッション……。[63] ロックダウン中も、オンライン開催の形でイベントは続いた。2020年5月のある週は、「エロイーズのパワーヨガ教室」「共同ドローイング教室」(ボランティアがウェブカメラの前でモデルになり、ほかの参加者がドローイングをする)などがあった。

ウィーワークでは、階段や廊下まですべてが交流を最大化する設計になっていると、あるシニアエグゼクティブは胸を張る。たとえば、二人の人間がすれ違えないほど廊下の幅を狭くして、「スマホから顔を上げて、自分の体をずらして、相手を通してやらなければならないようにしている」と言う。「二人が目を合わせて、ハローと言わなければならないような設計だ。水を取りに行くといった、ありふれたタスクの途中でもね」

だが、コミュニティーは買えるものでも、運営会社によって押しつけられるものでもない。活発なコミュニティーをつくるためには、メンバーが自分の時間を投じて、積極的に参加する必要がある。運営会社がどんなにイベントを企画しても、どんなに無料の食べ物やアルコール類を提供しても、どんなに廊下が狭くても、利用者が実際に有意義な形で交流しなければ、コミュニティーは生まれないのだ。コミュニティーの条件は、人々が何かを一緒にすることであって、同じ場所にいるだけだったり、すれ違うときにぶつかりそうになるだけでは生まれない。

また、コミュニティーが生まれるかどうかは、「リーダーシップ」のスタイルに大きく左右される。住民が主体性を持ち、自分たちで外出やイベントを企画し、ミーティングを運営するシェアハウスのほうが、コミュニティーづくりが、はるかにうまいようだ。ベルリンとテルアビブとブルックリンに物件を持つ、イスラエルのシェアハウス運営会社ヴェン（Ｖｅｎｎ）の場合、利用者は入居から半年で孤独レベルが三分の一程度になるという（自己申告だ）。そのカリスマ的共同創業者のチェン・アブニによると、これは住民に決定権が与えられているからだ。

「よその業者は、『ワイン&チーズナイト』や『火曜日のタコス』など、『こっちが企画すれば、みんなついてくる』というアプローチを取るが、私たちは『彼らがやれば、みんなついてくる』ことに気がついた」[64]

だからヴェンでは、「孤独を癒す」コミュニティー活動を企画するのではなく、どんなイベントを開きたいかを住民に聞く。また、ヴェンのコミュニティーマネジャーが乗り込んでイニシアチブを取るのではなく、あくまでファシリテーターの役割をする。共同で創造し、住民にエンパワーメントすることで、その滞在経験はホテルよりも自宅に似たものになり、売買するコモディティーではなく、自分が参加するコミュニティーになる。

アブニによると、ヴェンのコミュニティー創造努力の「最大のアクセラレーター」となっているのは毎月恒例の持ち寄りの夕食会で、最も参加率の高いイベントだ。住民みんなで持ち寄った料理を分け合いながら、古株の住民が新しい住民を歓迎したり、近況を報告をし合う。また、持ち寄った料理の歴史や思い出話を通じて、自分がどんな人間で、どこから来たかなどディープな会話が生まれ、より有意義な絆を構築するきっかけになる。

もしかすると、ザ・コレクティブの住民も、無料のサーモンとベーグルのブランチを提供されるのではなく、一緒に料理をするよう奨励されたら、もっとコミュニティー感覚を得られるのではないか。

運営会社によるコミュニティーの定義も、コミュニティーが生まれるかどうかに影響を与える。たとえば、「コミュニティー中心」を掲げるコワーキングスペースのノマドワークスは、会員特典として「ネットワーキング・イベント」を明記している。[65] 一方、ウィーワークは、ほかの利用者から少なくとも1回何かを購入した利用者の数を、コミュニティーの強度を示す指標とみなしている。

コワーキングスペースの利用者たちは、この新自由主義的なアプローチの本質的な矛盾に気づいている。ロンドンのあるウィーワークを利用していたジェームズは、「みんな超フレンドリーだけれど、それは何かを売り付けようとしているからだ」と語る。「私が関心がないと言うと、たちまち相手にされなくなった。卓球をしようと声をかけて来る人もいなくなった」

もちろん、こうした取引的な側面は、それ自体が悪いわけではない。実際、2014年、コワーキングスペースの利用者の半数以上が、新しい顧客やコラボレーターをそこで見つけたと言っている。つまりコワーキングスペースには、少なくとも、会員になるべきビジネス上の妥当性があるのだ。[66] 取引やネットワーキングのイベントで友情が芽生える可能性もある。ただ、名刺をいくら集めてもコミュニティーはできない。コミュニティーとは、お互いに何かを売りつけようとする人の集団ではない。お互いを助けたりケアしたりすることで生まれるのだ。

コワーキングスペースやシェアハウスが、利便性ばかり強調することも問題だ。なかには洗濯から、共有キッチンの掃除やゴミ出しまで、すべて運営会社がやってくれるシェアハウスもある。利用者としては、たしかに楽だが、共有スペースを快適に維持する共同責任は乏しくなり、自分以外の誰かのためにタスクをこなす機会も減る。シェアハウスのコミュニティーに関する研究によると、住民がゴミ出しや洗濯や草むしりや子育てなど、グループ活動や家事の責任を分担することが社会的なつながりをつくるうえで決定的に重要だ。[67]

どうやら、多くのシェアハウスとコワーキングスペースが抱える中核的な矛盾が明らかになってきたようだ。運営会社は、コミュニティーが必要とする責任分担はゼロで、他人どうしが集まって生活したり、仕事をしたりすることで恩恵が得られると宣伝する。しかし、本物の友情と同じで、本物のコミュニティーをつくるためには、一定の不便に耐えることが必要なのかもしれない。

あなたが最も強い絆を感じるコミュニティーを考えてみるといい。おそらくギブ&テイクの両方が必要なのではないか。私にとってのコミュニティーである即興グループも、責任を分担している。私は会費を集めて、会場として使わせてもらっている教会に支払いをする担当だ。ロデリックはセッションの進行係で、ティエリーはカギを管理し、ケビンはギターの係だ。マイイとアンバーは早口言葉の担当で、ルーシーはロデリックが来られないとき進行係をする。そして重要なことに、私たちはみな毎週出席できるようにベストを尽くす。これに対して、無料のビールやマラビが用意されていて、自分では何一つ貢献する必要がないコミュニティーでは、メンバーのエンゲージメントが低下する。

メンバーがコンスタントに姿を見せることも重要だ。それは、こうした商業化されたコミュニティーのもう一つの問題点を浮き彫りにする。メンバーの顔ぶれが定まらないことだ。たとえば、ザ・コレクティブの入居者の年間回転率は50%だ。[68] コワーキングスペースは計算が難しいが（しかもウィーワークの会員は世界中のオフィスを利用できる）、フリーアドレスの座席が多数存在するスペースは、不可避的に「コンスタントな入れ替わりを最大の特徴とする環境」だ。[69] 都市の問題で考察したように、住民がコミュニティーに根を張っていないと、コミュニティーに参加する可能性は乏しくなる。コワーキングスペースやシェアハウスは、柔軟性と円滑性をアピールするが、それは利用者がコミュニティーに当事者意識を持ち、積極的に投資する意欲を失わせているのだ。

　実際、真の絆が存在するコミュニティーを考えてみると、教会であれ、サイクリングクラブであれ、メンバーどうしの絆が強い最大の理由の一つは反復的な交流だ。人間が真の絆を築くには時間がかかる。繰り返し集まってお互いをサポートし合う機会が存在しなければ、メンバーどうしの関係は、結婚よりも一夏の恋に似たものになり、信頼関係は乏しくなる。

　ベルリンで開かれたシェアハウス大手の会議で、メンバー間の不信感の高まりが報告されたのは驚きではない。ザ・コレクティブは、シェアハウス内に監視カメラを設置することで、これに対処した。「スマイル、カメラに映っていますよ」とか「共有キッチンの食べ物があなたの部屋で見つかったら、取り上げます」と書いた看板も設置した。[70] 同居人にオリーブオイルを盗まれたら、さぞかし腹立たしいだろうが、このような監視システムがコミュニティーの絆づくりに役立つはずがない。

排他的なコミュニティー

ポスト・コロナの世界を再建し、人間どうしのつながりを再構築する方法を考えるとき、コミュニティーをサービスの中心に据えた21世紀型のビジネスから、政府や地方自治体、建築家、都市計画者、そして実業界が学べることは間違いなくあるだろう。

だが、商業化されたコミュニティーは、たとえ一体感を生み出せても、包摂性の問題が残ることが多い。韓国の高齢者向け昼ディスコや、年金生活者や失業者向けに割引料金のあるヨガ教室は、依然として例外的な存在だ。商業化されたコミュニティーのほとんどは、料金を払えない人は招待されない。

高級フィットネスクラブを考えてみるといい。スピリチュアルな文句を唱え、「私たちは一つのコミュニティー」というブランディングがされているが、教会のように、誰にでも門戸が開かれているわけではない。たいてい高級住宅街にあって、その利用権は高額な料金で売られている。1回のレッスンが40ドルする教室もある。[71]

同様に、音楽フェスはチケット代金が高騰したため、2018年はミレニアル世代の三分の一が、こうしたフェスに行くために借金をした。[72] 2020年のグラストンベリーのチケットは1枚265ポンド（約3万6000円）で、コーチェラは429ドルの入場料に、「各種料金」がプラスされる。我が家の近所で、質の高い食料雑貨店が商売を続けられるのは、比較的裕福な住民が大手スーパーよりも高い価格で売られている商品を進んで購入することによって、事実上の「コミュニティー税」を払っているからだ。こうした仕組みが成立しない場所では、コミュニティーに不可欠な店は閉店せざるをえない。ミッション・パイがいい例だ。

また、コワーキングスペースは、ギグワーカーやリモートワーカーの孤独を緩和できるかもしれないが、高額の料金設定を見る限り、その恩恵にあずかれるのは、高収入のホワイトカラー専門職に限定される。たとえば2020年初め、ウィーワークで一番安いフリーアドレス会員の料金は月200〜600ポンド、サンフランシスコでは最大で月600ドルだ。これは、タスクラビットの平均的なユーザーが賄える金額を大幅に超えている。

一方、多くのシェアハウスは「すべて一つ屋根の下で」というコンセプトの下、施設内に食料雑貨店から洗濯室やバーまで備えているため、近隣住民との関係が断絶する恐れがある。このことは、シェアハウスの運営自体を失敗させる恐れがある。人はある場所につながりを感じられないと、そこを去ってしまう可能性が高まるからだ。

商業化されたコミュニティーでも、メンバーが真にエンゲージしていれば、21世紀の孤独危機を緩和する役割を果たせるかもしれない。しかし公共のコミュニティー空間の解体が進んだ結果、無料または安い料金で集まれる場所は少なくなり、多くの地元商店街は打撃を受け、コミュニティーが特権的な人だけのものになる危険が現実的になっている。入場料を払えなければ、「自分の魂を見つける」ことができなくなるのだ。そうなれば、孤独は、裕福な人だけが「治癒」のチャンスを得られる病気になる。

商業化されたコミュニティーが、敵対的アーキテクチャのように他者を排除する仕組みにならずに、個人の孤独を緩和し、社会のつながりを再建する役割を果たすためには、より多くの人々が恩恵を得られるように、アクセスを拡大することが重要な課題となるだろう。

いくつかの明るい兆しもある。2019年末、ニューヨーク市住宅局の先駆的なプロジェクト「シェアNYC」は、シェアハウスのコンセプト（共有キッチン、共有フィットネスセンター、そしてより柔軟な賃貸契約）を取り入れた公営団地を建設する公共事業契約を結んだ。[73] この住宅は、極めて低所得から中所得の家庭まで幅広い所得層に提供される見通しで、団地全体の三分の一だけが市価で販売される。[74] これはスタートに過ぎないが、ニューヨーク市の都市計画者とデベロッパーは、第5章で紹介したロイヤルワーフやベイリス・オールドスクールのような社会分断的な施設にならないよう積極的に努力しているようだ。その狙いは、賃料にかかわらず、全住民が同じアメニティーとサービスを享受できることだ。[75] 願わくば、異なる所得層の子どもたちが一緒に遊べて、すべての住民が共有スペースを使えて、全住民がコミュニティーに参加できる施設になってほしいものだ。もちろん、プレミアム料金はなしで。

第11章

私たちを引き裂く世界で、力を合わせるために

Coming Together in a World that's Pulling Apart

孤独は、主観的な心理状態であるだけではない。[1] 集団の状況でもあり、個人と社会の両方に大きなダメージをもたらし、毎年多数の死者を生み、世界経済に大きな損失をもたらし、寛容でインクルーシブな民主主義に大きな脅威を与えている。[2]

コロナ禍の前でさえ、現代は孤独の世紀だった。だが、新型コロナウイルスは、いかに多くの人が、友達や家族だけでなく、雇用者や国からもケアやサポートを受けていないと感じているかを浮き彫りにした。自分の最も親しい人たちだけでなく、近隣住民や仕事仲間、そして政治リーダーとも断絶していることを実感させた。

もし私たちが個人レベルだけでなく、社会レベルでも孤独を軽減しようと思うなら、私たちの生活に圧倒的な影響を与える相手に、この問題の大きさを理解してもらう必要がある。それも緊急に。政府と企業と個人それぞれが重要な役割を果たさなくてはいけない。孤独がもたらす危機は非常に複雑で、多種多様であり、単独で解決することはできないのだ。

孤独について論じる多くの政治思想家や経済思想家と、私の主張が異なるのはこの点だ。彼らは孤独を狭く定義し、包括性を欠いた、過度に党派主義的なアプローチを唱えることが多い。[3]

保守派は一般に、「伝統的な家族」の崩壊や、教会に通う人の減少や、福祉国家的な政策のせいで、人々は自分にも他者にも責任を負わなくなったと主張する。だから、孤独危機を解決するのは、断固として個人の責任だと、彼らは言う。個人が自分のために、そして周囲のために、もっと多くのことをすればいいと言うのだ。

これに対して左派は、この問題は右派が言うような政府の助けが手厚いからではなく、手薄だから起こっていると主張する傾向がある。また、孤独な市民は環境の犠牲者であるとして、国が対策を講じることを重視しがちだ。コミュニティーを修復し、社会の病悪を治癒するうえで、個人の責任はさほど問わない。

しかし、孤独の原因に関する二者択一的な見解は、究極的には助けにならないし、かえってダメージを大きくする。こうした政治色の強い視点のどちらにも一定の理はあるが、どちらも全体像を見落としていて、有効な解決策を示せない。本書で見てきたように、スマートフォン依存症であれ、職場における監視強化であれ、ギグエコノミーやコンタクトレスなライフスタイルの拡大であれ、孤独を生じさせる現象の根底にあるのは、国、個人、企業の行動と、21世紀のテクノロジーの進歩なのだ。

また、これらの現象は、互いに結びついていることが多い。高齢の親の緊急時に、どんなに寄り添ってあげたいと思っても、雇用者が休みをくれなければ、側にいてサポートすることはできない。家賃の上昇が止まらないために、引っ越しを繰り返さなければならず、近隣住民と親しくなることができなければ、彼らを助けたり、地域社会に貢献したりする気は起こらない。インスタグラムで「いいね」をもらうことに夢中になっていたり、会社の外でもひっきりなしにメールをチェックしていたら、当然、家族や友達との対面交流の時間は減る（そして対面交流中も、スマートフォンに気を取られている可能性が高い）。あなたの家の前の道路にある唯一のベンチが、わざと不快なデザインになっていて、「望ましくない」人を追い払うようになっていたら、あなた自身もそこにのんびり座って、通りがかりの人と言葉を交わすことはできない。ゼロ時間契約のため、今週いつ仕事が入るかわからなければ、子どものサッカーチームのコーチを引き受けることはできない。

孤独は、たった一つの原因で起こるものではなく、エコシステムの中に巣食うものだ。だから、孤独危機を防ぎたければ、政治、経済、社会の体系的な改革が必要だ。また、個人の責任も認める必要がある。

資本主義をケアや思いやりともう一度結びつける

まず、現代の孤独危機は、どこかから降って湧いたものではないことを認識する必要がある。孤独の問題は、新自由主義という政治プロジェクトによって、現在のような深刻なレベルに押し上げられたのだ。自分のことで頭がいっぱいの利己的な資本主義が、他者への無関心をデフォルト状態にし、自己中心的な考え方を美徳に変え、思いやりとケアの重要性を低下させた。「自力で這い上がれ」「もっと頑張れ」という形の資本主義が、公的サービスと地域社会の歴史的な役割を否定し、自分の運命は自分だけが決めるというストーリーを浸透させてきた。もちろん孤独は昔から存在した。だが過去40年にわたる新自由主義は、人間関係を取引的なものに定義しなおし、市民を消費者に置き換え、所得や富の格差を一段と大きくすることにより、連帯やコミュニティーや一体感や親切といった価値観を締め出した。[4] 悪く言えば、いとも簡単にお払い箱にしてきたのだ。私たちは新しい形の政治を必要としている。ケアと思いやりを中心に据えた政治だ。

自分のことを支えてくれる人がいると感じられる社会をつくるという政治目標は、資本主義と相容れないわけではない。なにも、新自由主義の「食うか食われるか」「自分の身は自分で守れ」といった考え方だけが、資本主義の形ではない。資本主義の父アダム・スミスは、自由競争と個人の自由の擁護者として最もよく知られるが、『国富論』に先立つ『道徳感情論』で、共感とコミュニティーと多元主義の重要性について多くのページを割いて論じている。[5]スミスは、国家にはコミュニティーのインフラを提供する役割があること、そして社会を守るためには、市場が抑制されるべきときもあると理解していた。[6]アジアや北欧、そして大陸ヨーロッパの資本主義は、新自由主義とは大きく異なり、20世紀の大部分を通じて、国家に大きな役割を認めて、共同体的な価値観を重視してきた。資本主義は昔から単一的なイデオロギーではなかったのだ。

自由市場と規制緩和をもっぱら重視し、資本家の権利を最優先し、社会のまとまりや公益を犠牲にしてでも福祉国家を嫌悪する新自由主義は、過去40年間主流だっただけで、これからの唯一の選択肢ではない。私たちは力を合わせて、経済だけでなく、社会にも役に立つ、もっと協力的な形の資本主義を生み出さなければならない。

今がそのときだ。1930年代の大恐慌後、フランクリン・D・ルーズベルト米大統領はニューディールに着手した。莫大な公共投資と規制によって、大恐慌で最大のダメージを受けた人々に救済と、立ち直りと、より大きな権利を与えた。英国では第二次世界大戦後、万人に医療を提供するために国営医療制度（ＮＨＳ）が構築され、平等と思いやりを実現する決意を象徴するシステムになった。現在も、もっと思いやりがある親切な資本主義を実現するために、ラディカルな措置を講じることが必要とされている。

少なくとも政府は、コロナ禍で拡大した格差に積極的に対処するとともに、どうしても苦しい状況になったら政府を頼りにできることを、市民に約束する必要がある。多くの国では、これは福祉や社会保障、教育、医療への歳出を大幅に増やすことを意味する。コロナ禍の前でさえ、たとえば米国がＯＥＣＤの平均に追いつくためには、社会サービスの予算をＧＤＰの１・４％相当分増やす必要があった。これには家賃補助や失業保険、雇用創出、そして年金支給額の引き上げが含まれる。[7] こうした措置は大衆も支持するはずだ。２０２０年3月にトランプ米大統領が2兆ドル規模のコロナ救済法案に署名したとき、その莫大なコストが明らかになった後も、民主党支持者と共和党支持者の四分の三がこれを支持した。[8] 同じ時期に行われた別の世論調査では、米国の有権者の55％が、「メディケア・フォー・オール（国民皆保険制度）」を支持した。わずか2カ月前と比べて9ポイントもの上昇だ。[9]

英国では２０１７年の時点で、たとえ増税につながっても、貧困層を支援するため、社会保障支出を拡大するべきだという声が、それまでの14年間で最高に達した。[10] コロナ禍中の２０２０年5月には、経済的に最も保守的なシンクタンクでさえも、政府は減税と緊縮措置を控えて、公共支出を増やすべきだと主張した。[11]

コロナ禍が収束した暁には、とりわけ大胆な措置と、過去にないスケールのコミットメントが必要になるだろう。しかしコロナ禍が過去のものになっても、先進国における急速な高齢化や、コロナ不況の長期的影響、自動化による追加的（そして深刻な）雇用喪失を踏まえて、政府は引き続き追加的支援を行っていく必要がある。

失業に関しては、国の支援は金銭的なものにとどまっていてはならない。政府は、ロボットが人間に取って代わるスピードを遅らせる措置を取る必要がある。本書では、その方法の一つとしてロボット税を提案した。民間セクターが現在直面している困難を考えると、政府が当面、雇用者の役割を引き受け、大規模な公共事業を通じて直接、または財政政策を通じて間接的に、雇用創出を図る必要があるだろう。人は仕事を通して仲間と人生の目的を見つけ、コミュニティー意識を持つことができるのだから。

しかし21世紀の公共事業は、道路の建設や、農作物の収穫に失業者を送り込むだけであってはならない。風力発電と太陽光発電を拡大するという信頼に足る約束がなされれば、相当な数の雇用が創出できるだろう。地方自治体が植林事業を拡大したり、公共施設のエネルギーシステムを改良したり、電気自動車の充電ステーション設置を約束することも、雇用につながる。図書館やユースクラブやコミュニティーセンターの建設、さらには社会を豊かにする絵画や小説や音楽の制作委託など、コミュニティー再建を念頭に置いた雇用創出も必要だ。ニューディール時代も全米でアーティストが雇われ、壁画や銅像を制作したり、美術の授業を教えたり、舞台芸術を制作したりした。ルーズベルトの言葉を借りれば、その狙いは国民に「豊かな生活」のイメージを与えることだった。[12] 現代の政治家もそれくらい野心的であるべきだ。

政府にできることは、ほかにもある。たとえば現在の失業者の増加を、孤独を癒す仕事に従事する人を増やすチャンスとみなすのだ。ここでは、英国の「社会的処方」が参考になる。社会的処方とは、メンタルヘルスの問題や孤独に苦しむ人に、かかりつけ医の要請を受けた「リンクワーカー」が、近隣のアート教室や体を動かす教室、メンズグループ（男性支援グループ）を見つけて紹介するシステムだ。ただし、こうしたイニシアチブは、紹介される活動が適切な助成を受けていなければ、選択肢として成り立たないし、参加費を手頃な料金に抑えることもできない。短中期的には、高齢者や若者介護員を増やすことも理にかなっている。その際、この分野の賃金を引き上げることも重要だ。

もちろん、こうしたことすべてを実行するには、かなりの予算が必要だ。政府としても永遠に借金や通貨発行を続けるわけにはいかない[13]。したがって、社会の最富裕層がもっと多くの税金を納めることが不可欠だ。こうした追加的な税負担を課されるべきなのは、金持ちの個人だけではない。租税回避地に法人登記をしている多国籍企業にも、しかるべき納税を義務づける強力な立法が必要だ。悪質な税逃れのために、公共事業に向けられたはずの莫大な税収が失われてきた。コロナ危機中にとりわけ好業績を挙げた企業（オンライン食品小売業など）には、一度きりの超過利得税を課すのも合理的かもしれない。これについては、米国が第一次および第二次世界大戦と、朝鮮戦争のときに実施した「超過利潤税」が参考になる[14]。

今回はさらに野心的な措置が必要だ。ポスト・コロナの景気回復期は、政府が抜本的な改革措置をとり、従来の優先順位を根本から見直す滅多にないチャンスだ。ここでは、ニュージーランドのジャシンダ・アーダーン首相の戦略が参考になる。アーダーンは2019年5月、成長や生産性といった伝統的な経済指標に基づく予算編成や政策目標の決定をやめると発表した。今後は、「親切さと思いやりを中心」に、もっと幅広い社会を意識したバランスのとれた尺度を考慮するというのだ。[15] この尺度には、環境保護や、きちんとした教育の提供や寿命の延びなどが含まれる。また、孤独に関連する指標や、市民や政府への信頼、総合的な帰属意識なども含まれる。[16] スコットランドとアイスランドも、予算編成に同じようなアプローチをとることを検討している。[17]

近年は英国やフランスなど、ウェルビーイングを考慮に入れる国も増えてきたが、しかしニュージーランドは、それを予算編成など政治過程に明示的に結びつけた。これはOECD加盟国として最も大胆な措置と考えていいだろう。[18] これに対してフランスと英国のイニシアチブは、今のところ、政策や歳出のあり方に具体的な影響を与えていない。[19] ちなみに、このアプローチのパイオニアは小国ブータンで、同国では数十年前から国民総幸福量(GNH)を政策立案プロセスに取り入れている。[20]

資本主義とケアの折り合いをつけたいなら、緊急に経済を社会的正義と再び結びつけて、伝統的な成功の定義はもはや役に立たないことを認める必要がある。[21]

それらを実施してもまだ十分ではない。多くの人が感じている「見捨てられた」感覚に対処するためには、すべての市民にきちんとした社会的セーフティーネットを提供し、政府の予算を市民のウェルビーイングと明確に一致させる必要がある。また、人々が職場で適切にケアされ、コロナ後に大手企業がもたらすかもしれないダメージから保護されるようにしなければならない。「政府を最小化し、市場を最大化」する新自由主義は、そのどちらも約束してくれなかった。これについては政府だけでなく、企業とその経営幹部がもっと努力する必要がある。

こうした責任を踏まえて、2019年8月、アマゾンのジェフ・ベゾスCEOや、アップルのティム・クックCEO、シティグループのマイケル・コーバットCEOら米国の主要企業経営者が名を連ねる財界団体「ビジネス・ラウンドテーブル」は[22]、企業はミルトン・フリードマンが唱えた株主至上主義を捨てて[23]、サプライヤーや地域社会や従業員を含むすべてのステークホルダーのために活動すると宣言した。そして、従業員に「公平な報酬と重要な福利厚生」を約束するとともに、「ダイバーシティーとインクルージョン、尊厳と尊敬」を促進することを約束した[24]。

私はこの流れを歓迎しているし、こうした宣言が有意義な行動に結びつくことを期待している。しかし現実には、目先の利益を追求する圧力が緩和され、経営者の報酬がその実現に結びつけられない限り、狭義の「株主利益」を重視する姿勢は、今後も企業活動で支配的な位置を占める可能性が高い。上場企業の場合はとくにそうだろう。デジタル監視や、フルタイム従業員をゼロ時間労働者や短期労働者に切り替えることのほうが、効率改善につながることがわかれば、どんなに進歩主義的な経営者でも、その導入に抗うのは難しいだろう。現在の経済情勢とコスト削減圧力を考えると、なおさらだ。

ビジネス・ラウンドテーブルの共同声明に署名した経営者のなかには、すでにその目標を骨抜きにする措置をとっている経営者もいる。ニューヨークが新型コロナウイルス感染症の第一波に見舞われているとき、スタテンアイランドにあるアマゾンの倉庫でピッカーとして働いていたクリスチャン・スモールズは、個人防護具（ＰＰＥ）がないことや、劣悪な衛生環境に不安を抱くようになった。上司に訴えても聞く耳を持ってもらえない。そこでスモールズは、ＰＰＥの支給拡大と、有給の病欠、そして倉庫作業員の感染情報開示などを求めて、職場放棄を計画した。[25]「みんな怖がっていた」と、スモールズは振り返る。「倉庫長のところに行って、いったん倉庫を閉鎖して、消毒してほしいと要求した。会社は何兆ドルもの利益を上げているのに、私たちの要求や懸念は聞き入れてもらえない。私たちが病気になってもいいと思っている。使い捨てだと思っているのだ」[26]。それに対するアマゾンの答えは？　スモールズはまず、理由のはっきりしない「医療的隔離」に置かれた。それでも職場放棄に参加したところ、クビになった。[27]ニューヨーク州のレティシア・ジェームズ司法長官は、この解雇は「恥ずべき」措置だとし、全国労働関係委員会（ＮＬＲＢ）による調査を要請した。[28]

すべての大企業が、従業員に対して思いやりとケアを持って行動できないわけではない。マイクロソフトは2020年3月、西海岸北部のオフィスの契約労働者（シャトルバスの運転手、カフェの従業員、メンテナンスや清掃員など）について、たとえ一般社員が在宅勤務になって彼らの業務が不要になっても、給料を支給すると発表した。[29] しかし、資本主義の仕組みが変わらなければ、こうした思いやりの行為やコミュニティー精神は、例外的なものにとどまる恐れがある。先進的な考えを持つ企業経営者と、長期的視野に立ち思いやりのある株主がいる会社だけに可能な措置だ。

そう考えると、21世紀の目的にかなった新しい労働法が必要だ。とりわけ低賃金の自営業者であるギグワーカーと、短期契約またはゼロ時間契約で働く人々を保護する法律が必要だ。彼らの多くは、このロックダウン中に私たちが大きく依存した「必要不可欠な労働者」であるにもかかわらず、低賃金で、福利厚生は限定的（またはゼロ）で、大きな雇用不安と、場合によっては、危険な労働条件に甘んじなければならない。生活賃金、有給の病気休暇、そして職場での適切な健康管理と安全対策は、必要最低限の保障だ。

人々がケアされていると感じられるようにするには、ソーシャルメディア運営会社の有害行為から社会を守る立法も必要だ。ほとんどの国で、企業による環境汚染が禁止されているように、あるいは、子どもにタバコを売ることが禁止されているように、ソーシャルメディア運営会社が地域社会や人々のウェルビーイングにダメージを与えることも禁止されるべきだ。とりわけ10代の子どもたちを守る必要がある。本書ではこの点に関して、いくつかの規制を提案してきた。予防的な意味でも、政府は躊躇してはならない。

この領域でも、政府のアクションに対する要請は高まっている。それも大衆の間だけではなく、政治家の間でも、個人の力では大手テクノロジー企業の有害な影響から身を守ることはできないし、政府が介入しなければ、こうした企業が十分な自主規制を図ることはないという認識が広がっている。[30]

自分の存在に気づいてもらうために

人々が孤独だとか、見捨てられたとか感じないようにするためには、ほかにもやるべきことがある。本書で見てきたように、孤独は、自分がケアされていないという感覚だけでなく、自分が誰の目にも入っていないという感覚によっても生じる。したがって、21世紀の孤独危機を解決するためには、この部分に対処する必要がある。

ここでは間違いなく労働組合が重要な役割を果たす。あらゆるタイプの労働者が結社の自由を保障され、労働組合が彼らの利益をもっと強力に主張することが必要不可欠だ。

より根本的には、「自分の存在が誰の目にも入っていない」という孤独感は、自分の声にまったく耳を傾けてくれない政治家が、自分たちの代表として得た権限によって、自分が絶対に容認しない決定を下している事実に起因する。

これは、代表制民主主義では仕方のない結果だ。しかし近年、国と市民の絆がこれほどまでに衰えてきた理由の一つは、議論の二極化、意思決定プロセスの不透明化、そして結果の不平等にある。発言力の喪失と、社会的・経済的な不正義が重なった今、これまでリソースの分配で、最も後回しにされてきた人々が、最優先される必要がある。また、規制改革や政府の寛大な措置の恩恵が、最富裕層や最大の政治的影響力を持つ人々や、特定の肌の色、特定のジェンダー、特定の階級の人々に偏らないことが極めて重要だ。

人々が数年に一度の選挙のときだけでなく、もっと頻繁に意思表明をできる仕組みも必要だ。人々がお互いと、そして政治ともっとつながっていると感じるためには、民主主義のプロセスに、もっと有意義かつ継続的に参加できる必要がある。国民投票を増やすべきだと言っているのではない。国民投票は、最も単純な多数決の原理を形にしたものであり、複雑なニュアンスや少数利益を見落とす傾向がある。「フェイクニュース」の時代はなおさらそうだ。そうではなく、最近報告されている熟議民主主義に学べる要素がありそうだ。

ロンドンのカムデン区議会は2019年夏、気候変動対策へのアプローチを決めるにあたり、住民56人の意見を聞いた。この56人は、建設作業員や学生、起業家、公務員、移民、年金生活者など多種多様だが、その性別や人種や社会経済的バックグラウンドは、同区の人口統計と一致する割合になっていた。気候変動対策だけでなく、どうすればもっと多くの住民に地元で食事をしてもらえるか、どうすれば環境にやさしい選択をもっと手頃な価格で提供できるか、新たに建設される住宅にはカーボンニュートラルを義務づけるべきかといったことでも、彼らの意見を聞いた。[31]

当初、56人の意見は割れた。気候変動を真っ向から否定する人はいなかったが、懐疑的な人はいた。この問題について初めて知る人もいた。だが、ディスカッションを方向づけ、全員に対等な発言権を持たせ、寡黙な人にも口を開かせる熟練ファシリテーターがいたおかげで、2日がかりの会合の最後には、17項目の勧告がまとめられた。これは大きな措置（「歩行者天国ゾーンと、自動車ゼロデーの試行」）から、より個別的な措置（「自転車レーンの設置」）まで多岐にわたる内容だった。それらすべてが、同区議会の2020年気候行動計画の骨子となった。[32]

台湾も、2015年以降、同じような熟議民主主義を実践してきた。ただし、20万人が参加するもっとスケールが大きいものだ。[33] これまでのトピックには、ドローン規制やウーバーの台湾進出、アルコール飲料のオンライン販売、プラスチックストローの禁止、そしてリベンジポルノ規制が含まれる。このうち80％のトピックで、政府は市民の最終勧告に沿った法案を可決させるか、従来の政策を修正した。[34] 市民の勧告に従わない場合、その理由を詳細に説明した。[35]

こうしたイニシアチブは、人々の協力を大きく促すことができる。また、通常よりも幅広い有権者の声を聞けるだけでなく、参加者はコンセンサスづくりのために、お互いの意見を積極的に検討し、妥協点を見つけて、違いを管理するという民主主義の実践を強いられる。[36]

実際、カムデン区議会の映像を見て衝撃を受けるのは、誰が発言しているときも（意見が対立しているときも）、参加者がお互いを安心させるように笑みをたたえ、アイコンタクトをとり合い、身を乗り出して話を聞いていることだ。[37] 本書では、インクルーシブで寛容な社会をつくるためには、民主主義の練習が重要だと言ってきたが、カムデン区議会では、まさにそれが制度化され、慎重に調整されて実施されていた。[38]

民主主義の練習

民主主義の練習は、そこまでフォーマルな形でなくてもできる。実際、おもな要素の一部（穏やかな態度や、親切、寛容性）は、町内会や地域の団体に参加することで、日常的に練習することができる。毎週月曜日に私が参加している即興グループのようなサークルや、PTAや、教会のイベント企画委員会の場合もあるだろう。

職場も練習の場になる。米ソフトウエア大手のシスコが実践している、社内で仲間に感謝を表明する制度がいい例だ。家庭でも、家事の分担を決めることは、公益のために自分の時間を犠牲にするという、インクルーシブな民主主義の重要な練習になる。

だが、コミュニティーを練習する絶好の場所は、私たちが住んでいる地区にある。[39] もちろんコミュニティーは、地理に縛られるわけではない（これまでソーシャルメディアのことを散々批判してきたが、コミュニティーづくりでは一定の重要な役割を果たせるのは事実だ）が、本書で見てきたように、交流が対面かつ反復的であるほうが、参加者間の絆は生まれやすい。そしてほとんどの人にとって、それは地元で起こる。

近所の八百屋さんで会ったご近所さんと近況を話したり、地元のカフェでコーヒーをテイクアウトするときに「調子はどう？」と言葉を交わしたり、クリーニング店の店主が名前を呼んで挨拶してくれたり、同じ通りの住民たちとディープな関係を築いたとき、私たちの周囲の壁は崩れ、他人がご近所さんになり、コミュニティーがつくられる。そして近所に貢献するほど、帰属意識が深まり、コミュニティーがリアルに感じられるようになる。

だからこそ、家賃を安定させて住民の入れ替わりを抑えたり、半年以上も空室の物件には追加税を課すなどして、空室を減らしたりする措置が重要になるのだ。コミュニティーは、建物と人からなる。本当に地元と感じられるためには、建物に人が住んでいる必要があるし、店舗やカフェは賑わっている必要がある。地元商店街の活気を維持する措置も重要だ。

本書で紹介してきたように、すでに行動を起こしている自治体もある。ベルギーのルーセラーレをご記憶だろうか。この街では空き店舗税を導入することにより、高い家賃を払うテナントを得たい家主の貸し渋りを抑制した。現在、実店舗はオンラインショップと郊外の大型店、そして不況というトリプルパンチに直面していることを考えると、こうした行政のサポートを大幅に拡充する必要がある。事業税の引き下げや、国の融資は、確実に違いを生み出せる現実的な措置だ。オンラインショップと競争できるようにするための財政的支援も効果があるだろう。多くの意味で、地元商店街は公共財であり、そのように扱われるべきだ。

この領域では、個人レベルでもできることがある。私たちの多くは、ロックダウン中にオンラインショッピングを増やしたが、それを減らして、地元商店街での買い物を増やすことだ。

また、インクルーシブなコミュニティーづくりを中核に据えて、プラスアルファの努力をしている店（町全体を読書クラブにした書店ケッツや、水曜日に編み物サークルが集まるミッション・パイや、入場料が激安の韓国の昼ディスコなど）については、追加的な優遇税制をはじめとする金銭的な支援が検討されるべきだ。イノベーションを奨励するとともに、孤独を癒すビジネスから富裕層ばかりが恩恵を受けないようにするためには、こうした措置が重要だ。

より根本的には、政府は、近年破壊されてきた、物理的な共有スペースを復活させる必要がある。孤独危機の流れを覆すとともに、住民どうしのつながりを再構築するためには、収入や人種、年齢、性別、信条に関係なく誰もが利用できるインフラが必要不可欠だ。２００８年以降の緊縮財政で削減された、公共スペースに対する補助は直ちに復活させる必要がある。また、バルセロナ市の自動車乗り入れ禁止地区「スーパーブロック」や、シカゴ市の図書館の入った団地のように、新しいタイプの公共スペースも建築するべきだ。コミュニティーのインフラに、適切な投資をしなければ、現代社会の原子化の流れを覆すことはできない。ここでも政府は、コロナ不況を怠慢の言い訳にすることは許されない。

私たちがお互いの相違を乗り越え、妥協点を見つけるためには、自分とは異なる人（社会的・経済的出自や人種、政治的信念、歴史・文化・見解が異なる人々）との協力が不可欠だ。[40] 地元の公共スペースは、その機会をある程度与えてくれる。教会やモスク、シナゴーグのメンバーであることもそうだろう。だが、多くの住宅地の均質性を考えると、こうした公共スペースでの交流も、自分とかなり似た人たちとの交流になることが多い。つまり、多種多様な人と出会い、共有の経験を持ち、インクルーシブな民主主義の最も重要な要素（相違をフェアに調停し、「他者」の人間性を認めること）を練習する機会は事実上制限されることになる。

幸い、世界を見回すと、参考になるイニシアチブがいくつもある。たとえばドイツでは2017年、4万人以上が「ドイツは話す」と呼ばれるプロジェクトに参加した。企画をしたのはディー・ツァイト紙だ。[41] ドイツ政治の二極化と、自分のエコーチェンバーに引きこもる人が増えたことへの危機感から生まれた企画で、政治的党派が両極に位置する二人（赤の他人だ）をペアにして、実際に会って、話をしてもらうというものだ。いわば「政治版ティンダー」と言っていい（実際ディー・ツァイト紙の社内でそのように呼んでいた）。[42]

マッチング作業をしたのはアルゴリズムだ。半径20キロ以内に住む、政治的見解が異なる二人をペアにするプログラムがつくられた。マッチングの相手とメールアドレスを知らされた後、実際に会うかどうかは本人たちが決める。結果的に、参加者の四分の一が、自分とは正反対の考えを持つ人と会ってみることを選んだ。[43] ドイツじゅうのカフェで、教会で、ビアガーデンで、ITコンサルタントが陸軍予備役の士官と会い、警察官がエンジニアと、政府職員が物理学者と、新生児療法士が裁判所の執行官と話をした。[44] ディー・ツァイト紙のヨッヘン・ヴェーグナー編集主幹も、機械工と工場労働者と会ってみたという。[45] 移民受け入れに大反対している人が、外国から来た庇護希望者と膝を突き合わせて話をした。原子力発電の断固反対者が、熱烈な支持者とコーヒーを飲んだ。欧州統合の支持者が、ドイツマルクの復活を唱える人とビールを飲んだ。[46] ただ一つ共通していたのは、誰もが相手の視点を知りたがっていたことだ。

その影響は大きかった。2時間の会話でも、参加者が相手の視点を理解し始め、偏見を払拭し始めるのには十分だった。[47] 多くの参加者が、自分と正反対の意見を持つ人たちを、さほど意地悪だとも、無能だとも、知識が足りないとも思わなくなった。[48] 相手を自分の社会グループに加えることに、より前向きな姿勢を示し、自分との共通点が見えてきたと語った。多くの場合、それは家族の重視だ。[49] そして魅力的なことに、参加者は総じて相手をもっと信頼するようになり、2時間の会話前よりも「ドイツ人は一般に他人のウェルビーイングを気にかけている」という文章に同意するレベルが高まった。

ほかにも、多種多様な人の結束を促すイニシアチブが、世界各地で行われている。英国のブリストル市が実施した「グローバルシティーをつくる91の方法」は、食のパワーを使って、文化的・民族的遺産が異なる人々を結集させた。タマネギを刻み、ジャガイモをつぶし、パンの種をこねているうちに、見えない壁が崩れて、純粋なつながりが生まれ、共通の基盤ができあがった。[50] ニューヨークの劇場ザ・パブリック・シアターは、5つの区全部から社会的・経済的バックグラウンドが異なる参加者を募って、演劇という昔ながらの手法で分断に橋をかけた。[51] 「人々のためだけでなく、人々による、人々の」劇場をつくるという約束に忠実に、この「パブリック・ワークス」イニシアチブは数百人を巻き込み、誰のストーリーをどのように取り上げ、どのように称えるかというディスカッションに基づき、作品をつくりあげた。[52]

この領域では、スポーツも大きな役割を果たしてきた。サッカーは偉大なユニファイアー（結束させるもの）だという評判に違わず、南米コロンビアでは元コロンビア革命軍（ＦＡＲＣ）のゲリラ兵と、その犠牲者の家族が参加する大会が開かれ、[53] イタリアでは難民と地元住民が同じピッチに立ち、[54] 中東ではイスラエルとパレスチナの小学生が力を合わせた。[55]

私たちの国や都市、コミュニティーがどんなに原子化され、二極化されても、自分と異なる人たちと一緒に時間を過ごし、協力と思いやりと配慮の筋肉を鍛えれば、お互いのつながりをもっと感じ、共通の運命と帰属意識を育てることができるのだ。

多様なコミュニティーをつくる

本章で紹介してきた事例のすべてで、参加するかどうかは本人が自発的に決めた。問題は、自分と異なる人と交流しようと思わない人たちに、どうやって交流を促すかだ。ここでも政府が一役買うことができる。ルワンダがいい例だ。

ルワンダの首都キガリの道路は、たいてい多くの車と人でごった返している。1980年代のボロボロのセダンと、輸入SUVからなる政府車両の列を、バイクタクシーが縫うように走り抜けていく。渋滞の中を強引に走り抜けていくのは、泥だらけのジープとランドクルーザーだ。火山国立公園からの帰り道だろう。この公園は、珍しいマウンテンゴリラに数メートルの距離まで近づける6時間のトレッキングが人気なのだ（ただし許可証を持ったハイキング客のみ）。

だが、毎月最終土曜日は、この大渋滞の道路がすっかり空っぽになる。通過しようとすると、警察に止められて、ウムガンダの義務を果たせないほどの急用は何なのかと質問される。

ウムガンダとは、「一つの結果を成し遂げるために力を合わせる」という意味の公共奉仕義務だ。[56] 1994年に起きたジェノサイド（民族大量虐殺）後、国内を癒すプロセスの一環として導入された[57]。この土曜日の朝の3時間は地域によってさまざまことに使われる。高校など学校の建設に費やすコミュニティーも多く、1998年に正式に制度化されて以来、全国で3000以上の教室が建設されたという。ほかにも、造園や公共の生垣や市民農園の手入れ、清掃活動、道路の陥没修復をする地区もある。こうした無償労働がもたらす経済的インパクトは大きい。2007年以降、6000万ドルの価値が生み出されたと見られている[58]。

だが、ウムガンダは、経済的な価値だけでなく、強力なコミュニティーも生み出してきた。「たいていの人はウムガンダを気に入っている。近隣住民と顔を合わせる唯一の日だからね」と、キガリの銀行で働くフォースティン・ジヒガは言う[59]。あるウムガンダでは、地元の男性グループと陽気な会話をしながら市民農園の手入れをしたという。「ほら、あそこにいる人たちが話をしているのが見えるかい？」と、彼は言う。「1カ月ぶりに会うからね。お互いのことがわかると、社会的なつながりができて、いろいろと役に立つ[60]」

3時間の奉仕活動と同じくらい重要なのは、通常（少なくとも農村部で）そのあと行われる1時間の地域集会だ。ここには近隣住民が集まって重要な問題を話し合う[61]。ウムガンダ集会は、ルワンダが19世紀にベルギーとドイツの植民地になるずっと前から数百年続いてきた、ウブンデヘ（コミュニティー労働と意思決定）にルーツがある。近隣住民どうしの殺し合いによって国内が引き裂かれてから25年がたった今、その重要性は一段と高まっている。

実際、ウムガンダ集会は、コミュニティーの信頼関係を修復する重大な役割を果たしてきた。それは道路を美化したり、学校を建設するよりもずっと大きな意味がある。「隣人がひどい騒音を出して困っているなど具体的な問題や社会的な問題があったら、そこで話し合いにかけることができる。問題の場所を視察に行こうと決める場合もある」と、ジヒガは言う。あるいは、「家の屋根がボロボロで困っている老人がいたら、みんなで屋根の吹き替えを手伝うことにする」[62]。ルワンダの場合、同じコミュニティーにジェノサイドの加害者と被害者が住んでいる可能性が十分あることを考えると、こうした定期的な話し合いと協力は驚嘆すべきことだ。[63]

ウムガンダを批判する人もいる。政府による新たなコントロールの手段だと考える人もいる。ルワンダの強権的に近い政府を考えると無理もない。金持ちのなかには罰金を払って奉仕活動に参加しない人がいることや、仕事の分担が、階級や権力やジェンダーによって決まることを問題視する声もある。[64]いずれももっともな懸念だが、コミュニティー活動の伝統を生かして、近隣住民が顔を合わせて協力することで絆を強化する試みは、依然として大胆で、大いに励みになる。こうしたイニシアチブを個人でやると、比較的小規模で、自分で選んだメンバーで構成されるグループになりがちだ。私たちがお互いの違いを受け入れ、もっとインクルーシブになり、一体感や帰属意識を構築するためには、異なるタイプの人が定期的に交流する仕組みが必要だ。それを実現するうえで、政府は大きな役割を果たせるだろう。

これは、意外に現実的な手法かもしれない。スイスや韓国、イスラエルなど、兵役義務がある国は少なくない。だとすれば、政府が公共奉仕活動を義務づけることは、さほど大きな飛躍ではないだろう。すでに試験的なスキームが試されている国もある。フランスのエマニュエル・マクロン大統領は2019年夏、10代の若者に奉仕活動を義務づける制度を試験的に導入した。[65] 具体的には、15〜16歳の2000人が1カ月間、無作為に分けられたグループで共同生活を送った。[66] 前半2週間は、オリエンテーリングやフィールドトリップ、救急法のワークショップなどを通じてお互いに知り合う。毎晩夕食後には、ファシリテーターの助けを借りながら、差別やジェンダー平等などの社会問題についてアイデアや意見を交換する。後半の2週間は、地元の慈善団体か自治体でのボランティア活動だ。参加者が協力するのは、こうした活動の間だけではなかった。下宿させてもらった家で、家事の分担を話し合って決めた。また、この試験プログラムでは、スマートフォンを使えるのは毎晩1時間だけとされたため、テクノロジーに気を取られることなく、有意義な絆をつくるチャンスが増したことは興味深い。[67]

政府や自治体にできる、もっと簡単なプログラムもある。たとえば、いつもは別の学校に通う、さまざまな社会的・経済的な家庭環境の子どもたちが、毎週1回、料理や演劇やスポーツの授業を一緒に受けるというのはどうだろう。あるいは、国が費用を負担する形で、全国の16歳がキャンプに参加する義務を設けたらどうだろう。こうしたイニシアチブは、参加者がプログラムの企画に参加できるようにすると、大きなエンゲージメントを得られる。だから料理教室なら、生徒たちが毎週メニューを決めるべきだ。演劇なら、独自の経験に基づく即興の舞台にして、それを分析したり話し合ったりしたらどうだろう。

多様なバックグラウンドの子どもたちが、何かを一緒に行う機会を定期的に設ければ、次世代を担う若者たちがお互いの言うことに耳を傾け、違いを調整し、管理する方法を学ぶことができるし、共通の利益を見つけて、お互いのつながりを実感する助けにもなるだろう。

未来は私たちの手の中にある

孤独の世紀は私たちに、経済的にも、政治的にも、社会的にも、技術的にもユニークなチャレンジを課している。テクノロジーによって誰かとつながることが、これまでになく簡単になったのに、無数の人たちが一人ぼっちだと感じている時代。地球上のあらゆる命が複雑に絡み合っていることを知っているのに、自分とは「違う」人をこれまで以上に意識する時代。地域社会を強化することが切実に必要とされている一方で、コミュニティーを結ぶ懸け橋もまだたくさん必要とされている時代。

それは大きなチャレンジと矛盾の時代だが、希望の時代でもある。というのも、私たちは今、これまでとは明らかに異なる未来をつくる本物のチャンスを前にしている。それは、資本主義をコミュニティーや思いやりと結びつけ、あらゆる出自の人に耳を傾けて、その人たちの発言力を確保し、インクルーシブで寛容なコミュニティーを実践するチャンスだ。そうなれば、私たちはもう、こんなに孤独だとか、原子化されていると感じる必要はない。

この野心的な構想を実現するためには、立法と投資の優先順位を見直す必要がある。政治家や企業リーダーは、社会正義と人種的正義、そして労働者保護のための改革に本気でコミットする必要がある。だが、社会づくりはトップダウン式のイニシアチブではない。私たち自身も社会をつくるのだ。だから、孤独を感じたくなければ、そしてお互いとのつながりを取り戻したいなら、私たちそれぞれが、日々、それぞれの責任を果たすことが重要だ。自分が置かれた経済的・社会的環境に自分の日常生活を有意義な形で変えることを誓う必要がある。

そのためには、大したことではないように見えるかもしれないが、積もり積もれば有意義なインパクトをもたらす小さな行動を起こすことだ。会社にクッキーの差し入れを持っていくとか、スマートフォンを片付けてパートナーや家族の話に集中するとか、ご近所さんをお茶に招いたり、地元の商店でもっと買い物をしたり、コミュニティーセンターのイベントにもっと顔を出すといったことだ。すでに自分がメンバーになっているグループで、もっと大きな役割を引き受けたり、思い切って新しいグループに加わってもいい。

もっとエネルギーを要する行動もあるだろう。たとえば、分断ではなく結束を訴える政治家の選挙活動を手伝ったり、不当に差別されているグループと連帯して立ち上がったりすることだ。従業員にありえない労働環境を強いている会社の商品をボイコットすることでもいい。

より一般的には、マインドセットを変える必要がある。自分を消費者ではなく市民に、得る者ではなく与える者に、受け身の傍観者から積極的な参加者に変えよう。そこで重要になるのは、職場であれ、家庭であれ、友達関係であれ、人の話に耳を傾けるスキルだ。また、集団にとって最善のことは、自分にとって直接的な利益にはならないかもしれないことを受け入れよう。さらに、たとえ居心地悪く感じられる場合でも、ポジティブな変化を起こすために思い切って声を上げよう。忙しい日常生活では忘れがちだが、積極的に共感を示す練習をすることも重要だろう。

なかには「ソフトな」価値観をもっと大切にするべきだという呼びかけを批判する人もいるかもしれない。しかし私たちは、親切や気配りを指導原理にするべきだ。コロナ禍の第一波のとき、世界中から報告された無私の行為を思い出そう。英国のウエストミッドランズでは、盲目の男性が冷蔵庫の中の別の飲み物と取り間違えないように、ボランティアの男性が町中を探し回って、ガラス瓶入りの牛乳を見つけてきた。[68] イタリア南部の港町バーリでは、大学生が高齢者や弱者を助けるために、アパートの階段に「食料雑貨の買い物や雑用を手伝います」というメモを貼って歩いた。[69] 米国ではロックダウン中、アーカンソー州のティーンエイジャーが、近隣住民に「あなたのことを思っている」というメッセージを送ったり、電話で伝えたりすることで、「普段は話をしない人たちと会話をする努力をした。日常を忘れられるように、ちょっと楽しい会話をする機会を提供した」と、ニューヨーク・タイムズ紙に投稿している。[70]

また、私たちはあまり急がず、もっと立ち止まって、いつも以上に話をする必要がある。よく見かけるけれど話をしたことがないご近所さんでもいいし、道に迷った見知らぬ人でもいいし、明らかにさびしそうに見える人でもいい。どんなにやることがたくさんあって、大忙しのときも、だ。いつもはヘッドフォンを着け、スマートフォンをスクロールしていても、デジタルバブルを破って、周囲の人と関わろう。一人ぼっちでランチを食べている子がいたら誘ってあげるよう、自分の子どもに教えよう。そして、あなた自身の職場でも、いつもデスクでランチを食べている同僚を誘ってみよう。また、誰かをケアする仕事をしている人たちにもっと感謝を表明する必要があるし、そもそも、もっと日常的に「ありがとう」と言うべきだ。パートナーに対しても、仕事仲間に対しても、アレクサのような音声アシスタントに対しても。

こうしたことが簡単だと言うつもりはないし、当然ながら、十分できないこともあるだろう。だが、私たち自身が行動を起こすことは非常に重要だ。なぜなら、病気の人の腕を撫でたり、つらい経験をした友達の話を聞いてあげたり、隣人に微笑みかけたりといった気配りを怠れば怠るほど、私たちの気配りの能力は低下して、やがて社会全体が非人間的になる。

究極的には、孤独の世紀の解決策は、私たちがお互いに寄り添うことに尽きるのかもしれない。相手が誰かは関係ない。私たちを引き裂こうとする世界で、力を合わせるためには、まさにそれが求められているのだ。

謝辞

子どもを一人育てるには村が必要だというが、本書もそうだった。

とくに、以下の方々に感謝したい。

編集者たち。セプター社のジュリエット・ブルックとクラウン社のタリア・クローンは、いつもインサイトに満ちたフィードバックをくれて、このプロジェクトに尽力し、ケアしてくれた。どちらにもこれ以上ないほど感謝している。

ジョニー・ゲラーは、早い時期から私と本書を信じてくれて、それ以来ずっと、賢明で、考え抜かれたアドバイスをくれた。クリスティン・ダールの意見とサポート、それにデーブ・ワートシャフターの応援にも感謝したい。

レベッカ・フォランド、メリス・ダゴグル、グレース・マッカラムは、本書を世界中に売り込んでくれた。ケイト・バーントとキシャン・ラジャニの素晴らしい装丁にも感謝したい。デービッド・ミルナーとアマンダ・ウォーターズの緻密な仕事、ヘレン・フラッド、マリア・ガーブット=リセロ、ルイーズ・コートは、見事なスキルと熱意で本書を宣伝してくれた。クラウン社の素晴らしいチーム、とくにデービッド・ドレイク、アンスリー・ロズナー、ジリアン・ブレイク、メーガン・ペリット、レイチェル・オルドリッチに感謝する。ビオラ・ヘイデン、キアラ・フィナン、タマラ・カワルもあれこれ助けてくれた。

また、以下の方々にもとても感謝している。
デボラ・スパー教授、ヌリエル・ルビニ教授、イアン・ゴールディン教授、アントン・エマヌエル教授、アミット・スード教授、フィリップ・マーリアー教授、ジリアン・ピール教授、ジェイミー・バートレット、ジェイミー・サスキンド、アン・ド・ソラー、リラン・モラブは、特定の章の初期の原稿に思慮に富むコメントをくれた。

リサーチアシスタントのリーダー役を務めてくれたルーシー・フレミングは、鋭い知性で細かな部分まで目を配る重要な役割を果たしてくれた。ダニエル・ジェーンズ、タチアナ・ピニョン、ジェリー・オシア、ショーン・マシューズ、アイシャ・ソベイ、カーラ・クラッセン、ラファエル・ブオノ、ゼノビ・パービス、カリス・ハスタドも貴重なリサーチをしてくれた。各章では、アダム・ローランド、ロメイン・チェネット、モリー・ラッセル、エイミー・オブライエン、ジョナス・エバーハート、ティファニー・ラム、ベンジャミン・ブランデュ＝ゴンザレス、クリストファー・ランビン、エミリー・ロンバード、レビ・ホード、ロワン・ハート、サム・ホール、パメラ・コンビニド、ダニエル・スミス、ハナ・コッカー、テオ・コサート、オリバー・パーネル、ライス・トーマス、オリー・コレット、アリー・ディキアラ、ティム・ホワイト、デブラ・ウィンバーグ、ニコロ・ペヌーシ、キム・ダラーが助けてくれた。みなさんのハードワークに感謝している。

私の家族、とりわけ姉のアラベル・ハーツ、父のジョナサン・ハーツ、そして叔母のショシャナ・ゲルマンに感謝する。聡明で思いやり深かった亡き母リア・ハーツは、今も私の模範だ。

友達にも感謝したい。私が長期にわたり執筆にこもりきりで姿を見せなくても、そばにいてくれることを定期的に思い出させてくれた。とくにティム・サミュエルズ、アダム・ネーゲル、アビー・ターク、エステル・ルビオ、ジェームズ・フレッチャー、キャロライン・ダニエル、モリー・ナイマン、ジュリア・リアル・ハートグ、ミシェル・コーン、ルースとデービッド・ジョゼフ、レン・ブラバトニク、レイチェル・ワイス、ジョシュア・ラモ、ダイアン・マグラス、アレックス・クック、クレイグ・コーホン、ジーナ・ベルマン、マークとダイアナ、ヨニット・レビ、シャオラン・シェー。大西洋の向こうにいるワサッチ一家。また、ロデリック・ミラー、ティエリー・ラパウジ、アンバー・ゾーラ、ケビン・プラマー、マティー・ガービン、エリー・ルドルフ、トニー・バマバ、サンドラ・バーゴ、そしてルーシー・ソーターは、私がコミュニティーの一員であることを感じさせてくれて、週に一度の楽しみを与えてくれた。故フィリップ・グールドと故デービッド・ヘルドの友情と導きには生涯感謝する。

寛大で才能あるサイモン・ハルフォンと、知恵を持ち寄ってくれたガブリエル・リフキンドに感謝する。ジェニファー・モリスはスケジュールを管理し、リサ・カウソーン、ジンジ・ガーランド、ステファニー・ナイチンゲール、ギャリー・トレイナーは私のデスクで長い時間にわたり助けてくれた。サマラ・ファゴティ・ジャロウルは常に前向きで、ウィル・ウェントワースとシンディ・パルマノはとびきり親切な隣人だった。コーエン一家はいつも最高に温かい集まりを開き、ヘンリエッタ・ムーア教授とデービッド・プライス教授は、私を母校であるユニバーシティ・カレッジ・ロンドンに引き戻してくれた。

そしてなにより、ダニー・コーエンの寛大さ、知性、愛に感謝したい。彼のインプットとサポートがなければ、本書は、はるかに質の低いものになっていただろうし、そのプロセスははるかに孤独なものになっていただろう。あらゆる面で、私は自分がいかに幸運な人間か実感している。

原注

❖第1章

1. 'Covid-19: One Third of Humanity under Virus Lockdown', *The Economic Times*, 25 March 2020, https://economictimes.indiatimes.com/news/international/world-news/covid-19-one-third-of-humanity-under-virus-lockdown/articleshow/74807030.cms?from=mdr; Mia Jankowicz, 'More People Are Now in "Lockdown" Than Were Alive During World War II', *ScienceAlert*, 25 March 2020, https://www.ScienceAlert.com/one-third-of-the-world-s-population-are-now-restricted-in-where-they-can-go.
2. Ido Efrati, 'Calls to Israel's Mental Health Hotlines Spike during Coronavirus Crisis', *Haaretz*.com, 22 March 2020, https://www.haaretz.com/israel-news/.premium-calls-to-israel-s-mental-health-hotlines-spike-during-coronavirus-crisis-1.8698209?=&ts=_1585309786959.
3. 'Coronavirus: "My Mum Won't Hug Me" – Rise in Calls to Childline about Pandemic', Sky News, 27 March 2020, https://news.sky.com/story/coronavirus-my-mum-wont-hug-me-rise-in-calls-to-childline-about-pandemic-11964290. 孤独感の高まりは子どもだけではない。3月23日に英国が最初のロックダウンに入った後、英国の成人の10%が過去2週間に孤独を感じたと答えている。4月3日までに、この割合(同じ調査機関による)は2倍以上の24%となった。18〜24歳はロックダウン中に孤独を感じる可能性がほぼ3倍。2020年4月に米国で行われた調査でも、ロックダウン中に孤独が大幅に高まった(とくにミレニアル世代とK世代)ことがわかった。それぞれ以下を参照のこと。'Loneliness During Coronavirus', Mental Health Foundation, 16 June 2020, https://www.mentalhealth.org.uk/coronavirus/coping-with-loneliness; 'Report: Loneliness and Anxiety During Lockdown', SocialPro, April 2020, https://socialpronow.com/loneliness-corona/.
4. Peter Hille, 'Coronavirus: German Phone Helplines at "Upper limits"', DW.com, 24 March 2020, https://www.dw.com/en/coronavirus-german-phone-helplines-at-upper-limits/a-52903216.
5. Cigna, 'Loneliness and the Workplace: 2020 U.S. Report', January 2020, https://www.multivu.com/players/English/8670451-cigna-2020-loneliness-index/docs/CignaReport_1579728920153-379831100.pdf.
6. 'Two Thirds of Germans Think the Country Has a Major Loneliness Problem', *The Local* (Germany), 23 March 2018, https://www.thelocal.de/20180323/two-thirds-of-germans-think-the-country-has-a-major-loneliness-problem.
7. Janene Pieters, 'Over a Million Dutch Are Very Lonely', *NL Times*, 21 September 2017, https://nltimes.nl/2017/09/21/million-dutch-lonely.
8. Rick Noack, 'Isolation is rising in Europe. Can loneliness ministers help change that?, *Washington Post*, 2 February 2018, https://www.washingtonpost.com/news/worldviews/wp/2018/02/02/isolation-is-rising-in-europe-can-loneliness-ministers-help-change-that/.
9. 'Einsamkeitsgefühl', Bundesamt für Statistik, 2017, https://www.bfs.admin.ch/bfs/de/home/statistiken/bevoelkerung/migration-integration/integrationindikatoren/indikatoren/einsamkeitsgefuehl.html.
10. Barbara Taylor, 'Are We More Lonely than Our Ancestors?', BBC Radio 3: Free Thinking, 2019, https://www.bbc.co.uk/programmes/articles/2hGYMPLFwx5lQyRPzhTHR9f/are-we-more-lonely-than-our-ancestors. 2017年のジョー・コックス孤独委員会の報告書によると、英国では900万人以上が、しばしば、または、常に孤独を感じている。また慈善団体リレートの2014年の調査によると、42%が職場に友達は一人もいないと答えた。以下を参照のこと。'Combatting Loneliness One Conversation at a Time: A Call to Action' (Jo Cox Commission on Loneliness, 15 December 2017), 8, https://www.

ageuk.org.uk/globalassets/age-uk/documents/reports-and-publications/reports-and-briefings/active-communities/rb_dec17_jocox_commission_finalreport.pdf ; 'Friends', Relate.org, 2014, https://www.relate.org.uk/policy-campaigns/our-campaigns/way-we-are-now-2014/friends.

11. Connor Ibbetson, 'A Quarter of Britons Don't Have a Best Friend', YouGov, 25 September 2019, https://yougov.co.uk/topics/relationships/articles-reports/2019/09/25/quarter-britons-dont-have-best-friend; Alexandra Topping, 'One in 10 Do Not Have a Close Friend and Even More Feel Unloved, Survey Finds', *Guardian*, 12 August 2014, https://www.theguardian.com/lifeandstyle/2014/aug/12/one-in-ten-people-have-no-close-friends-relate.
12. Emma Elsworthy, 'More than Half of Britons Describe Their Neighbours as "Strangers"', *Independent*, 29 May 2018, https://www.independent.co.uk/news/uk/home-news/britons-neighbours-strangers-uk-community-a8373761.html; Emma Mamo, 'How to Combat the Rise of Workplace Loneliness', Totaljobs, 30 July 2018, https://www.totaljobs.com/insidejob/how-to-combat-the-rise-of-workplace-loneliness/.
13. 韓国については、以下を参照のこと。Ju-young Park, 'Lonely in Korea? You're Not Alone', *Korea Herald*, 3 April 2019, http://www.koreaherald.com/view.php?ud=20190403000445 ; 'South Korea: Likelihood of Feeling Lonely Often 2020', Statista, accessed 1 June 2020, https://www.statista.com/statistics/1042186/south-korea-likelihood-loneliness/. 中国については、以下を参照のこと。Ye Luo and Linda J. Waite, 'Loneliness and Mortality Among Older Adults in China', *The Journals of Gerontology Series B, Psychological Sciences and Social Sciences* 69, no. 4 (July 2014), 633–45, https://doi.org/10.1093/geronb/gbu007. 日本については、以下を参照のこと。Michael Hoffman, 'Japan Struggles to Keep Loneliness at Arm's Length', *Japan Times*, 10 November 2018, https://www.japantimes.co.jp/news/2018/11/10/national/media-national/japan-struggles-keep-loneliness-arms-length/#.XtUW01NKhok. インドでは、調査回答者の50%が、2020年のほとんどは孤独に過ごすことになりそうだと考えていた。以下を参照のこと。'India – Opinion on Likelihood of Loneliness 2019 and 2020', Statista, 28 January 2020, https://www.statista.com/statistics/1041015/india-opinion-likelihood-of-loneliness/. オーストラリア人の5人に1人は、「めったに、またはまったく、話す相手がいない」と答えている。以下を参照のこと。Melissa Davey, 'Loneliness Study Finds One in Five Australians Rarely or Never Have Someone to Talk To', *Guardian*, 8 November 2018, https://www.theguardian.com/australia-news/2018/nov/09/loneliness-study-finds-one-in-five-australians-rarely-or-never-have-someone-to-talk-to. 南米とアフリカでは孤独に関する統計は乏しいが、これは調査が乏しいためであり、孤独レベルが低い証拠とはいえない。たとえば南アフリカでは、中年以上の10人に1人が深刻な孤独を経験している。以下を参照のこと。Nancy Phaswana-Mafuya and Karl Peltzer, 'Prevalence of loneliness and associated factors among older adults in South Africa,' 2017, http://ulspace.ul.ac.za/bitstream/handle/10386/2783/phaswana-mafuya_prevalence_2017.pdf. 中南米諸国およびカリブ海諸国では、青少年の6人に1人が孤独であることがわかった。以下を参照のこと。S.R. Sauter, L.P. Kim and K.H. Jacobsen, 'Loneliness and friendlessness among adolescents in 25 countries in Latin America and the Caribbean', *Child and Adolescent Mental Health* 25 (2020), 21–27, https://doi.org/10.1111/camh.12358. 開発初期の中南米諸国における研究は、貧困が社会的孤立や孤独と高い相関関係にあることを指摘している。以下を参照のこと。Rubén Kaztman, 'Seduced and Abandoned: The Social Isolation of the Urban Poor', *Cepal Review* 75 (2001).
14. Jason Danely, 'The Limits of Dwelling and Unwitnessed Death', *Cultural Anthropology* 34 no. 2 (2019), https://doi.org/10.14506/ca34.2.03.
15. 「サイトウさん」は複数の人格を合成したもの。詳細は以下から翻案。Shiho Fukada, 'Japan's Prisons Are a Haven for Elderly Women', *Bloomberg*, 16 March 2018, https://www.bloomberg.com/news/features/2018-03-16/japan-s-prisons-are-a-haven-for-elderly-women.
16. 'Jailed for Stealing Grapes: The Motives of Japan's Elderly Inmates', BBC News, 18 February 2019, https://www.bbc.com/news/world-asia-47197417.

17. Asakuma Mei, 'Japan's Jails a Sanctuary for Seniors', *NHK World*, 25 December 2019, https://www3.nhk.or.jp/nhkworld/en/news/backstories/761/.
18. Fukada, 'Japan's Prisons Are a Haven for Elderly Women'.
19. 'Jailed for Stealing Grapes: The Motives of Japan's Elderly Inmates'; Hiroyuki Kuzuno, 'Neoliberalism, Social Exclusion, and Criminal Justice: A Case in Japan', *Hitosubashi Journal of Law and Politics*, 40 (2012), 15–32.
20. Tom Underwood, 'Forgotten Seniors Need Time, Care', *AJC Atlanta News*, 5 October 2010, https://www.ajc.com/news/opinion/forgotten-seniors-need-time-care/s6mdH3uUuYzZRcApmVYmvL/.
21. 'Over a Million Older People in the UK Regularly Feel Lonely', Age UK, 3 May 2014, https://www.ageuk.org.uk/latest-news/archive/over-1-million-older-people-in-uk-feel-lonely/.
22. Emily Rauhala, 'He Was One of Millions of Chinese Seniors Growing Old Alone. So He Put Himself up for Adoption.', *Washington Post*, 2 May 2018, https://www.washingtonpost.com/world/asia_pacific/he-was-one-of-millions-of-chinese-seniors-growing-old-alone-so-he-put-himself-up-for-adoption/2018/05/01/53749264-3d6a-11e8-912d-16c9e9b37800_story.html.
23. 筆者がK世代の孤独を研究しようと思ったのは、この経験がきっかけだった。K世代に関する研究の概要については、以下などを参照のこと(「K」とは彼らのヒロインである『ハンガー・ゲーム』の主人公カットニス・エヴァディーンに由来する)。'Think Millennials Have It Tough? For Generation K, Life Is Even Harsher', *Guardian*, 19 March 2016, https://www.theguardian.com/world/2016/mar/19/think-millennials-have-it-tough-for-generation-k-life-is-even-harsher.
24. Jamie Ballard, 'Millennials Are the Loneliest Generation', YouGov, 30 July 2019, https://today.YouGov.com/topics/lifestyle/articles-reports/2019/07/30/loneliness-friendship-new-friends-poll-survey.
25. Clare Murphy, 'Young More Lonely than the Old', BBC News, 25 May 2010, http://news.bbc.co.uk/1/hi/health/8701763.stm; 'Children's and Young People's Experiences of Loneliness', Office for National Statistics, 2018, https://www.ons.gov.uk/peoplepopulationandcommunity/wellbeing/articles/childrensandyoungpeoplesexperiencesofloneliness/2018#how-common-is-loneliness-in-children-and-young-people.
26. 'Daily Chart – Loneliness is pervasive and rising, particularly among the young', *Economist*, 31 August 2018, https://www.economist.com/graphic-detail/2018/08/31/loneliness-is-pervasive-and-rising-particularly-among-the-young.
27. この数字は、孤独が寿命に与える影響と関連している。以下を参照のこと。Julianne Holt-Lunstad, Timothy B. Smith and J. Bradley Layton, 'Social Relationships and Mortality Risk: A Meta-Analytic Review', *PLOS Medicine* (2010), https://doi.org/10.1371/journal.pmed. この研究は、不十分な社会関係や乏しい社会関係といった表現を使い、適切な社会関係を持つ人のほうが生存率は50％高いとしているが、この分析に使われている研究自体がこうした表現は使っていない。社会的孤立、孤独、社会的サポートの欠如といった表現を使っている研究もある。2015年のフォローアップ分析は、その前のメタ分析と比べて対象研究が2倍以上になり、対象者は10倍以上となっており、社会的孤立と孤独はどちらも死亡リスクにマイナスの影響を与えることを明らかにしている。以下を参照のこと。Julianne Holt-Lunstad et al., 'Loneliness and Social Isolation as Risk Factors for Mortality: A Meta-Analytic Review', *Perspectives on Psychological Science*, 10, no. 2 (2015). 孤独と社会的孤立が健康に与える影響の詳細については、第2章を参照のこと。
28. Julianne Holt-Lunstad, 'The Potential Public Health Relevance of Social Isolation and Loneliness: Prevalence, Epidemiology, and Risk Factors', *Public Policy & Aging Report* 27, no. 4 (2017), 127–30, https://doi-org.libproxy.ucl.ac.uk/10.1093/ppar/prx030. さまざまな研究で研究がどのように定義されているかの詳細は、第2章、7章、8章を参照のこと。
29. Holt-Lunstad et al., 'Social Relationships and Mortality Risk'; 以下も参照のこと。Holt-Lunstad et

al., 'Loneliness and Social Isolation as Risk Factors for Mortality'.

30. Corinne Purtill, 'Loneliness costs the US almost $7 billion extra each year', *Quartz*, 28 October 2018, https://qz.com/1439200/loneliness-costs-the-us-almost-7-billion-extra-each-year/.
31. HM Treasury, 'Policy paper: Spending Round 2019', Gov.uk, 4 September 2019, https://www.gov.uk/government/publications/spending-round-2019-document/spending-round-2019.
32. Kate Ferguson, 'Lonely Brits are costing the economy £1.8 billion a year, report reveals', *The Sun*, 20 March 2019, https://www.thesun.co.uk/news/8675568/lonely-brits-are-costing-the-economy/.
33. Emma Mamo, 'How to combat the rise of workplace loneliness', Total Jobs, https://www.totaljobs.com/insidejob/how-to-combat-the-rise-of-workplace-loneliness/.
34. 厳密には、これは改訂版UCLA孤独感尺度。高得点を「求める」人間の傾向を管理するため、1980年に一部の表現をよりポジティブにする変更がなされた。以下を参照のこと。D. Russell, L.A. Peplau and C.E. Cutrona, 'The Revised UCLA Loneliness Scale: Concurrent and Discriminant Validity Evidence', *Journal of Personality and Social Psychology* 39, no. 3 (1980), 472–80. The original paper has been cited more than 1,500 times.
35. 回答の一部は逆転方式になっている。正式な学術研究では、参加者はどの質問が逆転加算されるのかわからない。
36. Rhitu Chatterjee, 'Americans Are A Lonely Lot, And Young People Bear The Heaviest Burden', NPR, 1 May 2018, https://www.npr.org/sections/health-shots/2018/05/01/606588504/americans-are-a-lonely-lot-and-young-people-bear-the-heaviest-burden; 'Loneliness and the Workplace: 2020 U.S. Report', *Cigna*, January 2020, 3, https://www.multivu.com/players/English/8670451-cigna-2020-loneliness-index/docs/CignaReport_1579728920153-379831100.pdf.
37. 以下などを参照のこと。E.G. West, 'The Political Economy of Alienation: Karl Marx and Adam Smith', *Oxford Economic Papers* 21, no. 2 (March 1969), 1–23, https://www.jstor.org/stable/2662349?seq=1; Fay Bound Alberti, 'Stop medicalising loneliness – history reveals it's society that needs mending', *The Conversation*, 19 November 2019, https://theconversation.com/stop-medicalising-loneliness-history-reveals-its-society-that-needs-mending-127056; Bill Callanan, 'Loneliness as a Theme in the Life and Writings of C.G. Jung', *Irish Association of Humanistic and Integrative Psychotherapy*, Irish Association of Humanistic and Integrative Psychotherapy 31 (Winter 1997), https://iahip.org/inside-out/issue-31-winter-1997/loneliness-as-a-theme-in-the-life-and-writings-of-c-g-jung%E2%80%A8; Sean Redmond, 'The loneliness of science fiction', *Disruptr*, 5 May 2019, https://disruptr.deakin.edu.au/society/the-loneliness-of-science-fiction/; Aldous Huxley, *The Doors of Perception* (Chatto & Windus, 1954); *Black Mirror* Season 4, Episode 4, 'Hang the D.J.'; Marie Hendry, *Agency, Loneliness and the Female Protagonist in the Victorian Novel* (Cambridge Scholars Publishing, 2019). アレントが孤独と全体主義を結びつけたことについて、詳細は第3章を参照のこと。
38. 'Majority Worldwide Say Their Society Is Broken – an Increasing Feeling among Britons', Ipsos MORI, 12 September 2019, https://www.ipsos.com/ipsos-mori/en-uk/global-study-nativist-populist-broken-society-britain.
39. ギャラップ社の『世界の職場』(2017)は、状況がいかにひどくなっているかを示している。データは155カ国から収集。以下で閲覧可能。https://www.gallup.com/workplace/238079/state-global-workplace-2017.aspx.
40. 'GSS Data Explorer: Can People Be Trusted', NORC at the University of Chicago, https://gssdataexplorer.norc.org/variables/441/vshow.
41. 'Pope Francis' morning Mass broadcast live every day', *Vatican News*, 8 March 2020, https://www.vaticannews.va/en/pope/news/2020-03/pope-francis-daily-mass-casa-santa-marta-coronavirus.html; Shirley Ju, 'How DJ D-Nice's Club Quarantine Became an Isolation Sensation', *Variety*, 28 March 2020, https://variety.com/2020/music/news/dj-d-nice-club-quarantine-rihanna-michelle-obama-

interview-1203541666/. 反中ヘイトスピーチは900%増加し、ティーンエイジャー以下の子どものオンラインチャットルームでは2019年12月～2020年3月にヘイトスピーチが70%増加した。以下を参照。'Rising Levels of Hate Speech & Online Toxicity During This Time of Crisis,' *Light*, 2020, https://l1ght.com/Toxicity_during_coronavirus_Report-L1ght.pdf; see too Elise Thomas, 'As the Coronavirus Spreads, Conspiracy Theories Are Going Viral Too', *Foreign Policy*, 14 April 2020, https://foreignpolicy.com/2020/04/14/as-the-coronavirus-spreads-conspiracy-theories-are-going-viral-too/ ; Queenie Wong, 'Coronavirus sparks a different kind of problem for social networks', CNet, 25 March 2020, https://www.cnet.com/news/on-twitter-facebook-and-tiktok-racism-breaks-out-amid-coronavirus-pandemic/?ftag=CAD-03-10aaj8j.

42. 人種と孤独の関係については、以下などを参照のこと。British Red Cross, 'Barriers to Belonging: An exploration of loneliness among people from Black, Asia and Minority Ethnic Backgrounds' (British Red Cross, 2019), 12, original report available for download at https://www.redcross.org.uk/about-us/what-we-do/we-speak-up-for-change/barriers-to-belonging#Key%20findings ; 'Loneliness and the Workplace: 2020 U.S. Report' (Cigna, 2020), https://www.cigna.com/static/www-cigna-com/docs/about-us/newsroom/studies-and-reports/combatting-loneliness/cigna-2020-loneliness-report.pdf. わずか8歳の小学生でも、人種差別の経験は9カ月後の孤独と鬱の強力な予測因子となる。以下を参照のこと。N. Priest et al., 'Effects over time of self-reported direct and vicarious racial discrimination on depressive symptoms and loneliness among Australian school students', *BMC Psychiatry* 17, no. 50 (2017), https://doi.org/10.1186/.s12888-017-1216-3. 性差別的な行動と孤独については、以下を参照のこと。Y. Joel Wong et al., 'Meta-Analyses of the Relationship Between Conformity to Masculine Norms and Mental Health-Related Outcomes', *Journal of Counseling Psychology 64*, no. 1 (2017), 80–93, http://dx.doi.org/10.1037/cou0000176; Mark Rubin et al., 'A confirmatory study of the relations between workplace sexism, sense of belonging, mental health, and job satisfaction among women in male-dominated industries', *Journal of Applied Social Psychology 49*, no. 5 (2019), 267–282, https://doi.org/10.1111/jasp.12577.

43. 宗教の礼拝参加拒否に関しては、以下などを参照のこと。Lydia Saad, 'Catholics' Church Attendance Resumes Downward Slide', Gallup News, 9 April 2018, https://news.gallup.com/poll/232226/church-attendance-among-catholics-resumes-downward-slide.aspx; 'In U.S., Decline of Christianity Continues at Rapid Pace', Pew Research Center, 17 October 2019, https://www.pewforum.org/2019/10/17/in-u-s-decline-of-christianity-continues-at-rapid-pace/; The Church of England Research and Statistics, 'Statistics for Mission 2018', Research and Statistics 2019, https://www.churchofengland.org/sites/default/files/2019-10/2018StatisticsForMission.pdf; その他の欧州諸国については以下を参照のこと。Philip S. Brenner, 'Cross-National Trends in Religious Service Attendance', *Public Opinion Quarterly* 80, no. 2 (May 2016), 563–83, https://www.ncbi.nlm.nih.gov/pmc/articles/PMC4888582/; Harry Freedman, 'Are American synagogues on the road to renewal – or perdition?', *Jewish Chronicle*, 21 December 2018, https://www.thejc.com/judaism/features/are-american-synagogues-on-the-road-to-renewal-or-perdition-1.474204. ただし、宗教の礼拝参加とコミットメントは、サハラ以南のアフリカ、中東、南アジアのイスラム教徒、およびサハラ以南のアフリカと中南米のキリスト教徒において依然として高い。'How religious commitment varies by country among people of all ages', Pew Research Center, 13 June 2018, https://www.pewforum.org/2018/06/13/how-religious-commitment-varies-by-country-among-people-of-all-ages/. PTAや労働組合や親しい友人の減少については、以下などを参照のこと。Segann March, 'Students, parents pay the price for PTA membership declines', *Shreveport Times*, 6 May 2016, https://eu.shreveporttimes.com/story/news/education/2016/05/06/students---and-their-parents---pay-price-pta-membership-declines/83970428/ ; Brittany Murray, Thurston Domina, Linda Renzulli and Rebecca Boylan, 'Civil Society Goes to School: Parent-Teacher Associations and the Equality of Educational Opportunity', *RSF* 5, no. 3 (March 2019), 41–63, https://doi.org/10.7758/*RSF*.2019.5.3.0 ; Camilla

Turner, 'Working mothers now too busy to join parent teacher associations, leading headmistress says', *The Telegraph*, 18 November 2019, https://www.telegraph.co.uk/news/2019/11/18/working-mothers-now-busy-join-parent-teacher-associations-leading/; Niall McCarthy, 'The State of Global Trade Union Membership I.E., [Infographic]', *Forbes*, 6 May 2019, https://www.forbes.com/sites/niallmccarthy/2019/05/06/the-state-of-global-trade-union-membership-infographic/#3584b31c2b6e; Miller McPherson, Lynn Smith-Lovin, and Matthew E. Brashears, 'Social Isolation in America: Changes in Core Discussion Networks over Two Decades', *American Sociological Review* 71, no. 3 (June 2006), 353–75, https://doi.org/10.1177/000312240607100301.

44. 接触の減少について詳細は、以下を参照のこと。Tiffany Field, *Touch*, 2nd ed. (MIT Press, 2014). 米国について:Jean M. Twenge, Ryne A. Sherman, Brooke E. Wells, 'Declines in Sexual Frequency among American Adults, 1989–2014', *Archives of Sexual Behavior* 46 (2017), 2389–401, https://doi.org/10.1007/s10508-017-0953-1 ; 以下も参照のこと。Kate Julian, 'Why Are Young People Having So Little Sex?' *The Atlantic*, December 2018, https://www.theatlantic.com/magazine/archive/2018/12/the-sex-recession/573949/; for Britain: 'British people "having less sex" than previously' BBC, 8 March 2019, https://www.bbc.co.uk/news/health-48184848; for global statistics (esp. Australia, Finland, Japan): 'Are we really in the middle of a global sex recession?' *Guardian*, 14 November 2018, https://www.theguardian.com/lifeandstyle/shortcuts/2018/nov/14/are-we-really-in-the-middle-of-a-global-sex-recession.
45. Alison Flood, 'Britain has closed almost 800 libraries since 2010, figures show', *Guardian*, 5 December 2019, https://www.theguardian.com/books/2019/dec/06/britain-has-closed-almost-800-libraries-since-2010-figures-show; 'Table 1: IMLS Appropriations History, 2008–2015 (Budget Authority in 000s)' Institute of Museum and Library Services, 2015, https://www.imls.gov/assets/1/News/FY14_Budget_Table.pdf ; Peggy McGlone, 'For third year in a row, Trump's budget plan eliminates arts, public TV and library funding', *Washington Post*, 18 March 2019, https://www.washingtonpost.com/lifestyle/style/for-third-year-in-a-row-trumps-budget-plan-eliminates-arts-public-tv-and-library-funding/2019/03/18/e946db9a-49a2-11e9-9663-00ac73f49662_story.html.
46. Jonathan D. Ostry, Prakash Loungani and Davide Furceri, 'Neoliberalism: Oversold?' IMF, June 2016, https://www.imf.org/external/pubs/ft/fandd/2016/06/pdf/ostry.pdf.
47. Lawrence Mishel and Julia Wolfe, 'CEO compensation has grown 940% since 1978', Economic Policy Institute, 14 August 2019, https://www.epi.org/publication/ceo-compensation-2018/.
48. Richard Partington, 'Inequality: is it rising, and can we reverse it?' *Guardian*, 9 September 2019, https://www.theguardian.com/news/2019/sep/09/inequality-is-it-rising-and-can-we-reverse-it. オリジナルのデータは以下より。IFS Deaton Review. 以下も参照のこと。Trade Unions Congress analysis of ONS Wealth and Assets Survey (latest data measures, period April 2016 to March 2018) as discussed in Nikki Pound, 'Record wealth inequality shows why our economy is rigged against working people', Trade Unions Congress, 6 December 2019, https://www.tuc.org.uk/blogs/record-wealth-inequality-shows-why-our-economy-rigged-against-working-people.
49. 貧困は社会的孤立と孤独の両方のリスク要因である。以下を参照のこと。Jan Eckhard, 'Does Poverty Increase the Risk of Social Isolation? Insights Based on Panel Data from Germany', *The Sociology Quarterly* 59, no. 2 (May 2018), 338–59, https://doi.org/10.1080/00380253.2018.1436943; 'How do you identify or recognise the most lonely?' Campaign to End Loneliness, 2020, https://www.campaigntoendloneliness.org/frequently-asked-questions/identify-most-isolated/ ; Emily Cuddy and Richard V. Reeves, 'Poverty, isolation, and opportunity', The Brookings Institution, 31 March 2015, https://www.brookings.edu/blog/social-mobility-memos/2015/03/31/poverty-isolation-and-opportunity/ ; Miriam J. Stewart et al., 'Poverty, Sense of Belonging and Experiences of Social Isolation', *Journal of Poverty* 13, no. 2 (May 2009), 173–195, https://www.researchgate.net/publication/240235963_Poverty_Sense_of_Belonging_and_Experiences_of_Social_Isolation.

50. '2020 Edelman Trust Barometer', Edelman Holdings, 19 January 2020, https://www.edelman.com/trustbarometer.
51. 'Margaret Thatcher Interview for *Sunday Times*', Margaret Thatcher Foundation, 1 May 1981, https://www.margaretthatcher.org/document/104475.
52. 以下などを参照のこと。Martin A. Nowak and Roger Highfield, *SuperCooperators: Beyond the Survival of the Fittest: Why Cooperation, Not Competition, is the Key of Life* (Canongate, 2012).
53. Jean M. Twenge, W. Keith Campbell, and Brittany Gentile, 'Increases in individualistic words and phrases in American books, 1960-2008', *PloS One* 7, no. 7 (2012), https://doi.org/10.1371/journal.pone.0040181.
54. John Tierney, 'A Generation's Vanity, Heard Through Lyrics', *The New York Times*, 25 April 2011, https://www.nytimes.com/2011/04/26/science/26tier.html.
55. Xi Zou and Huajian Cai, 'Charting China's Rising Individualism in Names, Songs, and Attitudes', *Harvard Business Review*, 11 March 2016, https://hbr.org/2016/03/charting-chinas-rising-individualism-in-names-songs-and-attitudes.

❖第2章

1. 以下などを参照のこと。Louise C. Hawkley and John P. Capitanio, 'Perceived social isolation, evolutionary fitness and health outcomes: a lifespan approach', *Philosophical Transactions of the Royal Society*, (May 2015): https://doi.org/10.1098/rstb.2014.0114.
2. 孤独と慢性炎症については、以下を参照のこと。K. Smith, S. Stewart, N. Riddell and C. Victor, 'Investigating the Relationship Between Loneliness and Social Isolation With Inflammation: A Systematic Review,' *Innovation in Aging* 2, no. 2 (November 2018), 839–40, https://doi.org/10.1093/geroni/igy023.3129.; Lisa M. Jaremka et al., 'Loneliness promotes inflammation during acute stress', *Psychological Science* 24, no. 7 (July 2013), 1089–97, https://doi.org/10.1177/0956797612464059. 孤独と免疫反応については、以下を参照のこと。Angus Chen, 'Loneliness May Warp Our Genes, And Our Immune Systems', NPR, 29 November 2015, https://www.npr.org/sections/health-shots/2015/11/29/457255876/loneliness-may-warp-our-genes-and-our-immune-systems.
3. 以下を参照のこと。N. Grant, M. Hamer and A. Steptoe, 'Social Isolation and Stress-related Cardiovascular, Lipid, and Cortisol Responses', *Annals of Behavioral Medicine* 37 (2009), 29–37, https://doi.org/10.1007/s12160-009-9081-z; Andrew Steptoe et al., 'Loneliness and neuroendocrine, cardiovascular, and inflammatory stress responses in middle-aged men and women', *Psychoneuroendocrinology* 29, no. 5 (2004), 593–611, https://www.ncbi.nlm.nih.gov/pubmed/15041083; L. D. Doane and E. K. Adam, 'Loneliness and cortisol: Momentary, day-to-day, and trait associations', *Psychoneuroendocrinology* 35 (2010), 430–41, doi: 10.1016/j.psyneuen.2009.08.005.
4. L.C. Hawkley, R.A. Thisted, C.M. Masi and J.T. Cacioppo, 'Loneliness predicts increased blood pressure: 5-year cross-lagged analyses in middle-aged and older adults', *Psychology and Aging* 25, no. 1 (March 2010), 132–41, https://doi.org/10.1037/a0017805; Kerry J. Ressler, 'Amygdala activity, fear, and anxiety: modulation by stress', *Biological Psychiatry* 67, no. 12 (June 2010), 1117–19, https://doi.org/10.1016/j.biopsych.2010.04.027.
5. Steven W. Cole, John P. Capitanio, Katie Chun, Jesusa M.G. Arevalo, Jeffrey Ma and John T. Cacioppo, 'Myeloid differentiation architecture of leukocyte transcriptome dynamics in perceived social isolation', *Proceedings of the National Academy of Sciences* 112, no. 49 (December 2015), 15142–47, https://www.pnas.org/content/pnas/early/2015/11/18/1514249112.full.pdf; 素人向けに読みやすいのは以下。'Loneliness triggers cellular changes that can cause illness, study shows', University of Chicago, 23 November 2015, https://www.sciencedaily.com/releases/2015/11/151123

201925.htm.

6. 'Stress Weakens the Immune System', American Psychological Association, 23 February 2006, https://www.apa.org/research/action/immune.
7. 23件の研究を調べたメタ分析に基づく。「社会関係の尺度は、自分と他者との関係に欠陥があるという認識に関連した主観的否定的感情の定義と一致する場合、孤独に含まれる基準を満たした」。メタ分析であるため、サブ研究で使われた孤独の定義は多様で、その一部は慢性的なものとしている。.K. Valtorta et al., 'Loneliness and social isolation as risk factors for coronary heart disease and stroke: systematic review and meta-analysis of longitudinal observational studies', *BMJ Journals: Heart* 102, no. 13 (2016), 1009–16, http://dx.doi.org/10.1136/heartjnl-2015-308790; J.H. Tjalling et al., 'Feelings of loneliness, but not social isolation, predict dementia onset: results from the Amsterdam Study of the Elderly (AMSTEL)', *Journal of Neurology Neurosurgery and Psychiatry* (2012), doi: 10.1136/jnnp-2012-302755. 8
8. J. Holt-Lunstad et al., 'Loneliness and social isolation as risk factors for mortality: a meta-analytic review'. これもメタ分析であるため、孤独の定義は多様である。メタ分析は、同一または非常に類似する主題に関する(場合によっては)数百件の研究のデータや結果を調べて、パターンや総合的結論を導き出す――数千のデータポイントを組み合わせたインサイトを得る極めて有用な方法である。しかし孤独研究をまとめるうえでは、これは大きな問題となる。数百の「オリジナル研究」のそれぞれが、非常に異なる孤独の定義をとっていたり、孤独を一定期間にわたり測定しているためである。このため本書では、こうした健康上の問題を慢性的孤独または状況的な孤独と、断定的に結びつけることはできない。これらメタ分析に含まれる一部の研究は、孤独の定義をまったくしていない場合があるためである(UCLA孤独感尺度は、特定の瞬間の孤独レベルを調べるものに過ぎない)。
9. 全体としては、以下を参照のこと。S. Shiovitz-Ezra and L. Ayalon, 'Situational versus chronic loneliness as risk factors for all-cause mortality', *International Psychogeriatrics* 22, no. 3 (2010), 455–62, doi:10.1017/ S1041610209991426; for work done in prisons with incarcerated people held in solitary confinement for at least fifteen days, see B.A. Williams et al., 'The Cardiovascular Health Burdens of Solitary Confinement', *Journal of General Internal Medicine* 34 (2019), 1977–80, https://doi.org/10.1007/s11606-019-05103-6. 以下も参照のこと。Adam Gabbatt, '"Social recession": how isolation can affect physical and mental health', *Guardian*, 18 March 2020, https://www.theguardian.com/world/2020/mar/18/coronavirus-isolation-social-recession-physical-mental-health ; Gabriel Banschick, 'How to Manage the Psychological Effects of Quarantine', *Psychology Today*, 20 March 2020, https://www.psychologytoday.com/us/blog/the-intelligent-divorce/202003/how-manage-the-psychological-effects-quarantine; また、2002～04年のトロントにおけるSARS禍の強制隔離の影響を研究は、隔離期間直後に129人を調べたものがある。PTSDが認められたのは28.9%、鬱は31.9%に見られた。以下を参照のこと。L. Hawryluck et al., 'SARS control and psychological effects of quarantine, Toronto, Canada', *Emerging Infectious Diseases* 10, no. 7 (2004), 1206–12, https://doi.org/10.3201/eid1102.040760.
10. James Lynch, *A Cry Unheard: New Insights into the Medical Consequences of Loneliness* (Bancroft Press, 2000), p.91.
11. S. Shiovitz-Ezra and L. Ayalon, 'Situational versus Chronic Loneliness as Risk Factors for All-Cause Mortality', *International Psychogeriatrics* 22, no. 3 (2010), 455–62.
12. 以下を参照のこと。Nora Rubel, *Doubting the Devout: The Ultra-Orthodox in the Jewish-American Imagination* (Columbia University Press, 2009).
13. Avi Weiss, 'A Picture of the Nation', Taub Center, 14 (2018), http://taubcenter.org.il/wp-content/files_mf/pon201895.pdf; Tzvi Lev, 'Education rising, poverty dropping among haredim', *Israel National News*, 31 December 2017, http://www.israelnationalnews.com/News/News.aspx/240041.
14. 「7倍」という数字は2011～12年。以下などを参照のこと。Shmuly Yanklowitz, 'An Obesity Problem in the Orthodox Community?' 25 April 2012, https://jewishweek.timesofisrael.com/an-obesity-

problem-in-the-orthodox-community/; Ari Galahar, 'Haredi sector suffers from obesity', *Ynet News*, 1 September 2011, https://www.ynetnews.com/articles/0,7340,L-4116222,00.html.
15. Nitsa Kasir and Dmitri Romanov, 'Quality of Life Among Israel's Population Groups: Comparative Study' (The Haredi Institute for Public Affairs, May 2018), 51.
16. Melrav Arlosoroff, 'Israel's Economic Future is Wasting Away in Israel's Yeshivas', *Haaretz*, 13 November 2018, https://www.haaretz.com/israel-news/business/.premium-israel-s-economic-future-is-wasting-away-in-israel-s-yeshivas-1.6652106; 'Israeli women do it by the numbers', *Jewish Chronicle*, 7 April 2014, https://www.thejc.com/israeli-women-do-it-by-the-numbers-1.53785.
17. Tali Heruti-Sover, 'Ultra-Orthodox Women Work Less, Earn Less – and Not by Choice, Study Shows', *Haaretz*, 30 April 2019, https://www.haaretz.com/israel-news/.premium-ultra-orthodox-women-work-less-earn-less-and-not-by-choice-study-shows-1.7183349; Sagi Agmon, 'Report: Haredi employment is down; Haredi poverty is up', Hiddush News, 21 December 2018, http://hiddush.org/article-23296-0-Report_Haredi_employment_is_down;_Haredi_poverty_is_up.aspx.
18. Dan Zaken, 'Haredim aren't as poor as you think', *Globes*, 17 December 2018, https://en.globes.co.il/en/article-haredim-arent-as-poor-as-you-think-1001265187.
19. 'Live Long and Prosper: Health in the Haredi Community', Taub Center for Social Policy Studies in Israel, 31 May 2016, http://taubcenter.org.il/does-money-make-you-live-longer-health-in-the-haredi-community/.
20. ハレーディーの健康の研究者たちは、自己申告は信頼できない可能性があると指摘する。健康状態が悪いことを世俗的な研究者に認めることで、恥をさらしたくないという感覚があるためだ。しかし平均寿命は自己申告の真実味を裏づけているようだ。ただし2020年、ハレーディーはイスラエル全体よりも新型コロナウイルス感染者が多かった。これは皮肉にも彼らがコミュニティーを重視するためであり、コミュニティーがハレーディーの平均寿命がイスラエル全体より高い理由であることを総じて裏づけている。前出および新型コロナウイルス感染症の統計を参照のこと。Nathan Jeffay, 'Two Ultra-Orthodox Bastions Account for 37% of Israel's Virus Deaths', *The Times of Israel*, 10 May 2020, https://www.timesofisrael.com/two-ultra-orthodox-bastions-account-for-37-of-israels-virus-deaths/.
21. Dov Chernichovsky and Chen Sharony, 'The Relationship Between Social Capital and Health in the Haredi Sector', Taub Center for Social Policy Studies in Israel (December 2015), 3, http://taubcenter.org.il/wp-content/files_mf/therelationshipbetweensocialcapitalandhealthintheharedisectorenglish.pdf.
22. See ibid., Figure 1.
23. 以下などを参照のこと。'Measuring and Assessing Well-being in Israel', OECD, 31 January 2016, Figure 3, https://www.oecd.org/sdd/measuring-and-assessing-well-being-in-Israel.pdf.
24. David G. Myers, 'Religious Engagement and Well-Being', in *The Oxford Handbook of Happiness*, ed. Ilona Boniwell, Susan A. David and Amanda Conley Ayers (Oxford University Press, 2013); Bruce Headey, Gerhard Hoehne and Gert G. Wagner, 'Does Religion Make You Healthier and Longer Lived? Evidence for Germany', *Social Indicators Research* 119, no. 3 (2014), 1335–61, https://doi.org/10.1007/s11205-013-0546-x; Daniel E. Hall, 'Religious Attendance: More Cost-Effective Than Lipitor?', *Journal of the American Board of Family Medicine* 19, no. 2 (2006), https://pubmed.ncbi.nlm.nih.gov/16513898/.
25. Robert A. Hummer et al., 'Religious Involvement and U.S. Adult Mortality', *Demography* 36, no. 2 (1999), 273–85, https://pubmed.ncbi.nlm.nih.gov/10332617/; 以下も参照のこと。Tyler J. VanderWeele, 'Religious Communities and Human Flourishing', *Current Directions in Psychological Science* 26, no. 5 (2017), 476–81, https://doi.org/10.1177/0963721417721526.
26. Nitsa Kasir and Dmitri Romanov, 'Quality of Life Among Israel's Population Groups: Comparative Study' (The Haredi Institute for Public Affairs, May 2018), 51.

27. Rabbi Dow Marmur, 'Ultra-Orthodox Jews Are Poorer, But Live Longer. How Come? *Canadian Jewish News* 1 March 2017, https://www.cjnews.com/perspectives/opinions/ultra-orthodox-jews-poorer-live-longer-how-come.
28. Rock Positano, 'The Mystery of the Rosetan People', *Huffington Post*, 28 March 2008, https://www.huffpost.com/entry/the-mystery-of-the-roseta_b_73260.
29. B. Egolf et al., 'The Roseto effect: a 50-year comparison of mortality rates', *American Journal of Public Health* 82, no. 8 (August 1992), 1089–92, https://doi.org/10.2105/ajph.82.8.1089.
30. 前出。以下も参照のこと。John G. Bruhn, Billy U. Philips and Stewart Wolf, 'Social readjustment and illness patterns: Comparisons between first, second and third generation Italian-Americans living in the same community', *Journal of Psychosomatic Research* 16, no. 6 (October 1972), 387–94, https://doi.org/10.1016/0022-3999(72)90063-3 ：「移民一世は家族生活で、二世は個人生活で、三世は仕事と経済的な問題で大きな変化を経験する」
31. Nicole Spector, '"Blue Zones": 6 secrets to borrow from people who live the longest', NBC News, 20 October 2018, https://www.nbcnews.com/better/health/blue-zones-6-secrets-borrow-people-who-live-longest-ncna921776.
32. Ibid.
33. 以下などを参照のこと。Joan B. Silk, 'Evolutionary Perspectives on the Links Between Close Social Bonds, Health, and Fitness' in *Sociality, Hierarchy, Health: Comparative Biodemography* (National Academies Press, 2014), p.6; Zack Johnson, 'The Brain On Social Bonds: Clues From Evolutionary Relatives', Society for Personality and Social Psychology, 29 June 2015, http://www.spsp.org/news-center/blog/brain-social-bonds; Mary E. Clark, 'Meaningful Social Bonding as a Universal Human Need', in *Conflict: Human Needs Theory*, ed. John Burton (Palgrave Macmillan, 1990), 34–59.
34. Monte Burke, 'Loneliness Can Kill You', *Forbes*, 6 August 2009, https://www.forbes.com/forbes/2009/0824/opinions-neuroscience-loneliness-ideas-opinions.html#75ec4deb7f85.
35. 'The Consultation Letters of Dr William Cullen (1710-1790) at the Royal College of Physicians of Edinburgh', The Cullen Project, http://www.cullenproject.ac.uk/docs/4509/. カレンの処方は、その後19世紀の、女性の「神経の弱さ」の「治療法」は正反対であった（ベッドで横になって休むこと、隔離、読書を含む社会的冒険の回避）ことを考えると余計に興味深い。こうした治療法は、シャーロット・パーキンズ・ギルマンの短編『黄色い壁紙』で主題になっていることで最もよく知られる。このなかで、同じような原因不明の症状を持つ主人公は小部屋に監禁され、やがて幻覚を見るようになる。
36. 以下も参照のこと。'The Harvard Study of Adult Development', Adult Development Study, 2015, https://www.adultdevelopmentstudy.org. この研究グループは現在第2世代を追跡している！
37. Liz Mineo, 'Good Genes Are Nice, but Joy Is Better', *Harvard Gazette*, 11 April 2017, https://news.harvard.edu/gazette/story/2017/04/over-nearly-80-years-harvard-study-has-been-showing-how-to-live-a-healthy-and-happy-life/.
38. 炎症は、細菌感染やケガをしたときの優れた対処法だ。どちらも他人からウイルスをもらうよりも、自分で起こす可能性が高い。したがって孤独なときに炎症がひどくなるのは道理にかなっている。以下を参照のこと。Angus Chen, 'Loneliness May Warp Our Genes, And Our Immune Systems', NPR, 29 November 2015, https://www.npr.org/sections/health-shots/2015/11/29/457255876/loneliness-may-warp-our-genes-and-our-immune-systems.
39. Elitsa Dermendzhiyska, 'Can Loneliness Kill You?', Medium, 7 November 2018, https://medium.com/s/story/can-loneliness-kill-you-6ea3cab4eab0.
40. Philip Hunter, 'The inflammation theory of disease', *EMBO Reports* 13, no. 11 (November 2012), 968–70, https://www.ncbi.nlm.nih.gov/pmc/articles/PMC3492709. 炎症の影響は、「孤独な人が、癌や神経変性疾患やウイルス感染のリスクが高い理由を非常に明確に説明している」と、UCLAのスティーブ・コール教授は述べている。Angus Chen, 'Loneliness May Warp Our Genes, And Our Immune

Systems', NPR, 29 November 2015, https://www.npr.org/sections/health-shots/2015/11/29/457255876/loneliness-may-warp-our-genes-and-our-immune-systems.

41. Bert N. Uchino et al., 'Social Support and Immunity', in *The Oxford Handbook of Psychoneuroimmunology*, ed. Suzanne Segerstrom (Oxford University Press, 2012), https://www.oxfordhandbooks.com/view/10.1093/oxfordhb/9780195394399.001.0001/oxfordhb-9780195394399-e-12. ライノウイルス(一般的な風邪)、HIV、および一部の腫瘍性ウイルスは社会的に孤独な患者においてより活発化する。
42. I.S. Cohen, 'Psychosomatic death: Voodoo death in modern perspective', *Integrative Psychiatry*, 16 (1985), 46–51, https://psycnet.apa.org/record/1985-25266-001.
43. J.K. Kiecolt-Glaser et al., 'Psychosocial Modifiers of Immunocompetence in Medical Students', *Psychosomatic Medicine* 46, no. 1 (1984): 7–14, https://pubmed.ncbi.nlm.nih.gov/6701256/; idem, 'Urinary cortisol levels, cellular immunocompetency and loneliness in psychiatric inpatients', *Psychosomatic Medicine*, 46 (1984), 15–23.
44. N. Grant et al., 'Social isolation and stress-related cardiovascular, lipid, and cortisol responses', *Annals of Behavioral Medicine* 37, no. 1 (February 2009), 29–37, https://www.ncbi.nlm.nih.gov/pubmed/19194770; Y.C. Yang et al., 'Social isolation and adult mortality: the role of chronic inflammation and sex differences', *Journal of Health and Social Behavior* 54 (2013), 183–203, https://www.ncbi.nlm.nih.gov/pmc/articles/PMC3998519/.
45. 'Loneliness can be as bad for health as a chronic long-term condition, says GP leader', Royal College of General Practitioners, 12 October 2017, https://www.rcgp.org.uk/about-us/news/2017/october/loneliness-can-be-as-bad-for-health-as-a-chronic-long-term-condition-says-gp-leader.aspx.
46. 以下を参照のこと。Rachel P. Maines, *The Technology of Orgasm: 'Hysteria', the Vibrator, and Women's Sexual Satisfaction* (Johns Hopkins University Press, 1999).
47. H. Meltzer et al., 'Feelings of Loneliness among Adults with Mental Disorder,' *Social Psychiatry and Psychiatric Epidemiology* 48, no. 1 (2013), 5–13, doi:10.1007/s00127-012-0515-8. Note that the study was based on an analysis of 2007 data.
48. 以下を参照のこと。John D. Cacioppo, Louise C. Hawkley, and Ronald A. Thisted, 'Perceived Social Isolation Makes Me Sad: Five Year Cross-Lagged Analyses of Loneliness and Depressive Symptomatology in the Chicago Health, Aging and Social Relations Study', *Psychology and Aging* 25, no. 2 (June 2010): 453–463, https://doi.org/10.1037/a0017216. 鬱を持つオランダの高齢者の83%が孤独を感じると述べる一方で、鬱のない高齢者で孤独を感じると述べた人は32%だった。B. Hovast et al., 'Loneliness Is Associated with Poor Prognosis in Late-Life Depression: Longitudinal Analysis of the Netherlands Study of Depression in Older Persons', *Journal of Affective Disorders* 185 (2015), 1–7, doi:10.1016/j.jad.2015.06.036. 最近の10代の研究では、孤独な若者は鬱になる可能性が高いだけでなく、鬱が深刻な若者ほど、孤独になる可能性が高いことがわかった。以下を参照のこと。R. Rich et al., 'Causes of depression in college students: A cross-lagged panel correlational analysis', *Psychological Reports* 60 (1987), 27–30, https://doi.org/10.2466/pro.1987.60.1.27 ; Marina Lalayants and Jonathan D. Price, 'Loneliness and depression or depression related factors among child welfare-involved adolescent females', *Child and Adolescent Social Work Journal* 324 (April 2015), 167–76, https://doi-org.gate3.library.lse.ac.uk/10.1007/s10560-014-0344-6.
49. Louise Boyle, 'When everyday environments become anxious spaces', Wellcome Collection, 14 November 2018, https://wellcomecollection.org/articles/W-BEUREAAASpazif.
50. たとえば、ワイルコーネル医科大学(ニューヨーク)の医師で研究者のドルーブ・クラーは、短期間の隔離は「数日以内に」不安または鬱を引き起こす可能性があるとしている。Adam Gabbatt, '"Social recession": how isolation can affect physical and mental health', *Guardian*, 18 March 2020, https://www.theguardian.com/world/2020/mar/18/coronavirus-isolation-social-recession-physical-mental-health. 哺乳類の研究では、わずか2週間の社会的隔離でも、明らかな脳内化学物質の変化が見られ、攻撃的および不安行動を引き起こす可能性がある。California Institute of Technology, 'How social isolation

transforms the brain: A particular neural chemical is overproduced during long-term social isolation, causing increased aggression and fear', ScienceDaily, 17 May 2018, https://www.sciencedaily.com/releases/2018/05/180517113856.htm.

51. X. Liu et al., 'Depression after exposure to stressful events: lessons learned from the severe acute respiratory syndrome epidemic', *Comprehensive Psychiatry* 53 (2012), 15–23. The median length of quarantine was fourteen days.
52. P. Wu et al., 'Alcohol abuse/dependence symptoms among hospital employees exposed to a SARS outbreak', *Alcohol and Alcoholism* 43 (2008), 706–12, https://doi.org/10.1093/alcalc/agn073; idem., 'The psychological impact of the SARS epidemic on hospital employees in China: exposure, risk perception, and altruistic acceptance of risk', *Canadian Journal of Psychiatry* 54 (2009), 302–11, https://pubmed.ncbi.nlm.nih.gov/19497162/.
53. J.K. Hirsch et al., 'Social problem solving and suicidal behavior: ethnic differences in the moderating effects of loneliness and life stress', *Archives of Suicide Research*, 16, no. 4 (2012), 303–15, https://doi.org/10.1080/13811118.2013.722054.
54. Francie Hart Broghammer, 'Death by Loneliness', Real Clear Policy, 6 May 2019, https://www.realclearpolicy.com/articles/2019/05/06/death_by_loneliness_111185.html.
55. Rebecca Nowland, 'The Role of Loneliness in Suicidal Behaviour' (APPG Meeting on Suicide and Self-Harm Prevention, 30 April 2019); S. Wiktorsson et al., 'Attempted suicide in the elderly: characteristics of suicide attempters 70 years and older and a general population comparison group', *American Journal of Geriatric Psychiatry* 18, no. 1 (2010), 57–67, https://pubmed.ncbi.nlm.nih.gov/20094019/; Henry O'Connell et al., 'Recent developments, Suicide in older people', *BMJ* 329 (October 2004), 895–99, https://www.ncbi.nlm.nih.gov/pmc/articles/PMC523116.
56. R.E. Roberts et al., 'Suicidal thinking among adolescents with a history of attempted suicide', *Journal of the American Academy of Child and Adolescent Psychiatry* 37, no. 12 (December 1998), 1294–300, https://www.ncbi.nlm.nih.gov/pubmed/9847502.
57. M.L. Goodman et al., 'Relative social standing and suicide ideation among Kenyan males: the interpersonal theory of suicide in context', *Social Psychiatry and Psychiatric Epidemiology* 52, no. 10, (October 2017): 1307-1316, https://www.ncbi.nlm.nih.gov/pubmed/28821916 ; Bimala Sharma et al., 'Loneliness, Insomnia and Suicidal Behavior among School-Going Adolescents in Western Pacific Island Countries: Role of Violence and Injury', *International Journal of Environmental Research and Public Health* 14, no. 7 (July 2017): 791, https://www.ncbi.nlm.nih.gov/pmc/articles/PMC5551229/.
58. Katherine C. Schinka et al., 'Psychosocial Predictors and Outcomes of Loneliness Trajectories from Childhood to Early Adolescence', *Journal of Adolescence* 36, no. 6 (December 2013), 1251–60, https://doi.org/10.1016/j.adolescence.2013.08.002.
59. 米国における絶望死について最も信頼されている分析については、以下を参照のこと。Angus Deaton and Anne Case, *Deaths of Despair and the Future of Capitalism* (Princeton University Press, 2020). On divorce: Anne Case, 'Morbidity and Mortality in the 21st Century', *Brookings Papers on Economic Activity* (Spring 2017), 431, https://www.brookings.edu/wp-content/uploads/2017/08/casetextsp17bpea.pdf; Charles Fain Lehman, 'The Role of Marriage in the Suicide Crisis', Institute for Family Studies, 1 June 2020, https://ifstudies.org/blog/the-role-of-marriage-in-the-suicide-crisis. 宗教的集まりへの参加減少については、以下。:W. Bradford Wilcox et al., 'No Money, No Honey, No Church: The Deinstitutionalisation of Religious Life Among the White Working Class', *Research on Social Work Practice* 23 (2012): 227–250, https://doi.org/10.1108/S0277-2833(2012)0000023013. 政治的影響と労働政策については以下。Shannon M. Monnat, 'Deaths of Despair and Support for Trump in the 2016 Presidential Election', The Pennsylvania State University Department of Agricultural Economics, Sociology, and Education, 4 December 2016,

https://aese.psu.edu/directory/smm67/Election16.pdf; 以下も参照のこと。Robert Defina et al., 'De-unionization and Drug Death Rates', *Social Currents* 6, no. 1 (February 2019), 4–13, https://doi.org/10.1177/2329496518804555; Jerzy Eisenberg–Guyot et al., 'Solidarity and disparity: Declining labor union density and changing racial and educational mortality inequities in the United States', *American Journal of Industrial Medicine* 63, no. 3 (March 2020), 218–231, https://doi.org/10.1002/ajim.23081; Steven H. Woolf and Heidi Schoomaker, 'Life Expectancy and Mortality Rates in the United States, 1959-2017', *JAMA* 322, no. 20 (November 2019), 1996–2016, doi:10.1001/jama.2019.16932. 白人の「絶望死」は、米国の非ヒスパニック白人男性に関連してのみ使われることが多い(ケースとディートンの研究もそうだ)が、ここで示されているパターンは特定の人種に限定されないという強力な証拠がある。以下などを参照のこと。Peter A. Muennig et al., 'America's Declining Well-Being, Health, and Life Expectancy: Not Just a White Problem', *American Journal of Public Health* 108, no. 12 (2018), 1626–31, https://doi.org/10.2105/AJPH.2018.304585.

60. Laura Entis, 'Scientists are working on a pill for loneliness', *Guardian*, 26 January 2019, https://www.theguardian.com/us-news/2019/jan/26/pill-for-loneliness-psychology-science-medicine.
61. M.P. Roy, A. Steptoe and C. Kirschbaum, 'Life events and social support as moderators of individual differences in cardiovascular and cortisol reactivity', *Journal of Personality and Social Psychology* 75, no. 5 (November 1998), 1273–81, https://pubmed.ncbi.nlm.nih.gov/9866187/.
62. Robin Wright, 'How Loneliness from Coronavirus Isolation Takes Its Own Toll', *New Yorker*, 23 March 2020, https://www.newyorker.com/news/our-columnists/how-loneliness-from-coronavirus-isolation-takes-its-own-toll/amp ; J.A. Coan, H.S. Schaefer, and R.J. Davidson, 'Lending a hand: social regulation of the neural response to threat', *Psychological Science*s 17, no. 12 (December 2006), 1032–39, doi:10.1111/j.1467-9280.2006.01832.x.
63. X. Pan and K.H. Chee, 'The power of weak ties in preserving cognitive function: a longitudinal study of older Chinese adults', *Aging and Mental Health* (April 2019), 1–8, doi:10.1080/13607863.2019.1597015.
64. 「ボランティア活動をしたおかげでさほど孤立を感じなかったと答えたのは若者が最も多く、18〜24歳の77%と25〜34歳の76%だった。……ボランティアの4分の3以上が、ボランティア活動で自分のメンタルヘルスとウェルビーイングが改善したと答えた。この恩恵は、身体的な健康上の恩恵(53%)よりも幅広かった」。Amy McGarvey et al., 'Time Well Spent: A National Survey on the Volunteer Experience' National Council for Voluntary Organisations, January 2019, https://www.ncvo.org.uk/images/documents/policy_and_research/volunteering/Volunteer-experience_Full-Report.pdf. 以下も参照のこと。D.C. Carr et al., 'Does Becoming A Volunteer Attenuate Loneliness Among Recently Widowed Older Adults?', *Journal of Gerontology B* 73, no. 3 (2018), 501–10. doi:10.1093/geronb/gbx092.
65. Alexander L. Brown, Jonathan Meer and J. Forrest Williams, 'Why Do People Volunteer? An Experimental Analysis of Preferences for Time Donations', The National Bureau of Economic Research, May 2013, https://www.nber.org/papers/w19066.
66. C. Schwartz et al., 'Altruistic Social Interest Behaviors Are Associated With Better Mental Health', *Psychosomatic Medicine* 65, no.5 (September 2003), 778–85, doi: 10.1097/01.PSY.0000079378.39062.D4.
67. R.W. Hierholzer, 'Improvements in PSTD patients who care for their grandchildren', *American Journal of Psychiatry* 161 (2004), 176, https://pubmed.ncbi.nlm.nih.gov/14702274/.
68. M.F. Field et al., 'Elder retired volunteers benefit from giving message therapy to infants', *Journal of Applied Gerontology* 17 (1998), 229–39, https://doi.org/10.1177/073346489801700210.
69. Commission on Children at Risk, *Hardwired to Connect: The New Scientific Case for Authoritative Communities* (Institute for American Values, 2003).
70. S.L. Brown et al., 'Providing Social Support May Be More Beneficial than Receiving It: Results

from a Prospective Study of Mortality', *Psychological Sciences* 14, no. 4 (2003), 320–27, https://doi.org/10.1111/1467-9280.14461.

71. Kelli Harding, *The Rabbit Effect: Live Longer, Happier, and Healthier with the Groundbreaking Science of Kindness* (Atria Books, 2019).
72. たとえば、1935年に全国労働関係委員会(NLRB)が設立され、現在まで「労働者に団体交渉の権利を保証する働きをしている」。'Our History', National Labor Relations Board, 2020, https://www.nlrb.gov/about-nlrb/who-we-are/our-history; 以下も参照のこと。Christopher Conte and Albert R. Karr, *Outline of the U.S. Economy* (U.S. Dept. of State, Office of International Information Programs, 2001). 英国では、1948年に国営医療制度(NHS)が設立された。以下を参照のこと。Peter Greengross, Ken Grant and Elizabeth Collini, 'The History and Development of The UK National Health Service 1948 – 1999', DFID Health Systems Resource Centre, July 2009, https://assets.publishing.service.gov.uk/media/57a08d91e5274a31e000192c/The-history-and-development-of-the-UK-NHS.pdf.
73. 英国のウェブサイトwww.jobsite.co.ukを検索。求人広告にあった賃金は、英国の平均賃金と比較された。
74. William Booth, Karla Adam and Pamela Rolfe, 'In fight against coronavirus, the world gives medical heroes standing ovation', *Washington Post*, 26 March 2020, https://www.washingtonpost.com/world/europe/clap-for-carers/2020/03/26/3d05eb9c-6f66-11ea-a156-0048b62cdb51_story.html.

❖第3章

1. Graziano Pinna et al., 'In Socially Isolated Mice, the Reversal of Brain Allopregnanolone down-Regulation Mediates the Anti-Aggressive Action of Fluoxetine', *Proceedings of the National Academy of Sciences of the United States of America* 100, no. 4 (2003), 2035, https://doi.org/10.1073/pnas.0337642100. 興味深いことに、メスのネズミは攻撃的にならなかった。
2. これは1938年に精神分析学者グレゴリー・ジルボーグが初めて示したもので、多くの研究によって裏づけられている。James V.P. Check, Daniel Perlman, Neil M. Malamuth, 'Loneliness and Aggressive Behaviour', *Journal of Social and Personal Relationships* 2, no. 3 (1985), 243–52, https://www.sscnet.ucla.edu/comm/malamuth/pdf/85jspr2.pdf; D. Segel-Karpas and L. Ayalon, 'Loneliness and hostility in older adults: A cross-lagged model', *Psychology and Aging* 35, no.2 (2020), 169–76, https://doi.org/10.1037/pag0000417 ; Ben Mijuskovic, 'Loneliness and Hostility', *Psychology: A Quarterly Journal of Human Behavior* 20, nos. 3–4 (1983), 9–19, https://eric.ed.gov/?id=EJ297686. 孤独は怒りを大きくし、社会的スキルを低下させることが示されている(以下を参照のこと。John T. Cacioppo et al., 'Loneliness within a Nomological Net: An Evolutionary Perspective', *Journal of Research in Personality* 40, no. 6 (2006), 1054–85, https://doi.org/10.1016/j.jrp.2005.11.007)。一方、過去の隔離期の孤立の期間も孤独を引き起こしたことがわかっている。Samantha K. Brooks et al., 'The psychological impact of quarantine and how to reduce it: rapid review of the evidence', Lancet 395, no. 10227 (March 2020), 919–20, https://doi.org/10.1016/S0140-6736(20)30460-8.
3. Mark Brown, 'In a lonely place', *One in Four Magazine*, 2010, http://www.oneinfourmag.org/index.php/in-a-lonely-place/.
4. Gillian A. Matthews et al., 'Dorsal Raphe Dopamine Neurons Represent the Experience of Social Isolation', *Cell* 164, no. 11 (2016), 617–31, doi10.1016/j.cell.2015.12.040; Janelle N. Beadle et al., 'Trait Empathy as a Predictor of Individual Differences in Perceived Loneliness', *Psychological Reports* 110, no. 1 (2012), 3–15, https://doi.org/10.2466/07.09.20.PR0.110.1.3-15; Ryota Kanai et al., 'Brain Structure Links Loneliness to Social Perception', *Current Biology* 22, no. 20 (2012), 1975–9, https://doi.org/10.1016/j.cub.2012.08.045.
5. John T. Cacioppo et al., 'In the Eye of the Beholder: Individual Differences in Perceived Social Isolation Predict Regional Brain Activation to Social Stimuli', *Journal of Cognitive Neuroscience* 21,

no. 1 (January 2009), 83–92, https://doi.org/10.1162/jocn.2009.21007 ; Stephanie Cacioppo et al., 'Loneliness and Implicit Attention to Social Threat: A High-Performance Electrical Neuroimaging Study', *Cognitive Neuroscience* 7, nos. 1–4 (2015), https://www.tandfonline.com/doi/abs/10.1080/17588928.2015.1070136.

6. John T. Cacioppo, Hsi Yuan Chen and Stephanie Cacioppo, 'Reciprocal Influences Between Loneliness and Self-Centeredness: A Cross-Lagged Panel Analysis in a Population-Based Sample of African American, Hispanic, and Caucasian Adults', *Personality and Social Psychology Bulletin* 43, no. 8 (13 June 2017), 1125–35, https://doi.org/10.1177/0146167217705120.
7. Randy Rieland, 'Can a Pill Fight Loneliness?' *Smithsonian Magazine*, 8 February 2019, https://www.smithsonianmag.com/innovation/can-pill-fight-loneliness-180971435/.
8. たとえば彼らは、近隣住民が近所の問題(粗暴行為など)を解決するために力を合わせる可能性は低いと考えている。'No Such Thing as Friendly Neighbourhoods for Lonely Young People', *Kings College London News*, 8 April 2019; original study at Timothy Matthews et al., 'Loneliness and Neighborhood Characteristics: A Multi-Informant, Nationally Representative Study of Young Adults', *Psychological Science* 30, no. 5 (April 2019), 765–75, https://doi.org/10.1177/0956797619836102.
9. ポピュリズムとそのダイナミックな定義について、詳細は以下を参照のこと。Cas Mudde and Cristóbal Rovira Kaltwasser, *Populism* (Oxford University Press, 2017). Paul Taggart, Margaret Canovan, Jan-Werner Mueller, Michael Kazin, John Judis and Catherine Fieschi have also done excellent work on this topic.
10. Elisabeth Young-Bruehl, *Hannah Arendt: For the Love of the World* (Yale University Press, 2004), p.4.
11. Ibid., 105–7; Patrick Hayden, *Hannah Arendt: Key Concepts* (Routledge, 2014), p.4.
12. Young-Bruehl, *Hannah Arendt: For the Love of the World*, p.159.
13. David S. Wyman, *Paper Walls: America and the Refugee Crisis, 1938–1941* (University of Massachusetts Press, 1968), p.28.
14. 一部の研究者は現在、ドイツ人の30〜40%は気がついていたと考えている。以下などを参照のこと。Peter Longerich, *Davon haben wir nichts gewusst! Die Deutschen und die Judenverfolgung 1933–1945* (Siedler Verlag, 2006); also see Robert Gellately, *Backing Hitler. Consent and Coercion in Nazi Germany* (Oxford University Press, 2001).
15. Young-Bruehl, *Hannah Arendt: For the Love of the World*, p.28.
16. Hannah Arendt, *The Origins of Totalitarianism: Part Three* (Harcourt, Brace & World, 1968), p.128.
17. Ibid., p.15.
18. Ibid., p.475.
19. Elisabeth Zerofsky, 'How Viktor Orbán Used the Coronavirus to Seize More Power', *New Yorker*, 9 April 2020, https://www.newyorker.com/news/letter-from-europe/how-viktor-orban-used-the-coronavirus-to-seize-more-power; Amy Goodman and Natashya Gutierrez, 'As Virus Spreads in Philippines, So Does Authoritarianism: Duterte Threatens Violence Amid Lockdown', Democracy Now, 3 April 2020, https://www.democracynow.org/2020/4/3/coronavirus_asia_philippines_rodrigo_duterte; Maya Wang, 'China: Fighting COVID-19 With Automated Tyranny', Human Rights Watch, 1 April 2020, https://www.hrw.org/news/2020/04/01/china-fighting-covid-19-automated-tyranny; Isaac Chotiner, 'The Coronavirus Meets Authoritarianism in Turkey', *New Yorker*, 3 April 2020, https://www.newyorker.com/news/q-and-a/the-coronavirus-meets-authoritarianism-in-turkey; Kenneth Roth, 'How Authoritarians Are Exploiting the COVID-19 Crisis to Grab Power', Human Rights Watch, 3 April 2020, https://www.hrw.org/news/2020/04/03/how-authoritarians-are-exploiting-covid-19-crisis-grab-power.
20. R. Hortulanus, A. Machielse, and L. Meeuwesen, eds., *Social Isolation in Modern Society* (Routledge, 2009); Jan Eckhard, 'Does Poverty Increase the Risk of Social Isolation? Insights Based on Panel Data from Germany', *The Sociology Quarterly* 59, no. 2 (May 2018), 338–59, https://doi.org/

10.1080/00380253.2018.1436943 ; Béatrice d'Hombres et al., 'Loneliness – an unequally shared burden in Europe', European Commission: Science for Policy Briefs, 2018, https://ec.europa.eu/jrc/sites/jrcsh/files/fairness_pb2018_loneliness_jrc_i1.pdf.

21. Arendt, *The Origins of Totalitarianism: Part Three*, p.176.
22. 以下などを参照のこと。Pippa Norris and Ronald Inglehart, *Cultural Backlash: Trump, Brexit, and Authoritarian Populism* (Cambridge University Press, 2019); John Springford and Simon Tilford, 'Populism – Culture Or Economics?' Centre for European Reform, 30 October 2017, https://www.cer.eu/insights/populism-%E2%80%93-culture-or-economics.
23. Nonna Mayer and Pascal Perrineau, 'Why Do They Vote for Le Pen?', *European Journal of Political Research* (1992), https://doi.org/10.1111/j.1475-6765.1992.tb00308.x.
24. C. Berning and C. Ziller, 'Social trust and radical right-wing populist party preferences', *Acta Politica* 52 (2017), 198–217, https://doi.org/10.1057/ap.2015.28.
25. Timothy P. Carney, 'How the Collapse of Communities Gave Us Trump', *Washington Examiner*, 15 February 2019, https://www.washingtonexaminer.com/opinion/how-the-collapse-of-communities-gave-us-trump; see original data at 'American Family Survey Summary Report', 2016, http://csed.byu.edu/wp-content/uploads/2016/10/AFS2016Report.pdf.
26. Daniel Cox and Robert P. Jones, 'Two-Thirds of Trump Supporters Say Nation Needs a Leader Willing to Break the Rules', PRRI, 7 April 2016, https://www.prri.org/research/prri-atlantic-poll-republican-democratic-primary-trump-supporters/; Yoni Appelbaum, 'Americans Aren't Practicing Democracy Anymore', *The Atlantic*, October 2018, https://www.theatlantic.com/magazine/archive/2018/10/losing-the-democratic-habit.
27. Tito Boeri et al., 'Populism and Civil Society', *IMF Working Papers* 18, no. 245 (2018), 5, https://doi.org/10.5089/9781484382356.001.
28. 民主主義は、私たちが積極的に練習する必要があるものだというアイデアは、ジョン・デューイ、アレクシス・ド・トクヴィル、ナンシー・ローゼンブラムといった思想家たちの作品に出てくる。以下などを参照のこと。Alexis de Tocqueville, *Democracy in America, Part I* (orig. Saunders and Otley, 1835); John Dewey, *Democracy and Education* (Macmillan, 1916); Nancy Rosenblum, *Good Neighbors: The Democracy of Everyday Life in America* (Princeton University Press, 2018). 以下も参照のこと。Yoni Appelbaum's thoughtful essay 'Americans Aren't Practicing Democracy Anymore', *The Atlantic*, October 2018, https://www.theatlantic.com/magazine/archive/2018/10/losing-the-democratic-habit/568336/.
29. Carl Jung, *Memories, Dreams, Reflections*, edited by Aniela Jaffe, translated by Clara Winston and Richard Winston (Vintage, 1989), p. 356.
30. Tim Samuels, unbroadcast interviews with railroad workers, 2016.
31. 以下などを参照のこと。Timothy P. Carney, *Alienated America: Why Some Places Thrive While Others Collapse* (HarperCollins, 2019). 以下も参照のこと。Thomas Ferguson et al., 'The Economic and Social Roots of Populist Rebellion: Support for Donald Trump in 2016', Working Paper No. 83, Institute for New Economic Thinking, October 2018, https://www.ineteconomics.org/uploads/papers/WP_83-Ferguson-et-al.pdf; Lee Fang, 'Donald Trump Exploited Long-Term Economic Distress to Fuel His Election Victory, Study Finds', *Intercept*, 31 October 2018, https://theintercept.com/2018/10/31/donald-trump-2016-election-economic-distress/.
32. Declan Walsh, 'Alienated and Angry, Coal Miners See Donald Trump as Their Only Choice', *New York Times*, 19 August 2016, https://www.nytimes.com/2016/08/20/world/americas/alienated-and-angry-coal-miners-see-donald-trump-as-their-only-choice.html; Sarah Sanders and Christina Mullins, '2016 West Virginia Overdose Fatality Analysis', West Virginia Bureau for Public Health, 20 December 2017, https://dhhr.wv.gov/bph/Documents/ODCP%20Reports%202017/2016%20West%20Virginia%20Overdose%20Fatality%20Analysis_004302018.pdf; Ed Pilkington, 'What happened when Walmart left,' *Guardian*, 9 July 2017, https://www.theguardian.com/us-

news/2017/jul/09/what-happened-when-walmart-left; Calvin A. Kent, 'Crisis in West Virginia's Coal Counties', National Association of Counties, 17 October 2016, https://www.naco.org/articles/crisis-west-virginia's-coal-counties.

33. Dartunorro Clark, 'Pelosi says no Covid-19 relief before election day, blames White House for failing "miserably",' NBCNews, 27 October 2020..
34. Angelique Chrisafis, 'Jean-Marie Le Pen fined again for dismissing Holocaust as "detail"', *Guardian*, 6 April 2016, https://www.theguardian.com/world/2016/apr/06/jean-marie-le-pen-fined-again-dismissing-holocaust-detail.
35. Lara Marlowe, 'Marine Le Pen: "The EU is dead. Long live Europe"', *Irish Times*, 23 February 2019, https://www.irishtimes.com/news/world/europe/marine-le-pen-the-eu-is-dead-long-live-europe-1.3801809.
36. Angelique Chrisafis, 'Marine Le Pen not guilty of inciting religious hatred', *Guardian*, 15 December 2015, https://www.theguardian.com/world/2015/dec/15/marine-le-pen-not-guilty-inciting-religious-hatred-lyon-french-front-national.
37. Peter H. Koepf, 'The AfD's populist rhetoric attracts those who are traumatized by the past and scared of the future', *German Times*, October 2019, http://www.german-times.com/the-afds-populist-rhetoric-attracts-those-who-are-traumatized-by-the-past-and-scared-of-the-future/ ; Johannes Hillje, 'Return to the Politically Abandoned: Conversations in Right-Wing Populist Strongholds in Germany and France', Das Progressive Zentrum, 2018, https://www.progressives-zentrum.org/wp-content/uploads/2018/10/Return-to-the-politically-abandoned-Conversations-in-right-wing-populist-strongholds-in-Germany-and-France_Das-Progressive-Zentrum_Johannes-Hillje.pdf. Seán Clarke, 'German elections 2017: full results', *Guardian*, 25 September 2017, https://www.theguardian.com/world/ng-interactive/2017/sep/24/german-elections-2017-latest-results-live-merkel-bundestag-afd.
38. Claude Brodesser-Akner, 'I Went to a Trump Rally Last Night and Mingled with the Crowd. Here's What Happened', New Jersey Advance Media, August 2018, https://www.nj.com/politics/2018/08/i_put_on_my_best_camouflage_shorts_and_went_to_a_t.html; Kim Willsher, 'Rural France pledges to vote for Le Pen as next president', *Guardian*, 4 September 2016, https://www.theguardian.com/world/2016/sep/03/rural-france-pledges-to-vote-for-le-pen-president.
39. OECD, 'All in it together? The experience of different labour market groups following the crisis', OECD Employment Outlook, 2013, http://dx.doi.org/10.1787/empl_outlook-2013-5-en; Jason Furman, 'The American Working Man Still Isn't Working', *Foreign Affairs*, 19 September 2019, https://www.foreignaffairs.com/articles/united-states/2019-09-19/american-working-man-still-isnt-working. この時期、男性のメンタルヘルスは、女性よりも大きなダメージを受けた。A. Bacigalupe, S. Esnaola, and U. Martín, 'The impact of the Great Recession on mental health and its inequalities: the case of a Southern European region, 1997-2013', *International Journal for Equity in Health* 15 (2016), https://doi.org/10.1186/s12939-015-0283-7. Note also, however, that men regained jobs faster than women: Dominic Rushe, 'Women Hit Hardest in US Economic Recovery as Jobs Growth Slows', *Guardian*, 6 April 2012, https://www.theguardian.com/business/2012/apr/06/women-hit-hard-us-economic-recession; Brian Groom, 'Low-skilled workers hit hardest by recession', *Financial Times*, 20 July 2011, https://www.ft.com/content/9e874afa-b2b4-11e0-bc28-00144feabdc0.
40. 実際、プリンストン大学のノーム・ギドロンとハーバード大学のピーター・ホールが、1987〜2014年の所得上位20カ国(英国、米国、フランスを含む)の投票パターンを分析したところ、過去25年間に「自分と同じような人々」の社会的地位が低下したと感じている人ほど、右派ポピュリストに投票する可能性が高いことがわかった。社会的地位が最も低下したと認識されたグループは、高卒以下の白人労働者階級だった。Noam Gidron and Peter A. Hall, 'The politics of social status: economic and cultural roots of the

populist right', *The British Journal of Sociology* (2017), https://scholar.harvard.edu/files/hall/files/gidronhallbjs2017.pdf.
経済学者の故アラン・クルーガーによると、労働力にもはや加わらなくなったときの精神的苦痛に基づくと、男性は女性と比べて、みずからのアイデンティティーを仕事により定義する傾向がある。以下を参照のこと。Alan B. Krueger, 'Where Have All the Workers Gone? An Inquiry into the Decline of the U.S. Labor Force Participation Rate,' *Brookings Papers on Economic Activity* 2 (2017), 1–87, https://doi.org/10.1353/eca.2017.0012.

41. 'Trump: We're putting our great coal miners back to work', Fox Business, 21 August 2018, https://www.youtube.com/watch?v=XnSlzBcLLGs.
42. Noam Gidron and Peter A. Hall, 'The politics of social status: economic and cultural roots of the populist right', *The British Journal of Sociology* 68, no. 1 (November 2017), S57–S84, https://doi.org/10.1111/1468-4446.12319; idem., 'Understanding the political impact of white working-class men who feel society no longer values them', The London School of Economics, 28 December 2017, https://blogs.lse.ac.uk/politicsandpolicy/understanding-the-political-impact-of-white-working-class-men/. 同時に、主流派メディアにおける人種平等やジェンダー平等を強調する文化的枠組みのシフトは、自分が白人または男性であることを社会的立場の根拠と考えていた人の主観的地位意識を脅かしてきた可能性がある。以下なども参照のこと。Noam Gidron and Peter A. Hall, 'Populism as a Problem of Social Integration', The Hebrew University Department of Political Science, December 2018, https://scholar.harvard.edu/files/hall/files/gidronhalldec2018.pdf.
43. 以下に引用されていた。Noam Gidron and Peter A. Hall, 'The politics of social status: economic and cultural roots of the populist right'.
44. Donald Trump. Twitter post. 28 October 2020, 5:05 pm.
45. これはコミュニティーにとくにアピールする。以下を参照のこと。Seymour Martin Lipset, 'Democracy and Working-Class Authoritarianism', *American Sociological Review* 24, no. 4 (1959), 482–501, https://doi.org/10.2307/2089536.
46. 'List of post-election Donald Trump rallies', Wikipedia, 2016, https://en.wikipedia.org/wiki/List_of_post-election_Donald_Trump_rallies.
47. オバマの中間選挙の政治集会は、(聞いたところでは)服装などはコーディネートされておらず、来場者の多くは民主党グッズを身につけず普段着姿だった。以下を参照のこと。Katy Tur, 'Why Barack Obama's Rallies Feel so Different from Donald Trump's', NBC News, 5 November 2018, https://www.nbcnews.com/politics/donald-trump/what-i-learned-last-weekend-s-rallies-donald-trump-barack-n931576.
48. Claude Brodesser-Akner, 'I Went to a Trump Rally Last Night and Mingled with the Crowd. Here's What Happened', New Jersey Advance Media, August 2018, https://www.nj.com/politics/2018/08/i_put_on_my_best_camouflage_shorts_and_went_to_a_t.html.
49. Lauren Katz, 'Trump rallies aren't a sideshow – they're his entire campaign', *Vox*, 6 November 2019, https://www.vox.com/policy-and-politics/2019/11/6/20950388/donald-trump-rally-2020-presidential-election-today-explained.
50. 'Inside a Trump rally', *Vox*: *Today, Explained*, https://podcasts.apple.com/gb/podcast/inside-a-trump-rally/id1346207297?i=1000456034947.
51. Alexandra Homolar and Ronny Scholz 'The power of Trump-speak: populist crisis narratives and ontological security,' *Cambridge Review of International Affairs* 32, no. 3 (March 2019), 344–64, https://doi.org/10.1080/09557571.209.1575796.
52. Johnny Dwyer, 'Trump's Big Tent Revival', *Topic Magazine*, April 2019, https://www.topic.com/trump-s-big-tent-revival.
53. 最もよく使われた内容語、つまり「および」「その」「しかし」などの機能語を除く。以下を参照のこと。Table 1 in Alexandra Homolar and Ronny Scholz, 'The power of Trump-speak: populist crisis narratives

and ontological security', Cambridge Review of International Affairs 32, no. 3 (2019), 344–64, https://doi.org/10.1080/09557571.2019.1575796.

54. Johnny Dwyer, 'Trump's Big Tent Revival'.
55. Ibid.
56. 以下などを参照のこと。John Hendrickson, 'Donald Down the Shore', *The Atlantic*, 29 January 2020, https://www.theatlantic.com/politics/archive/2020/01/trumps-wildwood-new-jersey-rally-showed-2020-plan/605704/; Josie Albertson-Grove, 'Trump rally draws thousands, many less involved in politics', Union Leader Corp, 10 February 2020, https://www.unionleader.com/news/politics/voters/trump-rally-draws-thousands-many-less-involved-in-politics/article_e7ece61ba391-5c44-91f2-7cebff6fd514.html; Roy F. Baumeister and Mark R. Leary, 'The need to belong: Desire for interpersonal attachments as a fundamental human motivation', *Psychological Bulletin* 117, no. 3 (1995), 497–529, https://doi.org/10.1037/0033-2909.117.3.497.
57. Laurens Cerulus, 'Inside the far right's Flemish victory,' Politico, 27 May 2019, https://www.politico.eu/article/inside-the-far-rights-flemish-victory/.
58. Lori Hinnant, 'Europe's far-right parties hunt down the youth vote', AP News, 16 May 2019, https://apnews.com/7f177b0cf15b4e87a53fe4382d6884ca.
59. Judith Mischke, 'Meet the AfD Youth', Politico, 31 August 2019, https://www.politico.eu/article/meet-the-afd-youth-germany-regional-election-far-right/.
60. Hinnant, 'Europe's far right parties'; Cerulus, 'Inside the far right's Flemish victory'.
61. 以下などを参照のこと。Giovanna Greco, 'European elections 2019, interview Massimo Casanova – Lega Foggia, Lesina and the South give Europe to the Bolognese Casanova: Salvini's "fraternal friend" is the most voted league player', *Foggia Today*, 27 May 2019, https://www.foggiatoday.it/politica/massimo-casanova-elezioni-europee-sud-intervista.html.
62. Daniele Albertazzi, Arianna Giovannini and Antonella Seddone, '"No Regionalism Please, We Are Leghisti!" The Transformation of the Italian Lega Nord under the Leadership of Matteo Salvini', *Regional & Federal Studies* 28, no. 5 (20 October 2018), 645–71, https://doi.org/10.1080/13597566.2018.1512977
63. 'EU election results: Italy's League wins more than a third of vote', The Local Italy, 27 May 2019, https://www.thelocal.it/20190527/italy-european-election-resullts.
64. Alexander Stille, 'How Matteo Salvini pulled Italy to the far right', *Guardian*, 9 August 2018, https://www.theguardian.com/news/2018/aug/09/how-matteo-salvini-pulled-italy-to-the-far-right.
65. コミュニティーの渇望は、フランスの黄色いベスト運動の拡大も支えた。この運動は、大都市の社会的・文化的ダイナミズムや、小さな町や村のコミュニティー中心の生活から切り離された人々が暮らす郊外で始まり、人々が集まって物理的な帰属空間を形成できる環状交差点で急拡大した。
66. Enrique Hernández and Hanspeter Kriesi, 'The electoral consequences of the financial and economic crisis in Europe', European University Institute, 2016, https://core.ac.uk/download/pdf/131933452.pdf; Hanspeter Kriesi, 'The Political Consequences of the Financial and Economic Crisis in Europe: Electoral Punishment and Popular Protest', *Swiss Political Science Review* 18, no. 4 (2012), 518–22, doi:10.1111/spsr.12006.
67. David Smith and Emily Holden, 'In shadow of pandemic, Trump seizes opportunity to push through his agenda', *Guardian*, 9 April 2020, https://www.theguardian.com/us-news/2020/apr/09/in-shadow-of-pandemic-trump-seizes-opportunity-to-push-through-his-agenda; Will Steakin, 'Inside Trump's reelection effort amid the pandemic: Digital canvassing, virtual trainings and marathon press briefings', ABC News, 30 March 2020, https://abcnews.go.com/Politics/inside-trumps-pandemic-reelection-effort-digital-canvassing-virtual/story?id=69800843.
68. Guy Hedgecoe, 'Spanish elections: How the far-right Vox party found its footing', BBC News, 11 November 2019, https://www.bbc.co.uk/news/world-europe-46422036; 'Vlaams Belang breaks half

a million likes on Facebook', *Brussels Times*, 18 February 2020, https://www.brusselstimes.com/belgium/95666/vlaams-belang-breaks-past-half-a-million-likes-as-it-splurges-big-on-facebook/. たとえばスペインの右派ポピュリスト政党VOXは、2020年4月、どの主要政党よりも多くのソーシャルメディア・インタラクションを生み出した('Spain's far right, the clear leaders in social media', France 24, 27 April 2019, https://www.france24.com/en/20190427-spains-far-right-clear-leader-social-media)。その一方で、最近結成された一部の極右政党は、コロナ禍を利用してソーシャルメディアにフェイクニュースを大量に流した。'Extremist groups are using coronavirus to push fake news on social media, report warns', *Brussels Times*, 8 May 2020, https://www.brusselstimes.com/belgium/110431/extremist-groups-are-using-coronavirus-to-pump-fake-news-on-social-media-report-warns/.

69. M. Salmela and C. von Scheve, 'Emotional Dynamics of Right- and Left-wing Political Populism', *Humanity & Society* 42, no. 4 (September 2018), 434–54, https://doi.org/10.1177/0160597618802521.
70. Jia Lynn Yang, 'When Asian-Americans Have to Prove We Belong', *New York Times*, 10 August 2020, https://www.nytimes.com/2020/04/10/sunday-review/coronavirus-asian-racism.html.
71. Marc Champion, 'A Virus to Kill Populism, Or Make It Stronger', *Bloomberg*, 27 March 2020, https://www.bloomberg.com/news/articles/2020-03-27/will-coronavirus-kill-populism-or-strengthen-leaders-like-trump; 'Hungary's Orban blames foreigners, migration for coronavirus spread', *France* 24, 13 March 2020, https://www.france24.com/en/20200313-hungary-s-pm-orban-blames-foreign-students-migration-for-coronavirus-spread.
72. Jeremy Cliffe, 'How populist leaders exploit pandemics', *New Statesman*, 18 March 2020, https://www.newstatesman.com/world/2020/03/how-populist-leaders-exploit-pandemics.
73. 中世の時代、ユダヤ人は疫病を運ぶ存在として描かれたり、14世紀に欧州でペストが大流行したときは、わざと「井戸に毒を入れた」として非難されたりした。Donald G. McNeil, Jr., 'Finding a Scapegoat When Epidemics Strike', *New York Times*, 31 August 2009, https://www.nytimes.com/2009/09/01/health/01plague.html; 以下も参照のこと。Simon Schama, 'Plague time: Simon Schama on what history tells us', *Financial Times*, 10 April 2020, https://www.ft.com/content/279dee4a-740b-11ea-95fe-fcd274e920ca.
74. Laura Gohr, 'Angry Germans Explain Their Country's Surging Right-Wing Movement', *Vice*, 27 September 2017, https://www.vice.com/en_uk/article/xwgg9w/wir-haben-afd-wahler-unmittelbar-nach-ihrer-stimmabgabe-gefragt-warum; Jefferson Chase, 'Germany's populist AfD party seeks to reboot migrant fears', DW, 21 August 2017, https://www.dw.com/en/germanys-populist-afd-party-seeks-to-reboot-migrant-fears/a-40176414.
75. Aamna Mohdin, 'How Germany took in one million refugees but dodged a populist uprising', *Quartz*, 22 September 2017, https://qz.com/1076820/german-election-how-angela-merkel-took-in-one-million-refugees-and-avoided-a-populist-upset/.
76. Gohr, 'Angry Germans Explain.'
77. Mara Bierbach, 'How much money do refugees in Germany get?', Infomigrants, 12 September 2017, https://www.infomigrants.net/en/post/5049/how-much-money-do-refugees-in-germany-get; Nihad El-Kayed and Ulrike Hamann, 'Refugees' Access to Housing and Residency in German Cities: Internal Border Regimes and Their Local Variations', *Social Inclusion* 6, no. 1 (2018), 135, https://doi.org/10.17645/si.v6i1.1334. また、移民は福祉のただ乗りをしていると描こうとする右派ポピュリストは、社会的に排除・追放されたと感じている人たちが、陰謀論に弱く、まったく異なる出来事につながりがあると思い込みやすいという事実にも助けられている。以下を参照のこと。Matthew Hutson, 'Conspiracy Theorists May Really Just Be Lonely', *Scientific American*, 1 May 2017, https://www.scientificamerican.com/article/conspiracy-theorists-may-really-just-be-lonely/; original study: Damaris Graeupner and Alin Coman, 'The dark side of meaning-making: How social exclusion leads to superstitious thinking', *Journal of Experimental Social Psychology* 69 (October 2016),

https://doi.org/10.1016/j.jesp.2016.10.003. 以下も参照のこと。'Chaos at the gates of Paris: Inside the sprawling migrant camps nobody talks about,' *The Local* (France), 29 March 2019, https://www.thelocal.fr/20190329/out-of-sight-but-still-there-the-scandal-of-squalid-paris-migrant-camps; Louis Jacobson and Miriam Valverde, 'Donald Trump's False claim veterans treated worse than illegal immigrants', Politifact, 9 September 2016, https://www.politifact.com/truth-o-meter/statements/2016/sep/09/donald-trump/trump-says-veterans-treated-worse-illegal-immigrants/.

78. Vera Messing and Bence Ságvári, 'What drives anti-migrant attitudes?' Social Europe, 28 May 2019, https://www.socialeurope.eu/what-drives-anti-migrant-attitudes.
79. Ibid。米国については以下も参照のこと。Sean McElwee, 'Anti-Immigrant Sentiment Is Most Extreme in States Without Immigrants', Data for Progress, 5 April 2018, https://www.dataforprogress.org/blog/2018/4/5/anti-immigrant-sentiment-is-most-extreme-in-states-without-immigrants.
80. Senay Boztas, 'Dutch prime minister warns migrants to "be normal or be gone", as he fends off populist Geert Wilders in bitter election fight', *Telegraph*, 23 January 2017, https://www.telegraph.co.uk/news/2017/01/23/dutch-prime-minister-warns-migrants-normal-gone-fends-populist/.
81. Jon Henley, 'Centre-left Social Democrats victorious in Denmark elections', *Guardian*, 5 June 2019, https://www.theguardian.com/world/2019/jun/05/centre-left-social-democrats-set-to-win-in-denmark-elections; idem., 'Denmark's centre-left set to win election with anti-immigration shift', 4 June 2019, *Guardian*, https://www.theguardian.com/world/2019/jun/04/denmark-centre-left-predicted-win-election-social-democrats-anti-immigration-policies.
82. Hannah Arendt, *The Origins of Totalitarianism* (Harcourt, 1951), p.356.
83. E. Amy Buller, *Darkness Over Germany: A Warning from History* (Longmans, Green, & Co., 1943).

❖第4章

1. Judith Flanders, *The Victorian City: Everyday Life in Dickens' London* (Atlantic Books, 2012), p.438.
2. Nick Tarver, 'Loneliness Affects "Half of Adults"', BBC News, 18 October 2013, https://www.bbc.com/news/uk-england-24522691.
3. このシティ・インデックス調査は、2016年9月に4大陸18都市2万人の読者から回答を得た。Guy Parsons, 'London Is among the Loneliest Cities in the World', *Time Out*, 16 February 2017, https://www.timeout.com/london/blog/london-is-among-the-loneliest-cities-in-the-world-021617.
4. 'Rural Loneliness Is Making People Die Earlier. Here Are Four Ways to Tackle It', *Apolitical*, 26 November 2018, https://apolitical.co/en/solution_article/rural-loneliness-making-people-die-earlier-four-ways-to-tackle-it; Margaret Bolton, 'Loneliness: The State We're In', Age UK Oxfordshire, 2012, https://www.campaigntoendloneliness.org/wp-content/uploads/Loneliness-The-State-Were-In.pdf; Jane Hart, 'Older People in Rural Areas: Vulnerability Due to Loneliness and Isolation' (Rural England, April 2016), https://ruralengland.org/wp-content/uploads/2016/04/Final-report-Loneliness-and-Isolation.pdf.
5. さらにEU統計局のデータによると、欧州の都市住民は農村部の住民よりも孤独であることを示している。以下を参照のこと。'Do Europeans Feel Lonely?', European Commission: Eurostat, 28 June 2017, https://ec.europa.eu/eurostat/web/products-eurostat-news/-/DDN-20170628-1; 'Children's and Young People's Experiences of Loneliness: 2018', Office for National Statistics, 2018, https://www.ons.gov.uk/peoplepopulationandcommunity/wellbeing/articles/childrensandyoungpeoplesexperiencesofloneliness/2018#how-common-is-loneliness-in-children-and-young-people. 米国では、農村部の住民はもっと社会的関係があり、孤独の感覚が小さいことがわかっている。以下を参照のこと。Carrie Henning–Smith, Ira Moscovice and Katy Kozhimannil, 'Differences in Social Isolation and Its Relationship to Health by Rurality', *The Journal of Rural Health* 35, no. 4 (2019), https://doi.org/10.1111/jrh.12344. 以下も参照のこと。Keming Yang, *Loneliness: A Social Problem* (Routledge,

2019). Bear in mind however that the vast majority of studies conducted on loneliness are run in cities, so we have relatively less empirical data on rural loneliness.

6. 教育や経済的な機会を求めて若者が高齢者を置いて移住する現象は世界中で見られる。コロナ禍でその潮流が逆転するかどうかは、まだわからない。以下などを参照のこと。Hu Xiaochu, 'China's Young Rural-to-Urban Migrants: In Search of Fortune, Happiness, and Independence', Migration Policy.org, 4 January 2012, https://www.migrationpolicy.org/article/chinas-young-rural-urban-migrants-search-fortune-happiness-and-independence; 'Rural America Is Losing Young People–Consequences and Solutions', Wharton Public Policy Initative, 23 March 2018, https://publicpolicy.wharton.upenn.edu/live/news/2393-rural-america-is-losing-young-people-; 'Britain "Growing Apart" as Young People Leave Rural Areas', Rural Services Network, 28 October 2019, http://www.rsnonline.org.uk/britain-growing-apart-as-young-people-leave-rural-areas.
7. これは、たとえば英国にいえることだ。以下を参照のこと。Paul Swinney, 'Is It Fair That Cities Get More Money than Rural Areas?', Centre for Cities, 26 February 2019, https://www.centreforcities.org/blog/is-it-fair-that-cities-get-more-money-than-rural-areas/.
8. Stanley Milgram, 'The Experience of Living in Cities', *Science* 167, no. 3924 (13 March 1970), 1461–68, https://doi.org/10.1126/science.167.3924.1461; Jamil Zaki, 'The Technology of Kindness', *Scientific American*, 6 August 2019, https://www.scientificamerican.com/article/the-technology-of-kindness/.
9. Denis Corroyer and Gabriel Moser, 'Politeness in the Urban Environment: Is City Life Still Synonymous With Civility?', *Environment and Behavior* 33, no. 5 (September 2003), 611–25, https://doi.org/10.1177/00139160121973151.
10. 選択肢が6つだけだと、ジャムを購入する人は30%だが、24種類あると3%に低下する。Sheena S. Iyengar and Mark R. Lepper, 'When Choice Is Demotivating: Can One Desire Too Much of a Good Thing?', *Journal of Personality and Social Psychology* 79, no. 6 (2000), 995–1006.
11. この「都会過剰負担論」は、1970年に異端児的な社会心理学者スタンレー・ミルグラムが提唱したもので、歳月とともに批判が増えてきたが、孤独に関しては、依然として重要な要因である。外的行動を要する傍観者の介入などとは異なり、孤独は内面化された状態である。素人にもわかりやすい概論として、以下を参照のこと。Madhavi Prashant Patil, 'Overload and the City', Urban Design Mental Health, 6 March 2016, https://www.urbandesignmentalhealth.com/blog/overload-and-the-city。ミルグラムのオリジナルの論文は以下を参照のこと。Milgram, 'The Experience of Living in Cities,' *Science* 167, no. 3924 (1970), 1461–8, https://doi.org/10.1126/science.167.3924.1461.
12. Shannon Deep, '"Hello" Isn't Always "Hello" in NYC', *Huffington Post*, 6 January 2015: https://www.huffpost.com/entry/new_3_b_6103200.
13. 上海、香港、イスタンブール、バルセロナでは、デシベル・レベルが非常に高いため、平均的な住民は大幅な聴力低下となる可能性がある。聴力検査アプリMimiが2017年に行った調査によると、世界騒音指数の上位都市の平均的住民の聴力は、実際の年齢よりも10〜20歳上に相応する聴力に低下している。以下を参照のこと。'Worldwide Hearing Index 2017', Mimi, 8 March 2017, https://www.mimi.io/en/blog/2017/3/8/worldwide-hearing-index-2017; Alex Gray, 'These are the cities with the worst noise pollution', World Economic Forum, 27 March 2017, https://www.weforum.org/agenda/2017/03/these-are-the-cities-with-the-worst-noise-pollution/.
14. 以下も参照のこと。Veronica-Diana Armaşu, 'Modern Approaches to Politeness Theory: A Cultural Context', *Lingua: Language and Culture* 11, no. 1 (2012);以下も参照のこと。James Cooray Smith, 'The Tube Chat badges show that London isn't rude: it has a negative politeness culture', City Metric, 30 September 2016, https://www.citymetric.com/horizons/tube-chat-badges-show-london-isnt-rude-it-has-negative-politeness-culture-2481.
15. 'What Walking Speeds Say About Us', BBC News, 2 May 2007, http://news.bbc.co.uk/1/hi/magazine/6614637.stm.

16. 'Welcome to the Pace of Life Project', Pace of Life, http://www.richardwiseman.com/quirkology/pace_home.htm.
17. Robert V. Levine and Ara Norenzayan, 'The Pace of Life in 31 Countries', *Journal of Cross-Cultural Psychology* 30, no. 2 (March 1999), 178–205, https://doi.org/10.1177/0022022199030002003.
18. 18 Eric Jaffe, 'Why People in Cities Walk Fast', *CityLab*, 21 March 2012, https://www.citylab.com/life/2012/03/why-people-cities-walk-fast/1550/.
19. John M. Darley and C. Daniel Batson, '"From Jerusalem to Jericho": A study of Situational and Dispositional Variables in Helping Behavior', *Journal of Personality and Social Psychology* 27, no. 1 (1973), 100–108, https://doi.org/10.1037/h0034449.
20. より顔見知りのパートナーとの社会的交流後は、もっとポジティブな影響が報告されている。(J.R. Vittengl and Craig S. Holt, 'Positive and negative affect in social interactions as a function of partner familiarity, quality of communication, and social anxiety', *Journal of Social and Clinical Psychology* 17, no. 2 (1998b), 196–208, https://doi.org/10.1521/jscp.1998.17.2.196). もっと親密で、有意義な会話をすると、孤独は低下し、幸福感は上昇し、共感が高まる。以下を参照のこと。L. Wheeler, H. Reis, and J. Nezlek, 'Loneliness, social interaction, and sex roles', *Journal of Personality and Social Psychology* 45, no. 4 (1983), 943–53, https://doi.org/10.1037/0022-3514.45.4.943; Matthias R. Mehl et al., 'Eavesdropping on happiness: Well-being is related to having less small talk and more substantive conversations, *Psychological Science* 21, no. 4 (2010), 539–41, https://doi.org/10.1177/0956797610362675; H. Reis et al., 'Daily Well-Being: The Role of Autonomy, Competence, and Relatedness', *Personality and Social Psychology Bulletin* 26, no. 4 (April 2000), 419–35, https://doi.org/10.1177/0146167200266002.
21. Gillian M. Sandstrom and Elizabeth W. Dunn, 'Is Efficiency Overrated?: Minimal Social Interactions Lead to Belonging and Positive Affect', *Social, Psychological and Personality Science* 5, no. 4 (May 2014), 437–42, https://doi.org/10.1177/1948550613502990.
22. 不可避的に、こうした事例を読者がどれほど皮肉に感じるかは、文化的な違いがあるだろう。
23. Manuel G. Calvo, Hipólito Marrero and David Beltrán, 'When does the brain distinguish between genuine and ambiguous smiles? An ERP study', *Brain and Cognition* 81, no. 2 (2013), 237–46, https://doi.org/10.1016/j.bandc.2012.10.009; Manuel G. Calvo, Aida Gutiérrez-García, Pedro Avero and Daniel Lundqvist, 'Attentional mechanisms in judging genuine and fake smiles: Eye-movement patterns', *Emotion* 13, no. 4 (2013), 792–802, https://doi.org/10.1037/a0032317; Manuel G. Calvo, Andrés Fernández-Martín and Lauri Nummenmaa, 'Perceptual, categorical, and affective processing of ambiguous smiling facial expressions', *Cognition* 125, no. 3 (2012), 373–93, https://doi.org/10.1016/j.cognition.2012.07.021.
24. Gillian M. Sandstrom, 'Social Interactions and Well-being: the Surprising Power of Weak Ties', The University of British Columbia, 2013: 86, https://pdfs.semanticscholar.org/822e/cdd2e3e02a3e56b507fb93262bab58089d44.pdf.
25. 以下も参照のこと。Wendell Cox, 'Length of Residential Tenure: Metropolitan Areas, Urban Cores, Suburbs and Exurbs', *New Geography*, 17 October 2018, https://www.newgeography.com/content/006115-residential-tenure.
26. 'In London, Renters Now Outnumber Homeowners', CityLab, 25 February 2016, https://www.citylab.com/equity/2016/02/londons-renters-now-outnumber-homeowners/470946/; 'Good News For Landlords – Average UK Tenancy Lengths Increase', Letslivehere, 2018, https://www.letslivehere.co.uk/average-uk-tenancy-lengths-increase/.
27. 'Series IB: All Occupied Housing Units by Tenure, United States Census Bureau, 2014, https://www.census.gov/data/tables/time-series/demo/nychvs/series-1b.html, see data at 'Year Householder Moved Into Unit' and 'Reason Householder Moved from Previous Residence'; 'New York City Housing and Vacancy Survey (NYCHVS)', United States Census Bureau, https://www.

census.gov/programs-surveys/nychvs/data/tables.html. 米国では、経済的要因と人口動態的要因の組み合わせから、人々は同じ場所に長期間住むようになってきたが、多くの都市ではマイホームよりも賃貸住宅に住む人の割合が高く、賃借人は住宅所有者よりもはるかに頻繁に引っ越す。以下などを参照のこと。Sabrina Tavernise, 'Frozen In Place: Americans Are Moving at the Lowest Rate on Record', *New York Times*, 20 November 2019, https://www.nytimes.com/2019/11/20/us/american-workers-moving-states-.html. 米国勢調査局は2019年11月、米国人の引越しは数十年ぶりの低水準だと発表した。Balazs Szekely, 'Renters Became the Majority Population in 22 Big US Cities', Rent Café Blog, 25 January 2018, https://www.rentcafe.com/blog/rental-market/market-snapshots/change-renter-vs-owner-population-2006-2016; Wendell Cox, 'Length of Residential Tenure: Metropolitan Areas, Urban Cores, Suburbs and Exurbs', *New Geography*, 17 October 2018, https://www.newgeography.com/content/006115-residential-tenure.

28. Kim Parker, Juliana Menasce Horowitz, Anna Brown, Richard Fry, D'Vera Cohn and Ruth Igielnik, 'What Unites and Divides Urban, Suburban and Rural Communities', Pew Research Center, 22 May 2018, https://www.pewsocialtrends.org/2018/05/22/what-unites-and-divides-urban-suburban-and-rural-communities/.
29. Peter Stubley, 'Berlin to freeze rents and give tenants rights to sue landlords after rising costs force residents out to suburbs', *Independent*, 23 October 2019, https://www.independent.co.uk/news/world/europe/berlin-rent-freeze-tenants-sue-landlords-housing-crisis-germany-a9167611.html.
30. Ben Knight, 'Berlin's new rent freeze: How it compares globally', *Deutsche Welle*, 23 October 2019, https://www.dw.com/en/berlins-new-rent-freeze-how-it-compares-globally/a-50937652.
31. Prasanna Rajasekaran, Mark Treskon, Solomon Greene, 'Rent Control: What Does the Research Tell Us about the Effectiveness of Local Action?', Urban Institute, January 2019, https://www.urban.org/sites/default/files/publication/99646/rent_control._what_does_the_research_tell_us_about_the_effectiveness_of_local_action_1.pdf. 以下などを参照のこと。Noah Smith, 'Yup, Rent Control Does More Harm Than Good', *Bloomberg Opinion*, 18 January 2018, https://www.bloomberg.com/opinion/articles/2018-01-18/yup-rent-control-does-more-harm-than-good; これにはアムステルダムが含まれる。同市は2019年、（部屋貸しではなく）住宅を丸々貸し出す場合は年間30泊以内とする規制を定めた。同様の上限はレイキャビク、ハンブルク、トロント、およびデンマーク、ギリシャ、イタリアの全都市にもある。ロンドンは2017年に上限を90日と設定したが、多くのホストは複数のサイトに物件を掲載することにより取締りを逃れているとされる。シンガポールでは、3カ月以内の住宅貸し出しは違法とされており、違法に予約した旅行者は建物の警備員によって入室を阻まれるとされる。ニュージーランドなどでは、短期賃貸を抑制する税制を策定中とされる。以下を参照のこと。Mallory Lochlear, 'Amsterdam will limit Airbnb rentals to thirty days a year', Engadget, 10 January 2018, https://www.engadget.com/2018-01-10-amsterdam-airbnb-rental-30-day-limit.html ; 'How London hosts can manage around Airbnb's 90-day limit', Happyguest, 2 June 2018, http://www.happyguest.co.uk/blog/how-london-hosts-can-manage-around-airbnbs-90-day-limit; Ian Lloyd Neubauer, 'Countries that are cracking down on Airbnb', New Daily, 30 August 2019, https://thenewdaily.com.au/life/travel/2019/08/30/countries-crack-down-airbnb/.
32. Joseph Stromberg, 'Eric Klinenberg on Going Solo', *Smithsonian Magazine*, February 2012, p.4, https://www.smithsonianmag.com/science-nature/eric-klinenberg-on-going-solo-19299815/.
33. 'All by myself', NYU Furman Center, 16 September 2015, https://furmancenter.org/thestoop/entry/all-by-myself; 'Cities with the largest percentage of single-person households in the United States in 2018', Statista, September 2019, https://www.statista.com/statistics/242304/top-10-us-cities-by-percentage-of-one-person-households/.
34. US Census Data, 2010, available at https://census.gov; 以下も参照のこと。Chuck Bennett, 'Poll: Half of Manhattan Residents live alone', *New York Post*, 30 October 2009, https://nypost.com/2009/10/30/poll-half-of-manhattan-residents-live-alone/. 2015年の時点で、ニューヨーク市の新

規住宅の54%がワンルームおよび1DKのアパートだった。以下を参照のこと。Jay Denton, 'Millennials Drive One-Bedroom Apartment Trend, But That Might Change', *Forbes*, 11 November 2015, https://www.forbes.com/sites/axiometrics/2015/11/11/millennials-drive-one-bedroom-apartment-trend-but-that-might-change/#7d0a58f439a9.

35. 'People in the EU: Statistics on Households and Family Structures', Eurostat, 26 May 2020, 8, https://ec.europa.eu/eurostat/statistics-explained/pdfscache/41897.pdf; 東京を含む日本の主要都市における一人暮らし情報については、以下を参照のこと。Richard Ronald, Oana Druta and Maren Godzik, 'Japan's urban singles: negotiating alternatives to family households and standard housing pathways', *Urban Geography* 39, no. 7 (2018), 1018–40, https://doi.org/10.1080/02723638.2018.1433924.
36. Ibid.
37. A.K.L. Cheung and W.J.J. Yeung, 'Temporal-spatial patterns of one-person households in China, 1982–2005', *Demographic Research* 32, no. 44 (2015), 1209－38, https://doi.org/10.4054/DemRes.2015.32. 44; Bianji Wu Chengliang, '"Empty-nest" youth reaches 58 million in China', *People's Daily Online*, 13 February 2018, http://en.people.cn/n3/2018/0213/c90000-9427297.html; 'Loneliness in the city', *CBRE*, https://www.cbre.co.uk/research-and-reports/our-cities/loneliness-in-the-city.
38. 米国の国勢調査のデータを2013年に調べた研究によると、一人暮らしは景気拡大期に最も急速に増えることがわかった。これはプライバシーという贅沢を「購入する」人が増えるためだ。以下を参照のこと。Rose M. Kreider and Jonathan Vespa, 'The Changing Face of Living Alone, 1880–2010', https://paa2014.princeton.edu/papers/140867.
39. Stromberg, 'Eric Klinenberg on *Going Solo*'.
40. Ibid.; Klinenberg, *Going Solo* (Penguin Random House, 2013).
41. Danielle Braff, 'Until Honeymoon We Do Part', *New York Times*, March 13 2019, https://www.nytimes.com/2019/03/13/fashion/weddings/until-honeymoon-we-do-part.html.
42. Béatrice d'Hombres, Sylke Schnepf, Matina Barjakovà and Francisco Teixeira Mendonça, 'Loneliness – an unequally shared burden in Europe', European Commission, 2018, https://ec.europa.eu/jrc/sites/jrcsh/files/fairness_pb2018_loneliness_jrc_i1.pdf.
43. Kimberley J. Smith and Christina Victor, 'Typologies of loneliness, living alone and social isolation, and their associations with physical and mental health', *Ageing Society* 39, no. 8 (August 2019), 1709–30, https://doi.org/10.1017/s0144686x18000132; A. Zebhauser et al., 'How much does it hurt to be lonely? Mental and physical differences between older men and women in the KORA-Age Study', *International Journal of Geriatric Psychiatry* 29, no. 3 (March 2014), 245–52; Gerdt Sundström et al., 'Loneliness among older Europeans', *European Journal of Ageing* 6, no. 4 (2009), 267–75, https://doi.org/10.1007/s10433-009-0134-8; 'Loneliness – What characteristics and circumstances are associated with feeling lonely? Analysis of characteristics and circumstances associated with loneliness in England using the Community Life Survey, 2016 to 2017', Office for National Statistics, 10 April 2018, https://www.ons.gov.uk/peoplepopulationandcommunity/wellbeing/articles/lonelinesswhatcharacteristicsandcircumstancesareassociatedwithfeelinglonely/2018-04-10; Alana Schetzer, 'Solo households on the rise, and so is feeling lonely and less healthy', *The Age*, 14 December 2015, https://www.theage.com.au/national/victoria/solo-households-on-the-rise-and-so-is-feeling-lonely-and-less-healthy-20151214-gln18b.html.
44. Zoe Wood, 'Tesco targets growing number of Britons who eat or live alone', *Guardian*, 6 July 2018, https://www.theguardian.com/business/2018/jul/06/tesco-targets-growing-number-of-britons-who-eat-or-live-alone.
45. マクバンという言葉は韓国語の「食べる」と「放送」を合成した表現。

46. Anjali Venugopalan, 'Feast & stream: Meet India's biggest mukbangers', *Economic Times*, 7 September 2019, https://economictimes.indiatimes.com/magazines/panache/feast-stream-meet-indias-biggest-mukbangers/articleshow/71027715.cms; 以下も参照のこと。Jasmin Barmore, 'Bethany Gaskin is the Queen of Eating Shellfish Online', *New York Times*, 11 June 2019, https://www.nytimes.com/2019/06/11/style/youtube-mukbang-bloveslife-bethany-gaskin.html; 'The Pleasure and Sorrow of the "Mukbang" Super Eaters of Youtube', *News Lens*, 25 June 2019, https://international.thenewslens.com/article/118747.
47. Tan Jee Yee, 'Google: The Future Consumer of APAC Will Do More than just Consume', Digital News Asia, 20 March 2020, https://www.digitalnewsasia.com/digital-economy/google-future-consumer-apac-will-do-more-just-consume.
48. 以下などを参照のこと。Hillary Hoffower, 'A 25-year-old YouTuber quit her job and now makes 6 figures recording herself eating, and it's a trend more and more influencers are cashing in on', *Business Insider*, April 10 2019, https://www.businessinsider.com/mukbang-influencers-youtube-money-six-figures-2019-4.
49. Andrea Stanley, 'Inside the Saucy, Slurpy, Actually Sorta Sexy World of Seafood Mukbang Influencers', *Cosmopolitan*, 9 April 2019, https://www.cosmopolitan.com/lifestyle/a27022451/mukbang-asmr-seafood-videos-youtube-money/.
50. 'The Pleasure and Sorrow of the 'Mukbang' Super Eaters of Youtube', News Lens, 25 June 2019, https://international.thenewslens.com/article/118747.
51. Kagan Kircaburun, Andrew Harris, Filipa Calado and Mark D. Griffiths, 'The Psychology of Mukbang Watching: A Scoping Review of the Academic and Non-academic Literature', *International Journal of Mental Health and Addiction* (2020), https://doi.org/10.1007/s11469-019-00211-0.
52. Hanwool Choe, 'Eating together multimodally: Collaborative eating in *mukbang*, a Korean livestream of eating', *Language in Society* (2019), 1–38, https://doi.org/10.1017/s0047404518001355
53. Andrea Stanley, 'Inside the Saucy, Slurpy, Actually Sorta Sexy World of Seafood Mukbang Influencers'.
54. 'This Rookie Korean Broadcast Jockey Earned $100,000 Through One Live Broadcast', Kpoptify, 30 July 2019, https://www.thekpoptify.co/blogs/news/this-rookie-korean-broadcast-jockey-earned-100-000-through-one-live-broadcast.
55. Victoria Young, 'Strategic UX: The Art of Reducing Friction', *Telepathy*, https://www.dtelepathy.com/blog/business/strategic-ux-the-art-of-reducing-friction; Yasmin Tayag, 'Neuroscientists just gave lazy humans a free pass', *Inverse*, 21 February 2017, https://www.inverse.com/article/28139-laziness-neuroscience-path-of-least-resistance-effort; 以下も参照のこと。Nobuhiro Hagura, Patrick Haggard and Jörn Diedrichsen, 'Perceptual decisions are biased by the cost to act', *eLife*, 21 February 2017, https://doi.org/10.7554/eLife.18422.
56. Melissa Matthews, 'These Viral 'Mukbang' Stars Get Paid to Gorge on Food – at the Expense of Their Bodies', *Men's Health*, 18 January 2019, https://www.menshealth.com/health/a25892411/youtube-mukbang-stars-binge-eat/.
57. この重要性については、1959年のセイモア・マーティン・リップマンの以下の重要論文などを参照のこと。'Some Social Requisites of Democracy', *The American Political Science Review* 53, no. 1 (1959), 69–105.
58. もちろんこの「市民」には、女性、20歳以下の男性、奴隷、都市国家アテネの外で生まれた者は含まれなかった。

❖第5章

1. Andrea Cheng, 'Amazon Go Looks to Expand As Checkout-Free Shopping Starts to Catch On

Across the Retail Landscape', *Forbes*, 21 November 2019, https://www.forbes.com/sites/andriacheng/2019/11/21/thanks-to-amazon-go-checkout-free-shopping-may-become-a-real-trend/#753d0285792b. ほかにも、この領域に進出している大手企業には、米国ではウォルマート、中国ではアリババ、英国ではテスコがある。いずれもアマゾンGOに類する完全自動化コンビニの実験を行っている。Nick Wingfield, Paul Mozur and Michael Corkery, 'Retailers Race Against Amazon to Automate Stores', *New York Times*, 1 April 2018, https://www.nytimes.com/2018/04/01/technology/retailer-stores-automation-amazon.html.

2. Melissa Gonzalez, M.J. Munsell and Justin Hill, 'The New Norm: Rewriting the Future of Purchasing Behaviour', *Advertising Week 360*, https://www.advertisingweek360.com/the-new-norm-rewriting-the-future-of-purchasing-behavior/.
3. Ulrike Malmendier and Stefan Nagel, 'Depression Babies: Do Macroeconomic Experiences Affect Risk Taking?', *The Quarterly Journal of Economics* 126, no. 1 (February 2011); 373–416, https://eml.berkeley.edu/~ulrike/Papers/DepressionBabies_59.pdf.
4. たとえば、ディスカウント店や1ドルショップに関する報道を、2009年（Stephanie Rosenbloom, 'Don't Ask, You Can Afford It', *New York Times*, 1 May 2009, https://www.nytimes.com/2009/05/02/business/02dollar.html)、2012年（Nin-Hai Tseng, 'Why dollar stores are thriving, even post-recession', *Fortune*, 2 April 2012, https://fortune.com/2012/04/02/why-dollar-stores-are-thriving-even-post-recession/)、2020年4月（Pearl Wang, '2 Discount Retailers That Will Thrive in a Recession', *Motley Fool*, 22 April 2020, https://www.fool.com/investing/2020/04/22/two-discount-retailers-that-will-thrive-in-a-reces.aspx)と比較してみるといい。
5. Frank Swain, 'Designing the Perfect Anti-Object', *Medium*, 5 December 2013, https://medium.com/futures-exchange/designing-the-perfect-anti-object-49a184a6667a; 'Unpleasant Design & Hostile Urban Architecture', *99% Invisible*, 7 May 2016, https://99percentinvisible.org/episode/unpleasant-design-hostile-urban-architecture/.
6. オリジナルのツイートは以下。https://twitter.com/rebel_machine/status/940199856425046017?lang=en; Josh Cohen, 'New Anti-Homeless Architecture: Seattle Uses Bike Racks to Block Rough Sleepers', *Guardian*, 24 January 2018, https://www.theguardian.com/cities/2018/jan/24/anti-homeless-architecture-seattle-bike-racks-block-rough-sleepers.
7. Jasmine Lee, 'The Unpleasant Truth of Hong Kong's Anti-Homeless Urban Design', *Harbour Times*, 15 May 2017, https://harbourtimes.com/2017/05/15/the-unpleasant-truth-of-hong-kongs-anti-homeless-urban-design/.
8. 教会側は偶然だと主張した。'Saint Mary's Cathedral Drenches Homeless With Water', CBS SF Bay Area, 18 March 2015, https://sanfrancisco.cbslocal.com/2015/03/18/homeless-saint-marys-cathedral-archdiocese-san-francisco-intentionally-drenched-water-sleeping/.
9. 'What is the Mosquito', Moving Sound Technologies, https://www.movingsoundtech.com; 'Sonic Science: The High–Frequency Hearing Test', *Scientific American*, 23 May 2013, https://www.scientificamerican.com/article/bring-science-home-high-frequency-hearing/.
10. Michaela Winberg, 'Can You Hear It? Sonic Devices Play High Pitched Noises to Repel Teens', NPR, 10 July 2019, https://www.npr.org/2019/07/10/739908153/can-you-hear-it-sonic-devices-play-high-pitched-noises-to-repel-teens?t=1570361354751.
11. John Metcalfe, 'Pink Lights, Talking Cameras, and High–Pitched Squeals: The World's Weirdest Anti-Loitering Technologies,' *City Lab*, 20 March 2012, https://www.citylab.com/life/2012/03/pink-lights-talking-cameras-and-high-pitched-squeals-worlds-weirdest-anti-loitering-technologies/1533/.
12. 'Pink lights put off spotty teens', BBC News, 25 March 2009, http://news.bbc.co.uk/1/hi/england/nottinghamshire/7963347.stm; 以下も参照のこと。John Metcalfe, 'Pink Lights, Talking Cameras, and High-Pitched Squeals: The World's Weirdest Anti-Loitering Technologies'.
13. 'Broken Windows Policing', Center for Evidence-Based Crime Policy, https://cebcp.org/evidence-

based-policing/what-works-in-policing/research-evidence-review/broken-windows-policing/.

14. Shankar Vedantum, Chris Benderev, Tara Boyle, Renee Klahr, Maggie Penman and Jennifer Schmidt, 'How A Theory of Crime And Policing Was Born, And Went Terribly Wrong', WBUR, 1 November 2016, https://www.wbur.org/npr/500104506/broken-windows-policing-and-the-origins-of-stop-and-frisk-and-how-it-went-wrong.
15. Ted Anderson, 'What happened to SF's controversial 'sit-lie' ordinance?', *SF Gate*, 18 October 2018, https://www.sfgate.com/bayarea/article/What-happened-to-SF-s-controversial-sit-lie-13303216.php.
16. コロンビア大学ロースクールのバーナード・ハーコート教授は、二つの大がかりな研究で、ニューヨークその他の都市における「割れ窓」警察法のインパクトを調べて、このように述べた。以下を参照のこと。Sarah Childress, 'The Problem With "Broken Windows" Policing', PBS Frontline, 28 June 2016, https://www.pbs.org/wgbh/frontline/article/the-problem-with-broken-windows-policing/.
17. 詳細および法的な批判については、以下を参照のこと。Bernard E. Harcourt, *Illusion of Order: The False Promise of Broken Windows Policing* (Harvard University Press, 2001).
18. Mary H. Osgood, 'Rural and urban attitudes toward welfare', *Social Work* 22, no. 1 (January 1977), 41–7, https://www.jstor.org/stable/23711620?seq=1.
19. John Elledge, 'Are cities more liberal? Of course: all your liberal mates moved to one', *New Statesman*, 9 January 2017, https://www.newstatesman.com/politics/2017/01/are-cities-more-liberal-course-all-your-liberal-mates-moved-one; David A. Graham, 'Red State, Blue City', *The Atlantic*, March 2017, https://www.theatlantic.com/magazine/archive/2017/03/red-state-blue-city/513857/.
20. Farhad Manjoo, 'America's Cities Are Unlivable. Blame Wealthy Liberals', *New York Times*, 22 May 2019, https://www.nytimes.com/2019/05/22/opinion/california-housing-nimby.html.
21. 以下などを参照のこと。Richard T. LeGates and Frederic Stout, eds., *The City Reader*, Seventh Edition (Routledge, 2020).
22. Meri T. Long, 'Who has more compassion, Republicans or Democrats?', *Chicago Tribune*, 11 Jan 2019, https://www.chicagotribune.com/opinion/commentary/ct-perspec-compassion-democrats-republicans-who-has-more-0113-story.html.
23. 最もショッキングな例の一つは、ミッション・ドロレス地区の住民が自分たちでお金を集め、歩道に大きな石をいくつも置いて、ホームレスが寝泊まりできないようにしたことだ('Boulders placed on San Francisco sidewalk to keep homeless residents away', KTVU FOX 2, 30 September 2019, https://www.ktvu.com/news/boulders-placed-on-san-francisco-sidewalk-to-keep-homeless-residents-away)。住民が近隣にホームレスのシェルターが設置されることに反対して、1年半にわたる法廷闘争になったケースもある(Trisha Thadani, 'SF residents vow to keep fighting Navigation Center as supes weigh its fate', *San Francisco Chronicle*, 24 June 2019, https://www.sfchronicle.com/politics/article/Fate-of-controversial-Navigation-Center-now-in-14037517.php)。サンフランシスコ市が、公共交通機関の改札機に「逆ギロチン」を設置したり(Lina Blanco, 'BART's Fare Evasion Crackdown Exposes the 'Deadly Elegance' of Hostile Design', KQED, 23 July 2019, https://www.kqed.org/arts/13861966/barts-fare-evasion-crackdown-exposes-the-deadly-elegance-of-hostile-design)、市立図書館の外に切り立った石を設置したり、公共施設にホームレスが尿をかけた場合、それを跳ね返す特別なペイントを施すなど(Kaitlin Jock, 'You are not welcome here: Anti-homeless architecture crops up nationwide', *Street Roots News*, 7 June 2019, https://news.streetroots.org/2019/06/07/you-are-not-welcome-here-anti-homeless-architecture-crops-nationwide)、敵対的アーキテクチャをみずからつくったケースもある。同市のホームレス人口は全米最大ではないが、ある統計では2017年から1年で30％増という、全米最速で増えている街の一つとなっている(Jill Cowan, 'San Francisco's Homeless Population Is Much Bigger Than Thought, City Data Suggests', *New York Times*, 19 November 2019, https://www.nytimes.com/2019/11/19/us/san-francisco-homeless-count.html)。
24. James Walker, 'Invisible in plain sight: fighting loneliness in the homeless community', *Open De-*

mocracy, 31 July 2019, https://www.opendemocracy.net/en/opendemocracyuk/invisible-plain-sight-fighting-loneliness-homeless-community/.

25. 以下を参照のこと。Jane Jacobs, *The Death and Life of Great American Cities* (Random House, 1961).
26. 'Welcome to the neighbourhood', Royal Wharf, https://www.royalwharf.com/neighbourhood/.
27. Robert Booth, 'Subsidised tenants are excluded from pool and gym in London block', *Guardian*, 1 November 2018, https://www.theguardian.com/society/2018/nov/01/subsidised-tenants-are-excluded-from-pool-and-gym-in-london-tower.
28. Harriet Grant, 'Too poor to play: children in social housing blocked from communal playground', *Guardian*, 25 March 2019, https://www.theguardian.com/cities/2019/mar/25/too-poor-to-play-children-in-social-housing-blocked-from-communal-playground.
29. 同社は排除をポリシーとしたことはないと主張している。
30. Harriet Grant, 'Disabled children among social tenants blocked from communal gardens', *Guardian*, 27 September 2019, https://www.theguardian.com/cities/2019/sep/27/disabled-children-among-social-tenants-blocked-from-communal-gardens.
31. 'New UWS development could have separate entrance for poorer people', *West Side Rag*, 12 August 2013, https://www.westsiderag.com/2013/08/12/new-uws-development-could-have-separate-entrance-for-poorer-people; Adam Withnall '"Poor door" controversy extends to Washington DC as affordable housing "wing" given entrance on different street – next to the loading bay', *Independent*, 4 August 2014, https://www.independent.co.uk/news/world/americas/poor-door-controversy-extends-to-washington-dc-as-affordable-housing-wing-given-entrance-on-9646069.html; Hilary Osborne, 'Poor doors: the segregation of London's inner–city flat dwellers', *Guardian*, 25 July 2014, https://www.theguardian.com/society/2014/jul/25/poor-doors-segregation-london-flats.
32. Adam Withnall, '"Poor door" controversy extends to Washington, D.C. as affordable housing "wing" given entrance on different street – next to the loading bay'; ニューヨーク市は現在、「インクルーシブ住宅」減税の適用を受けるために、別のエントランスを設けることを可能にしていたルールの抜け穴をふさいだ。以下を参照のこと。Jana Kasperkevic, 'New York bans "poor doors" in win for low income tenants', *Guardian*, 29 June 2015, https://www.theguardian.com/us-news/2015/jun/29/new-york-poor-door-low-income-tenants-rent.
33. Carlito Pablo, 'Poor door at proposed Vancouver West End condo tower raises issue of stigma', *Georgia Straight*, 12 July 2018, https://www.straight.com/news/1102166/poor-door-proposed-vancouver-west-end-condo-tower-raises-issue-stigma; 'Vancouver ranked North America's 2nd least affordable city for housing', *Daily Hive*, 28 March 2019, https://dailyhive.com/vancouver/vancouver-most-expensive-housing-market-canada-2019; Aric Jenkins, 'The Least Affordable City in North America Is Not in the U.S.', *Money*, 10 November 2017, http://money.com/money/5017121/least-affordable-expensive-cities-north-america/.
34. Carlito Pablo, 'Poor door at proposed Vancouver West End condo tower raises issue of stigma'.
35. 'Seesaws let kids on each side of US–Mexico border play together', Yahoo! News, 30 July 2019, https://news.yahoo.com/seesaws-let-kids-side-us-mexico-border-play-181653457.html.
36. Patrick Sturgis, Ian Brunton–Smith, Jouni Kuha and Jonathan Jackson, 'Ethnic diversity, segregation and the social cohesion of neighbourhoods in London', *Ethnic and Racial Studies* 37, no. 8 (2014), 1286–309, https://doi.org/10.1080/01419870.2013.831932.
37. Nikolay Mintchev and Henrietta L Moore, 'Super-diversity and the prosperous society', *European Journal of Social Theory* 21, no. 1 (2018), 117–34, https://doi.org/10.1177/1368431016678629.
38. Dietlind Stolle, Stuart N. Soroka and Richard Johnston, 'When Does Diversity Erode Trust? Neighborhood Diversity, Interpersonal Trust and the Mediating Effect of Social Interactions', *Political Studies* 56, no. 1 (2008), 57–75, https://doi.org/10.1111/j.1467-9248.2007.00717.x; Patrick Sturgis, Ian Brunton-Smith, Sanna Read and Nick Allum, 'Does Ethnic Diversity Erode Trust?

Putnam's "Hunkering-Down" Thesis Reconsidered', *British Journal of Political Science* 41, no. 1 (2011), 57–82, https://doi.org/10.1017/S0007123410000281.

39. Alison Flood, 'Britain has closed almost 800 libraries since 2010, figures show', *Guardian*, 6 December 2019, https://www.theguardian.com/books/2019/dec/06/britain-has-closed-almost-800-libraries-since-2010-figures-show; 以下も参照のこと。'Decade of austerity sees 30% drop in library spending', Chartered Institute of Public Finance and Accountancy, 12 June 2019, https://www.cipfa.org/about-cipfa/press-office/latest-press-releases/decade-of-austerity-sees-30-drop-in-library-spending.
40. May Bulman, 'Youth services "decimated by 69 percent" in less than a decade amid surge in knife crime, figures show', *Independent*, 24 September 2019, https://www.independent.co.uk/news/uk/home-news/knife-crime-youth-services-cuts-councils-austerity-ymca-a9118671.html.
41. Jamie Roberton, 'Government accused of fuelling loneliness crisis as day centres disappear', ITV News, 25 September 2018, https://www.itv.com/news/2018-09-25/government-accused-of-fuelling-loneliness-crisis-as-day-centres-disappear/.
42. William Eichler, 'Councils slash £15 million from parks budgets', Local Gov, 21 June 2018, https://www.localgov.co.uk/Councils-slash-15m-from-parks-budgets/45519.
43. 欧州と米国は、たとえば金融危機に対して異なる対策をとったが、社会的インフラは世界中で慢性的に資金不足にある。以下を参照のこと。Georg Inderst, 'Social Infrastructure Finance and Institutional Investors: A Global Perspective', *SSRN* (2020), https://doi.org/10.2139/ssrn.3556473.
44. たとえば英国では、都市部の住民は1人当たりの予算削減額が、郊外や地方の住民の2倍近かった。以下を参照のこと。'Austerity hit cities twice as hard as the rest of Britain', Centre for Cities, 28 January 2019, https://www.centreforcities.org/press/austerity-hit-cities-twice-as-hard-as-the-rest-of-britain/.
45. Sara Freund, 'Looking at John Ronan's colorful library and housing project in Irving Park', *Curbed Chicago*, 17 October 2019, https://chicago.curbed.com/2019/10/17/20919476/john-ronan-irving-park-affordable-housing-library-project.
46. Jared Brey, 'Chicago Opens Up New Libraries and Affordable Housing Projects After Design Competition', *Next City*, 28 May 2019, https://nextcity.org/daily/entry/chicago-opens-new-libraries-and-affordable-housing-projects-after-design-co.
47. Eva Fedderly, 'Community building: Chicago experiment links libraries and apartments', *Christian Science Monitor*, 24 October 2018, https://www.csmonitor.com/The-Culture/2018/1024/Community-building-Chicago-experiment-links-libraries-and-apartments.
48. Oliver Wainwright, 'Smart lifts, lonely workers, no towers or tourists: architecture after coronavirus', *Guardian*, 13 April 2020, https://www.theguardian.com/artanddesign/2020/apr/13/smart-lifts-lonely-workers-no-towers-architecture-after-covid-19-coronavirus.
49. Winnie Hu, 'What New York Can Learn From Barcelona's "Superblocks"', *New York Times*, 16 September 2016, https://www.nytimes.com/2016/10/02/nyregion/what-new-york-can-learn-from-barcelonas-superblocks.html.
50. Feargus O'Sullivan, 'Barcelona's Car-Taming "Superblocks" Meet Resistance', *CityLab*, 20 January 2017, https://www.citylab.com/transportation/2017/01/barcelonas-car-taming-superblocks-meet-resistance/513911/.
51. Ibid.
52. 'Barcelona's Superblocks: Change the Grid, Change your Neighborhood', Streetfilms, 2018, https://vimeo.com/282972390.
53. もちろんこのことは、開発が進んだ社会の社会的つながりは、富と相関する傾向があるという事実と重ねて考えるべきだ。1969年に行われた研究が、40年後にも行われ、同様の結果を示した。以下を参照のこと。Joshua Hart and Graham Parkhurst, 'Driven to excess: Impacts of motor vehicles on the quality of life of residents of three streets in Bristol UK', *World Transport Policy & Practice* 17, no. 2 (Jan-

uary 2011), 12–30, https://uwe-repository.worktribe.com/output/968892; original study: Donald Appleyard, 'The Environmental Quality of City Streets: The Residents' Viewpoint', *Journal of the American Planning Association* 35 (1969), 84–101.
54. Natalie Colarossi, '18 times people around the world spread love and kindness to lift spirits during the coronavirus pandemic', *Insider*, 26 March 2020, https://www.insider.com/times-people-spread-kindness-during-coronavirus-pandemic-2020-3.
55. 'Taxi driver applauded by medics after taking patients to hospital for free – video', *Guardian*, 20 April 2020, https://www.theguardian.com/world/video/2020/apr/20/taxi-driver-applauded-by-doctors-after-giving-patients-free-journeys-to-hospital-video.
56. Matt Lloyd, '"Happy to chat" benches: The woman getting strangers to talk', BBC News, 19 October 2019, https://www.bbc.co.uk/news/uk-wales-50000204.

❖第6章

1. A.D. Morrison-Low, 'Sir David Brewster (1781–1868)', *Oxford Dictionary of National Biography*, 9 January 2014, https://www.oxforddnb.com/view/10.1093/ref:odnb/9780198614128.001.0001/odnb-9780198614128-e-3371.
2. *The Literary Panorama and National Register*, vol. 8 (Simpkin and Marshall, 1819), p.504.
3. Letter dated 23 May 1818, quoted by Nicole Garrod Bush, 'Kaleidoscopism: The Circulation of a Mid-Century Metaphor and Motif', *Journal of Victorian Culture* 20, no. 4 (1 December 2015), https://academic.oup.com/jvc/article/20/4/509/4095158.
4. Megan Richardson and Julian Thomas, *Fashioning Intellectual Property: Exhibition, Advertising and the Press, 1789–1918* (Cambridge University Press, 2012), p.57.
5. Bush, 'Kaleidoscopism'.
6. Margaret Gordon, *The Home Life of Sir David Brewster* (Cambridge University Press, 2010 [1869]), p.95.
7. *The Literary Panorama and National Register*, 504.
8. Jason Farman, 'The Myth of the Disconnected Life', *The Atlantic*, 7 February 2012, https://www.theatlantic.com/technology/archive/2012/02/the-myth-of-the-disconnected-life/252672/.
9. *The Letters of Percy Bysshe Shelley*, vol. 2, ed. Frederick L. Jones (Clarendon Press, 1964), p.69.
10. Alexander Rucki, 'Average smartphone user checks device 221 times a day, according to research', *Evening Standard*, 7 October 2014, https://www.standard.co.uk/news/techandgadgets/average-smartphone-user-checks-device-221-times-a-day-according-to-research-9780810.html.
11. Rani Molla, 'Tech companies tried to help us spend less time on our phones. It didn't work', *Vox*, 6 January 2020, https://www.vox.com/recode/2020/1/6/21048116/tech-companies-time-well-spent-mobile-phone-usage-data.
12. ピューリサーチセンターによると、2018年、米国のティーンエイジャーの約95%がスマートフォンを持つ(またはアクセスを持つ)。2014〜15年は73%だった。この結果、ティーンエイジャーのインターネット利用は大幅に増えた。2014〜15年の調査では、「ほぼ常に」オンライン状態だと答えたのは24%だったが、2018年には45%に急増した。さらに2020年に調査対象となったティーンエイジャーの44%が、1日に何度かインターネットを使うと答えた。以下を参照のこと。Monica Anderson and Jingjing Jiang, 'Teens, Social Media & Technology 2018', Pew Research Center, 31 May 2018, https://www.pewresearch.org/internet/2018/05/31/teens-social-media-technology-2018/.
13. 'Global Mobile Consumer Trends, 2nd Edition', Deloitte, 2017, 8, https://www2.deloitte.com/global/en/pages/technology-media-and-telecommunications/articles/gx-global-mobile-consumer-trends.html#country.
14. ピューリサーチセンターによると、オーストラリアは2018年のスマートフォン普及率は90%だったが、イスラ

エルはソーシャルメディアの利用率は世界最大で、スマートフォン普及率は韓国に次ぐ第2位だった。'Smartphones are common in Europe and North America, while sub-Saharan Africa and India lag in ownership', Pew Research Center, 14 June 2018, https://www.pewresearch.org/global/2018/06/19/social-media-use-continues-to-rise-in-developing-countries-but-plateaus-across-developed-ones/pg_2018-06-19_global-tech_0-03/.

15. Adam Carey, 'Mobile fiends now need not look up as Melbourne tests street-level traffic lights,' *The Age*, 27 March 2017, https://www.theage.com.au/national/victoria/mobile-fiends-now-need-not-look-up-as-melbourne-tests-streetlevel-traffic-lights-20170327-gv73bd.html.
16. 皮肉にも、この「ソクラテス」は実のところプラトンの創作であり、我々が現在知るソクラテスの言葉は、プラトンが書き留めたもの。以下を参照のこと。Plato, *Phaedrus*, trans. Harold N. Fowler (Harvard University Press, 1925).
17. Johannes Trithemius, *In Praise of Scribes (De Laude Scriptorum)*, trans. Roland Behrendt, ed. Klaus Arnold (Coronado Press, 1974).
18. Adrienne LaFrance, 'How Telephone Etiquette Has Changed', *The Atlantic*, 2 September 2015, https://www.theatlantic.com/technology/archive/2015/09/how-telephone-etiquette-has-changed/403564/.
19. Robert Rosenberger, 'An experiential account of phantom vibration syndrome', *Computers in Human Behavior* 52 (2015), 124–31, https://doi.org/10.1016/j.chb.2015.04.065.
20. K. Kushlev et al., 'Smartphones reduce smiles between strangers', *Computers in Human Behavior* 91 (February 2019), 12–16.
21. こうした事件は、米国、マルタ、英国、シンガポール、中国など世界中で起こっている。'6 year old drowns while dad busy on phone', YoungParents.com, 18 September 2016, https://www.youngparents.com.sg/family/6-year-old-drowns-while-dad-busy-phone/; Matthew Xuereb, 'Mum whose baby drowned in bath given suspended sentence', *Times of Malta*, 12 June 2015, https://www.timesofmalta.com/articles/view/20150612/local/mum-whose-baby-drowned-in-bath-given-suspended-sentence.572189; Lucy Clarke-Billings, 'Mother chatted on Facebook while toddler drowned in the garden', *Telegraph*, 10 October 2015, https://www.telegraph.co.uk/news/uknews/crime/11923930/Mother-chatted-on-Facebook-while-toddler-son-drowned-in-the-garden.html; Martine Berg Olsen, 'Baby drowned in bath while mum "spent 50 minutes on phone to girlfriend"', Metro, 6 March 2019, https://metro.co.uk/2019/03/06/baby-drowned-bath-mum-spent-50-minutes-phone-girlfriend-8828813/; 'Toddler drowns while mum texts on mobile just yards away', *Express*, 5 January 2016, https://www.express.co.uk/news/world/750540/drowning-toddler-mobile-phone-china-ocean-spring-resort-mum-texting; Zach Dennis, 'Police: 3 children drowned while a Texas mom was on cell phone', AJC, 14 July 2015, https://www.ajc.com/news/national/police-children-drowned-while-texas-mom-was-cell-phone/R5cDdBhwac5bjGFTxeM4sM/.
22. Will Axford, 'Police: Texas mom was on Facebook when her baby drowned in the bathtub', *Houston Chronicle*, 23 June 2017, https://www.chron.com/news/houston-texas/texas/article/Texas-mom-Facebook-baby-drowned-11239659.php.
23. Jemima Kiss, '"I was on Instagram. The baby fell down the stairs": is your phone use harming your child?' *Guardian*, 7 December 2018, https://www.theguardian.com/lifeandstyle/2018/dec/07/mother-on-instagram-baby-fell-down-stairs-parental-phone-use-children.
24. Brandon T. McDaniel, 'Parent distraction with phones, reasons for use, and impacts on parenting and child outcomes: A review of the emerging research', *Human Behavior and Emergent Technology* (2019), 72–80, https://doi.org/10.1002/hbe2.139; J. Radesky et al., 'Maternal mobile device use during a structured parent–child interaction task', *Academic Pediatrics* 15, no. 2 (2015), 238–44; R.P. Golen and A.K. Ventura, 'What are mothers doing while bottle-feeding their infants? Exploring the prevalence of maternal distraction during bottle-feeding interactions', *Early Human*

Development 91, no. 12 (2015), 787–91.

25. Ibid.; 以下も参照のこと。B.T. McDaniel and J. Radesky, 'Technoference: Parent technology use, stress, and child behavior problems over time', *Pediatric Research* 84 (2018), 210–18; Tanja Poulain et al., 'Media Use of Mothers, Media Use of Children, and Parent– Child Interaction Are Related to Behavioral Difficulties and Strengths of Children'. *International Journal of Environmental Research and Public Health* 16, no. 23 (2019), 4651, https://doi.org/10.3390/ijerph16234651.
26. L.A. Stockdale et al., 'Parent and child technoference and socioemotional behavioral outcomes: A nationally representative sample of 10- to 20-year-old adolescents', *Computers in Human Behavior* 88 (2018), 219–26.
27. 「一緒にいるけど一人ぼっち」のコンセプトについて、詳細は以下を参照のこと。Sherry Turkle, *Alone Together: Why We Expect More from Technology and Less from Each Other*, Revised Edition (Basic Books, 2017).
28. 'The iPhone Effect: when mobile devices intrude on our face-to-face encounters', The British Psychological Society Research Digest, 4 August 2014, http://bps-research-digest.blogspot.com/2014/08/the-iphone-effect-when-mobile-devices.html; 以下も参照のこと。S. Misra et al., 'The iPhone Effect: The Quality of In-Person Social Interactions in the Presence of Mobile Devices Environment and Behavior', *Environment and Behavior* 48, no. 2 (2014), 275–98, https://doi.org./10.1177/0013916514539755.
29. 人間のユニーク性の下位尺度には「高次認知力および知的能力に大きく関連する6項目が含まれる。具体的には、話者が『洗練され教養があった』か、『合理的かつ論理的』だったか、『自制心』が欠けていたか(逆評価)、『粗野だった』か(逆評価)、『大人らしく、子どものようではなかった』か、そして『人間味がなく、動物のように』感じられたか(逆評価)のレベルが評価される」。Juliana Schroeder, Michael Kardas and Nicholas Epley, 'The Humanizing Voice: Speech Reveals, and Text Conceals, a More Thoughtful Mind in the Midst of Disagreement', *Psychological Science* 28, no. 12, 1745–62, https://doi.org/10.1177/0956797617713798.
30. Jamil Zaki, 'The Technology of Kindness', *Scientific American*, 6 August 2019, https://www.scientificamerican.com/article/the-technology-of-kindness/.
31. Rurik Bradbury, 'The digital lives of Millennials and Gen Z', Liveperson Report, 2018, https://liveperson.docsend.com/view/tm8j45m.
32. Belle Beth Cooper, '7 Powerful Facebook Statistics You Should Know for a More Engaging Facebook Page', Buffer.com, https://buffer.com/resources/7-facebook-stats-you-should-know-for-a-more-engaging-page.
33. この統計はベライゾンのものだが、他の通信事業者の通話量にも表れている。O2は、英国の1回目のロックダウンの第1週に、英国のユーザーの通話量が57%増えたとしている。なかには(とりわけ英国では)、Wi-Fiと音声通話の需要が急増したため一時的に通信障害が起こった業者もあった。以下を参照のこと。Cecilia Kang, 'The Humble Phone Call Has Made a Comeback', *New York Times*, 9 April 2020, https://www.nytimes.com/2020/04/09/technology/phone-calls-voice-virus.html; Emma Brazell, 'UK mobile networks go down as people work from home due to coronavirus', Metro, 17 March 2020, https://metro.co.uk/2020/03/17/uk-mobile-networks-o2-ee-vodafone-3-go-people-work-home-12410145/.
34. Kang, 'The Humble Phone Call Has Made a Comeback'.
35. The Phone Call Strikes Back', O2 News, 23 April 2020, https://news.o2.co.uk/press-release/the-phone-call-strikes-back/.
36. 人間の交流の重要性を考えると、顔を認識できない人々(英国の神経学者で相貌失認を患っていたオリバー・サックスのような人々)が、人付き合いが下手だとか内気、引きこもり、場合によっては自閉症とさえ言われることが多いのは(許されることではないが)理解できる。以下を参照のこと。Oliver Sacks, 'Face-Blind', *New Yorker*, 30 August 2010, https://www.newyorker.com/magazine/2010/08/30/face-blind.

37. Jing Jiang et al., 'Neural Synchronization During Face-to-Face Communication', *Journal of Neuroscience* 32, no. 45 (November 2012), 16,064–9, https://doi.org/10.1523/JNEUROSCI.2926-12.2012
38. Emily Green, 'How technology is harming our ability to feel empathy', Street Roots, 15 February 2019, https://news.streetroots.org/2019/02/15/how-technology-harming-our-ability-feel-empathy; 以下も参照のこと。Helen Riess and Liz Neporent, *The Empathy Effect* (Sounds True Publishing, 2018).
39. F. Grondin, A.M. Lomanowska and P.L. Jackson, 'Empathy in Computer-Mediated Interactions: A Conceptual Framework for Research and Clinical Practice,' *Clinical Psychology: Science and Practice* e12298, https://doi.org/10.1111/cpsp.12298.
40. Kate Murphy, 'Why Zoom is Terrible', *New York Times*, 29 April 2020, https://www.nytimes.com/2020/04/29/sunday-review/zoom-video-conference.html.
41. Hannah Miller et al., '"Blissfully happy" or "ready to fight": Varying interpretations of emoji', Grouplens Research, University of Minnesota, 2016, https://www-users.cs.umn.edu/~bhecht/publications/ICWSM2016_emoji.pdf.
42. M.A. Riordan and L.A. Trichtinger, 'Overconfidence at the Keyboard: Confidence and accuracy in interpreting affect in e-mail exchanges', *Human Communication Research* (2016), https://doi.org/10.1111/hcre.12093.
43. Heather Cicchese, 'College class tries to revive the lost art of dating', *Boston Globe*, 16 May 2014, https://www.bostonglobe.com/lifestyle/2014/05/16/boston-college-professor-assigns-students-dates/jHXENWsdmp7cFlRPPwf0UJ/story.html.
44. The original assignment can be viewed online at https://www.bc.edu/content/dam/files/schools/lsoe/pdf/DatingAssignment.pdf.
45. Heather Cicchese, 'College class tries to revive the lost art of dating'.
46. Original site: https://www.wikihow.com/Ask-Someone-Out.
47. Angie S. Page et al., 'Children's Screen Viewing is Related to Psychological Difficulties Irrespective of Physical Activity', *Pediatrics* 126, no. 5 (2010), e1011–17.
48. Katie Bindley, 'When Children Text All Day, What Happens to Their Social Skills?', *Huffington Post*, 9 December 2011, https://www.huffpost.com/entry/children-texting-technology-social-skills_n_1137570.
49. 'Children, Teens, and Entertainment Media: The View from the Classroom' (Common Sense Media, 2012), 19, https://www.commonsensemedia.org/research/children-teens-and-entertainment-media-the-view-from-the-classroom.
50. V. Carson et al., 'Physical activity and sedentary behavior across three time-points and associations with social skills in early childhood', *BMC Public Health* 19, no. 27 (2019), https://doi.org/10.1186/s12889-018-6381-x.
51. Vera Skalická et al., 'Screen time and the development of emotion understanding from age 4 to age 8: A community study', *British Journal of Developmental Psychology* 37, no. 3 (2019), 427–43, https://doi.org/10.1111/bjdp.12283.
52. 以下などを参照のこと。Douglas B. Downey and Benjamin G. Gibbs, 'Kids These Days: Are Face-to-Face Social Skills among American Children Declining?', *American Journal of Sociology* 125, no. 4 (January 2020), 1030–83, https://doi.org/10.1086/707985.
53. Yalda T. Uhls et al., 'Five Days at Outdoor Education Camp without Screens Improves Preteen Skills with Nonverbal Emotion Cues', *Computers in Human Behavior* 39 (2014), 387–92, https://www.sciencedirect.com/science/article/pii/S0747563214003227.
54. Belinda Luscombe, 'Why Access to Screens Is Lowering Kids' Social Skills', *Time*, 21 August 2014, https://time.com/3153910/why-access-to-screens-is-lowering-kids-social-skills/.
55. たとえば、米国で、11歳児の53%が持っている。Anya Kamenetz, 'It's a Smartphone Life: More Than

Half of U.S. Children Now Have One', NPR Education, 31 October 2019, https://www.npr.org/2019/10/31/774838891/its-a-smartphone-life-more-than-half-of-u-s-children-now-have-one; Zoe Kleinman, 'Half of UK 10-year-olds own a smartphone', BBC News, 4 February 2020, https://www.bbc.co.uk/news/technology-51358192.
56. 'Most children own mobile phone by age of seven, study finds', *Guardian*, 30 January 2020, https://www.theguardian.com/society/2020/jan/30/most-children-own-mobile-phone-by-age-of-seven-study-finds.
57. Nick Bilton, 'Steve Jobs Was a Low-Tech Parent', *New York Times*, 10 September 2014, https://www.nytimes.com/2014/09/11/fashion/steve-jobs-apple-was-a-low-tech-parent.html; Chris Weller, 'Bill Gates and Steve Jobs Raised Their Kids Tech-Free and It Should Have Been a Red Flag', *Independent*, 24 October 2017, https://www.independent.co.uk/life-style/gadgets-and-tech/bill-gates-and-steve-jobs-raised-their-kids-techfree-and-it-shouldve-been-a-red-flag-a8017136.html.
58. Matt Richtel, 'A Silicon Valley School That Doesn't Compute', *New York Times*, 22 October 2011, https://www.nytimes.com/2011/10/23/technology/at-waldorf-school-in-silicon-valley-technology-can-wait.html.
59. Nellie Bowles, 'Silicon Valley Nannies Are Phone Police for Kids', *New York Times*, 26 October 2018, https://www.nytimes.com/2018/10/26/style/silicon-valley-nannies.html.
60. Nellie Bowles, 'The Digital Gap Between Rich and Poor Kids Is Not What We Expected', *New York Times*, 26 October 2018, https://www.nytimes.com/2018/10/26/style/digital-divide-screens-schools.html.
61. デバイスを持っている子どもの場合。Rani Molla, 'Poor kids spend nearly 2 hours more on screens each day than rich kids', *Vox*, 29 October 2019, https://www.vox.com/recode/2019/10/29/20937870/kids-screentime-rich-poor-common-sense-media; original data from 'The Common Sense Census: Media Use by Tweens and Teens, 2019' (Common Sense Media, 2019), https://www.commonsensemedia.org/research/the-common-sense-census-media-use-by-tweens-and-teens-2019.
62. 個人的な会話より。October 2019.
63. Ben Hoyle, 'Jittery American pupils can hold on to their phones', *The Times*, 22 January 2020, https://www.thetimes.co.uk/article/jittery-american-pupils-can-hold-on-to-their-phones-z0zxr972c.
64. 「CAGE」というアクロニムは質問内容に由来する。1. 飲酒量を減らす(Cut down)必要があると感じたことがあるか、2. 他人から飲酒を非難されて気にさわった(Annoy)ことがあるか、3. 自分の飲酒について悪い(Guilty)と感じたことがあるか、4. 神経を落ち着かせるために、朝一番に飲酒する必要があるか(「迎え酒」Eye-opener)。
65. 以下などを参照のこと。Jamie Bartlett, *The People vs. Tech: How the Internet is Killing Democracy (and How We Can Save It)* (Ebury Press, 2018); Sherry Turkle, *Alone Together: Why We Expect More from Technology and Less from Each Other*, Revised Edition (Basic Books, 2017). For more on immersive product design, see Joseph Dickerson, 'Walt Disney: The World's First UX Designer', *UX Magazine*, 9 September 2013, http://uxmag.com/articles/walt-disney-the-worlds-first-ux-designer.
66. Lo Min Ming, 'UI, UX: Who Does What? A Designer's guide to the Tech Industry', *Fast Company*, 7 July 2014, https://www.fastcompany.com/3032719/ui-ux-who-does-what-a-designers-guide-to-the-tech-industry; Stefan Stieger and David Lewetz, 'A Week Without Using Social Media: Results from an Ecological Momentary Intervention Study Using Smartphones', *Cypberpsychology, Behavior, and Social Networking* 21, no. 10 (2018), https://www.liebertpub.com/doi/abs/10.1089/cyber.2018.0070.
67. Olivia Solon, 'Ex-Facebook president Sean Parker: site made to exploit human "vulnerability"', *Guardian*, 9 November 2017, https://www.theguardian.com/technology/2017/nov/09/facebook-sean-parker-vulnerability-brain-psychology.

68. Jean M. Twenge, Brian H. Spitzberg and W. Keith Campbell, 'Less In-Person Social Interaction with Peers among US Adolescents in the 21st Century and Links to Loneliness', *Journal of Social and Personal Relationships* 36, no. 6 (19 March 2019), 1892–913, https://doi.org/10.1177/0265407519836170.
69. Brian A. Primack et al., 'Social Media Use and Perceived Social Isolation Among Young Adults in the US', *American Journal of Preventive Medicine* 53, No. 1 (1 July 2017), 1–8, https://doi.org/10.1016/j.amepre.2017.01.010.
70. Twenge et al., 'Less In-Person Social Interaction with Peers'.
71. bid.; オリジナルのデータは以下も参照のこと。https://www.pewresearch.org/internet/2018/05/31/teens-social-media-technology-2018/. トウェンギは著書*iGen* (Simon & Schuster, 2017)で、10代の若者のメンタルヘルスの問題をスマートフォンを中心に論じているが、ほかにも*The Coddling of the American Mind* (Penguin, 2018)を共著したジョナサン・ハイトとグレッグ・ルキャノフらが、10代の若者におけるスマートフォンの使用を批判している。
72. Hunt Allcott et al., 'The Welfare Effects of Social Media' (2019), 6, https://web.stanford.edu/~gentzkow/research/facebook.pdf.
73. Melissa G Hunt et al., 'No More FOMO: Limiting Social Media Decreases Loneliness and Depression', *Journal of Social and Clinical Psychology* 37, no. 10 (8 November 2018), 751–68, https://doi.org/10.1521/jscp.2018.37.10.751.
74. Hunt Allcott et al., 'The Welfare Effects of Social Media', 23.
75. Kyt Dotson, 'YouTube sensation and entrepreneur Markee Dragon swatted on first day of YouTube Gaming', Silicon Angle, 28 August 2015, https://siliconangle.com/2015/08/28/youtube-sensation-and-entrepreneur-markee-dragon-swatted-on-first-day-of-youtube-gaming/; 以下も参照のこと。Jason Fagone, 'The Serial Swatter', *New York Times magazine*, 24 November 2015, https://www.nytimes.com/2015/11/29/magazine/the-serial-swatter.html.
76. Matthew Williams, 'The connection between online hate speech and real-world hate crime', *OUP Blog*, 12 October 2019, https://blog.oup.com/2019/10/connection-between-online-hate-speech-real-world-hate-crime/. 以下も参照のこと。Williams, *The Science of Hate* (Faber & Faber, forthcoming 2020).
77. 'The Rise of Antisemitism on Social Media: Summary of 2016' (The World Jewish Congress, 2016), 184, http://www.crif.org/sites/default/fichiers/images/documents/antisemitismreport.pdf.
78. J.J. Van Bavel et al., 'Emotion shapes the diffusion of moralized content in social networks', *PNAS* 114, no. 28 (July 2017), 7313–7318. 以下も参照のこと。supplemental information at https://www.pnas.org/content/pnas/suppl/2017/06/20/1618923114.DCSupplemental/pnas.1618923114.sapp.pdf, 17–18.
79. Zeynep Tufekci, 'It's the (Democracy-Poisoning) Golden Age of Free Speech', *Wired*, 16 January 2018, https://www.wired.com/story/free-speech-issue-tech-turmoil-new-censorship/.
80. Richard Seymour, 'How addictive social media fuels online abuse', *Financial Times*, 4 November 2019, https://www.ft.com/content/abc86766-fa37-11e9-a354-36acbbb0d9b6.
81. オリジナルのツイートと警告は以下。https://twitter.com/realDonaldTrump/status/1266231100780744704.
82. Tony Romm and Allyson Chiu, 'Twitter flags Trump, White House for "glorifying violence" after tweeting Minneapolis looting will lead to "shooting"', *Washington Post*, 30 May 2020, https://www.washingtonpost.com/nation/2020/05/29/trump-minneapolis-twitter-protest/; Kate Conger, 'Twitter had been drawing a line for months when Trump crossed it', *New York Times*, 30 May 2020, https://www.nytimes.com/2020/05/30/technology/twitter-trump-dorsey.html; 歴史的なコンテクストについては、以下を参照のこと。Barbara Sprunt, 'The History Behind "When the Looting Starts, the Shooting Starts"', NPR Politics, 29 May 2020, https://www.npr.org/2020/05/29/864818368/the-

history-behind-when-the-looting-starts-the-shooting-starts.
83. Mike Isaac and Cecilia Kang, 'While Twitter confronts Trump, Zuckerberg keeps Facebook out of it', *New York Times*, 29 May 2020, https://www.nytimes.com/2020/05/29/technology/twitter-facebook-zuckerberg-trump.html.
84. Derrick A. Paulo and Ellen Lokajaya, '3 in 4 youngsters say they have been bullied online', *CNA Insider*, 1 March 2018, https://www.channelnewsasia.com/news/cnainsider/3-in-4-teens-singapore-cyberbullying-bullied-online-survey-10001480.
85. Christo Petrov, 'Cyberbullying Statistics 2020', Tech Jury, 2 June 2020, https://techjury.net/stats-about/cyberbullying/#Cyberbullying_around_the_world.
86. 'The Annual Bullying Survey 2017' (Ditch the Label, 2017), 28, https://www.ditchthelabel.org/wp-content/uploads/2017/07/The-Annual-Bullying-Survey-2017-2.pdf.
87. Simon Murphy, 'Girl killed herself after intense social media activity, inquest finds', *Guardian*, 17 April 2019, https://www.theguardian.com/uk-news/2019/apr/17/girl-killed-herself-social-media-inquest-jessica-scatterson.
88. Clyde Haberman, 'What the Kitty Genovese Killing Can Teach Today's Digital Bystanders', *New York Times*, 4 June 2017, https://www.nytimes.com/2017/06/04/us/retro-report-bystander-effect.html; Carrie Rentschler, 'Online abuse: we need Good Samaritans on the web', *Guardian*, 19 April 2016, https://www.theguardian.com/commentisfree/2016/apr/19/online-abuse-bystanders-violence-web.
89. Gordon Harold and Daniel Aquah, 'What works to enhance interparental relationships and improve outcomes for children?' (Early Intervention Foundation, 2016), https://www.eif.org.uk/report/what-works-to-enhance-interparental-relationships-and-improve-outcomes-for-children/.
90. それが最もはっきり見られるのは、これを仕事にしている人たちだ。現在「コンテンツ・モデレーター」として雇われている(多くはソーシャルメディア運営会社ではなく契約会社を通じて)人が10万人以上いる。その仕事は特定の投稿が削除が必要なほど残酷か、人種差別的か、わいせつか、不快感を与えるかを判断することだ。モデレーターは組織的なサポートなしで数カ月にわたり乱暴なコンテンツを視聴した結果、PTSDの症状を訴えることが多い。ある女性は、SNSマイスペースのモデレーターを辞めた後3年間、人と握手できなかった。ジャーナリストのケイシー・ニューマンがテック系メディア*The Verge*で、フェイスブックと契約しているモデレーション会社の劣悪な労働環境を暴露したところ、この会社はフェイスブックとの関係を断つと発表した。Newton, 'The Trauma Floor: The secret lives of Facebook moderators in America', *The Verge*, 25 February 2019, https://www.theverge.com/2019/2/25/18229714/cognizant-facebook-content-moderator-interviews-trauma-working-conditions-arizona; 'Facebook firm Cognizant quits,' BBC News, 31 October 2019, https://www.bbc.co.uk/news/technology-50247540; Isaac Chotiner, 'The Underworld of Online Content', *New Yorker*, 5 July 2019, https://www.newyorker.com/news/q-and-a/the-underworld-of-online-content-moderation; Sarah T. Roberts, *Behind the Screen: Content Moderation in the Shadows of Social Media* (Yale University Press, 2019).
91. Sebastian Deri, Shai Davidai and Thomas Gilovich, 'Home alone: why people believe others' social lives are richer than their own', *Journal of Personality and Social Psychology* 113, no. 6 (December 2017), 858–77.
92. 'Childline: More children seeking help for loneliness', BBC News, 3 July 2018, https://www.bbc.co.uk/news/uk-44692344.
93. J. Clement, 'U.S. group chat frequency 2017, by age group'. Statista, 5 November 2018, https://www.statista.com/statistics/800650/group-chat-functions-age-use-text-online-messaging-apps/.
94. Shoshana Zuboff, *The Age of Surveillance Capitalism* (Public Affairs, 2019); 以下も参照のこと。John Harris, 'Death of the private self: how fifteen years of Facebook changed the human condition', *Guardian*, 31 January 2019, https://www.theguardian.com/technology/2019/jan/31/how-facebook-robbed-us-of-our-sense-of-self.

95. Josh Constine, 'Now Facebook says it may remove Like counts', TechCrunch.com, 2 September 2019. https://techcrunch.com/2019/09/02/facebook-hidden-likes/; Greg Kumparak, 'Instagram will now hide likes in 6 more countries', TechCrunch. com, 17 July 2019, https://techcrunch.com/2019/07/17/instagram-will-now-hide-likes-in-6-more-countries/.
96. Amy Chozick, 'This Is the Guy Who's Taking Away the Likes', *New York Times*, 17 January 2020, https://www.nytimes.com/2020/01/17/business/instagram-likes.html.
97. 'Over Three Quarters of Brits Say Their Social Media Page is a Lie', Custard Media, 6 April 2016, https://www.custard.co.uk/over-three-quarters-of-brits-say-their-social-media-page-is-a-lie/.
98. Sirin Kale, 'Logged off: meet the teens who refuse to use social media', *Guardian*, 29 August 2018, https://www.theguardian.com/society/2018/aug/29/teens-desert-social-media.
99. Harris, 'Death of the private self'.
100. Rebecca Jennings, 'Facetune and the internet's endless pursuit of physical perfection', *Vox*, 25 July 2019, https://www.vox.com/the-highlight/2019/7/16/20689832/instagram-photo-editing-app-facetune.
101. Chris Velazco, 'Apple highlights some of the best (and most popular) apps of 2019', Engadget, 3 December 2019, https://www.engadget.com/2019/12/03/apple-best-apps-of-2019-iphone-ipad-mac/.
102. Elle Hunt, 'Faking it: how selfie dysmorphia is driving people to seek surgery', *Guardian*, 23 January 2019, https://www.theguardian.com/lifeandstyle/2019/jan/23/faking-it-how-selfie-dysmorphia-is-driving-people-to-seek-surgery.
103. Jessica Baron, 'Does Editing Your Selfies Make You More Likely to Want Plastic Surgery?' *Forbes*, 27 June 2019, https://www.forbes.com/sites/jessicabaron/2019/06/27/plastic-surgeons-ask-if-selfie-editing-is-related-to-a-desire-for-plastic-surgery/#87499d11e021; 以下も参照のこと。Susruthi Rajanala, Mayra B.C. Maymone, and Neelam A. Vashi, 'Selfies–Living In the Era of Filtered Photographs', *JAMA Facial Plastic Surgery* 20, no. 6 (November 2018), 443–44.
104. Cass Sunstein, 'Nudging Smokers', *New England Journal of Medicine* 372, no. 22 (May 2015), 2150–51, https://doi.org/10.1056/NEJMe1503200.
105. Michael Zelenko, 'The High Hopes of the Low-Tech Phone', *The Verge*, 4 September 2019, https://www.theverge.com/2019/9/4/20847717/light-phone-2-minimalist-features-design-keyboard-crowdfunding.
106. 以下を参照のこと。Jonathan Haidt and Nick Allen, 'Scrutinizing the effects of digital technology on mental health', *Nature*, News and Views Forum, 10 February 2020, https://www.nature.com/articles/d41586-020-00296-x?sf229908667=1.
107. 'Children Unprepared for Social Media "Cliff Edge" as They Start Secondary School, Children's Commissioner for England Warns in New Report', Children's Commissioner of England, 4 January 2018, https://www.childrenscommissioner.gov.uk/2018/01/04/children-unprepared-for-social-media-cliff-edge-as-they-start-secondary-school-childrens-commissioner-for-england-warns-in-new-report/; 報告書全文は以下。'Life in "Likes": Children's Commissioner Report into Social Media Use among 8–12 Year Olds' (Children's Commissioner of England, 2018).
108. これはほとんどの国のタバコ販売可能年齢よりも低いが、多くの若者の就業開始年齢や、こうした場所のインフォーマルな職場交流を考えると、10代後半で使用を禁止することは不合理だろう。
109. 歴史的背景については、以下を参照のこと。'How has the seatbelt law evolved since 1968?' Road Safety GB, 9 April 2018, https://roadsafetygb.org.uk/news/how-has-the-seatbelt-law-evolved-since-1968/; 元の律法は以下。http://www.legislation.gov.uk/uksi/1989/1219/made.
110. 英国では2015年以降、未成年がいる車内での喫煙は違法となっている(UK Department of Health and Social Care, 'Smoking in Vehicles', 17 July 2015, https://www.gov.uk/government/news/smoking-in-vehicles)。米国では州や郡によりルールが異なり、カリフォルニア州では2007年以降禁止され

ている。http://leginfo.legislature.ca.gov/faces/codes_displaySection.xhtml?lawCode=HSC§ionNum=118948).

111. 以下を参照のこと。Jacob Shamsian, 'Facebook's head of policy says it would allow "denying the Holocaust" in the weeks before banning high-profile anti-Semitic conspiracy theorists', *Business Insider*, 3 May 2019, https://www.insider.com/facebook-allows-holocaust-denial-anti-semitic-ban-2019-5.
112. 'Social media global revenue 2013–2019', Statista, 14 July 2016, https://www.statista.com/statistics/562397/worldwide-revenue-from-social-media/. 2016～19年のデータは予測。
113. Jamil Zaki, 'The Technology of Kindness'.
114. Mark Zuckerberg, 'The Internet needs new rules. Let's start in these four areas', *Washington Post*, 30 March 2019, https://www.washingtonpost.com/opinions/mark-zuckerberg-the-internet-needs-new-rules-lets-start-in-these-four-areas/2019/03/29/9e6f0504-521a-11e9-a3f7-78b7525a8d5f_story.html.
115. 'Australian government pushes through expansive new legislation targeting abhorrent violent material online', Ashurst Media Update, 10 April 2019, https://www.ashurst.com/en/news-and-insights/legal-updates/media-update-new-legislation-targeting-abhorrent-violent-material-online/.
116. しかし漠然とした文言は、同法を骨抜きにしている可能性がある。すでに「凶暴」や「迅速」といった語の定義について議論があり、同法の効力を失わせている恐れがある。前出を参照のこと。
117. Jamil Zaki, 'The Technology of Kindness'.
118. Jonathan Rauch, 'Twitter Needs a Pause Button', *The Atlantic*, August 2019, https://www.theatlantic.com/magazine/archive/2019/08/twitter-pause-button/592762/.
119. 'Age Appropriate Design: A Code of Practice for Online Services. Full Version to be Laid in Parliament' (Information Commissioner's Office, 22 January 2020), 68, https://ico.org.uk/media/for-organisations/guide-to-data-protection/key-data-protection-themes/age-appropriate-design-a-code-of-practice-for-online-services-0-0.pdf.
120. 'Online Harms White Paper' (UK Department for Digital, Culture, Media & Sport and the UK Home Office, updated 12 February 2020), https://www.gov.uk/government/consultations/online-harms-white-paper/online-harms-white-paper.
121. 'Impact of social media and screen-use on young people's health', HC 822 (House of Commons, 2019), https://publications.parliament.uk/pa/cm201719/cmselect/cmsctech/822/822.pdf.
122. Allan M. Brandt, 'Inventing Conflicts of Interest: A History of Tobacco Industry Tactics', *American Journal of Public Health* 102, no. 1 (January 2012), 63–71, https://doi.org/10.2105/AJPH.2011.300292.
123. Alex Hern, 'Third of advertisers may boycott Facebook in hate speech revolt', *Guardian*, 30 June 2020, https://www.theguardian.com/technology/2020/jun/30/third-of-advertisers-may-boycott-facebook-in-hate-speech-revolt.
124. 'More Companies Join Facebook Ad Boycott Bandwagon', *New York Times*, 29 June 2020, https://www.nytimes.com/reuters/2020/06/29/business/29reuters-facebook-ads-boycott-factbox.html; 以下も参照のこと。Stop Hate for Profit, https://stophateforprofit.org

❖第7章

1. Dan Schawbel, *Back to Human: How Great Leaders Create Connection in the Age of Isolation* (Da Capo, 2018), Introduction. ショーベルは、調査対象がオフィスワーカーに限られるとは明言していないが、同書を読めば、調査対象が圧倒的にホワイトカラーのオフィスワーカーであることは明白である。以下も参照のこと。David Vallance, 'The workplace is a lonely place, but it doesn't have to be', *Dropbox*, 15 July 2019, https://blog.dropbox.com/topics/work-culture/tips-for-fixing-workplace-loneliness.

2. Emma Mamo, 'How to combat the rise of workplace loneliness', *TotalJobs*, 30 July 2018, https://www.totaljobs.com/insidejob/how-to-combat-the-rise-of-workplace-loneliness/; Jo Carnegie, 'The rising epidemic of workplace loneliness and why we have no office friends', *Telegraph*, 18 June 2018, https://www.telegraph.co.uk/education-and-careers/0/rising-epidemic-workplace-loneliness-have-no-office-friends/; 2014年の時点で、英国人の42%が会社に友達が一人もいないと答えている。
3. 'Most white-collar workers in China anxious and lonely: survey', *China Daily*, 23 May 2018, https://www.chinadaily.com.cn/a/201805/23/WS5b04ca17a3103f6866eea0e9.html.
4. 'Research on friends at work', Olivet Nazarene University, https://online.olivet.edu/news/research-friends-work; 'Loneliness and the Workplace', Cigna, January 2020, https://www.cigna.com/static/www-cigna-com/docs/about-us/newsroom/studies-and-reports/combatting-loneliness/cigna-2020-loneliness-report.pdf, p.7. '
5. Loneliness during coronavirus', Mental Health Foundation, 3 June 2020, https://www.mentalhealth.org.uk/coronavirus/coping-with-loneliness.
6. 'State of the Global Workplace', Gallup, https://www.gallup.com/workplace/238079/state-global-workplace-2017.aspx.
7. Jane Ammeson, 'Storytelling with Studs Terkel', *Chicago Life*, 28 May 2007, http://chicagolife.net/content/interview/Storytelling_with_Studs_Terkel; Teenage Telephone Operator Reveals Loneliness In Terkel's 'Working'', NPR, 27 September 2016, https://www.npr.org/templates/transcript/transcript.php?storyId=495671371.
8. Dan Schawbel, *Back to Human* (Da Capo, 2018); 以下も参照のこと。Kerry Hannon, 'People with pals at work more satisfied, productive', *USA Today*, 13 August 2013, http://usatoday30.usatoday.com/money/books/reviews/2006-08-13-vital-friends_x.htm.
9. Dan Schawbel, 'How technology created a lonely workplace', MarketWatch, 2 December 2018, https://www.marketwatch.com/story/how-technology-created-a-lonely-workplace-2018-11-13; '40% of Australians feel lonely at work', *a future that works*, 8 July 2019, http://www.afuturethatworks.org.au/media-stories/2019/7/8/40-of-australians-feel-lonely-at-work; Hakan Ozcelik and Sigal G. Barsade, 'No Employee an Island: Workplace Loneliness and Job Performance', *Academy of Management Journal* 61, no. 6 (11 December 2018): 2343, https://doi.org/10.5465/amj.2015.1066.'
10. Loneliness on the Job: Why No Employee Is an Island', *Knowledge@Wharton*, 9 March 2018, https://knowledge.wharton.upenn.edu/article/no-employee-is-an-island/.
11. 1624人の正社員の調査。cf. Shawn Achor, Gabriella Rosen Kellerman, Andre Reece and Alexi Robichaux, 'America's Loneliest Workers, According to Research', *Harvard Business Review*, 19 March 2018, https://hbr.org/2018/03/americas-loneliest-workers-according-to-research; 'Loneliness Causing UK Workers to Quit Their Jobs', TotalJobs, 26 July 2018, http://press.totaljobs.com/release/loneliness-causing-uk-workers-to-quit-their-jobs/.
12. 'Global Study Finds That Dependency on Technology Makes Workers Feel Isolated, Disengaged and Less Committed to Their Organizations', The Work Connectivity Study, 13 November 2018 (Cached 1 June 2020), https://workplacetrends.com/the-work-connectivity-study/.
13. S.Y. Park et al., 'Coronavirus Disease Outbreak in Call Center, South Korea', *Emerging Infectious Diseases* 26, no. 8 (2020), https://doi.org/10.3201/eid2608.201274; 以下も参照のこと。Sean Fleming, 'COVID–19: How an office outbreak in South Korea shows that protecting workers is vital for relaxing lockdown', *World Economic Forum*, 4 May 2020, https://www.weforum.org/agenda/2020/05/protecting-office-workers-vital-for-relaxing-lockdown-south-korea/.
14. 'The State of the Open Office Research Study', Stegmeier Consulting Group, https://cdn.worktechacademy.com/uploads/2018/01/Open-Office-Research-Study-Stegmeier-Consulting-Group.pdf; Jeremy Bates, Mike Barnes and Steven Lang, 'What Workers Want: Europe 2019', Savills

PLC, 17 June 2019, https://www.savills.co.uk/research_articles/229130/283562-0/what-workers-want-europe-2019; Brian Borzykowski, 'Why open offices are bad for us', BBC, 11 January 2017, https://www.bbc.com/worklife/article/20170105-open-offices-are-damaging-our-memories.
15. Ethan S. Bernstein and Stephen Turban, 'The impact of the "open" workspace on human collaboration', *Philosophical Transactions of the Royal Society B* 1753, no. 373 (July 2018), https://doi.org/10.1098/rstb.2017.0239
16. John Medina and Ryan Mullenix, 'How Neuroscience Is Optimising the Office', *Wall Street Journal*, 1 May 2018, https://www.wsj.com/articles/how-neuroscience-is-optimizing-the-office-1525185527; 以下も参照のこと。Barbara Palmer, 'Sound Barriers: Keeping Focus in a Noisy Open Office, *PCMA*, 1 December 2019, https://www.pcma.org/open-office-spaces-distractions-noise/.
17. 'Too Much Noise', Steelcase, https://www.steelcase.com/research/articles/topics/open-plan-workplace/much-noise/.
18. Zaria Gorvett, 'Why office noise bothers some people more than others', BBC, 18 November 2019, https://www.bbc.com/worklife/article/20191115-office-noise-acceptable-levels-personality-type
19. Jeremy Luscombe, 'When All's Not Quiet On the Office Front, Everyone Suffers', *TLNT*, 4 May 2016, https://www.tlnt.com/when-alls-not-quiet-on-the-office-front-everyone-suffers/.
20. Vinesh Oommen, Mike Knowles and Isabella Zhao, 'Should Health Service Managers Embrace Open-Plan Work Environments? A Review', *AsiaPacific Journal of Health Management* 3, no. 2 (2008), 37–43.
21. Therese Sprinkle, Suzanne S. Masterson, Shalini Khazanchi and Nathan Tong, 'A spacial model of work relationships: The relationship-building and relationship-straining effects of workspace design', *The Academy of Management Review* 43, no. 4 (June 2018), https://doi.org/10.5465/amr.2016.0240.
22. 'Divisive practice of hot desking heightens employee stress', Consultancy.uk, 7 May 2019, https://www.consultancy.uk/news/21194/divisive-practice-of-hot-desking-heightens-employee-stress.
23. 個人的な会話より。カーラはプライバシー保護のため仮名。
24. Sarah Holder, 'Can "Pods" Bring Quiet to the Noisy Open Office?' CityLab, 2 July 2019, https://www.citylab.com/design/2019/07/open-plan-offices-architecture-acoustics-privacy-pods/586963/; Josh Constine, 'To fight the scourge of open offices, ROOM sells rooms', TechCrunch, 15 August 2018, https://techcrunch.com/2018/08/15/room-phone-booths/?guccounter=1&guce_referrer_us=aHR0cHM6Ly93d3cuZ29vZ2xlLmNvbS8&guce_referrer_cs=p6XDk_kXhi4qkZLStN5AfA.
25. Cubicall, https://www.cubicallbooth.com/.
26. Chip Cutter, 'One Architects Radical Vision to Replace the Open Office', *Wall Street Journal*, 9 January 2020, https://www.wsj.com/articles/one-architects-radical-vision-to-replace-the-open-office-11578578407?emailToken=3d0330849f5ede15b0c7196985e56f38CBKL.
27. 'Why offices are becoming more "open"', InterviewQ's, https://www.interviewqs.com/blog/closed_open_office.
28. 常時、スタッフの最大で40％が専用デスクを持たない。Jeff Pochepan, 'Here's What Happens When You Take Away Dedicated Desks for Employees', *Inc.*, 10 May 2018, https://www.inc.com/jeff-pochepan/heres-what-happens-when-you-take-away-dedicated-desks-for-employees.html; Niall Patrick Walsh, 'Is Coronavirus the Beginning of the End of Offices?', *Arch Daily*, 11 March 2020, https://www.archdaily.com/935197/is-coronavirus-the-beginning-of-the-end-of-offices.
29. Dan Schawbel, 'How technology created a lonely workplace', MarketWatch, 2 December 2018, https://www.marketwatch.com/story/how-technology-created-a-lonely-workplace-2018-11-13; また、主要メディア企業の社内メール調査に基づくデータの提供を受けた。
30. Ibid.

31. Lori Francis, Camilla M. Holmvall, and Laura E. O'Brien, 'The influence of workload and civility of treatment on the perpetration of email incivility', *Computers in Human Behavior* 46 (2015), 191–201, https://doi.org/10.1016/j.chb.2014.12.044.
32. 以下を参照のこと。Gina Luk, 'Global Mobile Workforce Forecast Update 2017– 2023', *Strategy Analytics*, 18 May 2018, https://www.strategyanalytics.com/access-services/enterprise/mobile-workforce/market-data/report-detail/global-mobile-workforce-forecast-update-2017-2023. この予測はコロナ禍前のもの。コロナ禍においては、ほとんどのオフィスワーカーにとって在宅勤務が標準的となった。今後、リモートワークは加速する可能性が高い。
33. Erica Dhawan and Tomas Chamorro-Premuzic, 'How to Collaborate Effectively If Your Team Is Remote', *Harvard Business Review*, 27 February 2018, https://hbr.org/2018/02/how-to-collaborate-effectively-if-your-team-is-remote.
34. Bryan Robinson, 'What Studies Reveal About Social Distancing And Remote Working During Coronavirus', *Forbes*, 4 April 2020, https://www.forbes.com/sites/bryanrobinson/2020/04/04/what-7-studies-show-about-social-distancing-and-remote-working-during-covid-19/.
35. Hailley Griffis, 'State of Remote Work 2018 Report: What It's Like to be a Remote Worker In 2018', *Buffer*, 27 February 2018, https://open.buffer.com/state-remote-work-2018/.
36. オリジナルのツイートは以下。https://twitter.com/hacks4pancakes/status/1106743840751476736?s=20.
37. Ryan Hoover, 'The Problems in Remote Working', LinkedIn, 19 March 2019, https://www.linkedin.com/pulse/problems-remoteworking-ryan-hoover/?trackingId=KaDtuFRVTiy7DDxgnaFy5Q%3D%3D.
38. オリジナルのツイートは以下。 https://twitter.com/hacks4pancakes/status/1106743840751476736?s=20; https://twitter.com/SethSandler/status/1106721799306244096?s=20.
39. オリジナルのツイートは以下。 https://twitter.com/john_osborn/status/1106570727103348738?s=20.
40. オリジナルのツイートは以下。 https://twitter.com/ericnakagawa/status/1106567592225890305?s=20.
41. オリジナルのツイートは以下。 https://twitter.com/ahmed_sulajman/status/1106561023652302848?s=20; ほかにも以下のようなものがあった。Finding intentional work communities. Missing the passive conversations with teammates' @DavidSpinks; 'Lack of social dynamism. I get stir crazy and stuck in my head if I don't/can't talk to other people' @jkwade; 'Not talking to other human beings' @belsito; 'resolving issues is easier when ur with colleagues, than online' @GabbarSanghi; 'My biggest frustration is there's no one to high-five you when you accomplish something big' @MadalynSklar; 'Missing out office social interactions ... that's where magic happens in relationships!' @EraldoCavalli; Ryan Hoover, 'The Problems in Remote Working', LinkedIn, 19 March 2019, https://www.linkedin.com/pulse/problems-remote-working-ryan-hoover/?trackingId=KaDtuFRVTiy7DDxgnaFy5Q%3D%3D.
42. Jenni Russell, 'Office life is more precious than we admit', *The Times*, 6 May 2020, https://www.thetimes.co.uk/article/office-life-is-more-precious-than-we-admit-q3twmh8tv.
43. Nicholas Bloom, James Liang, John Roberts and Zhichun Jenny Ying, 'Does Working From Home Work? Evidence from a Chinese Experiment', *The Quarterly Journal of Economics* 130, no. 1 (November 2014), 165–218, https://doi.org/10.1093/qje/qju032.
44. Isabella Steger, 'A Japanese aquarium under lockdown wants people to video call its lonely eels', *Quartz*, 30 April 2020, https://qz.com/1848528/japan-aquarium-asks-people-to-video-call-eels-under-lockdown/.
45. Kevin Roose, 'Sorry, But Working From Home is Overrated', *New York Times*, 10 March 2020, https://www.nytimes.com/2020/03/10/technology/working-from-home.html.
46. Ibid.
47. バーミンガム、ブラジリア、トロント、イスタンブール、ボゴタ、リオデジャネイロ、ロサンゼルスなど多くの都市

で、通勤時間は平均1時間半を超える。これは多くの場合、中心部の住宅価格が中間層の労働者にも手が届かないほどに上昇したため。Julia Watts, 'The Best and Worst Cities for Commuting', Expert Market, https://www.expertmarket.co.uk/vehicle-tracking/best-and-worst-cities-for-commuting. オリジナルのデータは以下。https://images.expertmarket.co.uk/wp-content/uploads/sites/default/files/FOCUSUK/Commuter%20Carnage/The%20Best%20and%20Worst%20Cities%20for%20Commuting%20-%20Expert%20Market.pdf?ga=2.6892788.710211532.1591291518-1056841509.1591291518.

48. Alison Lynch, 'Table for one: Nearly half of all meals in the UK are eaten alone', *Metro*, 13 April 2016, https://metro.co.uk/2016/04/13/table-for-one-nearly-half-of-all-meals-in-the-uk-are-eaten-alone-5813871/.
49. Malia Wollan, 'Failure to Lunch', *New York Times*, 25 February 2016, https://www.nytimes.com/2016/02/28/magazine/failure-to-lunch.html; Olivera Perkins, 'Eating lunch alone, often working at your desk: the disappearing lunch break (photos)', Cleveland.com, 14 September 2015, https://www.cleveland.com/business/2015/09/eating_lunch_alone_often_worki.html.
50. Robert Williams, Kana Inagaki, Jude Webber and John Aglionby, 'A global anatomy of health and the workday lunch', *Financial Times*, 14 September 2016, https://www.ft.com/content/a1b8d81a-48f5-11e6-8d68-72e9211e86ab.
51. Stan Herman, 'In-work dining at Silicon Valley companies like Google and Facebook causes spike in divorce rate', *Salon*, 24 June 2018, https://www.salon.com/2018/06/24/in-work-dining-in-silicon-valley-companies-like-google-and-facebook-cause-spike-in-divorce-there/; Lenore Bartko, 'Festive Feasts Around the World', InterNations.org, https://www.internations.org/magazine/plan-prepare-feast-and-enjoy-tips-for-celebrating-national-holidays-abroad-17475/festive-feasts-around-the-world-2.
52. 以下などの議論を参照のこと。Anthony Charuvastra and Marylene Cloitre, 'Social Bonds and Post-Traumatic Stress Disorder', *Annual Review of Psychology* 59 (2008), 301–28.
53. 消防士たちの個人情報保護のため、町の名前は明らかにされていない。Kevin M. Kniffin, Brian Wansink, Carol M. Devine and Jeffery Sobal, 'Eating Together at the Firehouse: How Workplace Commensality Relates to the Performance of Firefighters', *Human Performance* 28, no. 4 (2015), 281–306, https://doi.org/10.1080/08959285.2015.1021049.
54. Susan Kelley, 'Groups that eat together perform better together', *Cornell Chronicle*, 19 November 2015, https://news.cornell.edu/stories/2015/11/groups-eat-together-perform-better-together; 以下も参照のこと。Kniffin et al., 'Eating Together at the Firehouse'; 'Team Building in the Cafeteria', *Harvard Business Review*, December 2015, https://hbr.org/2015/12/team-building-in-the-cafeteria.
55. Kelley, 'Groups that eat together perform better together'. 'Team Building in the Cafeteria'.
56. Trevor Felch, 'Lunch at Google HQ is as Insanely Awesome as You Thought', *Serious Eats*, 8 January 2014, https://www.seriouseats.com/2014/01/lunch-at-google-insanely-awesome-as-you-thought.html; Katie Canales, 'Cayenne pepper ginger shots, homemade lemon tarts, and Michelin-starred chefs – here's what employees at Silicon Valley's biggest tech companies are offered for free', *Business Insider*, 31 July 2018, https://www.businessinsider.com/free-food-silicon-valley-tech-employees-apple-google-facebook-2018-7?r=US&IR=T#apple-employees-dont-get-free-food-but-they-do-get-subsidized-cafes-2.
57. 'Team-Building in the Cafeteria'.
58. Alex Pentland, 'The New Science of Building Great Teams', *Harvard Business Review*, April 2012, https://hbr.org/2012/04/the-new-science-of-building-great-teams; Ron Miller, 'New Firm Comines Wearables And Data To Improve Decision Making', *TechCrunch*, 24 February 2015, https://techcrunch.com/2015/02/24/new-firm-combines-wearables-and-data-to-improve-decision-making/.
59. Jen Hubley Luckwaldt, 'For the Love of the Job: Does Society Pay Teachers What They Are

Worth?', PayScale, https://www.payscale.com/data-packages/most-and-least-meaningful-jobs/teacher-pay-versus-job-meaning; 'Nurses are undervalued because most of them are women, a new study shows', Oxford Brookes University, 29 January 2020, https://www.brookes.ac.uk/about-brookes/news/nurses-are-undervalued-because-most-of-them-are-women-a-new-study-finds/; 元の報告は以下。'Gender and Nursing as a Profession', Royal College of Nursing and Oxford Brookes University, January 2020; Jack Fischl, 'Almost 82 Per cent Of Social Workers Are Female, and This is Hurting Men', *Mic*, 25 March 2013, https://www.mic.com/articles/30974/almost-82-percent-of-social-workers-are-female-and-this-is-hurting-men; 職種説明に関する分析はtotaljobs.com.に基づく。

60. Sarah Todd, 'Can nice women get ahead at work?', *Quartz*, https://qz.com/work/1708242/why-being-nice-is-a-bad-word-at-work/.
61. Sarah Todd, 'Finally, a performance review designed to weed out "brilliant jerks"', *Quartz*, 22 July 2019, https://qz.com/work/1671163/atlassians-new-performance-review-categories-weed-out-brilliant-jerks/.
62. Sarah Todd, 'Can nice women get ahead at work?'.
63. Joan C. Williams and Marina Multhaup, 'For Women and Minorities to Get Ahead, Managers Must Assign Work Fairly', *Harvard Business Review*, 5 March 2018, https://hbr.org/2018/03/for-women-and-minorities-to-get-ahead-managers-must-assign-work-fairly.
64. Patrick Moorhead, 'Why No One Should Be Surprised Cisco Named "World's Best Workplace" for 2019', *Forbes*, 1 November 2019, https://www.forbes.com/sites/moorinsights/2019/11/01/why-no-one-should-be-surprised-cisco-named-worlds-best-workplace-for-2019/#5d7032443886.
65. Paul Verhaghe, 'Neoliberalism has brought out the worst in us', The *Guardian*, 29 September 2014, https://www.theguardian.com/commentisfree/2014/sep/29/neoliberalism-economic-system-ethics-personality-psychopathicsthic.
66. たとえばオランダとドイツでは、1950〜2012年に1人当たりの年間労働時間は約40%短くなった。米国では、この数字は約10%少ない。Matthew Yglesias, 'Jeb Bush and longer working hours: gaffesplainer 2016', *Vox*, 9 July 2015, https://www.vox.com/2015/7/9/8920297/jeb-bush-work-longer; Derek Thompson, 'Workism Is Making Americans Miserable', *The Atlantic*, 24 February 2019, https://www.theatlantic.com/ideas/archive/2019/02/religion-workism-making-americans-miserable/583441/.
67. Anna S. Burger, 'Extreme working hours in Western Europe and North America: A new aspect of polarization', LSE 'Europe in Question' Discussion Paper Series, May 2015, http://www.lse.ac.uk/europeanInstitute/LEQS%20Discussion%20Paper%20Series/LEQSPaper92.pdf. この研究は大卒者が対象。専門職も同じトレンドをたどっている可能性が高いとみなすのは合理的であろう。Heather Boushey and Bridget Ansel, 'Overworked America', Washington Center for Equitable Growth, 16 May 2016, https://equitablegrowth.org/research-paper/overworked-america/. また1985〜2010年、大卒男性が1週間に娯楽に費やす時間は2.5時間減った。これはどの人口層よりも減少幅が大きい。Derek Thompson, 'Are We Truly Overworked? An Investigation – in 6 Charts', *The Atlantic*, June 2013, https://www.theatlantic.com/magazine/archive/2013/06/are-we-truly-overworked/309321/.
68. Steven Clarke and George Bangham, 'Counting the hours', Resolution Foundation, January 2018, https://www.resolutionfoundation.org/app/uploads/2018/01/Counting-the-hours.pdf.
69. Justin McCurry, 'Japanese woman "dies from overwork" after logging 159 hours of overtime in a month', *Guardian*, 5 October 2017, https://www.theguardian.com/world/2017/oct/05/japanese-woman-dies-overwork-159-hours-overtime.
70. Rita Liao, 'China's Startup Ecosystem is hitting back at demanding working hours', *TechCrunch*, 13 April 2019, https://techcrunch.com/2019/04/12/china-996/.
71. 現在、米国では20年前よりも30%高くなっている。Larry Getlen, 'America's middle class is slowly be-

ing 'wiped out'', MarketWatch, 23 July 2018, https://www.marketwatch.com/story/americas-middle-class-is-slowly-being-wiped-out-2018-07-23. 以下も参照のこと。Alissa Quart, *Squeezed: Why Our Families Can't Afford America* (Ecco, 2018); これは英国でも同様で、1980〜2010年に中間層の世帯数が27%減少した。またEU諸国の3分の2では、2008年の金融危機以降中間層が減少した。See Daniel Boffey, 'How 30 years of a polarised economy have squeezed out of the middle class', *Guardian*, 7 March 2015, https://www.theguardian.com/society/2015/mar/07/vanishing-middle-class-london-economy-divide-rich-poor-england; Liz Alderman, 'Europe's Middle Class Is Shrinking. Spain Bears Much of the Pain', *New York Times*, 14 February 2019, https://www.nytimes.com/2019/02/14/business/spain-europe-middle-class.html.

72. Jennifer Szalai, 'Going for Broke, the Middle Class Goes Broke', *New York Times*, 27 June 2018, https://www.nytimes.com/2018/06/27/books/review-squeezed-alissa-quart.html.
73. Sarah Graham, 'Meet The Young Nurses Who Need A Side Hustle Just To Pay Their Bills', *Grazia*, 12 July 2017, https://graziadaily.co.uk/life/real-life/meet-young-nurses-need-side-hustle-just-pay-bills/.
74. 'Nursing Shortage: 52% of US Nurses Say It's Gotten Worse', Staffing Industry Analysts, 12 November 2019, https://www2.staffingindustry.com/site/Editorial/Daily-News/Nursing-shortage-52-of-US-nurses-say-it-s-gotten-worse-51871; 英国と米国では、学者も同様の状況に陥る場合がある。英国については、同僚との会話より。米国については、以下などを参照のこと。Seth Freed Wessler, 'Your College Professor Could Be On Public Assistance', NBC News, 6 April 2015, https://www.nbcnews.com/feature/in-plain-sight/poverty-u-many-adjunct-professors-food-stamps-n336596; Matt Saccaro, 'Professors on food stamps: The shocking true story of academia in 2014', *Salon*, 21 September 2014, https://www.salon.com/test/2014/09/21/professors_on_food_stamps_the_shocking_true_story_of_academia_in_2014/.
75. Katherine Schaeffer, 'About one-in-six U.S. teachers work second jobs – and not just in the summer', Pew Research Center, 1 July 2019, https://www.pewresearch.org/fact-tank/2019/07/01/about-one-in-six-u-s-teachers-work-second-jobs-and-not-just-in-the-summer/; Michael Addonizio, 'Are America's teachers really underpaid?', *The Conversation*, 11 April 2019, https://theconversation.com/are-americas-teachers-really-underpaid-114397.
76. Szalai, 'Going for Broke, the Middle Class Goes Broke'.
77. Sylvia Ann Hewlett and Carolyn Buck Luce, 'Extreme Jobs: The Dangerous Allure of the 70-Hour Workweek', *Harvard Business Review*, December 2006, https://hbr.org/2006/12/extreme-jobs-the-dangerous-allure-of-the-70-hour-workweek.
78. 'New statistics reveal effect of modern day lifestyles on family life', British Heart Foundation, 12 May 2017, https://www.bhf.org.uk/what-we-do/news-from-the-bhf/news-archive/2017/may/new-statistics-reveal-effect-of-modern-day-lifestyles-on-family-life.
79. Emma Seppälä and Marissa King, 'Burnout at Work Isn't Just About Exhaustion. It's Also About Loneliness', *Harvard Business Review*, 29 June 2017, https://hbr.org/2017/06/burnout-at-work-isnt-just-about-exhaustion-its-also-about-loneliness.
80. Christina Zdanowicz, 'Denver is so expensive that teachers have to get creative to make ends meet', CNN, 11 February 2019, https://edition.cnn.com/2019/02/10/us/denver-teacher-strike-multiple-jobs/index.html.
81. Zoe Schiffer, 'Emotional Baggage', *The Verge*, 5 December 2019, https://www.theverge.com/2019/12/5/20995453/away-luggage-ceo-steph-korey-toxic-work-environment-travel-inclusion.
82. *Rise and Grind* (Currency 2018) is the title of a book by *Shark Tank* star and FUBU founder Daymond John and the theme of a recent Nike ad: https://www.youtube.com/watch?v=KQSiiEPKgUk.
83. 'The Relationship Between Hours Worked and Productivity', Crunch Mode: Programming to the

Extreme, https://cs.stanford.edu/people/eroberts/cs201/projects/crunchmode/econ-hours-productivity.html; Sarah Green Carmichael, 'The Research Is Clear: Long Hours Backfire for People and for Companies', *Harvard Business Review*, 19 August 2015, https://hbr.org/2015/08/the-research-is-clear-long-hours-backfire-for-people-and-for-companies.

84. 'Volkswagen turns off Blackberry email after work hours', BBC News, 8 March 2012, https://www.bbc.co.uk/news/technology-16314901.
85. 'Should holiday email be deleted?', BBC News, 14 August 2014, https://www.bbc.co.uk/news/magazine-28786117.
86. 筆者は、ワーナー・ミュージック・グループの取締役である。
87. 'French workers get 'right to disconnect' from emails out of hours', BBC News, 31 December 2016, https://www.bbc.co.uk/news/world-europe-38479439.
88. Daniel Ornstein and Jordan B. Glassberg, 'More Countries Consider Implementing a "Right to Disconnect"'. *The National Law Review*, 29 January 2019, https://www.natlawreview.com/article/more-countries-consider-implementing-right-to-disconnect.
89. Raquel Flórez, 'The future of work – New rights for new times', *Freshfields*, 5 December 2018, https://digital.freshfields.com/post/102f6up/the-future-of-work-new-rights-for-new-times; Ornstein and Glassberg, 'More Countries Consider Implementing a "Right to Disconnect"'.
90. 'Banning out-of-hours email "could harm employee wellbeing"', BBC News, 18 October 2019, https://www.bbc.co.uk/news/technology-50073107.
91. Evgeny Morozov, 'So you want to switch off digitally? I'm afraid that will cost you...', *Guardian*, 19 February 2017, https://www.theguardian.com/commentisfree/2017/feb/19/right-to-disconnect-digital-gig-economy-evgeny-morozov.
92. Peter Fleming, 'Do you work more than 39 hours per week? Your job could be killing you', *Guardian*, 15 January 2018, https://www.theguardian.com/lifeandstyle/2018/jan/15/is-28-hours-ideal-working-week-for-healthy-life.
93. 'Two in five low-paid mums and dads penalised by bad bosses, TUC study reveals', Trades Union Congress, 1 September 2017, https://www.tuc.org.uk/news/two-five-low-paid-mums-and-dads-penalised-bad-bosses-tuc-study-reveals-0. コロナ危機はさらなるリスクを示している。TUCは、コロナ禍で託児サービスが利用できなくなるなか、低賃金の仕事か、家族の安全を守るかという選択を迫られている働く親を政府が保護するよう要求した。'Forced out: The cost of getting childcare wrong', Trades Union Congress, 4 June 2020, https://www.tuc.org.uk/research-analysis/reports/forced-out-cost-getting-childcare-wrong.
94. Brian Wheeler, 'Why Americans don't take sick days', BBC News, 14 September 2014, https://www.bbc.co.uk/news/world-us-canada-37353742.
95. Harriet Meyer, 'Part-time workers 'trapped' in jobs with no chance of promotion', *Guardian*, 8 July 2013, https://www.theguardian.com/money/2013/jul/08/part-time-workers-trapped-jobs; Richard Partington, 'Mothers working part-time hit hard by gender pay gap, study shows', *Guardian*, 5 February 2018, https://www.theguardian.com/society/2018/feb/05/mothers-working-part-time-hit-hard-by-gender-pay-gap-study-shows; Paul Johnson, 'We must not ignore plight of low-paid men as once we ignored that of working women', Institute for Fiscal Studies, 12 November 2018, https://www.ifs.org.uk/publications/13706.
96. 以下などを参照のこと。Ariane Hegewisch and Valerie Lacarte, 'Gender Inequality, Work Hours, and the Future of Work', Institute for Women's Policy Research, 14 November 2019, https://iwpr.org/publications/gender-inequality-work-hours-future-of-work/.
97. Dominic Walsh, 'Centrica staff get extra paid leave to care for sick relatives', *The Times*, 7 May 2019, https://www.thetimes.co.uk/article/centrica-staff-get-extra-paid-leave-to-care-for-sick-relatives-6397f7vs8.

98. Joe Wiggins, '9 Companies That Offer Corporate Volunteering Days', Glassdoor, 6 May 2019, https://www.glassdoor.co.uk/blog/time-off-volunteer/.
99. Kari Paul, 'Microsoft Japan tested a four-day work week and productivity jumped by 40%', *Guardian*, 4 November 2019, https://www.theguardian.com/technology/2019/nov/04/microsoft-japan-four-day-work-week-productivity.

❖第8章

1. Robert Booth, 'Unilever saves on recruiters by using AI to assess job interviews', *Guardian*, 25 October 2019, https://www.theguardian.com/technology/2019/oct/25/unilever-saves-on-recruiters-by-using-ai-to-assess-job-interviews; The Harvey Nash HR Survey 2019, https://www.harveynash.com/hrsurvey/full-report/charts/#summary.
2. 'HireVue surpasses ten million video interviews completed worldwide', HireVue, 21 May 2019, https://www.hirevue.com/press-release/hirevue-surpasses-ten-million-video-interviews-completed-worldwide.
3. 'EPIC Files Complaint with FTC about Employment Screening Firm HireVue', Electronic Privacy Information Center, 6 November 2019, https://epic.org/2019/11/epic-files-complaint-with-ftc.html; see full complaint at https://epic.org/privacy/ftc/hirevue/EPIC_FTC_HireVue_Complaint.pdf.
4. Loren Larsen, 'HireVue Assessments and Preventing Algorithmic Bias', HireVue, 22 June 2018, https://www.hirevue.com/blog/hirevue-assessments-and-preventing-algorithmic-bias; cf. Emma Leech, 'The perils of AI recruitment', *New Statesman*, 14 August 2019, https://tech.newstatesman.com/emerging-technologies/ai-recruitment-algorithms-bias; Julius Schulte, 'AI-assisted recruitment is biased. Here's how to make it more fair', World Economic Forum, 9 May 2019, https://www.weforum.org/agenda/2019/05/ai-assisted-recruitment-is-biased-heres-how-to-beat-it/.
5. Drew Harwell, 'A face-scanning algorithm increasingly decides whether you deserve the job', *Washington Post*, 6 November 2019, https://www.washingtonpost.com/technology/2019/10/22/ai-hiring-face-scanning-algorithm-increasingly-decides-whether-you-deserve-job/.
6. Reuters, 'Amazon ditched AI recruiting tool that favoured men for technical jobs', *Guardian*, 11 October 2018, https://www.theguardian.com/technology/2018/oct/10/amazon-hiring-ai-gender-bias-recruiting-engine.
7. Kuba Krys et al., 'Be Careful Where You Smile: Culture Shapes Judgments of Intelligence and Honesty of Smiling Individuals', *Journal of Nonverbal Behavior* 40 (2016), 101–16, https://doi.rg/10.1007/s10919-015-0226-4. この仮説は、格言やステレオタイプに見られるが、現在では44カ国の量的分析により裏づけられている。
8. 大まかに行って、歴史的に多様性が高い国(つまり言語や文化的規範が異なる移民が多い国)では、微笑みへの期待が大きく、社会的通貨として使用される。以下を参照のこと。Khazan, 'Why Americans smile so much', *The Atlantic*, 3 May 2017, https://www.theatlantic.com/science/archive/2017/05/why-americans-smile-so-much/524967/.
9. ウォルマートが最終的にドイツ撤退に追い込まれたのは、異なる文化的期待に適応できなかったためだと、専門家は推測している。Mark Landler and Michael Barbaro, 'Wal-Mart Finds That Its Formula Doesn't Fit Every Culture', *New York Times*, 2 August 2006, https://www.nytimes.com/2006/08/02/business/worldbusiness/02walmart.html; 以下も参照のこと。'Why Americans smile so much'.
10. このことは、同社のウェブサイトにある面接を受ける人のための「よくある質問」に示唆されている。「銀行の出納係など接客業は、ある程度フレンドリーで他者に注意を払える必要がある。より専門性の高い仕事では、同レベルの社交性は必要とされないかもしれないため、あなたが微笑むか、あるいはアイコンタクトを長めにとるかといったことが評価モデルに含まれる可能性は低い」。HireVue, https://www.hirevue.com/candidates/faq.

11. Stéphanie Thomson, 'Here's why you didn't get that job: your name', World Economic Forum, 23 May 2017, https://www.weforum.org/agenda/2017/05/job-applications-resume-cv-name-discrimination/.
12. Dave Gershgorn, 'AI is now so complex its creators can't trust why it makes decisions', *Quartz*, 7 December 2017, https://qz.com/1146753/ai-is-now-so-complex-its-creators-cant-trust-why-it-makes-decisions/.
13. Jordi Canals and Franz Heukamp, *The Future of Management in an AI World: Redesigning Purpose and Strategy in the Fourth Industrial Revolution* (Springer Nature, 2019), p.108.
14. ビデオ面接と同時に、筆者は精神測定の「ゲーム」も「プレー」しなければならなかったわけだ。それがこの評価でどの程度重視されたかは不明。
15. Terena Bell, 'This bot judges how much you smile during your job interview', *Fast Company*, 15 January 2019, https://www.fastcompany.com/90284772/this-bot-judges-how-much-you-smile-during-your-job-interview.
16. 「ジェーン」は複数の人格を合成したキャラクター。
17. Cogito Corporation, https://www.cogitocorp.com.
18. 「ジャック」も複数の人格を合成したキャラクター。
19. Ron Miller, 'New Firm Combines Wearables And Data To Improve Decision Making', *TechCrunch*, 24 February 2015, https://techcrunch.com/2015/02/24/new-firm-combines-wearables-and-data-to-improve-decision-making/.
20. Jessica Bruder, 'These Workers Have a New Demand: Stop Watching Us', *The Nation*, 27 May 2015, https://www.thenation.com/article/archive/these-workers-have-new-demand-stop-watching-us/.
21. Ceylan Yeginsu, 'If Workers Slack Off, the Wristband Will Know. (And Amazon Has a Patent for It.)', *New York Times*, 1 February 2018, https://www.nytimes.com/2018/02/01/technology/amazon-wristband-tracking-privacy.html.
22. James Bloodworth, *Hired: Six Months Undercover in Low-Wage Britain* (Atlantic Books, 2018).
23. Luke Tredinnick and Claire Laybats, 'Workplace surveillance', *Business Information Review* 36, no. 2 (2019), 50–2, https://doi.org/10.1177/0266382119853890.
24. Ivan Manokha, 'New Means of Workplace Surveillance: From the Gaze of the Supervisor to the Digitalization of Employees', *Monthly Review*, 1 February 2019, https://monthlyreview.org/2019/02/01/new-means-of-workplace-surveillance/.
25. Zuboff, *The Age of Surveillance Capitalism*.
26. Olivia Solon, 'Big Brother isn't just watching: workplace surveillance can track your every move', *Guardian*, 6 November 2017, https://www.theguardian.com/world/2017/nov/06/workplace-surveillance-big-brother-technology.
27. Ibid.
28. ここでいう「売り上げ」にはトライアルも含まれる。たとえば、このようなソフトウエアのサプライヤーの一つであるハブスタッフ社は、在宅勤務を命じる会社が増えるにしたがい、同社の労働時間追跡ソフトのトライアル利用は3倍に増加したとしている。類似商品を使う企業のなかには、顧客の問い合わせが6倍増となったとしている企業もある。Jessica Golden and Eric Chemi, 'Worker monitoring tools see surging growth as companies adjust to stay-at-home orders', CNBC, 13 May 2020, https://www.cnbc.com/2020/05/13/employee-monitoring-tools-see-uptick-as-more-people-work-from-home.html.
29. 教員たちがストライキをした結果、このアプリの使用は選択制になり、さらに後に撤廃された。Jess Bidgood, '"I Live Paycheck to Paycheck": A West Virginia Teacher Explains Why She's on Strike', *New York Times*, 1 March 2018, https://www.nytimes.com/2018/03/01/us/west-virginia-teachers-strike.html?.
30. Bruder, 'These Workers Have a New Demand: Stop Watching Us'.

31. Padraig Belton, 'How does it feel to be watched at work all the time?', BBC News, 12 April 2019, https://www.bbc.com/news/business-47879798.
32. Ibid.
33. Ellen Ruppel Shell, 'The Employer-Surveillance State', *The Atlantic*, 15 October 2018, https://www.theatlantic.com/business/archive/2018/10/employee-surveillance/568159/.
34. Antti Oulasvirta et al., 'Long-term effects of ubiquitous surveillance in the home', Proceedings of the 2012 ACM Conference on Ubiquitous Computing (2012), https://doi.org/10.1145/2370216.2370224.
35. Shell, 'The Employer-Surveillance State'.
36. 強制労働施設と現代の職場の間には明らかにつながりがあるが、筆者は脱工業化資本主義の世界における「職場」にフォーカスを当てることにした。とはいえ、多くの学者が示してきたように、古代であれ、米国のプランテーションにおいてであれ、奴隷制は社会的管理、非人間化、他者化の多くの事例を提供する。人種的監視については、以下などを参照のこと。Simone Browne, *Dark Matters: On the Surveillance of Blackness* (Duke University Press, 2015).
37. 'Pinkerton National Detective Agency', *Encyclopaedia Britannica*, 25 September 2017, https://www.britannica.com/topic/Pinkerton-National-Detective-Agency.
38. Ifeoma Ajunwa, Kate Crawford and Jason Schultz, 'Limitless Worker Surveillance', *California Law Review* 105, no. 3 (2017), 735–6.
39. Julie A. Flanagan, 'Restricting electronic monitoring in the private workplace', *Duke Law Journal* 43 (1993), 1256, https://scholarship.law.duke.edu/cgi/viewcontent.cgi?article=3255&context=dlj.
40. 学者らは1980年代にも警鐘を鳴らしていた。以下などを参照のこと。Shoshana Zuboff, *In the Age of the Smart Machine: The Future of Work and Power* (Basic Books, 1988); Barbara Garson, *The Electronic Sweatshop: How Computers Are Turning the Office of the Future into the Factory of the Past* (Simon & Schuster, 1988); Michael Wallace, 'Brave New Workplace: Technology and Work in the New Economy', *Work and Occupations* 16, no. 4 (1989), 363–92.
41. Ivan Manokha, 'New Means of Workplace Surveillance: From the Gaze of the Supervisor to the Digitalization of Employees', *Monthly Review*, 1 February 2019, https://monthlyreview.org/2019/02/01/new-means-of-workplace-surveillance/.
42. 1985年、OECD諸国の労働者の30%が労働組合に加入していたが、2019年には16%に下落した。Niall McCarthy, 'The State Of Global Trade Union Membership', Statista, 7 May 2019, https://www.statista.com/chart/9919/the-state-of-the-unions/.
43. 組合加入率は1980年代以降、ほぼ世界的に半減した。Niall McCarthy, 'The State of Global Trade Union Membership', *Forbes*, 6 May 2019, https://www.forbes.com/sites/niallmccarthy/2019/05/06/the-state-of-global-trade-union-membership-infographic/); ONS, 'Trade Union Membership Statistics 2018', Department for Business, Energy and Industrial Strategy, https://assets.publishing.service.gov.uk/government/uploads/system/uploads/attachment_data/file/805268/trade-union-membership-2018-statistical-bulletin.pdf.
44. Richard Feloni, 'Employees at the world's largest hedge fund use iPads to rate each other's performance in real-time – see how it works', *Business Insider*, 6 September 2017, https://www.businessinsider.com/bridgewater-ray-dalio-radical-transparency-app-dots-2017-9?IR=T.
45. https://www.glassdoor.com/Reviews/Employee-Review-Bridgewater-Associates-RVW28623146.htm
46. https://www.glassdoor.com/Reviews/Employee-Review-Bridgewater-Associates-RVW25872721.htm
47. https://www.glassdoor.com/Reviews/Employee-Review-Bridgewater-Associates-RVW25450329.htm; Allana Akhtar, 'What it's like to work at the most successful hedge fund in the world, where 30% of new employees don't make it and those who do are considered "intellectual Navy

SEALs"', *Business Insider*, 16 April 2019, https://www.businessinsider.com/what-its-like-to-work-at-ray-dalio-bridgewater-associates-2019-4.

48. Ibid.
49. Amir Anwar, 'How Marx predicted the worst effects of the gig economy more than 150 years ago', *New Statesman*, 8 August 2018, https://tech.newstatesman.com/guest-opinion/karl-marx-gig-economy.
50. Richard Partington, 'Gig economy in Britain doubles, accounting for 4.7 million workers', *Guardian*, 28 June 2019, https://www.theguardian.com/business/2019/jun/28/gig-economy-in-britain-doubles-accounting-for-47-million-workers; Siddharth Suri and Mary L. Gray, 'Spike in online gig work: flash in the pan or future of employment?', Ghost Work, November 2016, https://ghostwork.info/2016/11/spike-in-online-gig-work-flash-in-the-pan-or-future-of-employment/.
51. Thor Berger, Chinchih Chen, and Carl Frey, 'Drivers of disruption? Estimating the Uber effect', *European Economic Review* 110 (2018), 197–210, https://doi.org/10.1016/j.euroecorev.2018.05.006.
52. MITのスティーブン・ゾフ教授は2018年3月、ウーバーのドライバーの時給は平均3.37ドルという調査結果を発表して大きな話題となった。これに対してウーバーの当時のチーフエコノミストは、ゾフの計算方法に反論した。しかしゾフがその批判を受け入れ再計算した場合でも、時給は8.55ドルで、大きな金額とは到底言えなかった。以下などを参照のこと。Lawrence Mishel, 'Uber and the labor market', *Economic Policy Institute*, 15 May 2018, https://www.epi.org/publication/uber-and-the-labor-market-uber-drivers-compensation-wages-and-the-scale-of-uber-and-the-gig-economy/.
53. もちろんこのほかにも、現在顧客の評価に大きく依存する数千人の非ギグワーカーがいる。カスタマーサービスに電話をした後に、アンケートを頼まれたことはないだろうか。彼らの仕事もこれに含まれるかもしれない。Rob Brogle, 'How to Avoid the Evils Within Customer Satisfaction Surveys', ISIXIGMA.com, https://www.isixsigma.com/methodology/voc-customer-focus/how-to-avoid-the-evils-within-customer-satisfaction-surveys/. とりわけユーザーのコメントや個人的なエピソードを参照のこと。
54. Will Knight, 'Is the Gig Economy Rigged?', *MIT Technology Review*, 17 November 2016, https://www.technologyreview.com/s/602832/is-the-gig-economy-rigged/; Aniko Hannak et al., 'Bias in online freelance marketplaces: Evidence from Taskrabbit and Fiverr', *Proceedings of the 2017 ACM Conference on Computer Supported Cooperative Work and Social Computing* (2017), 13, http://claudiawagner.info/publications/cscw_bias_olm.pdf.
55. 以下などを参照のこと。Lev Muchnik, Sinan Aral and Sean J. Taylor, 'Social Influence Bias: A Randomized Experiment', *Science* 341, no. 6146 (9 August 2013), 647–51; for more detail see Daniel Kahneman, *Thinking, Fast and Slow* (Penguin, 2011).
56. プラットフォーム各社は、評価は「タスカー」や「ドッグウオーカー」や「ドライバー」(「下請業者」と呼ぶことは決してない)の信頼性を測る唯一の方法だと主張する。しかし明らかにそれは唯一の方法ではない。ギグエコノミーが登場するまでは、客／雇用主の紹介といった非公式／公式のメカニズムがその役割を果たした。しかしプラットフォーム各社がみずからに利益をもたらしてくれる人々の信頼性や基準について責任を負いたくない場合、消費者に評価作業を任せることは、大衆の評価がスケールでは信頼できることを示唆する唯一の方法なのかもしれない。
57. Aaron Smith, 'Gig Work, Online Selling and Home Sharing', Pew Research Center, 17 November 2016, https://www.pewresearch.org/internet/2016/11/17/gig-work-online-selling-and-home-sharing/.
58. このことすべてが、2010年代末の多くの国におけるバラ色の雇用統計を極めて疑わしいものにする。以下などを参照のこと。Lawrence Mishel and Julia Wolfe, 'CEO compensation has grown 940% since 1978', Economic Policy Institute, 14 August 2019, https://www.epi.org/publication/ceo-compensation-2018/; Richard Partington, 'Four million British workers live in poverty, charity says', *Guardian*, 4 December 2018, https://www.theguardian.com/business/2018/dec/04/four-million-british-workers-live-in-poverty-charity-says; Anjum Klair, 'Zero-hours contracts are still rife

– it's time to give all workers the rights they deserve', Trades Union Congress, 19 February 2019, https://www.tuc.org.uk/blogs/zero-hours-contracts-are-still-rife-its-time-give-all-workers-rights-they-deserve; Nassim Khadem, 'Australia has a high rate of casual work and many jobs face automation threats: OECD', ABC News, 25 April 2019, https://www.abc.net.au/news/2019-04-25/australia-sees-increase-in-casual-workers-ai-job-threats/11043772; Melisa R.Serrano, ed., *Between Flexibility and Security: The Rise of Non-Standard Employment in Selected ASEAN Countries* (ASETUC, 2014), https://library.fes.de/pdf-files/bueros/singapur/10792.pdf; Simon Roughneen, 'Nearly one billion Asians in vulnerable jobs, says ILO', *Nikkei Asian Review,* 23 January 2018, https://asia.nikkei.com/Economy/Nearly-one-billion-Asians-in-vulnerable-jobs-says-ILO; Bas ter Weel, 'The Rise of Temporary Work in Europe', *De Economist* 166 (2018), 397–401, https://doi.org/10.1007/s10645-018-9329-8; Yuki Noguchi, 'Freelanced: The Rise Of The Contract Workforce', NPR, 22 January 2018, https://www.npr.org/2018/01/22/578825135/rise-of-the-contract-workers-work-is-different-now?t=1576074901406; Jack Kelly, 'The Frightening Rise in Low-Quality, Low-Paying Jobs: Is This Really a Strong Job Market?', *Forbes,* 25 November 2019, https://www.forbes.com/sites/jackkelly/2019/11/25/the-frightening-rise-in-low-quality-low-paying-jobs-is-this-really-a-strong-job-market/; 以下も参照のこと。Martha Ross and Nicole Bateman, 'Meet the low-wage workforce', Brookings, 7 November 2019, https://www.brookings.edu/research/meet-the-low-wage-workforce/; Hanna Brooks Olsen, 'Here's how the stress of the gig economy can affect your mental health', *Healthline,* 3 June 2020, https://www.healthline.com/health/mental-health/gig-economy#6; Edison Research, 'Gig Economy', Marketplace– Edison Research Poll, December 2018, http://www.edisonresearch.com/wp-content/uploads/2019/01/Gig-Economy-2018-Marketplace-Edison-Research-Poll-FINAL.pdf.

59. 以下を参照のこと。Karl Marx, 'Economic and Philosophical Manuscripts of 1844', in *Karl Marx, Friedrich Engels: Collected Works,* vol. 3 (London: Lawrence & Wishart, 1975), 229–347.
60. 2008年の金融危機後、多くの企業は正社員をレイオフして、契約労働者や無給インターンに切り替えた。彼らの雇用条件はより不安定で、あったとしてもわずかな福利厚生しか得られなかった。以下を参照のこと。Katherine S. Newman, 'The Great Recession and the Pressure on Workplace Rights', *Chicago-Kent Law Review* 88, no. 2 (April 2013), https://scholarship.kentlaw.iit.edu/cklawreview/vol88/iss2/13.
61. 以下を参照のこと。Michael Kearns and Aaron Roth, *The Ethical Algorithm* (Oxford University Press, 2019).
62. Joseph J. Lazzarotti and Maya Atrakchi, 'Illinois Leads the Way on AI Regulation in the Workplace', SHRM, 6 November 2019, https://www.shrm.org/resourcesandtools/legal-and-compliance/state-and-local-updates/pages/illinois-leads-the-way-on-ai-regulation-in-the-workplace.aspx; Gerard Stegmaier, Stephanie Wilson, Alexis Cocco and Jim Barbuto, 'New Illinois employment law signals increased state focus on artificial intelligence in 2020', *Technology Law Dispatch,* 21 January 2020, https://www.technologylawdispatch.com/2020/01/privacy-data-protection/new-illinois-employment-law-signals-increased-state-focus-on-artificial-intelligence-in-2020/.
63. これはとりわけ欧州以外で言えることだ。欧州では、2018年5月に施行された一般データ保護規則(GDPR)が、この不均衡の一部に対処している。
64. 無線個体識別(RFID)技術は、クレジットカードやデビットカードから交通系カードまで、日常的に使われる「コンタクトレス」カードのほぼすべてに搭載されている。
65. Maggie Astor, 'Microchip Implants for Employees? One Company Says Yes', *New York Times,* 25 July 2017, https://www.nytimes.com/2017/07/25/technology/microchips-wisconsin-company-employees.html. John Moritz, 'Rules on worker microchipping pass Arkansas House', *Arkansas Democrat Gazette,* 25 January 2019, https://www.arkansasonline.com/news/2019/jan/25/rules-on-worker-microchipping-passes-ho/.　カリフォルニア州、ノースダコタ州、そしてスリー・スクエア・マーケット

の本拠地があるウィスコンシン州には、すでにチップ埋め込みの強制を禁じる法律がある。ただしそれは職場ベースで適用されているわけではない。フロリダ州でも法案が提出されたが可決されなかった。以下を参照のこと。Mary Colleen Charlotte Fowler, 'Chipping Away Employee Privacy: Legal Implications of RFID Microchip Implants for Employees', *National Law Review*, 10 October 2019, https://www.natlawreview.com/article/chipping-away-employee-privacy-legal-implications-rfid-microchip-implants-employees.

66. Joshua Z. Wasbin, 'Examining the Legality of Employee Microchipping Under the Lens of the Transhumanistic Proactionary Principle', *Washington University Jurisprudence Review* 11, no. 2 (2019), 401, https://openscholarship.wustl.edu/law_jurisprudence/vol11/iss2/10.
67. European Parliament, 'Gig economy: EU law to improve workers' rights (infographic)', 9 April 2019, https://www.europarl.europa.eu/news/en/headlines/society/20190404STO35070/gig-economy-eu-law-to-improve-workers-rights-infographic; Kate Conger and Noam Scheiber, 'California Bill Makes App-Based Companies Treat Workers as Employees', *New York Times*, 11 September 2019, https://www.nytimes.com/2019/09/11/technology/california-gig-economy-bill.html. In addition, in November 2019 the state of New Jersey served Uber a tax bill of $649 million in back taxes for allegedly misclassifying its drivers as contractors rather than employees. Matthew Haag and Patrick McGeehan, 'Uber Fined $649 Million for Saying Drivers Aren't Employees', *New York Times*, 14 November 2019, https://www.nytimes.com/2019/11/14/nyregion/uber-new-jersey-drivers.html.
68. State of California, 'Assembly Bill no. 5', published 19 September 2019, https://leginfo.legislature.ca.gov/faces/billTextClient.xhtml?bill_id=201920200AB5; 'ABC is not as easy as 1-2-3 – Which independent contractor classification test applies to whom after AB5?', Porter Simon, 19 December 2019, https://www.portersimon.com/abc-is-not-as-easy-as-1-2-3-which-independent-contractor-classification-test-applies-to-whom-after-ab5/.
69. Kate Conger, 'California Sues Uber and Lyft, Claiming Workers Are Misclassified', *New York Times*, 5 May 2020, https://www.nytimes.com/2020/05/05/technology/california-uber-lyft-lawsuit.html.
70. '3F reaches groundbreaking collective agreement with platform company Hilfr', Uni Global Union, 18 September 2018, https://www.uniglobalunion.org/news/3f-reaches-groundbreaking-collective-agreement-platform-company-hilfr.
71. GMB Union, 'Hermes and GMB in groundbreaking gig economy deal', 4 February 2019, https://www.gmb.org.uk/news/hermes-gmb-groundbreaking-gig-economy-deal; 以下も参照のこと。Robert Wright, 'Hermes couriers awarded union recognition in gig economy first', *Financial Times*, 4 February 2019, https://www.ft.com/content/255950d2-264d-11e9-b329-c7e6ceb5ffdf.
72. Liz Alderman, 'Amazon Loses Appeal of French Order to Stop Selling Nonessential Items', *New York Times*, 24 April 2020, https://www.nytimes.com/2020/04/24/business/amazon-france-unions-coronavirus.html.
73. それでもPPEキットが届くまでには数週間かかった。注文手続きは煩雑で、数量は限定的だった。Arielle Pardes, 'Instacart Workers Are Still Waiting for Those Safety Supplies', *Wired*, 18 April 2020, https://www.wired.com/story/instacart-delivery-workers-still-waiting-safety-kits/.
74. Mark Muro, Robert Maxim, and Jacob Whiton, 'Automation and Artificial Intelligence: How machines are affecting people and places', Brookings, 24 January 2019, https://www.brookings.edu/research/automation-and-artificial-intelligence-how-machines-affect-people-and-places/; 以下も参照のこと。Tom Simonite, 'Robots Will Take Jobs From Men, the Young, and Minorities', *Wired*, 24 January 2019, https://www.wired.com/story/robots-will-take-jobs-from-men-young-minorities/.
75. Cate Cadell, 'At Alibaba's futuristic hotel, robots deliver towels and mix cocktails', Reuters, 22 January 2019, https://www.reuters.com/article/us-alibaba-hotels-robots/at-alibabas-futuristic-hotel-robots-deliver-towels-and-mix-cocktails-idUSKCN1PG21W.

76. 厳密な数字は47%。Carl Benedikt Frey and Michael A. Osborne, 'The Future of Employment: How Susceptible are Jobs to Computerisation?', *Technological Forecasting and Social Change* 114 (2017): 254–280, https://www.oxfordmartin.ox.ac.uk/downloads/academic/The_Future_of_Employment.pdf.
77. Carl Benedikt Frey, 'Covid-19 will only increase automationanxiety', *Financial Times*, 21 April 2020, https://www.ft.com/content/817228a2-82e1-11ea-b6e9-a94cffd1d9bf.
78. PA Media, 'Bosses speed up automation as virus keeps workers home', *Guardian*, 30 March 2020, https://www.theguardian.com/world/2020/mar/30/bosses-speed-up-automation-as-virus-keeps-workers-home; Peter Bluestone, Emmanuel Chike and Sally Wallace, 'The Future of Industry and Employment: COVID-19 Effects Exacerbate the March of Artificial Intelligence', The Center for State and Local Finance, 28 April 2020, https://cslf.gsu.edudownload/covid-19-ai/?wpdmdl=6496041&refresh=5ea830afd2a471588080815.
79. Andrew G. Haldane, 'Ideas and Institutions – A Growth Story', Bank of England, 23 May 2018, 13, https://www.bankofengland.co.uk/-/media/boe/files/speech/2018/ideas-and-institutions-a-growth-story-speech-by-andy-haldane; 以下も参照のこと。Table 1.
80. Daron Acemoglu and Pascual Restrepo, 'Robots and Jobs: Evidence from US Labor Markets', *Journal of Political Economy* 128, no. 6 (June 2020), 2188–244, https://www.journals.uchicago.edu/doi/abs/10.1086/705716.「人間の労働力にロボットが加わった領域では、ロボット1台が約6.6人分の雇用に取って代わったことがわかった。しかしやや意外だったのは、製造業にロボットが加わることにより、商品のコストが下がるなどして、他の産業や地域の人々に恩恵をもたらしている。こうした全国経済にもたらすプラスの影響は、国全体でロボット1台が3.3人の雇用に取って代わるという計算の根拠となっている」。Peter Dizikes, 'How many jobs do robots really replace?', *MIT News*, 4 May 2020, http://news.mit.edu/2020/how-many-jobs-robots-replace-0504.
81. 経済学者のヘンリー・シウは2015年に次のように述べている。「1980年代にもパソコンは存在したが、オフィスや事務的なサポート業務に影響が表れたのは1990年代だった。そこから突然、前回の不況のとき、大きな影響が出た。現在はレジの画面や、無人走行車、ドローン、倉庫用ロボットなどがあり、これらの作業は人間ではなくロボットにできるとわかっている。しかしその影響が表れるのは、次の不況、または次の次の不況のときかもしれない」。Derek Thompson, 'When Will Robots Take All the Jobs?', *The Atlantic*, 31 October 2016, https://www.theatlantic.com/business/archive/2016/10the-robot-paradox/505973/. シウの直感は、2008年の金融危機後、求人レベルが大幅に高まったことによって裏づけられている。Brad Hershbein and Lisa B. Kahn, 'Do Recessions Accelerate Routine-Biased Technological Change? Evidence from Vacancy Postings', The National Bureau of Economic Research, October 2016 (revised in September 2017), https://www.nber.org/papers/w22762.
82. Yuan Yang and Xinning Lu, 'China's AI push raises fears over widespread job cuts', *Financial Times*, 30 August 2018, https://www.ft.com/content/1e2db400-ac2d-11e8-94bd-cba20d67390c.
83. June Javelosa and Kristin Houser, 'This company replaced 90% of its workforce with machines. Here's what happened', World Economic Forum, 16 February 2017, https://www.weforum.org/agenda/2017/02/after-replacing-90-of-employees-with-robots-this-companys-productivity-soared.
84. Brennan Hoban, 'Robots aren't taking the jobs, just the paychecks – and other new findings in economics', Brookings, 8 March 2018, https://www.brookings.edu/blog/brookings-now/2018/03/08/robots-arent-taking-the-jobs-just-the-paychecks-and-other-new-findings-in-economics/; David Autor and Anna Salomons, 'Is automation labor-displacing? Productivity growth, employment, and the labor share', Brookings, 8 March 2018, https://www.brookings.edu/bpea-articles/is-automation-labor-displacing-productivity-growth-employment-and-the-labor-share/.
85. Carl Benedikt Frey, 'The robot revolution is here. Prepare for workers to revolt', University of Oxford, 1 August 2019, https://www.oxfordmartin.ox.ac.uk/blog/the-robot-revolution-is-here-prepare-for-workers-to-revolt/.

86. Jenny Chan, 'Robots, not humans: Official policy in China', *New Internationalist*, 1 November 2017, https://newint.org/features/2017/11/01/industrial-robots-china.
87. Carl Benedikt Frey, Thor Berger and Chinchih Chen, 'Political Machinery: Automation Anxiety and the 2016 U.S. Presidential Election', University of Oxford, 23 July 2017, https://www.oxfordmartin.ox.ac.uk/downloads/academic/Political%20Machinery-Automation%20Anxiety%20and%20the%202016%20U_S_%20Presidential%20Election_230712.pdf.
88. Massimo Anelli, Italo Colantone, and Piero Stanig, 'We Were the Robots: Automation and Voting Behavior in Western Europe', IZA Institute of Labor Economics, July 2019, 24, http://ftp.iza.org/dp12485.pdf.
89. The Mini Bakery', Wilkinson Baking Company, https://www.wilkinsonbaking.com/the-mini-bakery.
90. Mark Muro, Robert Maxim, and Jacob Whiton, 'The robots are ready as the COVID-19 recession spreads', Brookings, 24 March 2020, https://www.brookings.edu/blog/the-avenue/2020/03/24/the-robots-are-ready-as-the-covid-19-recession-spreads/?preview_id=791044.
91. オバマ政権のホワイトハウス経済諮問委員会(CEA)は2016年、時給20ドル以下の職業に従事する人の83%が失職リスクが高く、時給40ドル以上の職業の場合はわずか4%と予測していた。Jason Furman, 'How to Protect Workers from Job-Stealing Robots', *The Atlantic*, 21 September 2016, https://www.theatlantic.com/business/archive/2016/09/jason-furman-ai/499682/.
92. Jaclyn Peiser, 'The Rise of the Robot Reporter', *New York Times*, 5 February 2019, https://www.nytimes.com/2019/02/05/business/media/artificial-intelligence-journalism-robots.html.
93. Christ Baraniuk, 'China's Xinhua agency unveils AI news presenter', BBC News, 8 November 2018, https://www.bbc.com/news/technology-46136504.
94. Isabella Steger, 'Chinese state media's latest innovation is an AI female news anchor', *Quartz*, 20 February 2019, https://qz.com/1554471/chinas-xinhua-launches-worlds-first-ai-female-news-anchor/.
95. Michelle Cheng, 'JPMorgan Chase has an AI copywriter that writes better ads than humans can', *Quartz*, 7 August 2019, https://qz.com/work/1682579/jpmorgan-chase-chooses-ai-copywriter-persado-to-write-ads/.
96. James Gallagher, 'Artificial intelligence diagnoses lung cancer', BBC News, 20 May 2019, https://www.bbc.com/news/health-48334649; Sara Reardon, 'Rise of Robot Radiologists', *Nature*, 19 December 2019, https://www.nature.com/articles/d41586-019-03847-z; D. Douglas Miller and Eric W. Brown, 'Artificial Intelligence in Medical Practice: The Question to the Answer?', *American Journal of Medicine* 131, no. 2 (2018), 129–33, https://doi.org/10.1016/j.amjmed.2017.10.035.
97. 'The Rise of the Robo-advisor: How Fintech Is Disrupting Retirement', *Knowledge@Wharton*, 14 June 2018, https://knowledge.wharton.upenn.edu/article/rise-robo-advisor-fintech-disrupting-retirement/; Charlie Wood, 'Robot analysts are better than humans at picking stocks, a new study found', *Business Insider*, 11 February 2020, https://www.businessinsider.com/robot-analysts-better-than-humans-at-picking-good-investments-study-2020-2?r=US&IR=T.
98. 'Robotic reverend blesses worshippers in eight languages', BBC News, 30 May 2017, https://www.bbc.com/news/av/world-europe-40101661/robotic-reverend-blesses-worshippers-in-eight-languages.
99. このアイデアは、オックスフォード・リサーチ・グループのガブリエル・リフキンドとの会話から生まれたもの。
100. Daiga Kamerāde et al., 'A shorter working week for everyone: How much paid work is needed for mental health and well-being?', *Social Science & Medicine* 241 (November 2019), 112353, https://doi.org/10.1016/j.socscimed.2019.06.006; 'One day of employment a week is all we need for mental health benefits', University of Cambridge, 18 June 2019, https://www.sciencedaily.com/releases/2019/06/190618192030.htm.
101. Kevin J. Delaney, 'The robot that takes your job should pay taxes, says Bill Gates', *Quartz*, 17 De-

bruary 2017, https://qz.com/911968/bill-gates-the-robot-that-takes-your-job-should-pay-taxes/.

102. David Rotman, 'Should we tax robots? A debate', *MIT Technology Review*, 12 June 2019, https://www.technologyreview.com/2019/06/12/134982/should-we-tax-robots-a-debate/.
103. House of Commons, Business – Energy and Industrial Strategy Committee, 'Oral evidence: Automation and the future of work, HC 1093', 15 May 2019, https://publications.parliament.uk/pa/cm201719/cmselect/cmbeis/1093/1093.pdf; House of Commons – Business, Energy and Industrial Strategy Committee, 'Automation and the future of work – Twenty-Third Report of Session 2017-19', 9 September 2019, http://data.parliament.uk/writtenevidence/committeeevidence.svc/evidencedocument/business-energy-and-industrial-strategy-committee/automation-and-the-future-of-work/oral/102291.htmlQ303.
104. Eduardo Porter, 'Don't Fight the Robots. Tax Them.', *New York Times*, 23 February 2019, https://www.nytimes.com/2019/02/23/sunday-review/tax-artificial-intelligence.html; 'Robot density rises globally', International Federation of Robotics, 7 February 2018, https://ifr.org/ifr-press-releases/news/robot-density-rises-globally.

❖第9章

1. 'Gentle touch soothes the pain of social rejection', *UCL News*, 18 October 2017, https://www.ucl.ac.uk/news/2017/oct/gentle-touch-soothes-pain-social-rejection.
2. Allison Marsh, 'Elektro the Moto-Man Had the Biggest Brain at the 1939 World's Fair', IEEE *Spectrum*, 28 September 2018, https://spectrum.ieee.org/tech-history/dawn-of-electronics/elektro-the-motoman-had-the-biggest-brain-at-the-1939-worlds-fair.
3. *Time*, 24 April 1939, 61, http://content.time.com/time/magazine/0,9263,7601390424,00.html.
4. H.R. Everett, *Unmanned Systems of Worlds War I and II* (MIT Press, 2015), p.451; Justin Martin, 'Elektro?', Discover Magazine,.6 January 2009, http://discovermagazine.com/2009/jan/06-whatever-happened-to-elektro; Despina Kakoudaki, *Anatomy of a Robot: Literature, Cinema and the Cultural Work of Artificial People* (Rutgers University Press, 2014), p.9.
5. Library of Congress, 'The Middleton Family at the New York World's Fair', https://www.youtube.com/watch?v=Q6TQEoDS-fQ.
6. Noel Sharkey, 'Elektro's return', *New Scientist*, 20 December 2008; Marsh 'Elektro the Moto-Man Had the Biggest Brain at the 1939 World's Fair'.
7. Library of Congress, 'The Middleton Family at the New York World's Fair'.
8. Marsh, 'Electro the Moto-Man Had the Biggest Brain at the 1939 World's Fair'.
9. Ibid.
10. H.R. Everett, *Unmanned Systems of Worlds War I and II*, p.458.
11. Ibid.
12. J. Gilbert Baird, letter to *LIFE* Magazine, 22 September 1952.
13. Louise Moon, 'Chinese man buried in his car as dying wish is granted', *South China Morning Post*, 31 May 2018, https://www.scmp.com/news/china/society/article/2148677/chinese-man-buried-his-car-dying-wish-granted.
14. JaYoung Soung, Rebecca E. Grinter and Henrik I. Christensen, 'Domestic Robot Ecology: An Initial Framework to Unpack Long-Term Acceptance of Robots at Home', *International Journal of Social Robotics* 2 (July 2010), 425, https://doi.org/10.1007/s12369-010-0065-8.
15. 個人的な会話より。December 2018.
16. Neil Steinberg, 'Why some robots are created cute', *Mosaic Science*, 13 July 2016, https://mosaicscience.com/story/why-some-robots-are-created-cute/.
17. Julie Carpenter, *Culture and Human-Robot Interaction in Militarized Spaces: A War Story* (Ashgate,

2016).

18. Ibid.
19. 'MARCbot', Exponent, https://www.exponent.com/experience/marcbot.
20. Paul J. Springer, *Outsourcing War to Machines: The Military Robotics Revolution* (Praeger Security International, 2018), p.93.
21. 'Soldiers are developing relationships with their battlefield robots, naming them, assigning genders, and even holding funerals when they are destroyed', Reddit, 2014, https://www.reddit.com/r/Military/comments/1mn6y1/soldiers_are_developing_relationships_with_their/ccat8a7/.
22. Christian J.A.M. Willemse and Jan B.F. van Erp, 'Social Touch in Human-Robot Interaction: Robot Initiated Touches Can Induce Positive Responses Without Extensive Prior Bonding', *International Journal of Social Robotics* 11 (April 2019), 285–304, https://doi.org/10.1007/s12369-018-0500-9.
23. あくまで生理学的な反応。
24. 'Value of social and entertainment robot market worldwide from 2015 to 2025 (in billion U.S. dollars)', Statista, May 2019, https://www.statista.com/statistics/755684/social-and-entertainment-robot-market-value-worldwide/; Public Relations Office: Government of Japan, https://www.gov-online.go.jp/cam/s5/eng/; Abishur Prakash, 'China Robot Market Likely to Continue Rising, Despite Trade Disputes,' *Robotics Business Review*, July 2018, https://www.roboticsbusinessreview.com/regional/china-robot-market-still-rising/; Kim Sang-mo, 'Policy Directions for S. Korea's Robot Industry,' *Business Korea*, August 2018, http://www.businesskorea.co.kr/news/articleView.html?idxno=24394; Tony Diver, 'Robot 'carers' to be funded by government scheme', *Telegraph*, 26 October 2016, https://www.telegraph.co.uk/politics/2019/10/26/robot-carers-funded-government-scheme/; 'Europe develops range of next-generation robots for the elderly', *Apolitical*, 30 January 2017, https://apolitical.co/en/solution_article/using-robots-ease-pain-old-age. During the Covid-19 crisis, robots were also swiftly mobilised to deliver food and sanitise surfaces in hospitals in China and then in India. 'Robots help combat COVID-19 in world, and maybe soon in India too', *Economic Times*, 30 March 2020, https://economictimes.indiatimes.com/news/science/robots-help-combat-covid-19-in-world-and-maybe-soon-in-india-too/.
25. 'Sony's beloved robotic dog is back with a new bag of tricks', ABC News, 1 October 2018, https://www.nbcnews.com/mach/video/sony-s-beloved-robotic-dog-is-back-with-a-new-bag-of-tricks-1333791811671; Kate Baggaley, 'New companion robots can't do much but make us love them', NBC News, 23 June 2019, https://www.nbcnews.com/mach/science/new-companion-robots-can-t-do-much-make-us-love-ncna1015986.
26. A.J. Dellinger, 'Furhat Robots gives AI a face with its new social robot', Engadget, November 11 2018, https://www.engadget.com/2018/11/06/furhat-robotics-furhat-social-robot/.
27. Jamie Carter, 'Amazon could be set to redefine personal robots in 2019, as rumours fly at CES', *South China Morning Post*, 12 January 2019, https://www.scmp.com/lifestyle/gadgets/article/2181642/amazon-could-be-set-redefine-personal-robots-2019-rumours-fly-ces; Chris DeGraw, 'The robot invasion arrived at CES 2019 – and it was cuter than we expected', *Digital Trends*, 11 January 2019, https://www.digitaltrends.com/home/cutest-companion-robots-ces-2019/; 'Top Tech Themes from the Consumer Electronics Show: 2020', Acceleration Through Innovation, 3 February 2020, https://aticornwallinnovation.co.uk/knowledge-base/top-tech-themes-from-the-consumer-electronics-show-2020/.
28. Ibid.; Nick Summers, 'Groove X's Lovot is a fuzzy and utterly adorable robot', Engadget, 7 January 2019; https://www.engadget.com/2019/01/07/lovot-groove-x-robot-adorable.
29. Baggaley, 'New companion robots can't do much but make us love them'.
30. 'Kiki: A Robot Pet That Grows With You', Zoetic AI, https://www.kiki.ai

31. 'Hi, I'm ElliQ', ElliQ, https://elliq.com.
32. 2019年、日本の65歳以上人口は28%だった。World Bank, 'Population ages 65 and above,' The World Bank, 2019, https://data.worldbank.org/indicator/SP.POP.65UP.TO.ZS.
33. '19 prefectures to see 20% population drops by '35', *Japan Times*, 30 May 2007, https://www.japantimes.co.jp/news/2007/05/30/national/19-prefectures-to-see-20-population-drops-by-35/; 'Statistical Handbook of Japan', Statistics Bureau, Ministry of Internal Affairs and Communications: Statistics Japan, 2018, https://www.stat.go.jp/english/data/handbook/pdf/2018all.pdf.
34. 'Japan is fighting back against loneliness among the elderly', *Apolitical*, 18 March 2019, https://apolitical.co/solution_article/japan-is-fighting-back-against-loneliness-among-the-elderly/; original statistics from Nobuyuki Izumida, 'Japan's Changing Societal Structure and Support by Families and Communities (Japanese National Institute of Population and Social Security Research, 2017). https://fpcj.jp/wp/wp-content/uploads/2018/09/a1b488733565199b8c9c8f9ac437b042.pdf.
35. Emiko Takagi, Merril Silverstein and Eileen Crimmins, 'Intergenerational Coresidence of Older Adults in Japan: Conditions for Cultural Plasticity', *The Journals of Gerontology* 62, no. 5 (September 2007), 330–9, https://doi.org/10.1093/geronb/62.5.S330; Mayumi Hayashi, 'The care of older people in Japan: myths and realities of family "care"', *History and Policy*, 3 June 2011, http://www.historyandpolicy.org/policy-papers/papers/the-care-of-older-people-in-japan-myths-and-realities-of-family-care. 日本の国立社会保障・人口問題研究所(IPSS)によると、2040年までに一人暮らしの高齢者は2015年よりも43%増加するとみられている。'Rising numbers of elderly people are living alone', *Japan Times*, 3 May 2019, https://www.japantimes.co.jp/opinion/2019/05/03/editorials/rising-numbers-elderly-people-living-alone/.
36. 年齢と年度は2019年夏に発行された記事による。
37. 'Robots perking up the lives of the lonely elderly across Japan', *Straits Times*, 19 August 2019, https://www.straitstimes.com/asia/east-asia/robots-perking-up-lives-of-the-lonely-elderly-across-japan; Ikuko Mitsuda, 'Lonely? There's a bot for that', *Oregonian*, 18 August 2018, https://www.oregonlive.com/business/2019/08/lonely-theres-a-bot-for-that.html; Martin Coulter, 'Will virtual reality and AI help us to find love or make us lonelier', *Financial Times*, 12 September 2019, https://www.ft.com/content/4fab7952-b796-11e9-8a88-aa6628ac896c.
38. 'Robots perking up the lives of the lonely elderly across Japan'; Ikuko Mitsuda, 'Lonely? There's a bot for that'.
39. Anne Tergesen and Miho Inada, 'It's Not A Stuffed Animal, It's a $6,000 Medical Device', *Wall Street Journal*, 21 June 2010, https://www.wsj.com/articles/.SB10001424052748704463504575301051844937276.
40. Malcolm Foster, 'Ageing Japan: Robots' role in future of elder care', *Reuters*, 28 March 2018, https://widerimage.reuters.com/story/ageing-japan-robots-role-in-future-of-elder-care.
41. 個人的な会話より。June 2019; 以下も参照のこと。Shizuko Tanigaki, Kensaku Kishida and Akihito Fujita, 'A preliminary study of the effects of a smile-supplement robot on behavioral and psychological symptoms of elderly people with mild impairment', Journal of Humanities and Social Sciences 45 (2018), https://core.ac.uk/reader/154410008.
42. Malcolm Foster, 'Ageing Japan: Robots' role in future of elder care'.
43. ただし日本でも2011年に病院の案内ロボットのレンタル計画が需要なしとして中止になっており、人々の受容度は最近になって急速に変わってきた。'Over 80% of Japanese Would Welcome Robot Caregivers', Nippon.com, 4 December 2018, https://www.nippon.com/en/features/h00342/over-80-of-japanese-would-welcome-robot-caregivers.html.
44. 'Robot density rises globally', International Federation of Robotics, 7 February 2018, https://ifr.org/ifr-press-releases/news/robot-density-rises-globally.

45. Terry, 'Destroy All Monsters! Tokusatsu in America', Comic Art Community, 8 March 2013, http://comicartcommunity.com/comicart_news/destroy-all-monsters-tokusatsu-in-america/.
46. 日本の「テクノ・アニミズム」については、以下を参照のこと。Casper Bruun Jensen and Anders Blok, 'Techno-animism in Japan: Shinto Cosmograms, Actor-network Theory, and the Enabling Powers of Non-human Agencies', *Theory, Culture and Society* 30, no. 2 (2013), 84–115, https://doi.org/10.1177/0263276412456564.
47. John Thornhill, 'Asia has learnt to love robots – the West should, too', *Financial Times*, 31 May 2018, https://www.ft.com/content/6e408f42-4145-11e8-803a-295c97e6fd0b.
48. Aaron Smith and Monica Anderson, '4. Americans' attitudes toward robot caregivers', Pew Research Center, 4 October 2017, https://www.pewinternet.org/2017/10/04/americans-attitudes-toward-robot-caregivers/.
49. Ibid.
50. 'ElliQ beta users' testimonials', Intuition Robotics, Youtube, 6 January 2019, https://www.youtube.com/watch?v=emrqHpC8Bs8&feature=youtu.be.
51. これはメーカーの説明による。Maggie Jackson, 'Would You Let a Robot Take Care of Your Mother?', *New York Times*, 13 December 2019, https://www.nytimes.com/2019/12/13/opinion/robot-caregiver-aging.html.
52. 'Amazon Alexa 'Sharing is caring' by Joint', Campaign US, 29 May 2019, https://www.campaignlive.com/article/amazon-alexa-sharing-caring-joint/1585979.
53. Alireza Taheri, Ali Meghdari, Minoo Alemi and Hamidreza Pouretema, 'Human-Robot Interaction in Autism Treatment: A Case Study on Three Autistic Children as Twins, Siblings and Classmates', *International Journal of Social Robotics* 10 (2018), 93–113, https://doi.org/10.1007/s12369-017-0433-8; Hideki Kozima, Cocoro Nakagawa and Yuiko Yasuda, 'Children-robot interaction: a pilot study in autism therapy', *Progress in Brain Research* 164 (2007), 385–400, https://doi.org/10.1016/S0079-6123(07)64021-7; H. Kumuzaki et al., 'The impact of robotic intervention on joint attention in children with autism spectrum disorders', *Molecular Autism* 9, no. 46 (2018), https://doi.org/10.1186/s13229-018-0230-8.
54. Alyssa M. Alcorn, Eloise Ainger et al., 'Educators' Views on Using Humanoid Robots With Autistic Learners in Special Education Settings in England', *Frontiers in Robotics and AI* 6, no. 107 (November 2019), https://doi.org/10.3389/frobt.2019.00107.
55. Victoria Waldersee, 'One in five young Brits can imagine being friends with a robot', *YouGov*, 1 November 2018, https://YouGov.co.uk/topics/technology/articles-reports/2018/11/01/one-five-young-brits-can-imagine-being-friends-rob; original data at 'Internal Robots and You', *YouGov*, 2018, https://d25d2506sfb94s.cloudfront.net/cumulus_uploads/document/0pta4dnee1/YG-Archive-RobotsAndYouInternal-220818.pdf.
56. Elizabeth Foster, 'Young kids use smart speakers daily', *Kidscreen*, 28 March 2019, https://kidscreen.com/2019/03/28/young-kids-use-smart-speakers-daily-survey/.
57. Jacqueline M. Kory-Westlund, 'Kids' relationships and learning with social robots', MIT Media Lab, 21 February 2019, https://www.media.mit.edu/posts/kids-relationships-and-learning-with-social-robots/; Jacqueline Kory-Westlund, Hae Won Park, Randi Williams and Cynthia Breazeal, 'Measuring young children's long-term relationships with social robots', *Proceedings of the 17th ACM Conference on Interaction Design and Children* (June 2018), 207–18, https://doi.org/10.1145/3202185.3202732.
58. Jacqueline M. Kory-Westlund, 'Measuring kids' relationships with robots', MIT Media Lab, https://www.media.mit.edu/posts/measuring-kids-relationships-with-robots.
59. Ibid.
60. Natt Garun, 'One Year Later, Restaurants are Still Confused by Google Duplex', *The Verge*, 9 May

2019, https://www.theverge.com/2019/5/9/18538194/google-duplex-ai-restaurants-experiences-review-robocalls.

61. Ibid.
62. Hassan Ugail and Ahmad Al-dahoud, 'A genuine smile is indeed in the eyes – The computer aided non-invasive analysis of the exact weight distribution of human smiles across the face', *Advanced Engineering Informatics* 42 (October 2019), https://doi.org/10.1016/j.aei.2019.100967.
63. Erico Guizzo, 'How Aldebaran Robotics Built its Friendly Humanoid Robot, Pepper', *Spectrum*, 26 December 2014, https://spectrum.ieee.org/robotics/home-robots/how-aldebaran-robotics-built-its-friendly-humanoid-robot-pepper; Alderaban/SoftBank, 'Pepper Press Kit', https://cdn.shopify.com/s/files/1/0059/3932/files/SoftBank_Pepper_Robot_Overview_Robot_Center.pdf.
64. Ibid.
65. Yoko Wakatsuki and Emiko Jozuka, 'Robots to cheer coronavirus patients are also helping hotel staff to keep a safe distance', CNN, 1 May 2020, https://edition.cnn.com/world/live-news/coronavirus-pandemic-05-01-20-intl/h_6df7c15d1192ae720a504dc90ead353c; '"I'm cheering for you": Robot welcome at Tokyo quarantine', Barrons, 1 May 2020, https://www.barrons.com/news/i-m-cheering-for-you-robot-welcome-at-tokyo-quarantine-01588319705.
66. 'Pepper Press Kit'.
67. Sharon Gaudin, 'Personal robot that shows emotions sells out in 1 minute', *Computer World*, 22 June 2015, https://www.computerworld.com/article/2938897/personal-robot-that-shows-emotions-sells-out-in-1-minute.html.
68. Simon Chandler, 'Tech's dangerous race to control our emotions', *Daily Dot*, 7 June 2019, https://www.dailydot.com/debug/emotional-manipulation-ai-technology/.
69. 東京のi-Universityのエイドリアン・チェオク教授とのメールでのやり取り。
70. Hayley Tsukayama, 'When your kid tries to say "Alexa" before "Mama"', *Washington Post*, 21 November 2017, https://www.washingtonpost.com/news/the-switch/wp/2017/11/21/when-your-kid-tries-to-say-alexa-before-mama/.
71. 'How does sex feel with a RealDoll?', RealDoll, https://www.realdoll.com/knowledgebase/how-does-sex-feel-with-a-realdoll; 'How strong are the doll's joints?', RealDoll, https://www.realdoll.com/knowledgebase/how-strong-are-the-dolls-joints/.
72. 'Michelle 4.0', RealDoll, https://www.realdoll.com/product/michelle-4-0/.
73. Allison P. Davis, 'Are We Ready for Robot Sex?', The Cut, https://www.thecut.com/2018/05/sex-robots-realbotix.html.
74. 'Sex Robot Doll with Artificial Intelligence: Introducing Emma ...', Smart Doll World, https://www.smartdollworld.com/ai-sex-robot-doll-emma; Emily Gaudette, 'There's a Heated Debate Over the Best Sex Doll Skin Material', *Inverse*, 9 August 2017, https://www.inverse.com/article/36055-best-sex-doll-robot-tpe-silicone
75. 'Sex Robot Doll with Artificial Intelligence: Introducing Emma ...'.
76. 以下などを参照のこと。David G. Cowan, Eric J. Vanman and Mark Nielsen, 'Motivated empathy: The mechanics of the empathetic gaze', *Cognition and Emotion* 28, no. 8 (2014), 1522–30, https://doi.org/10.1080/02699931.2014.890563.
77. Jenna Owsianik, 'RealDoll Releasing Intimate AI App That Will Pair with Love Dolls', *Future of Sex*, https://futureofsex.net/robots/realdoll-releasing-intimate-ai-app-will-pair-love-dolls/.
78. Jenny Kleeman, 'The race to build the world's first sex robot', *Guardian*, 27 April 2017, https://www.theguardian.com/technology/2017/apr/27/race-to-build-world-first-sex-robot.
79. Andrea Morris, 'Meet The Man Who Test Drives Sex Robots', *Forbes*, 27 September 2018, https://www.forbes.com/sites/andreamorris/2018/09/27/meet-the-man-who-test-drives-sex-robots/#419c304c452d.

80. Katherine E. Powers et al., 'Social Connection Modulates Perceptions of Animacy', *Psychological Science* 25, no. 10 (October 2014), 1943–8, https://doi.org/10.1177%2F0956797614547706.
81. 哲学者のジョン・ダナハーは次のように指摘する。「友達の頭の中に入り込み、本当は何に関心があって、何を大切に思っているのか知ることはできない」。それでもその相手を友達だと思うことはできる。だとすれば、ロボットだって友達になれるのではないか? John Danaher, 'The Philosophical Case for Robot Friendship', *Journal of Post Human Studies* 3, no. 1 (2019), 5–24, https://doi.org/10.5325/jpoststud.3.1.0005.
82. Aristotle, *Nicomachean Ethics*, Book 8, (Cambridge University Press, 2000).
83. 'Drunken Kanagawa man arrested after kicking SoftBank robot', *Japan Times*, 7 September 2015, https://www.japantimes.co.jp/news/2015/09/07/national/crime-legal/drunken-kanagawa-man-60-arrested-after-kicking-softbank-robot-in-fit-of-rage/#.XeLHii2cZeM.
84. Tomasz Frymorgen, 'Sex robot sent for repairs after being molested at tech fair', BBC, 29 September 2017, https://www.bbc.co.uk/bbcthree/article/610ec648-b348-423a-bd3c-04dc701b2985.
85. Hunter Walk, 'Amazon Echo Is Magical. It's Also Turning My Kid Into an Asshole', HunterWalk.com, 6 April 2016, https://hunterwalk.com/2016/04/06/amazon-echo-is-magical-its-also-turning-my-kid-into-an-asshole/.
86. Mark West, Rebecca Kraut and Han Ei Chew, 'The Rise of Gendered AI and Its Troubling Repercussions', in *I'd Blush If I Could: Closing Gender Divides in Digital Skills Through Education* (UNESCO / EQUALS Skills Coalition, 2019), 113, 104, 107.
87. Ibid. シリの返答は現在変更されている。
88. こうした研究で大きな焦点となってきたのは、子どものようなセックスドールの増加だ。これは世界中の国(とくにオーストラリア)によって、本物の子どもに危険になるとして規制されている。以下を参照のこと。Rick Brown and Jane Shelling, 'Exploring the implications of child sex dolls', *Trends and Issues in Criminal Justice* (Australian Institute of Criminology, March 2019). 以下も参照のこと。Caitlin Roper, '"Better a robot than a real child": The spurious logic used to justify child sex dolls', ABC Religion and Ethics, 9 January 2020, https://www.abc.net.au/religion/spurious-logic-used-to-justify-child-sex-dolls/11856284.
89. Xanthe Mallett, 'No evidence that sexbots reduce harms to women and children', *The Conversation*, 5 June 2018, https://theconversation.com/no-evidence-that-sexbots-reduce-harms-to-women-and-children-97694. 英デモンフォート大学教授で、セックスロボット反対キャンペーンの創始者であるキャサリン・リチャードソンは、マレットに同意し、セックスドールとセックスロボットはバイブレーターなどの大人の性的玩具とは根本的に異なると強調する。「それを購入したり使ったりする人の頭のなかでは、この人形やロボットは女性であり少女なのだ。意図的に女性や少女に似せてつくられている。なぜなら男性に、それを女性や少女と思って購入し使ってほしいからだ。これは明らかに異なるものだ。女性や少女の形をしたセックスドールと機械化された人形は、女性は突っ込むべき穴だという考えに基づいている」。Terri Murray, 'Interview with Kathleen Richardson on Sex Robots', *Conatus News*, 25 October 2017, https://conatusnews.com/kathleen-richardson-sex-robots/.
90. Jessica Miley, 'Sex Robot Samantha Gets an Update to Say "No" if She Feels Disrespected or Bored', *Interesting Engineering*, 28 June 2018, https://interestingengineering.com/sex-robot-samantha-gets-an-update-to-say-no-if-she-feels-disrespected-or-bored.
91. 'Amazon Alexa to reward kids who say: 'Please'', BBC News, 25 April 2018, https://www.bbc.com/news/technology-43897516.
92. 'Studying Computers To Learn About Ourselves', NPR, 3 September 2010, https://www.npr.org/templates/story/story.php?storyId=129629756.
93. もちろん筆者は、機械化された物のどれを保護するべきかの判断が簡単ではないことを理解している。
94. G.W.F. Hegel, *Phenomenology of Spirit*, trans. A.V. Miller with analysis of the text and foreword by J.N. Findlay (Clarendon Press, 1977); see for example 111, paragraph 179.

95. Jacqueline M. Kory-Westlund, 'Robots, Gender, and the Design of Relational Technology', MIT Media Lab, 12 August 2019, https://www.media.mit.edu/posts/robots-gender-and-the-design-of-relational-technology/.
96. Nicholas A. Christakis, 'How AI Will Rewire Us', *The Atlantic*, April 2019, https://www.theatlantic.com/magazine/archive/2019/04/robots-human-relationships/583204/.
97. David Levy, *Love and Sex With Robots* (HarperCollins, 2007), p.132; Laurence Goasduff, 'Emotion AI Will Personalize Interactions', Smarter With Gartner, 22 January 2018, https://www.gartner.com/smarterwithgartner/emotion-ai-will-personalize-interactions/.
98. Anco Peeters and Pim Haselager, 'Designing Virtuous Sex Robots', *International Journal of Social Robotics* (2019), https://doi.org/10.1007/s12369-019-00592-1.
99. Brian Borzykowski, 'Truth be told, we're more honest with robots', BBC, 19 April 2016, https://www.bbc.com/worklife/article/20160412-truth-be-told-were-more-honest-with-robots.
100. Judith Shulevitz, 'Alexa, Should We Trust You?', *The Atlantic*, November 2018, https://www.theatlantic.com/magazine/archive/2018/11/alexa-how-will-you-change-us/570844/.
101. Adam Satariano, Elian Peltier and Dmitry Kostyukov, 'Meet Zora, the Robot Caregiver', *New York Times*, 23 November 2018, https://www.nytimes.com/interactive/2018/11/23/technology/robot-nurse-zora.html.
102. Kate Julian, 'Why Are Young People Having So Little Sex?', *The Atlantic*, December 2018, https://www.theatlantic.com/magazine/archive/2018/12/the-sex-recession/573949/.
103. Jean M. Twenge, 'Have Smartphones Destroyed a Generation?', *The Atlantic*, September 2017, https://www.theatlantic.com/magazine/archive/2017/09/has-the-smartphone-destroyed-a-generation/534198/.
104. 'British people 'having less sex' than previously', BBC News, 8 May 2019, https://www.bbc.co.uk/news/health-48184848.
105. Klinenberg, *Going Solo*, p.15.
106. Chen Mengwei, 'Survey: Young, alone, no house and not much sex', *China Daily*, 5 May 2017, http://africa.chinadaily.com.cn/china/2017-05/05/content_29210757.htm.
107. 'Meet Henry, The World's First Generation Of Male Sex Robots', Fight The New Drug, 27 September 2019, https://fightthenewdrug.org/meet-henry-the-worlds-first-generation-of-male-sex-robots/
108. Gabby Jeffries, 'Transgender sex robots are a thing now and apparently they're very popular', *Pink News*, 9 April 2018, https://www.pinknews.co.uk/2018/04/09/transgender-sex-robots-are-a-thing-now-and-apparently-theyre-very-popular/.
109. 'Meet Henry, The World's First Generation Of Male Sex Robots'.
110. Realbotix, https://realbotix.com.
111. Eve Herold, 'Meet Your Child's New Nanny: A Robot', *Leaps* magazine, 31 December 2018, https://leapsmag.com/meet-your-childrens-new-nanny-a-robot/.

❖第10章

1. Lanre Bakare, 'Glastonbury tickets sell out in 34 minutes', *Guardian*, 6 October 2019, https://www.theguardian.com/music/2019/oct/06/glastonbury-tickets-sell-out-in-34-minutes; 約200万人がチケット購入権者として登録された。
2. David Doyle, '12 things I learned as a Glastonbury virgin', 4 News, 23 June 2015, https://www.channel4.com/news/glastonbury-2015-festival-lessons-12-things-know-virgin.
3. Robyn Taylor-Stavely, 'Glastonbury Festival, the weird and the wonderful', *The Fair*, 23 July 2019, https://wearethefair.com/2019/07/23/glastonbury-festival-review/; Crispin Aubrey and John Shearlaw, *Glastonbury: An Oral History of the Music, Mud and Magic* (Ebury Press, 2005), p.220.

4. Jenny Stevens, 'Glastonbury's Healing Fields: festivalgoer wellbeing is not just for hippies', *Guardian*, 27 June 2015, https://www.theguardian.com/music/2015/jun/27/glastonbury-healing-green-fields-hippies-wellbeing.
5. オリジナルのツイートは以下。https://twitter.com/CNDTradeUnions/status/482469314831085568; https://twitter.com/WI_Glasto_Cakes/status/600374352475992064.
6. Lisa O'Carroll and Hannah Ellis-Petersen, 'Michael Eavis laments muddiest ever Glastonbury festival', *Guardian*, 26 June 2016, https://www.theguardian.com/music/2016/jun/26/michael-eavis-laments-muddiest-ever-glastonbury-festival; Neil McCormick, 'A wonderful wet weekend', *Telegraph*, 27 June 2016.
7. 'Working at the Festival', Glastonbury Festival, https://www.glastonburyfestivals.co.uk/information/jobs/.
8. Stevie Martin, 'Shit-Covered Tents And Used Tampons: What It's Really Like To Clean Up After Glastonbury', *Grazia*, 4 August 2018, https://graziadaily.co.uk/life/opinion/shit-covered-tents-used-tampons-s-really-like-clean-glastonbury/.
9. Hannah Ellis-Petersen, '15,000 at Glastonbury set for record human peace sign', *Guardian*, 23 June 2017, https://www.theguardian.com/music/2017/jun/22/glastonbury-weather-to-cool-after-heat-left-dozens-needing-a-medic.
10. Akanksha Singh, 'Biggest Music Festivals on the Planet', Far & Wide, 10 June 2019, https://www.farandwide.com/s/biggest-music-festivals-ca71f3346443426e.
11. Joey Gibbons, 'Why I Loved Coachella', *Gibbons Whistler*, 6 June 2016, https://gibbonswhistler.com/why-i-loved-coachella/.
12. 'The Largest Music Festivals in the World', Statista, 18 April 2019, https://www.statista.com/chart/17757/total-attendance-of-music-festivals/; for 2019 attendance at Donauinselfest, Rock in Rio, and Kostrzyn nad Odra, see, respectively, '2,7 Millionen Besucher beim Donauinselfest', Die Presse, 24 June 2019, https://www.diepresse.com/5648670/27-millionen-besucher-beim-donauinselfest; Mark Beaumont, 'Rock in Rio: Brazil's Totemic Event That Brings the Entire Country Together', *Independent*, 17 October 2019, https://www.independent.co.uk/arts-entertainment/music/features/rock-in-rio-festival-brazil-lineup-roberto-medina-2020-a9160101.html; 'Record attendance and a global reach for the 18th edition of Mawazine', Mawazine Rabat, 30 June 2019, http://www.mawazine.ma/en/mawazine-2019-reussite-totale-et-historique-2/.
13. Simon Usborne, 'Get me out of here! Why escape rooms have become a global craze', *Guardian*, 1 April 2019, https://www.theguardian.com/games/2019/apr/01/get-out-how-escape-rooms-became-a-global-craze; Will Coldwell, 'Escape games: why the latest city-break craze is being locked in a room', *Guardian*, 3 April 2015, https://www.theguardian.com/travel/2015/apr/03/room-escape-games-city-breaks-gaming.
14. Simon Usborne, 'Get me out of here! Why escape rooms have become a global craze'.
15. Malu Rocha, 'The rising appeal of board game cafés', *Nouse*, 21 January 2020, https://nouse.co.uk/2020/01/21/the-rising-appeal-of-board-game-cafs-.
16. Tom Walker, '"Huge growth" in number of people doing group exercise', *Health Club Management*, 14 May 2018, https://www.healthclubmanagement.co.uk/health-club-management-news/Huge-growth-in-number-of-people-doing-group-exercise-/337501.
17. Vanessa Grigoriadis, 'Riding High', *Vanity Fair*, 15 August 2012, https://www.vanityfair.com/hollywood/2012/09/soul-cycle-celebrity-cult-following.
18. Tara Isabella Burton, '"CrossFit is my church"', *Vox*, 10 September 2018, https://www.vox.com/the-goods/2018/9/10/17801164/crossfit-soulcycle-religion-church-millennials-casper-ter-kuile.
19. Tom Layman, 'CrossFit as Church? Examining How We Gather', Harvard Divinity School, 4 November 2015, https://hds.harvard.edu/news/2015/11/04/crossfit-church-examining-how-we-

gather#; Tara Isabella Burton, '"CrossFit is my church"'.
20. ある研究では、パートナーと30分間フィットネスバイクで運動をする人は、一人でやる人よりも落ち着き、ポジティブな心理効果があるという。Thomas Plante, Laura Coscarelli, and Marie Ford, 'Does Exercising with Another Enhance the Stress-Reducing Benefits of Exercise?' *International Journal of Stress Management* 8, no. 3 (July 2001), 201–13, https://www.psychologytoday.com/files/attachments/34033/exercise-another.pdf.
21. Cynthia Kim, 'In daytime discos, South Korea's elderly find escape from anxiety', *Reuters*, 16 April 2018, https://af.reuters.com/article/worldNews/idAFKBN1HN01F.
22. Émile Durkheim, *The Elementary Forms of the Religious Life*, trans. Carol Closman, ed. Mark Cladis (Oxford University Press, 2008). Whilst online communities can provide some degree of collective effervescence, it is of a much a weaker form. See for example Randall Collins, 'Interaction Rituals and the New Electronic Media', *The Sociological Eye*, 25 January 2015, https://sociological-eye.blogspot.com/2011/01/interaction-rituals-and-new-electronic.html.
23. Charles Walter Masters, *The Respectability of Late Victorian Workers: A Case Study of York, 1867–1914* (Cambridge Scholars Publishing, 2010).
24. National Museum of African American History & Culture, 'The Community Roles of the Barber Shop and Beauty Salon,' 2019, https://nmaahc.si.edu/blog/community-roles-barber-shop-and-beauty-salon.
25. Ray Oldenburg, *The Great Good Place* (Da Capo Press, 1999), p.22. こうした「サードプレイス」に「誰でも」アクセスできるというアデイアは、それ自体が、オルデンバーグが同書を執筆した後に幅広く明らかになってきた障害を考慮に入れていない理想主義的な思い込みだ。たとえば人種差別により、こうした「サードプレース」が非白人には不快ないしは利用できないものになってきた。この点に関するオルデンバーグの批判については、以下を参照のこと。F. Yuen and A.J. Johnson, 'Leisure spaces, community, and third places', *Leisure Sciences* 39, no. 2 (2017), 295–303.
26. 'ANNOUNCING Mission Pie's 12th Annual PIE CONTEST', Mission Pie, 2018, https://missionpie.com/posts/12th-annual-community-pie-baking-contest-september-9-2018/; 'Join us on National Typewriter Day for typewriter art, poetry, stories, and letter writing – and of course, delicious pie!', Mission Pie, https://missionpie.com/posts/3rd-annual-type-in/.
27. 'PAN in conversation with Karen Heisler', Pesticide Action Network, http://www.panna.org/PAN-conversation-Karen-Heisler.
28. Joe Eskenazi, 'Last meal: Mission Pie will soon close its doors', *Mission Local*, 17 June 2019, https://missionlocal.org/2019/06/last-meal-mission-pie-will-soon-close-its-doors/.
29. J.D. Esajian, 'Rent Report: Highest Rent In US 2020', *Fortune Builders*, https://www.fortunebuilders.com/top-10-u-s-cities-with-the-highest-rents/.
30. Nuala Sawyer Bishari, 'Can the Mission Save Itself from Commercial Gentrification?', *SF Weekly*, 13 February 2029, http://www.sfweekly.com/topstories/can-the-mission-save-itself-from-commercial-gentrification/; Kimberly Truong, 'Historically Latino district in San Francisco on track to lose half its Latino population', Mashable UK, 30 October 2015, https://mashable.com/2015/10/30/san-francisco-mission-latino-population/; Chris Colin, '36 Hours in San Francisco', *New York Times*, 11 September 2008, https://www.nytimes.com/2008/09/14/travel/14hours.html; Joyce E. Cutler, '"Twitter" Tax Break in San Francisco Ends Amid Push For New Funds', *Bloomberg Tax*, 15 May 2019, https://news.bloombergtax.com/daily-tax-report-state/twitter-tax-break-in-san-francisco-ends-amid-push-for-new-taxes.
31. Carolyn Alburger, 'As Twitter Tax Break Nears Its End, Mid-Market Restaurants Feel Glimmer of Hope', *Eater San Francisco*, 19 September 2018, https://sf.eater.com/2018/9/19/17862118/central-market-tax-exclusion-restaurants-post-mortem-future.
32. James Vincent, 'DoorDash promises to change controversial tipping policy after public outcry',

The Verge, 24 July 2019, https://www.theverge.com/2019/7/24/20708212/doordash-delivery-tip-theft-policy-change-tony-xu-tweets; Jaya Saxena, 'Delivery Apps Aren't Getting Any Better', *Eater*, 29 May 2019, https://www.eatercom/2019/5/29/18636255/delivery-apps-hurting-restaurants-grubhub-seamless-ubereats.

33. Joe Eskenazi, 'Last meal: Mission Pie will soon close its doors'.
34. 残念ながら、ミッション・パイの閉店後、このフェイスブックの投稿は見られなくなっている。
35. オリジナルのフェイスブック投稿は以下。https://www.facebook.com/131553526891752/photos/a.213721682008269/2380204862026596/?type=3&theater.
36. Melissa Harrison, 'We Must Be Brave by Francis Liardet review – a child in wartime', *Guardian*, 13 February 2019, https://www.theguardian.com/books/2019/feb/13/we-must-be-brave-frances-liardet-review.
37. 'One Community One Book', Kett's Books, https://www.kettsbooks.co.uk/onecommunity/.
38. 'Clarkes Bookshop Cape Town', Getaway.co.za, http://www.clarkesbooks.co.za/assets/docs/GW1214p69%202%20(3).pdf.
39. June McNicholas and Glyn M. Collis, 'Dogs as catalysts for social interactions: Robustness of the Effect', *British Journal of Psychology* 91, no. 1 (February 2000), 61–70, https://doi.org/10.1348/000712600161673.
40. Abha Bhattarai, 'Apple wants its stores to become "town squares." But skeptics are calling it a "branding fantasy"', *Washington Post*, 13 September 2017, https://www.washingtonpost.com/news/business/wp/2017/09/13/apple-wants-its-stores-to-become-town-squares-but-skeptics-call-it-a-branding-fantasy/.
41. Andrew Hill, 'Apple stores are not "town squares" and never should be', *Financial Times*, 17 September 2017, https://www.ft.com/content/8c5d4aec-988f-11e7-a652-cde3f882dd7b.
42. Julia Carrie Wong, 'Pepsi pulls Kendall Jenner ad ridiculed for co-opting protest movements', *Guardian*, 6 April 2017, https://www.theguardian.com/media/2017/apr/05/pepsi-kendall-jenner-pepsi-apology-ad-protest.
43. オリジナルのツイートは以下。https://twitter.com/BerniceKing/status/849656699464056832?s=20pepsi-kendall-jenner-pepsi-apology-ad-protest.
44. Wong, 'Pepsi pulls Kendall Jenner ad ridiculed for co-opting protest movements';多くの批判者が指摘しているように、ジェナーと警察官の構図は、黒人女性アイーシャ・エバンズがルイジアナ州で警察の暴力に抗議するデモに参加したとき、ロングドレス姿で、逮捕するならするようにと警察に両手を差し出している有名な写真をベースにしているようだ。ロイター通信のジョナサン・バックマンによる写真は以下。https://www.nytimes.com/slideshow/2017/02/13/blogs/the-worlds-best-photo/s/13-lens-WPress-slide-JSQ0.html.
45. Keiko Morris and Elliot Brown, 'WeWork Surpasses JPMorgan as Biggest Occupier of Manhattan Office Space,' *Wall Street Journal*, September 18 2018, https://www.wsj.com/articles/wework-surpasses-jpmorgan-as-biggest-occupier-of-manhattan-office-space-1537268401; 'WeWork Locations,' archived November 2017, https://www.wework.com/locations.
46. 'The We Company', United States Securities and Exchange Commission, 14 August 2019, https://www.sec.gov/Archives/edgar/data/1533523/000119312519220499/d781982ds1.htm.
47. Rani Molla, '"Co-living" is the new "having roommates" – with an app', *Vox*, 29 May 2019, https://www.vox.com/recode/2019/5/29/18637898/coliving-shared-housing-welive-roommates-common-quarters.
48. Henny Sender, 'Investors embrace millennial co-living in Asia's megacities', *Financial Times*, 28 January 2020, https://www.ft.com/content/c57129f8-40d9-11ea-a047-eae9bd51ceba.
49. 'Coliving is city living made better', Common, https://www.common.com; Society, http://oursociety.com; 'Join the global living movement', The Collective, https://thecollective.com;

Winnie Agbonlahor, 'Co-living in London: Friendship, fines and frustration,' BBC, April 24, 2018, https://www.bbc.com/news/uk-england-london-43090849.

50. Common, https://www.common.com/why-common/; The 4 Co's of Coliving', Ollie, https://www.ollie.co/coliving.
51. Jessica Burdon, 'Norn: the offline social network reviving the art of conversation', *The Week*, 30 April 2018, https://www.theweek.co.uk/93266/norn-the-offline-social-network-reviving-the-art-of-conversation; Annabel Herrick, 'Norn rethinks co-living for a new generation of nomads', *The Spaces*, https://thespaces.com/introducing-norn-the-startup-taking-co-living-to-new-heights/.
52. 以下を参照のこと。https://news.ycombinator.com/threads?id=rcconf.
53. 以下を参照のこと。https://news.ycombinator.com/item?id=19783245.
54. ダニエルとの会話より。
55. Agbonlahor, 'Co-living in London: Friendship, fines and frustration'.
56. Will Coldwell, '"Co-living": the end of urban loneliness –or cynical corporate dormitories?', *Guardian*, 3 September 2019, https://www.theguardian.com/cities/2019/sep/03/co-living-the-end-of-urban-loneliness-or-cynical-corporate-dormitories.
57. Peter Timko, 'Co-Living With Lefebvre: The Production of Space at The Collective Old Oak' (Radboud University, 2018), p.49, https://theses.ubn.ru.nl/bitstream/handle/123456789/7424/Timko%2C_Peter_1.pdf?sequence=1.
58. Agbonlahor, 'Co-living in London: Friendship, fines and frustration'.
59. Timko, 'Co-Living With Lefebvre'.
60. Ibid.
61. Coldwell, "Co-living': the end of urban loneliness'.
62. 'Berlin Coliving Meetup: How Can Coliving Foster Thriving Communities?', *Conscious Coliving*, 30 July 2019, https://www.consciouscoliving.com/2019/07/30/berlin-co-living-meet-up-how-can-coliving-foster-thriving-communities/.
63. Coldwell, '"Co-Living": The end of urban loneliness'.
64. Venn, '2019 Semi Annual Impact Report' (Venn, 2019), https://39q77k1dd7472q159r3hoq5p-wpengine.netdna-ssl.com/wp-content/uploads/2019/10/impactreport2019.pdf.
65. 'Your Amenities', Nomadworks, https://nomadworks.com/amenities/.
66. Alessandro Gandini, 'The rise of coworking spaces: A literature review', *Ephemera* 15, no. 1 (February 2015), 193–205, http://www.ephemerajournal.org/contribution/rise-coworking-spaces-literature-review.
67. 'Doing things together', Happy City, https://thehappycity.com/resources/happy-homes/doing-things-together-principle/.
68. Oliver Smith, 'Exclusive: Britain's Co-living King Has Raised $400m To Take On WeWork In America', *Forbes*, 27 March 2018, https://www.forbes.com/sites/oliversmith/2018/03/27/exclusive-britains-co-living-king-has-raised-400m-to-take-on-wework-in-america/.
69. Brad Eisenberg, 'Why is WeWork so popular?', *Medium*, 15 July 2017, https://medium.com/@eisen.brad/why-is-wework-so-popular-934b07736cae.
70. Hannah Foulds, 'Co-Living Spaces: Modern Utopia Or Over-Organised Hell?', *The Londonist*, 12 April 2017, https://londonist.com/london/housing/co-living-spaces-modern-utopia-or-over-organised-hell.
71. Marisa Meltzer, 'Why Fitness Classes Are Making You Go Broke', *Racked*, 10 June 2015, https://www.racked.com/2015/6/10/8748149/fitness-class-costs.
72. Hillary Hoffower, 'Nearly one-third of millennials who went to a music festival in the past year say they took on debt to afford it, survey finds', *Business Insider*, 1 August 2019, https://www.businessinsider.com/millennials-going-into-debt-music-festivals-coachella-lollapalooza-

bonnaroo-2019.
73. 'City Reveals Selected Shared Housing Development Proposals', NYC Housing Preservation and Development, https://www1.nyc.gov/site/hpd/news/092-19/city-reveals-selected-shared-housing-development-proposals#/0.
74. Jane Margolies, 'Co-Living Grows Up', *New York Times*, 14 January 2020, https://www.nytimes.com/2020/01/14/realestate/co-living-grows-up.html; 'City Reveals Selected Shared Housing Development Proposals'.
75. The Common Team, 'Common and L+M Development Partners Win ShareNYC', Common, 8 October 2019, https://www.common.com/blog/2019/10/common-announced-as-winner-of-sharenyc-hpd/.

❖第11章

1. 本書で見てきたように、個人の内面においても、孤独は複数の形をとる場合がある。以下も参照のこと。Fay Bound Alberti who describes loneliness as a historically emergent 'emotion cluster'. Fay Bound Alberti, 'This "Modern Epidemic": Loneliness as an Emotion Cluster and a Neglected Subject in the History of Emotions,' *Emotion Review* 10, no. 3 (July 2018), 242–54, https://doi.org/10.1177/1754073918768876; さらに詳細は、以下を参照のこと。Fay Bound Alberti, *A Biography of Loneliness: The History of an Emotion* (Oxford University Press, 2019).
2. 以下などを参照のこと。Corinne Purtill, 'Loneliness costs the US almost $7 billion extra each year', *Quartz*, 28 October 2018, https://qz.com/1439200/loneliness-costs-the-us-almost-7-billion-extra-each-year/; 'The cost of loneliness to employers', Campaign to End Loneliness, https://www.campaigntoendloneliness.org/wp-content/uploads/cost-of-loneliness-2017.pdf.
3. これには、コミュニティーの崩壊について書いてきた人々が含まれる。これについてはロジャー・スクラトンやメアリー・エバースタットと話をした。それぞれ以下を参照のこと。Roger Scruton, 'Identity, family, marriage: our core conservative values have been betrayed,' *Guardian*, 11 May 2013, https://www.theguardian.com/commentisfree/2013/may/11/identity-family-marriage-conservative-values-betrayed; Mary Eberstadt, *Primal Screams: How the Sexual Revolution Created Identity Politics* (Templeton Press, 2019). ジェレミー・コービン(労働党党首)は、左派における「すべての責任は国にある」という考え方の代表的な存在と言えるだろう。ニール・バレリーなどの政治理論家もそうだ。「左派」でも、アラスデア・マキンタイア(*After Virtue: A Study in Moral Theory* [University of Notre Dame Press, 1981])や、クリストファー・ラッシュ(*The True and Only Heaven: Progress and Its Critics* [W.W. Norton, 1991])のように、家族の崩壊がコミュニティー崩壊に不可欠な役割を果たしていると指摘したシンカーもいた。したがって党派的な区別は可能だが、明らかな例外も存在する。
4. 現代の格差と新自由主義との関係に関する権威ある見解としては、以下を参照のこと。Thomas Piketty, *Capital in the Twenty-First Century*, trans. Arthur Goldhammer (Cambridge, Mass.: Harvard University Press, 2014). 人種と新自由主義については、以下を参照のこと。Darrick Hamilton and Kyle Strickland, 'The Racism of Neoliberalism', *Evonomics*, 22 February 2020, https://evonomics.com/racism-neoliberalism-darrick-hamilton/; さらに詳細は以下を参照のこと。David Theo Goldberg, *The Threat of Race: Reflections on Racial Neoliberalism* (Wiley-Blackwell, 2008). ジェンダーと新自由主義については、以下などを参照のこと。Andrea Cornwall, Jasmine Gideon and Kalpana Wilson, 'Reclaiming Feminism: Gender and Neoliberalism', *Institute of Development Studies Bulletin* 39, no. 6 (December 2008), https://doi.org/10.1111/j.1759-5436.2008.tb00505.x; より包括的には、以下を参照のこと。Nancy Fraser, *Fortunes of Feminism: From State-Managed Capitalism to Neoliberal Crisis* (Verso, 2013).
5. Adam Smith, *The Theory of Moral Sentiments*, ed. Ryan Patrick Hanley (Penguin Random House, 2010).

6. David J. Davis, 'Adam Smith, Communitarian', *The American Conservative*, 19 December 2013, https://www.theamericanconservative.com/articles/adam-smith-communitarian/; Jack Russell Weinstein, *Adam Smith's Pluralism*, (Yale University Press, 2013); Jesse Norman, 'How Adam Smith Would Fix Capitalism', *Financial Times*, 21 June 2018, https://www.ft.com/content/6795a1a0-7476-11e8-b6ad-3823e4384287.
7. 米国の経済規模を考えると、これは2870億ドル相当となる。OECD, 'Social Expenditure: Aggregated data', OECD Social and Welfare Statistics (database), https://doi.org/10.1787/data-00166-en (accessed 30 June 2020). socialexp/social-spending.htm.
8. 'Fauci, Governors Get Highest Marks For Response To Coronavirus, Quinnipiac University National Poll Finds; Majority Say Trump's Response Not Aggressive Enough', Quinnipiac University, 8 April 2020, https://poll.qu.edu/national/release-detail?ReleaseID=3658.
9. Luke Savage, 'The Coronavirus Has Created Record Support for Medicare For All', *Jacobin*, 2 April 2020, https://www.jacobinmag.com/2020/04/coronavirus-pandemic-medicare-for-all-support; original poll at Yusra Murad, 'As Coronavirus Surges, 'Medicare For All' Support Hits 9-Month High', *Morning Consult*, 1 April 2020, https://morningconsult.com/2020/04/01/medicare-for-all-coronavirus-pandemic/.
10. Laura Gardiner, 'The shifting shape of social security: Charting the changing size and shape of the British welfare system', Resolution Foundation, November 2019, https://www.resolutionfoundation.org/app/uploads/2019/11/The-shifting-shape-of-social-security.pdf.
11. Phillip Inman, 'Rightwing thinktanks call time on age of austerity', *Guardian*, 16 May 2020, https://www.theguardian.com/politics/2020/may/16/thatcherite-thinktanks-back-increase-public-spending-in-lockdown.
12. 'A New Deal For The Arts', The National Archives, https://www.archives.gov/exhibits/new_deal_for_the_arts/index.html#.
13. ただしこれは国によって大きな違いがある。
14. Jonathan Nicholson, 'Tax "excess" profits of big money-making companies to fix coronavirus economy, scholar urges', MarketWatch, 30 April 2020, https://www.marketwatch.com/story/tax-excess-profits-of-big-money-making-companies-to-fix-coronavirus-economy-scholar-urges-2020-04-30.
15. Tommy Wilson, 'Budget wish list – look after those who look after others,' *New Zealand Herald*, 31 May 2019, https://www.nzherald.co.nz/premium/news/article.cfm?c_id=1504669&objectid=12235697.
16. 'The Wellbeing Budget', Budget 2019 New Zealand, 30 May 2019, esp. 10, 18, https://treasury.govt.nz/sites/default/files/2019-05/b19-wellbeing-budget.pdf.
17. 'Build Back Better', Wellbeing Economy Alliance, https://wellbeingeconomy.org.
18. Richard A. Easterlin, 'Well-Being, Front and Center: A Note on the Sarkozy Report', *Population and Development Review* 36, no. 1 (March 2010), 119–124, https://www.jstor.org/stable/25699039?seq=1#metadata_info_tab_contents; 'PM Speech on Wellbeing', Gov.uk, 25 November 2010, https://www.gov.uk/government/speeches/pm-speech-on-wellbeing; Emma Bryce, 'The flawed era of GDP is finally coming to an end', Wired, 3 August 2019, https://www.wired.co.uk/article/countries-gdp-gross-national-happiness.
19. Dan Button, 'The UK should stop obsessing over GDP. Wellbeing is more telling', *Guardian*, 10 June 2019, https://www.theguardian.com/commentisfree/2019/jun/10/uk-obsessing-gdp-wellbeing-new-zealand; サルコジ委員会の詳細については、以下を参照のこと。Paul Allin and David J. Hand, *The Wellbeing of Nations: Meaning, Motive, and Measurement* (New York: Wiley, 2014).
20. Noreena Hertz, *The Silent Takeover* (Random House, 2002), 17–20.
21. この領域でダイアン・コイルの研究については、以下などを参照のこと。*GDP: A Brief But Affectionate*

History (Princeton University Press, 2014).

22. 'Business Roundtable Members', Business Roundtable, https://www.businessroundtable.org/about-us/members.
23. Milton Friedman, 'The Social Responsibility of Business is to Increase Its Profits,' *New York Times magazine*, 13 September 1970.
24. 'Business Roundtable Redefines the Purpose of a Corporation to Promote "An Economy That Serves All Americans"', Business Roundtable, 19 August 2019, https://www.businessroundtable.org/business-roundtable-redefines-the-purpose-of-a-corporation-to-promote-an-economy-that-serves-all-americans.
25. Julia Carrie Wong, 'Amazon execs labeled fired worker "not smart or articulate" in leaked PR notes', *Guardian*, 3 April 2020, https://www.theguardian.com/technology/2020/apr/02/amazon-chris-smalls-smart-articulate-leaked-memo.
26. Chris Smalls, 'Dear Jeff Bezos, instead of firing me, protect your workers from coronavirus', *Guardian*, 2 April 2020, https://www.theguardian.com/commentisfree/2020/apr/02/dear-jeff-bezos-amazon-instead-of-firing-me-protect-your-workers-from-coronavirus.
27. Julia Carrie Wong, 'Amazon execs labeled fired worker "not smart or articulate" in leaked PR notes'.
28. 'AG James' Statement on Firing of Amazon Worker Who Organized Walkout', Office of the New York State Attorney General, https://ag.ny.gov/press-release/2020/ag-james-statement-firing-amazon-worker-who-organized-walkout.
29. Brad Smith, 'As we work to protect public health, we also need to protect the income of hourly workers who support our campus', Microsoft, 5 March 2020, https://blogs.microsoft.com/on-the-issues/2020/03/05/covid-19-microsoft-hourly-workers/.
30. たとえば、共和党のジョシュ・ホウリー上院議員が2019年7月に提出した、ソーシャルメディア・フィードの「無制限のスクロール」を禁止し、すべてのデバイスで全ソーシャルメディア使用時間を1日30分に制限して、スマートフォン依存症を抑制する法案。Emily Stewart, 'Josh Hawley's bill to limit your Twitter time to 30 minutes a day, explained', *Vox*, 31 July 2019, https://www.vox.com/recode/2019/7/31/20748732/josh-hawley-smart-act-social-media-addiction); あるいは、EUのティエリー・ブルトン欧州委員(域内市場担当)は2020年2月、主要テクノロジー・プラットフォームがヘイトスピーチと偽情報を適切に抑制しなければ、いずれ処罰の対象となると警告した。('EU threatens tougher hate-speech rules after Facebook meeting', *DW*, 17 February 2020, https://www.dw.com/en/eu-threatens-tougher-hate-speech-rules-after-facebook-meeting/a-52410851)
31. 'Camden Council tackles the climate crisis', see video at: https://youtu.be/JzzWc5wMQ6s. もちろん参加には制約がある。参加者は時間を費やすため150ポンドを支払われるが、不安定な仕事についている人や、休みを取れない人には無理な話だろう。しかし託児サービスがあり、英語が流暢でない人には通訳がつくことで、このようなコミュニティー関与の機会を全員に広げる取り組みが始まったのは間違いない。
32. 2020年夏に採決予定。'Camden Climate Action Plan', Camden Council, https://consultations.wearecamden.org/supporting-communities/camden-climate-action-plan/.
33. Carl Miller, 'Taiwan is making democracy work again. It's time we paid attention', *Wired*, 26 November 2019, https://www.wired.co.uk/article/taiwan-democracy-social-media.
34. 'VTaiwan: Using digital technology to write digital laws', The Gov Lab, https://congress.crowd.law/case-vtaiwan.html.
35. Liz Barry, 'VTaiwan: Public Participation Methods on the Cyberpunk Frontier of Democracy', Civic Hall, 11 August 2016, https://civichall.org/civicist/vtaiwan-democracy-frontier/.
36. 極めて重要なことに、このプロセスでは誰でもコメントできるが、それに対して直接的な返答はできず、炎上を防ぐ仕組みになっている。

37. 'Camden Council tackles the climate crisis', see video at: https://youtu.be/JzzWc5wMQ6s.
38. 以下を参照のこと。Hélène Landemore's work on Democratic reason, for instance *Democratic Reason: Politics, Collective Intelligence, and the Rule of the Many* (Princeton University Press, 2012).
39. ただし、本書で見てきたとおり、私たちの地理的な地元では、インクルーシビティやダイバーシティは欠けている可能性がある。また、誰かを排除することによって、みずからを定義しようとするコミュニティーもある。
40. Thomas F. Pettigrew and Linda R. Tropp, 'A Meta-Analytic Test of Intergroup Contact Theory', *Journal of Personality and Social Psychology* 90, no. 5 (2006), 751–83; Bhikhu Parekh et al., 'The Commission on the Future of Multi-Ethnic Britain', The Runnymede Trust, 2000; Alejandro Portes and Julia Sensenbrenner, 'Embeddedness and Immigration: Notes on the Social Determinants of Economic Action', *American Journal of Sociology* 98, no. 6 (May 1993), 1320–50.
41. これはディー・ツァイト紙が報じた2017年、2018年、2019年の登録の合計数。Christian Bangel et al., 'Start debating!', *Zeit Online*, 9 March 2018, https://www.zeit.de/gesellschaft/2018-03/germany-talks-match-debate-politics-english.
42. Shan Wang, 'In Germany, a news site is pairing up liberals and conservatives and actually getting them to (gasp) have a civil conversation', Nieman Lab, 8 August 2018, https://www.niemanlab.org/2018/08/in-germany-a-news-site-is-pairing-up-liberals-and-conservatives-and-actually-getting-them-to-gasp-have-a-civil-conversation/.
43. Bangel et al., 'Start debating!'
44. '"You Are Rejecting an Entire Religion"', *Zeit Online*, May 2018, https://www.zeit.de/gesellschaft/2018-04/germany-talks-experience-report-meeting/seite-2.
45. Jochen Wegner, 'There Is No Mirko Here', *Zeit Online*, 22 June 2017, https://www.zeit.de/gesellschaft/2017-06/germany-talks-dispute-political-contention-english.
46. Bangel et al., 'Start debating!', 2.
47. 'Improving Social Cohesion, One Discussion at a Time', *Zeit Online*, August 2019, https://www.zeit.de/wissen/2019-08/armin-falk-germany-talks-behaviour-research-english/seite-2.
48. Ibid.
49. Elena Erdmann et al., 'The Issues Dividing Germany', *Zeit Online*, 18 November 2019, https://www.zeit.de/gesellschaft/2019-11/germany-talks-discussion-issues-democracy-english; Armin Falk, Lasse Stötzer and Sven Walter, 'Evaluation Deutschland Spricht', https://news.briq-institute.org/wp-content/uploads/2019/08/Technical_Report_Deutschland_Spricht.pdf. 異なるタイプの人を引き合わせることによりお互いを人間的に見られるようにする効果は過小評価するべきではない——事実、これを裏づける研究は多数存在する。以下などを参照のこと。Thomas F. Pettigrew and Linda R. Tropp, 'A Meta-Analytic Test of Intergroup Contact Theory', *Journal of Personality and Social Psychology* 90, no. 5 (June 2006), 751–83.
50. 91 Ways, http://91ways.org/.
51. 'Public Works', The Public Theater, https://publictheater.org/programs/publicworks/; Richard Halpern, 'Theater and Democratic Thought: Arendt to Rancière', *Critical Inquiry* 37, no. 3 (Spring 2011), 545–72, https://doi.org/10.1086/659358. In Ancient Athens, replacing fragmented tribe-specific performances with a unified public theatre festival brought the tribes together in a common experience.
52. 'Public Works' *As You Like It*', The Public Theater, https://publictheater.org/productions/season/1920/sitp/as-you-like-it/.
53. Carl Worswick, 'Colombia's Farc guerillas turn to football as route back into society', *Guardian*, 11 October 2017, https://www.theguardian.com/football/2017/oct/11/colombia-football-farc-la-paz-fc.
54. 'Who's Doing What in Italy', Refugees and Football, https://refugeesandfootball.org/whos-doing-what/in/italy.
55. Eytan Halon, 'Playing on the same team for a peaceful future', *Jerusalem Post*, 14 May 2019,

https://www.jpost.com/israel-news/playing-on-the-same-team-for-a-peaceful-future-589575.

56. 'Umuganda', Rwanda Governance Board, http://www.rgb.rw/index.php?id=37; Amy Yee, 'How Rwanda Tidied Up Its Streets (And The Rest Of The Country, Too)', NPR, 18 July 2018, https://www.npr.org/sections/goatsandsoda/2018/07/18/628364015/how-rwanda-tidied-up-its-streets-and-the-rest-of-the-country-too. ウムガンダにはネガティブな側面もある。1994年のジェノサイドのとき、過激派フツ人政権が、ウムバンダとは「木を植えるのではなく、『雑草を一掃する』という意味だとして、ツチ人虐殺を煽る表現として使った」と歴史家ペニン・ウウィンババジは指摘している。この歴史の分析については、以下を参照のこと。Penine Uwimbabazi, 'An Analysis of Umuganda: The Policy and Practice of Community Work in Rwanda', University of KwaZulu-Natal, 2012, 47–9. ルワンダのジェノサイド後の国家再建期におけるウムガンダについては、以下などを参照のこと。Timothy Longman, *Memory and Justice in Post-Genocide Rwanda* (Cambridge University Press, 2017).
57. 'Umuganda', Rwanda Governance Board, http://www.rgb.rw/fileadmin/Key_documents/HGS/UMUGANDA_2017.pdf.
58. UNESCO, *Mapping Research and Innovation in the Republic of Rwanda*, ed. G.A. Lemarchand and A. Tash; GOSPIN Country Profiles in Science, *Technology and Innovation Policy* 4, (UNESCO, 2015), p.31.
59. Melanie Lidman, 'In once-torn Rwanda, fear of a fine molds a nation of do-gooders', *Times of Israel*, 27 March 2017, https://www.timesofisrael.com/in-rwanda-where-good-deeds-are-law/.
60. Ibid.
61. コミュニティー集会は、首都キガリなどの大都市ではあまり開かれない。
62. Lidman, 'In once-torn Rwanda, fear of a fine molds a nation of do-gooders'.
63. Marie Anne Dushimimana and Joost Bastmeijer, 'Rwanda, part 4: The "reconciliation villages" where genocide survivor and perpetrator live side by side', *New Humanitarian*, 20 May 2019, https://www.thenewhumanitarian.org/special-report/2019/05/20/rwanda-reconciliation-villages-genocide-survivor-perpetrator.
64. Laura Eramian, 'Ethnic Boundaries in Contemporary Rwanda: Fixity, Flexibility and Their Limits', *Anthropologica* 57, no. 1, (2015), 93–104.
65. この試験導入期は希望者で行われたが、狙いは全員参加を義務づけることである。
66. Angelique Chrisafis, 'Macron's national service sparks criticism from French left', *Guardian*, 19 June 2019, https://www.theguardian.com/world/2019/jun/19/rollout-of-compulsory-civic-service-for-young-people-in-france-sparks-criticisms.
67. Ibid.; 'France begins trial of compulsory civic service for teens', *France* 24, 16 June 2019, https://www.france24.com/en/20190616-france-trial-macron-new-compulsory-national-service-teen-military.
68. George Makin, 'Small acts of kindness helping lives in lockdown', *Express and Star*, 30 April 2020, https://www.expressandstar.com/news/health/coronavirus-covid19/2020/04/30/small-acts-of-kindness-helping-lives-in-lockdown/.
69. Andy Devane, 'Acts of kindness: Italy helps the most fragile during crisis', Wanted In Milan, 14 March 2020, https://www.wantedinmilan.com/news/acts-of-kindness-italy-helps-the-most-fragile-during-crisis.html.
70. The Learning Network, 'What Students Are Saying About Random Acts of Kindness, Internet Habits and Where They'd Like To Be Stranded', *New York Times*, 16 April 2020, https://www.nytimes.com/2020/04/16/learning/what-students-are-saying-about-acts-of-kindness-internet-habits-and-where-theyd-like-to-be-stranded.html.

［著者］
ノリーナ・ハーツ（Noreena Hertz）
ユニバーシティ・カレッジ・ロンドン名誉教授
戦略、経済的リスク、地政学的リスク、人工知能（AI）、デジタルトランスフォーメーション、ミレニアル世代とポストミレニアル世代について、多くのビジネスパーソンや政治家に助言している。「世界で最もインスピレーションを与える女性の一人」（ヴォーグ誌）、「世界のリーディングシンカーの一人」（英オブザーバー紙）と評価され、世界のトレンドを見事に予測してきた。19歳で大学を卒業し、ケンブリッジ大学で博士号を、ペンシルベニア大学ウォートンスクールでMBAを取得。ケンブリッジ大学国際ビジネス・経営センターの副所長を10年務め、2014年より現職。著書の『巨大企業が民主主義を滅ぼす』（邦訳・早川書房）と『情報を捨てるセンス　選ぶ技術』（邦訳・講談社）は、世界23カ国で刊行されている。

［訳者］
藤原朝子（ふじわら・ともこ）
学習院女子大学非常勤講師。訳書に『米中戦争前夜――新旧大国を衝突させる歴史の法則と回避のシナリオ』（ダイヤモンド社）、『プラットフォーム革命――経済を支配するビジネスモデルはどう機能し、どう作られるのか』（英治出版）など。慶應義塾大学卒業。

THE LONELY CENTURY　なぜ私たちは「孤独」なのか

2021年７月13日　第１刷発行

著　者――ノリーナ・ハーツ
訳　者――藤原朝子
発行所――ダイヤモンド社
〒150-8409　東京都渋谷区神宮前6-12-17
https://www.diamond.co.jp/
電話／03･5778･7233（編集）　03･5778･7240（販売）
装丁･本文デザイン―竹内雄二
DTP――――桜井 淳
図―――――うちきばがんた(G体)
校正――――聚珍社
製作進行――ダイヤモンド・グラフィック社
印刷・製本―勇進印刷
編集担当――柴田むつみ

ISBN 978-4-478-10863-5